PETRA SCHMITT

Die Berücksichtigung der Zeugnisverweigerungsrechte nach §§ 52, 53 StPO bei den auf Beweisgewinnung gerichteten Zwangsmaßnahmen

Strafrechtliche Abhandlungen · Neue Folge

Herausgegeben von Dr. Eberhard Schmidhäuser
em. ord. Professor der Rechte an der Universität Hamburg

und Dr. Friedrich-Christian Schroeder
ord. Professor der Rechte an der Universität Regensburg

in Zusammenarbeit mit den Strafrechtslehrern der deutschen Universitäten

Band 84

Die Berücksichtigung der Zeugnisverweigerungsrechte nach §§ 52, 53 StPO bei den auf Beweisgewinnung gerichteten Zwangsmaßnahmen

Von

Petra Schmitt

Duncker & Humblot · Berlin

Zur Aufnahme in die Reihe empfohlen von
Professor Dr. Gerald Grünwald, Bonn

Die Deutsche Bibliothek – CIP-Einheitsaufnahme

Schmitt, Petra:
Die Berücksichtigung der Zeugnisverweigerungsrechte nach §§ 52, 53 StPO bei den auf Beweisgewinnung gerichteten Zwangsmassnahmen / von Petra Schmitt. – Berlin : Duncker und Humblot, 1993
(Strafrechtliche Abhandlungen ; N.F., Bd. 84)
Zugl.: Bonn, Univ., Diss., 1992
ISBN 3-428-07823-3
NE: GT

Fotoprint: Color-Druck Dorfi GmbH, Berlin
Printed in Germany

ISSN 0720-7271
ISBN 3-428-07823-3

Vorwort

Die Arbeit hat im Sommersemester 1992 der Rechts- und Staatswissenschaftlichen Fakultät der Rheinischen-Friedrich-Wilhelms-Universität Bonn als Dissertation vorgelegen. Das Manuskript wurde im August 1992 abgeschlossen; bis Februar 1993 erschienene Rechtsprechung und Literatur ist - soweit dies möglich war - noch in den Anmerkungen berücksichtigt.

Herzlich danken möchte ich an dieser Stelle Herrn Prof. Dr. Gerald Grünwald, der die Arbeit mit großer persönlicher Anteilnahme betreut hat.

Mein Dank gilt ferner Herrn Prof. Dr. Eberhard Schmidhäuser und Herrn Prof. Dr. Friedrich-Christian Schroeder für die Aufnahme in die Reihe der Strafrechtlichen Abhandlungen.

Petra Schmitt

Inhaltsverzeichnis

4. TEIL

Die Berücksichtigung des Zeugnisverweigerungsrechts nach § 53 I Nr.5 bei den auf Beweisgewinnung gerichteten Zwangsmaßnahmen

Einleitung: Themenstellung, Methode und Gang der Untersuchung

"So redigiert kein Gesetzgeber, der seinen Stoff in geistigem Zusammenhang klar beherrscht".

Dieses Verdikt fällte v.Hippel im Jahre 1927[1] über die Systematik der gesetzlichen Regelung von Beschlagnahme, Herausgabepflicht und deren Ausnahmen. Inhaltlich richtete sich seine Kritik dabei in erster Linie gegen die Möglichkeit, Gegenstände zu beschlagnahmen, deren Herausgabe der Zeugnisverweigerungsberechtigte nach § 95 II 2 [2] verweigern kann. Seine Forderung lautete: Soweit eine Editionspflicht nicht bestehe, müsse auch die Beschlagnahme unzulässig sein. Die Beschlagnahme sei also unzulässig bei zur Zeugnisverweigerung berechtigten Personen.

Obwohl der Katalog der beschlagnahmefreien Gegenstände seit 1927 erweitert wurde, scheint die von vielen als ratio des § 97 angegebene und auch den Ausführungen v.Hippels zugrundeliegende Erwägung, § 97 solle die Umgehung des Zeugnisverweigerungsrechts in der Weise verhindern, daß Informationen, die wegen eines Zeugnisverweigerungsrechts nicht zu erlangen sind, auch auf andere Weise nicht ermittelt werden sollen[3], in § 97 auch heute nur unvollständig verwirklicht zu sein.

So unterliegen etwa Aufzeichnungen Angehöriger uneingeschränkt der Beschlagnahme. Infolge des Gewahrsamserfordernisses des § 97 II 1 verbietet § 97 nur den Zugriff auf den Zeugnisverweigerungsberechtigten selbst, Mitteilungen zwischen Zeugnisverweigerungsberechtigten und dem Beschuldigten sind also z.B. im Gewahrsam des Beschuldigten uneingeschränkt beschlagnahmbar. Lückenhaft scheint § 97 zudem in Bezug auf das Verhältnis Zeugnisverweigerungsberechtigter nach § 53 I Nr. 1 bis 3 b zu nichtbeschuldigten Dritten zu sein, das zwar von dem Zeugnisverweigerungsrecht, nicht jedoch von dem Beschlagnahmeverbot erfaßt ist[4].

---

[1] *V.Hippel*, ZStW 47 (1927), 523 (525).

[2] Vorschriften ohne nähere Bezeichnung sind solche der StPO.

[3] Plastisch *Dünnebier*, Arbeiten zur Rechtsvergleichung, Nr.29, 39 (44): "Was der Mund nicht zu offenbaren braucht, darf auch der Hand nicht entrissen werden"; vgl. auch die Nachweise unten S.46 Fn.6.

[4] Siehe unten 3.Teil A I.

Mit der Regelung des § 97 sind die bei der Berücksichtigung der Zeugnisverweigerungsrechte bestehenden Ungereimtheiten aber noch nicht erschöpft. Um von Zeugnisverweigerungsrechten umfaßte Tatsachen zu ermitteln, kommen neben der Beschlagnahme nach § 94 die Erzwingung der Herausgabe (§ 95), die Postbeschlagnahme (§ 99), die Telefonüberwachung (§ 100 a) und die körperliche Untersuchung Nichtbeschuldigter (§ 81 c) in Betracht[5]. Bei diesen Zwangsmaßnahmen werden die Zeugnisverweigerungsrechte nur rudimentär und ohne erkennbares Prinzip berücksichtigt: während eine Herausgabe bei Zeugnisverweigerungsberechtigten nicht erzwungen werden kann (§ 95 II 2), und Zeugnisverweigerungsberechtigten ein umfassendes Untersuchungsverweigerungsrecht zusteht (§ 81 c III 1)[6], sind weder die Postbeschlagnahme noch die Telefonüberwachung mit Rücksicht auf Zeugnisverweigerungsrechte eingeschränkt.

In Literatur und Rechtsprechung werden im Zusammenhang mit den an die Zeugnisverweigerungsrechte anküpfenden Einschränkungen der Zwangsmaßnahmen eine Vielzahl von Einzelfragen erörtert, ohne daß jedoch bisher eine systematische Untersuchung des Verhältnisses der Zeugnisverweigerungsrechte zu den Zwangsmaßnahmen erfolgt wäre. Die vorliegende Arbeit will diese Lücke schließen.

Die Untersuchung erfolgt dabei zweispurig. Thema ist zunächst die Frage, nach welchen Grundgedanken die Zeugnisverweigerungsrechte nach §§ 52, 53 bei den auf Beweisgewinnung gerichteten Zwangsmaßnahmen Berücksichtigung gefunden haben, insbesondere, ob die bestehenden Einschränkungen der Zwangsmaßnahmen einem einheitlichen Prinzip folgen[7]. Aus dieser Analyse des geltenden Rechts ergibt sich das zweite Anliegen der Arbeit: Da ein einheitliches dem geltenden Recht zugrundeliegendes Prinzip nicht erkennbar ist, soll im Laufe der Untersuchung aus rechtspolitischer Sicht eine in sich schlüssige

---

[5] Da für alle Formen der Durchsuchung allgemein anerkannt ist, daß nicht nach Gegenständen gesucht werden darf, die der Beschlagnahme nicht unterliegen (AK/StPO-*Amelung*, § 97, Rdn.33; *Krekeler*, Festgabe Koch, 165 (169); *Welp*, JZ 72, 423 (425); *Geerds*, FS Dünnebier, 171 (177)), bedarf die Durchsuchung nicht der selbständigen Behandlung.

[6] Ein Untersuchungsverweigerungsrecht kommt allein bei den nach § 52 Zeugnisverweigerungsberechtigten in Betracht, da das Erfahren von Geheimnissen keine Spuren am Körper hinterläßt, andererseits die gesuchten Spuren oder Folgen nicht zu den von § 53 geschützten Geheimnissen gehören (vgl. LR-*Dahs*, § 81 c, Rdn.37; *Dzendzalowski*, S.30 f.).

[7] Nicht von dieser Untersuchung umfaßt ist die Frage, inwieweit Einschränkungen der Zwangsmaßnahmen aus § 54 folgen. Die damit zusammenhängenden Streitfragen, insbesondere um die Zulässigkeit der Beschlagnahme von Behördenakten, betreffen nicht das Verhältnis Staat-Bürger, sondern das Verhältnis staatlicher Stellen untereinander und stehen daher in keinem inneren Zusammenhang mit den Zeugnisverweigerungsrechten nach §§ 52, 53 und den daran anknüpfenden Beschränkungen der Zwangsmaßnahmen.
Dem Aussageverweigerungsrecht nach § 55 kommt für die Begrenzungen der Zwangsmaßnahmen keine selbständige Bedeutung zu.

Regelung, ein an den Schutzzwecken der Zeugnisverweigerungsrechte orientiertes System der Berücksichtigung der Zeugnisverweigerungsrechte bei den Zwangsmaßnahmen entwickelt werden.

Ausgangspunkt der Untersuchung ist die Erkenntnis, daß die Gewährung von Zeugnisverweigerungsrechten im Strafprozeß nur Sinn macht, wenn die dadurch geschützten Interessen auch bei Beschlagnahme, Telefonüberwachung und körperlicher Untersuchung Berücksichtigung finden.

Auf den ersten Blick erscheint dies wenig originell und wird auch nicht bestritten. Gleichwohl werden Folgerungen aus dieser Erkenntnis in Rechtsprechung und Literatur meist nicht oder nur inkonsequent gezogen: Während zur Begründung der Bedeutung der Zeugnisverweigerungsrechte eine Vielzahl von Zwecken angeführt werden, denen diese dienen sollen, wird im Zusammenhang mit aus den Zeugnisverweigerungsrechten folgenden Beschränkungen der sonstigen Zwangsmaßnahmen, etwa bei der Auslegung des § 97 oder bei der Frage, inwieweit die Telefonüberwachung Zeugnisverweigerungsberechtigter zulässig sein sollte, nicht auf die Gesamtheit der Schutzzwecke abgestellt, sondern je nach gewünschtem Ergebnis nur der eine oder der andere Aspekt herangezogen. Die Schutzzwecke der Zeugnisverweigerungsrechte werden dabei zudem häufig so vage beschrieben, daß sich Konsequenzen für die Zwangsmaßnahmen daraus beliebig ziehen lassen.

Die Bedeutung der Feststellung, daß die Verwirklichung der Zeugnisverweigerungsrechte an deren Schutzzwecken orientierte Einschränkungen der Zwangsmaßnahmen nötig macht, zeigt sich erst, wenn man sich klarmacht, welche Konsequenzen die Verwirklichung der einzelnen Schutzzwecke bei den Zwangsmaßnahmen hätten. Ein solches Vorgehen ist zugleich Prüfstein für die Ernsthaftigkeit der jeweiligen Schutzzweckerwägung: Erst an der Entscheidung, ob ein zu §§ 52, 53 angeführter Schutzzweck auch bei den sonstigen Zwangsmaßnahmen verwirklicht werden soll, zeigt sich, ob man den bei der Erklärung des Zeugnisverweigerungsrechts postulierten Vorrang des Schutzzwecks vor dem staatlichen Strafverfolgungsinteresse wirklich durchzuhalten bereit ist.

Eine systematische Untersuchung der Berücksichtigung der Zeugnisverweigerungsrechte bei den auf Beweisgewinnung gerichteten Zwangsmaßnahmen setzt daher zunächst eine Bestimmung der einzelnen Schutzzwecke der Zeugnisverweigerungsrechte sowie der zu deren konsequenter Verwirklichung jeweils erforderlichen Beschränkungen der Zwangsmaßnahmen voraus. Auf diese Weise läßt sich nicht nur feststellen, welche Einschränkungen der Zwangsmaßnahmen aus teleologischer Sicht erforderlich sind, sondern auch, auf welchen Erwägungen die geltende Regelung beruht und ob ihr eine an Schutzzwecken orientierte schlüssige Konzeption zugrundeliegt. Die Orientierung an den Zwangsmaßnahmen zwingt dabei vielfach zu einer Präzisierung der zu den Schutzzwecken der Zeugnisverweigerungsrechte vorgefundenen Erwägungen, insbesondere auch in Bezug auf deren personelle Schutzrichtung.

Erst wenn so Klarheit über die aus den Schutzzwecken der Zeugnisverweigerungsrecht folgenden Konsequenzen für die Zwangsmaßnahmen besteht, stellt sich die Frage, inwieweit Gegeninteressen, insbesondere Strafverfolgungsinteressen, einer konsequenten Verwirklichung der Schutzzwecke entgegenstehen. Auch insoweit werden die verschiedenen Aspekte häufig nicht klar genug auseinandergehalten.

Ausgehend von diesen methodischen Vorüberlegungen ergibt sich der folgende Aufbau:

Die Untersuchung erfolgt - für die verschiedenen Zeugnisverweigerungsrechte getrennt[8] - in jeweils 4 Schritten:

- In einem ersten Schritt werden die Schutzzwecke der Zeugnisverweigerungsrechte und die zur Verwirklichung dieser Schutzzwecke erforderlichen Konsequenzen, der Übersichtlichkeit halber zunächst für die zur Duldung verpflichtenden Zwangsmaßnahmen, anschließend für die Herausgabepflicht festgestellt.

- Ausgehend von den Schutzzwecken der Zeugnisverweigerungsrechte wird anschließend in einem zweiten Schritt untersucht, wer de lege lata und in einem schutzzweckorientierten System zur Verfügung über Zeugnisverweigerungsrecht, Beschlagnahmeverbot und das (in einer schutzzweckorientierten Konzeption erforderliche) Verbot der Telefonüberwachung befugt ist.

- Um die zur Verwirklichung der Schutzzwecke der Zeugnisverweigerungsrechte erforderlichen Beschränkungen der Zwangsmaßnahmen feststellen zu können, ist in einem dritten Schritt die mit dem Gewahrsamserfordernis des § 97 II 1 zusammenhängende Frage zu erörtern, innerhalb welcher Sphären Kommunikation geschützt werden soll.

  Am Ende dieses Teils der Untersuchung wird jeweils in Form eines Gesetzentwurfes dargestellt, wie ein ohne Berücksichtigung von Gegeninteressen allein an den Schutzzwecken der Zeugnisverweigerungsrechte orientiertes System der Berücksichtigung der Zeugnisverweigerungsrechte bei den Zwangsmaßnahmen aussehen könnte.

---

[8] Da sich die rationes der Zeugnisverweigerungsrechte der Heil- und Beratungsberufe nach § 53 I Nr. 1 bis 3 b weitgehend entsprechen, werden diese zusammen behandelt. Auf die Sonderstellung des Verteidigers wird in einem eigenen Kapitel eingegangen.

- In einem vierten und letzten Schritt werden dann die Gesichtspunkte erörtert, die einer konsequenten Verwirklichung der Schutzzwecke der Zeugnisverweigerungsrechte bei den Zwangsmaßnahmen entgegenstehen könnten. Dabei geht es um die Erwägungen, die im geltenden Recht in § 97 II 3 zum Ausdruck kommen und dort zu einem Wegfall des Beschlagnahmeverbots führen, sowie um die Berücksichtigung sonstiger Strafverfolgungsinteressen. Auch diese Gesichtspunkte werden unter zwei Aspekten behandelt: zum einen wird gefragt nach ihrer Bedeutung innerhalb des bestehenden Systems, zum anderen soll untersucht werden, inwieweit diese Gesichtspunkte aus rechtspolitischer Sicht geeignet sind, ein schutzzweckorientiertes System zu modifizieren.

Der Gesetzentwurf wird anhand dieser Gesichtspunkte schrittweise ergänzt, so daß am Ende jeweils ein in sich geschlossenes Modell der Berücksichtigung des Zeugnisverweigerungsrechts bei den auf Beweisgewinnung gerichteten Zwangsmaßnahmen stehen wird.

An Stelle einer Zusammenfassung werden abschließend die zu den einzelnen Zeugnisverweigerungsrechten entwickelten Entwürfe zu einem einheitlichen Gesetzentwurf zusammengeführt.

Da zum Verständnis der heutigen Regelung der Berücksichtigung der Zeugnisverweigerungsrechte bei den auf Beweisgewinnung gerichteten Zwangsmaßnahmen die Entstehungsgeschichte dieser Regelungen aufschlußreich ist, geht der Untersuchung eine Darstellung der historischen Entwicklung voraus.

1. TEIL

Entstehung der heutigen gesetzlichen Regelungen

A. Zeugnisverweigerungsrechte und Beschlagnahmeverbote

Bis zum frühen 19. Jahrhundert entsprach der umfassenden staatsbürgerlichen Zeugnispflicht eine Herausgabepflicht bezüglich beweiserheblicher Urkunden. Ausnahmen von der allgemeinen Herausgabepflicht waren ebensowenig bekannt wie Beschlagnahmeverbote[1]. "Man stellte den Grundsatz auf: Daß jeder Staatsbürger, ebenso wie er Zeugniß ablegen müsse, schuldig sei, alle Urkunden, welche er besitze, und die in einem Prozesse verlangt würden, herauszugeben"[2].

Allerdings konnte das Zeugnis einiger der Personen, denen heute Zeugnisverweigerungsrechte zustehen, schon im gemeinen Prozeß nicht erlangt werden. Angehörige des Beschuldigten sollten zum Schutz der Wahrheitsfindung grundsätzlich nicht vernommen werden; sie galten als "verdächtige Zeugen"[3]. Mit Rücksicht auf das Beichtgeheimnis durfte der Beichtvater nicht über das verhört werden, was ihm in der Beichte anvertraut worden war[4].

---

[1] Vgl. *Müller-Dietz*, S.7 f.; *Mittermaier*, NArchKrimR 1821, 306 (306 f.; AK/StPO-*Amelung*, vor §§ 94-98, Rdn.8, 9.

[2] *Mittermaier*, NArchKrimR 1821, 306 (319).

[3] Dies war auch noch die Regelung des Preußischen ALR von 1771 (Pars III, 6.Buch, Tit.II, Art.I, § 4) und der Preuß. Kriminalordnung v. 1805; siehe zum ganzen *Karitzky*, S.10 ff.; Schon das römische Recht wies selbst die freiwillige Aussage von Eltern und Kindern gegeneinander zurück, weil das Zeugnis von Eltern und Kindern gegenseitig als nicht verläßlich angesehen wurde. Außerdem wurde die Erzwingung des Zeugnisses in diesen Fällen nach der römischen Auffassung von "familia" als unerträglich empfunden (*Karitzky*, S.10; *Zachariä*, S.187).

[4] *Karitzky*, S.41 f.

I. Vom Beginn des 19. Jahrhunderts bis zur Entstehung der StPO von 1877

1. Zeugnisverweigerungsrechte

Zeugnisverweigerungsrechte im heutigen Sinne konnten sich erst durchsetzen, als das Prinzip der freien Beweiswürdigung im 19. Jahrhundert in den Strafprozeß Eingang fand[5]. Die in der überkommenen Einteilung in unverdächtige, klassische und verdächtige Zeugen liegenden Beweisregeln wurden mit der Einführung der freien Beweiswürdigung überflüssig; nur noch der Richter sollte entscheiden, ob und wieweit er einem Zeugen glauben wollte[6]. Gleichzeitig führte die liberale Entwicklung zu einer stärkeren Ausgestaltung der subjektiven Rechte des Bürgers. Die verwandtschaftliche Beziehung des Zeugen zu dem Beschuldigten wurde nunmehr nicht mehr ausschließlich unter dem Gesichtspunkt der Wahrheitsfindung betrachtet, vielmehr wurde zunehmend auf die Konfliktsituation des Zeugen[7] und z.T. auch schon auf den Schutz des Vertrauensverhältnisses zwischen Zeuge und Beschuldigtem[8] abgestellt. So konnte sich im 19. Jahrhundert allmählich in den Strafprozeßordnungen der Länder ein Zeugnisverweigerungsrecht Angehöriger des Beschuldigten durchsetzen[9]. Mit der Anerkennung des Rechtes des Beschuldigten auf freie Verteidigung wurde darüber hinaus vielfach auch dem Verteidiger/ Rechtsbeistand des Beschuldigten ein Zeugnisverweigerungsrecht zugestanden. Das Verbot der Vernehmung des Geistlichen wurde überwiegend durch ein Zeugnisverweigerungsrecht ersetzt[10]. Die StPO von Württemberg von 1868 sah darüber hinaus auch ein Zeugnisverweigerungsrecht der Presse vor[11]. Ein Zeug-

---

[5] Siehe dazu R.*Hauser*, Zeugenbeweis, S. 14 ff.; lediglich im Österr. Recht fand sich schon im 18. Jahrhundert in der Theresiania von 1769 ein Zeugnisverweigerungsrecht Angehöriger (*Karitzky*, S.42).

[6] *Gerland*, S.197.

[7] *Mittermaier*, Lehre vom Beweise, S.309 spricht bereits 1834 von einer "Collisionslage der Pflichten", in der der Zeuge leicht der "stärkeren Stimme der Natur Gehör geben und selbst gegen die Wahrheit zum Vortheile seines Verwandten aussagen werde"; ähnlich *Schwarze*, GS 21 (1869), 60; vgl. auch *Karitzky*, S.53 ff.

[8] Vgl. *Rotteck/Welcker-Welcker*, S.463: das Zeugnisverweigerungsrecht der Angehörigen berücksichtige die "Heiligkeit des Asyls des vertraulichen Familienlebens"; ähnlich *Wach*, GS 66 (1905), 1 (6).

[9] Etwa in der Preuß. StPO v. 1867; in der Würt. StPO von 1843 (Art. 195); in der Bad. StPO von 1845 (§ 149).

[10] Vgl. zu den Regelungen der Zeugnisverweigerungsrechte der Länder bis 1877 die Zusammenstellung bei *Hahn*, S.99-105; Die folgenden Strafprozeßordnungen schlossen Geistliche und Verteidiger vom Beweis aus: Art. 213 der StPO von Sachsen v. 1868; Art.142 der StPO von Württemberg v. 1868; Art. 129 der StPO von Hessen v. 1865.

[11] Art.143 Abs.2 der StPO von Württemberg von 1868.

nisverweigerungsrecht des Arztes war hingegen, trotz wachsender Kritik an diesem Zustand[12], bis 1877 in keiner deutschen StPO gesetzlich geregelt[13].

2. *Editionspflicht, Beschlagnahme*

Die Notwendigkeit von an die Zeugnisverweigerungsrechte anknüpfenden Einschränkungen strafprozessualer Zwangsmaßnahmen wurde bis 1877 nur vereinzelt gesehen; gesetzliche Regelungen bestanden nur in wenigen Ländern. Insbesondere Mittermaier forderte aber schon früh, daß eine Analogie zur Zeugenpflicht zu einem Herausgabeverweigerungsrecht führen müsse, da sonst der Geheimnisschutz als Zweck des Zeugnisverweigerungsrechts umgangen werden könnte[14]. Außerdem erhob er die Forderung nach einem Beschlagnahmeverbot bei Nichtverdächtigen: "Jeder Bürger hat das unbestreitbare Recht auf Geheimnis, und kann fordern, daß ihm dasselbe das Heiligthum seiner Gedanken, der innere Kreis seiner Familien und aller menschlichen Verhältnisse, die Bewahrung aller fremden Geheimnisse vom Staate nicht angetastet werde, solange er nicht durch seine äußere verbrecherische Handlungsweise der Strafgewalt des Staates verfällt... . Dagegen hat der Staat ebensowenig ein Recht, die Papiere eines Unschuldigen wegzunehmen, weil darunter irgendetwas Verdächtiges sein kann, als er jemanden verhaften lassen kann, weil es möglich ist, daß der Verhaftete ein Verbrechen begangen habe"[15]. Ausgehend von diesem, am strikten Schutz der Privatsphäre orientierten Ansatz forderte Mittermaier, daß die Beschlagnahme von Urkunden und Papieren bei Nichtverdächtigen unzulässig sein solle[16]. Eine Differenzierung zwischen Zeugnisverweigerungsberechtigten und sonstigen Nichtverdächtigen nahm Mittermaier nicht vor. Allerdings betonte er schon die besondere Schutzwürdigkeit von Familiengeheimnissen[17], also Geheimnissen aus einer durch ein Zeugnisverweigerungsrecht geschützten Beziehung.

Spezifischer auf Zeugnisverweigerungsrechte bezogen forderte Abegg 1842, daß die Korrespondenz von Familienangehörigen untereinander nicht beschlagnahmt und eröffnet werden dürfe. Außer bei Teilnahmeverdacht seien gegen Verwandte nirgends Rechte hinsichtlich der Kenntnisnahme ihrer Papiere, der Editions- oder der Zeugnispflicht begründet[18].

---

[12] Vgl. etwa *Mittermaier*, Strafverfahren, S.438 f.

[13] *Karitzky*, S.64 f.

[14] *Mittermaier*, Strafverfahren, S.444; ders., NArchKrimR 1821, 306 (322).

[15] *Mittermaier*, NArchKrimR 1821, 306 (315); in diese Richtung auch *Rotteck/Welcker-Welcker*, S.459 ff.; vgl. auch *Mittermaier*, NArchKrimR 1818, 452 (461).

[16] *Mittermaier*, NArchKrimR 1821, 306 (316 f.); vgl. auch schon ders., NArchKrimR 1818, 452 (460).

[17] *Mittermaier*, NArchKrimR 1821, 306 (314).

[18] *Abegg*, NArchKrimR 1842, 553 (588-590).

Die gesetzliche Regelung von Editionspflicht, Beschlagnahme und Postbeschlagnahme in den deutschen Ländern im 19. Jahrhundert war nicht einheitlich. Zur Herausgabe beweiserheblicher Gegenstände war jedermann verpflichtet. Bei der Pflicht zur Gestattung der Besichtigung beweiserheblicher Gegenstände wurde in den meisten Ländern danach differenziert, ob die Maßnahme gegen den Verdächtigen oder gegen Dritte gerichtet war. Einige Strafprozeßordnungen ließen Zwangsmaßnahmen zur Erlangung solcher Gegenstände (Haussuchung, Durchsuchung) nur bei Verdächtigen, übel beleumdeten oder unter Polizeiaufsicht stehenden Personen zu[19], andere gestatteten hingegen die Durchsuchung nach Beweisgegenständen auch bei unverdächtigen Dritten[20]. An die Durchsuchung von Papieren stellten einige Staaten besondere Anforderungen (Zulässigkeit nur bei besonderen Verdachtsgründen[21] und nicht bei Straftaten von geringer Schwere[22], Beschluß eines Kollegialgerichts erforderlich[23]), da dies als besonders drückend empfunden wurde[24].

In einigen Strafprozeßordnungen finden sich an die Zeugnisverweigerungsrechte anknüpfende Einschränkungen der Herausgabepflicht: Zeugnisverweigerungsberechtigte konnten danach nicht zur Herausgabe von Urkunden (z.T. auf Korrespondenz zwischen Zeugnisverweigerungsberechtigtem und Verdächtigem beschränkt) gezwungen werden[25]. Zur Begründung dieser Regelung wurde auf die strukturelle Nähe von Editions- und Zeugenpflicht verwiesen: beide seien auf dieselbe Wurzel zurückzuführen und müßten daher den gleichen Einschränkungen unterliegen[26]. Zudem könne es Verwandten des Verdächtigen nicht angesonnen werden, für die Herbeischaffung von Beweismitteln gegen den Verdächtigen selbst tätig zu werden[27]. Die Strafprozeßordnung des Königreichs Sachsen dehnte in Art. 201 das Herausgabeverweigerungsrecht Zeugnisverweigerungsberechtigter auf alle für die Untersuchung wichtigen Gegenstände, also über Papiere hinaus, aus.

---

[19] Bayerisches Strafgesetzbuch Art. 251; Preuß. Kriminalordnung § 307 (nach *Mittermaier*, NArchKrimR 1821, 306 (309)); Württemberg Art. 239 (nach *Planck*, S.225).

[20] Hannover, § 103; Preuß. Entwurf § 113; Bay. Entwurf, Art. 238; in einigen StPOen war die Durchsuchung erst nach vorheriger Befragung im Falle des Ableugnens zulässig: Baden, § 115; Thüringen, Art. 144; Sachsen, Art. 196, 203 (nach *Planck*, S.226).

[21] Baden, § 121 (vgl. *Brauer* in *Brauer/Jagemann*, S.326).

[22] Württ., Art. 240, 246; Baden, § 134 (nach *Planck*, S.226).

[23] Baden, § 123; Thüringen, Art. 146; Sachsen, Art. 208; Bay. Entwurf, Art. 244 (nach *Planck*, S.226).

[24] *Planck*, S.226; vgl. auch *Rotteck/Welcker-Welcker*, S.459 ff., der die Möglichkeiten der Beschlagnahme von Papieren für zu weitgehend hält und strengere Voraussetzungen, etwa eine richterliche Beschlagnahmeanordnung, verlangt (vgl. S.468 f.).

[25] Hannover, § 105; Art. 200 StPO Sachsen.

[26] *Planck*, S.237.

[27] Motive zur StPO Sachsen, nach *Schwarze*, Komm., S.284 f.

Auch Einschränkungen der Beschlagnahme mit Rücksicht auf Zeugnisverweigerungsrechte waren bereits in einigen Ländern vorgesehen. So war gem. § 105 der StPO von Hannover die Korrespondenz des Beschuldigten mit seinem Beichtvater, seinen Verwandten in auf- und absteigender Linie, seinem Ehegatten oder seinem Rechtsbeistand von der Beschlagnahme ausgenommen[28]. Gem. Art. 134 II der Württembergischen StPO war außerdem auch die Korrespondenz Zeugnisverweigerungsberechtigter untereinander beschlagnahmefrei[29]. In dem Entwurf einer Strafprozeßordnung für den Preußischen Staat von 1865, der umgesetzt wurde in der Strafprozeßordnung für die 1866 mit Preußen vereinigten Landesteile von 1867 [30], war in § 101 vorgesehen, daß Briefe, welcher jemand mit seinem Beichtvater oder Verteidiger gewechselt hat, von der Beschlagnahme ausgeschlossen sind, sofern sich diese Briefe noch in den Händen der Post oder des Empfängers befinden. Ausgeschlossen war die Beschlagnahmefreiheit bei Verdacht der Mitschuld gegen diese Personen. Zeugnisverweigerungsberechtigte waren darüber hinaus wie schon zuvor nicht herausgabepflichtig und konnten nicht zum Editionseid gezwungen werden[31].

Sofern, wie etwa in Sachsen, zwar keine Herausgabepflicht Zeugnisverweigerungsberechtigter bestand, die Beschlagnahme jedoch zulässig war, wurde dies in der Literatur kritisiert. Es sei eine "ziemlich nichtssagende Modifikation", wenn Zeugnisverweigerungsberechtigte zwar nicht editionspflichtig seien, die fraglichen Gegenstände jedoch durch gewaltsame Wegnahme erlangt werden könnten. Planck forderte aus diesem Grund die generelle Unzulässigkeit von Durchsuchung und gewaltsamer Wegnahme bei Zeugnisverweigerungsberechtigten[32].

3. Postbeschlagnahme

Neben der Beschlagnahme von Gegenständen im Gewahrsam von Privatpersonen hat man schon früh auch die Möglichkeit der Beschlagnahme von Sendungen auf der Post bzw. eine Herausgabepflicht der Postbehörden auf Verlangen des Gerichts gesehen und gesetzlich geregelt. Dabei unterschieden sich die Regelungen der Länder untereinander zwar, was den Umfang der zulässigen

---

[28] Zit. nach: Archiv für die neueste Gesetzgebung in den deutschen Bundes-Staaten, Bd.2, 1851, S.436; das gleiche galt mit Ausnahme der Korrespondenz mit Verwandten und dem Ehegatten auch gem. Art. 102 der StPO von Oldenburg (zit. nach *Zachariä*, S.175 f. Anm.8).

[29] Zit. nach *Hahn*, S.124.

[30] Gesetz-Sammlung für die Königlich Preußischen Staaten von 1867, Nr.62, S.933 ff.

[31] Siehe Anmerkung zu § 113 des Entwurfs; schon der Preußische Entwurf von 1851 schloß in § 122 die Beschlagnahme der Korrespondenz zwischen Beschuldigtem und dessen Beichtvater bzw. Rechtsbeistand aus, allerdings nicht auf der Post; bei Angehörigen durfte gem. § 154 die Herausgabe nicht erzwungen, jedoch beschlagnahmt werden (Preuß.Justizministerialblatt v. 1851, S.87 ff.).

[32] *Planck*, S.238 f.; ähnlich auch *Brauer*, NArchKrimR 1846, 583 (606); später auch *v.Kries*, S.287.

Beschlagnahme anging. So war die Befugnis, Briefe von und an eine verhaftete Person in Beschlag zu nehmen, allgemein anerkannt[33], während die Befugnis, Briefe von und an nicht verhaftete Verdächtige sowie die Korrespondenz Dritter untereinander zu beschlagnahmen, unterschiedlich geregelt war[34]. Gemeinsam war jedoch in allen Ländern außer Preußen die Tatsache, daß bei der Postbeschlagnahme die Beziehung des Verdächtigen zu Zeugnisverweigerungsberechtigten keine Berücksichtigung fand.

II. Die Strafprozeßordnung vom 1.Februar 1877

Am 1. Februar 1877 trat als Teil der Reichsjustizgesetze eine einheitliche Strafprozeßordnung für das Deutsche Reich[35] in Kraft.

1. Zeugnisverweigerungsrechte

Bei den Zeugnisverweigerungsrechten knüpfte die StPO von 1877 an die bisherigen Regelungen in den Ländern an und erweiterte diese. Über die schon bisher überwiegend anerkannten Zeugnisverweigerungsrechte der Angehörigen (§ 51), Geistlichen und Verteidiger (§ 52 Nr.1 u. 2) hinaus wurde in § 52 Nr.3 nun auch den Rechtsanwälten und Ärzten[36] ein Zeugnisverweigerungsrecht über das ihnen Anvertraute gegeben[37].

Der weite Kreis der Zeugnisverweigerungsberechtigten aus persönlichen Gründen wurde in den Motiven damit begründet, daß es vorzuziehen sei, auf ein Beweismittel zu verzichten, als einen nahen Angehörigen des Beschuldigten der Versuchung auszusetzen, zugunsten des letzteren einen Meineid zu leisten[38]. Hier klingt sowohl der Schutz der Wahrheitsfindung als auch die Berücksichtigung einer Interessenkollission bei dem Zeugen an[39]. Als Begründung für die Erweiterung der Zeugnisverweigerungsrechte auf Ärzte und Rechtsanwälte wurde die besondere Vertrauensstellung dieser Personen und das besondere

---

33 *Rotteck/Welcker-Welcker*, S.468; *Planck*, S.239.

34 Bei den Verdächtigen wurde z.T. auf die Möglichkeit der Verhaftung abgestellt, so etwa Baden, § 125; Thüringen, Art.152; Hannover § 106 (nach *Planck*, S.239); in Sachsen (Art.209) und Württemberg (Art.246) war auch die Beschlagnahme von Briefen Dritter untereinander möglich, wenn der Verdacht bestand, daß der Brief von dem Verdächtigen herrührt, in dessen Auftrag abgesendet oder für diesen bestimmt ist.

35 RGBl.I, 253.

36 Vgl. zu der Diskussion um das Zeugnisverweigerungsrecht für Ärzte *Müller-Dietz*, S.10-12.

37 Diskutiert und im Ergebnis abgelehnt wurde darüber hinaus ein Zeugnisverweigerungsrecht für Hebammen, Notare und Presseangehörige (vgl. *Hahn*, S.582 ff., 1211 ff. (Kommissionsprot.); S.1614 ff. (Prot. der Justizkommission); vgl. zu der Diskussion um die Erweiterung der Zeugnisverweigerungsrechte auch *Karitzky*, S.68-71).

38 *Hahn*, S.106.

39 Vgl. auch *Gerland*, S.202; *Holtzendorff*, S.275.

öffentliche Interesse an dem Schutz der Vertrauensbeziehung zwischen diesen Personen und deren Patienten und Mandanten genannt[40]. Des weiteren wurde auf die gesetzlich in § 300 StGB statuierte und berufsethisch durch den Hippokratischen Eid abgesicherte Schweigepflicht der Ärzte hingewiesen[41].

2. *Beschlagnahme(freiheit)*

Diese Zeugnisverweigerungsrechte wurden bei den Regelungen über die Beschlagnahme in der Weise berücksichtigt, daß die Herausgabe von Beweisgegenständen bei Zeugnisverweigerungsberechtigten nicht erzwungen werden konnte (§ 95 II 2); des weiteren bestimmte § 97 die Beschlagnahmefreiheit von schriftlichen Mitteilungen zwischen dem Beschuldigten und Zeugnisverweigerungsberechtigten, sofern sich die Mitteilungen in den Händen der Verweigerungsberechtigten befinden und diese nicht der Teilnahme, Begünstigung oder Hehlerei verdächtig sind. Hier wurde also die bis dahin umstrittene Beschlagnahmefreiheit mit Rücksicht auf Zeugnisverweigerungsrechte Gesetz.

In den Motiven wurde wie schon früher die Parallele zwischen Zeugnis- und Herausgabepflicht betont und so die Regelung des § 95 II 2 begründet. Der Entwurf gehe jedoch darüber hinaus, indem er das Vertrauensverhältnis zwischen Beschuldigtem und Zeugnisverweigerungsberechtigten als entscheidend annähme. Dieses fordere die Beschlagnahmefreiheit der Korrespondenz schlechthin. Als Vorbild für die Regelung der Beschlagnahmefreiheit von Mitteilungen wurde Art. 134 II der württembergischen StPO angeführt[42].

3. *Postbeschlagnahme*

Im Unterschied zu der Regelung der Beschlagnahmefreiheit in §§ 95, 97 war die Postbeschlagnahme in den Gremien, die sich mit der StPO befassten, Gegenstand kontroverser Diskussion. Diese wurde um die Punkte geführt, ob das Post- und Briefgeheimnis überhaupt eine Durchbrechung erlaube, ob man die Postbeschlagnahme nur bei Verbrechen oder zumindest nicht bei Übertretungen zulassen solle und wie die Regelung der Postbeschlagnahme im einzelnen, insbesondere bezüglich des Grades der Wahrscheinlichkeit, daß ein Brief von dem Beschuldigten herrühre, und der Zuständigkeit zur Eröffnung der Briefe, aus-

---

[40] *Hahn*, S. 582 f., 1213, 1520.

[41] *Hahn*, S. 582 (Abg. Zinn).

[42] *Hahn*, S. 124; Diese Vorschrift ging jedoch über die in der StPO von 1877 getroffene Regelung insoweit hinaus, als die auch die Korrespondenz Zeugnisverweigerungsberechtigter untereinander (etwa die Korrespondenz zwischen Familienangehörigen und Verteidiger des Beschuldigten) beschlagnahmefrei stellte.

sehen solle[43]. Die Postbeschlagnahme wurde schließlich in § 99 in die StPO eingeführt und ist bis heute unverändert geblieben.

Obwohl in dem preußischen Entwurf von 1865 und der darauf ergangenen StPO[44] die Beschlagnahmefreiheit auf Briefe, die sich auf der Post befinden, erstreckt worden war, und während der Diskussionen zur RStPO mehrfach darauf hingewiesen wurde, daß die Postbeschlagnahme auch unbeteiligte Dritte betreffe und deshalb ein besonders gravierender Eingriff sei[45], widmete man dem Sonderproblem des Eingriffs in eine durch Zeugnisverweigerungsrechte besonders geschützte Vertrauensbeziehung durch die Postbeschlagnahme insgesamt nur wenig Aufmerksamkeit. Die Möglichkeit, die Postbeschlagnahme für Korrespondenz zwischen Zeugnisverweigerungsberechtigten und Beschuldigtem einzuschränken, wurde während der Beratungen zur StPO 1873 in einer Bundesratskommission noch für alle Zeugnisverweigerungsberechtigten[46], später nur noch für Verteidigerpost diskutiert, aber auch insoweit verworfen[47]. Maßgeblich dafür war wohl die Befürchtung, daß Beschuldigter und Verteidiger die Beschlagnahmefreiheit ihrer Korrespondenz kollusiv mißbrauchen könnten[48].

III. Die Entwicklung nach der StPO von 1877

1. Reformüberlegungen bis 1933

Mit dem Inkrafttreten der StPO im Jahre 1877 war die Diskussion über an die Zeugnisverweigerungsrechte anknüpfende Beschlagnahmeverbote nicht beendet. Allerdings blieb der Umfang der Beschlagnahmefreiheit bis 1953 unverändert[49]; zu einer gesetzlichen Umsetzung der zahlreichen Reformentwürfe kam es insoweit nicht. Daß die heutige Fassung des § 97 1953 im wesentlichen ohne Diskussionen eingeführt wurde, ist jedoch nur im Zusammenhang mit der Entwicklung und den Diskussionen zwischen 1877 und 1953 zu verstehen.

---

[43] *Hahn*, S.630 ff.; 1247 ff. (Kommissionsprot.); S.1774 ff. (2.Beratung im Plenum).

[44] Siehe oben S. 28 Fn.30

[45] *Hahn*, S.631: "persönliche Beziehungen der delikatesten Natur könnten ohne Not der Öffentlichkeit preisgegeben werden" (Abg.Herz); S.1247.

[46] Dahingehend (abgelehnte) Anträge von Werner und Staudinger in einer 1873 vom Bundesrat eingesetzten StPO-Kommission, vgl. *Schubert/Regge*, S.178.

[47] Vgl. *Hahn*, S.969 f.; S.1300 f.

[48] *Hahn*, S.970; s.auch *Welp*, Überwachung, S.189; ders., FS Gallas, 391 (420).

[49] Mit Gesetz vom 27.12.1926 (RGBl.I, 529) wurde allerdings das Zeugnisverweigerungsrecht der Presse (über die Person des Verfassers oder Einsenders einer Veröffentlichung strafbaren Inhalts, wenn der Redakteur als Täter bestraft oder seiner Bestrafung kein rechtliches Hindernis entgegensteht) eingeführt (siehe zu der Entstehung im einzelnen *Cramer*, S.22 ff.; *Möhl*, S.22 ff.; *Pauli*, S.64 ff.), wodurch wegen der Verweisung in § 97 auf die Zeugnisverweigerungsrechte auch entsprechende Beschlagnahmeverbote bestanden.

Nicht mehr umstritten war in der Folgezeit die Regelung des § 95 II 2. Dagegen wurden die Beschlagnahmeverbote bereits schnell Gegenstand erneuter Reformüberlegungen. Gefordert wurde die Erweiterung des § 97 auf schriftliche Mitteilungen zwischen Zeugnisverweigerungsberechtigten[50] sowie auf Mitteilungen, die sich auf der Post befinden[51]. Des weiteren sollten auch Aufzeichnungen Zeugnisverweigerungsberechtigter beschlagnahmefrei gestellt werden[52]. Am weitestgehenden forderte v.Hippel 1927 ein Beschlagnahmeverbot, soweit die Beschränkungen der Editionspflicht reichten. Dies sei erforderlich, um berechtigten Geheimhaltungsinteressen der Zeugnisverweigerungsberechtigten gerecht zu werden[53].

V. Kries forderte eine Ausdehnung des an die berufsbezogenen Zeugnisverweigerungsrechte anküpfenden Beschlagnahmeverbots auf Gegenstände aus dem Verhältnis des Zeugnisverweigerungsberechtigten zu nichtbeschuldigten Dritten: die den Zeugnisverweigerungsberechtigten aus beruflichen Gründen anvertrauten Dinge müßten schlechterdings geheim bleiben; schließlich komme es auch bei der Verweigerung des Zeugnisses nicht darauf an, von wem die mündliche Mitteilung gemacht worden sei[54]. Dagegen hielt er die Beschlagnahmefreiheit bei Angehörigen für zu weitgehend: zwar sollten diese nicht dazu gezwungen werden, aktiv an der Überführung des Beschuldigten mitzuwirken; für ein Beschlagnahmeverbot bei Angehörigen gebe es hingegen keine Gründe[55].

Auch in Reformentwürfen zur StPO, die von verschiedenen Kommissionen zwischen 1877 und 1933 gemacht wurden, und den in diesem Zusammenhang geführten Debatten wurden verschiedene Erweiterungen der Beschlagnahmefreiheit vorgeschlagen.

Beschlagnahmefrei sollten danach sein:

- gegenseitige schriftliche Mitteilungen Zeugnisverweigerungsberechtigter[56]
- Briefe zwischen Verteidiger und Beschuldigtem auf der Post[57]

---

[50] *Binding*, S.142; *v.Kries*, S.287.

[51] *Glaser*, S.293 f., Anm.29.

[52] *Beling*, Beweisverbote, S.22 und *Chrzescinski*, DJZ 1926, 70 (71)) vertraten die Auffassung, dies sei schon de lege lata möglich, während dies ansonsten als Reformvorschlag formuliert wurde (siehe nur *v.Kries*, S.287 f.; *Sauter*, S.306; *Roth*, JW 1911, 130 (132)); vgl. zum Ganzen *Müller-Dietz*, S.14 ff).

[53] *V.Hippel*, ZStW 47 (1927), 523 (525 ff.).

[54] *V. Kries*, S.287 f.

[55] *V. Kries*, S.289.

[56] So der E 1919 (Reichsratsvorlage) vgl. Entwurf eines Gesetzes über den Rechtsgang in Strafsachen (nebst Begründung); Mat.z.Strafrechtsreform, Bd.14.

[57] So die Reformentwürfe 1908 und 1909 der Reichstagskommission (vgl. Mat. zur Strafrechtsreform, Bd.12 und 13).

- schriftliche Aufzeichnungen in verschiedenem Umfang[58].

Begründet wurden die Erweiterungen der Beschlagnahmefreiheit damit, daß die Begrenzung der Beschlagnahmefreiheit auf schriftliche Mitteilungen zu einer Verletzung der Vertrauensverhältnisse zwischen den Zeugnisverweigerungsberechtigten aus beruflichen Gründen und dem Beschuldigten führe, da durch die Beschlagnahme von Aufzeichnungen Ersatz für die verweigerte Aussage geschaffen werde. Außerdem müsse die Freiheit des schriftlichen Verkehrs zwischen Verteidiger und Beschuldigtem besonders geschützt werden[59].

Gegen Erweiterungen der Beschlagnahmefreiheit bei Zeugnisverweigerungsberechtigten wurde angeführt, daß ein Gewissenskonflikt, den die Zeugnisverweigerungsrechte berücksichtigten, bei der Beschlagnahme nicht existiere. Es sei zu unterscheiden zwischen dem Aussageverweigerungsrecht, das den Zeugen von einer Pflicht, aktiv zu handeln, entbinde, und der Zulässigkeit gewaltsamer Wegnahme[60]. Auch bei dem Beschuldigten werde diese Unterscheidung getroffen. Es bestehe zudem ein Bedürfnis der Beschlagnahme schriftlicher Aufzeichnungen, nicht zuletzt auch zu Verteidigungszwecken. Eine zu weitgehende Ausdehnung der Beschlagnahmefreiheit führe zudem zu einem Asylrecht für Beiseiteschaffungen und Verdunklungen jeder Art[61].

2. *Nationalsozialistische Reformpläne*

Auch zwischen 1933 und 1945 kam es zu keiner Änderung dieser Regelung, obwohl sich eine amtliche Strafprozeßkommission[62] auch mit diesem Thema befaßte. Die Kommission kam zu dem Ergebnis, daß für die beruflichen Zeugnisverweigerungsrechte die Beschränkung der Beschlagnahme schriftlicher Mitteilungen aufrechterhalten und auf Aufzeichnungen dieser Personen ausgedehnt werden sollte. Dies sei zum Schutz der Berufsgeheimnisse erforderlich. Nur bei

---

[58] Z.B. über Mitteilungen, die Zeugnisverweigerungsberechtigten aus beruflichen Gründen gemacht werden (so der Vorschlag der zwischen 1903 und 1905 tagende Kommission für die Reform des Strafverfahrens, vgl. Protokolle der Kommission für die Reform des Strafverfahrens, 2 Bände); alle Aufzeichnungen, über deren Inhalt der zeugnisverweigerungsberechtigte Gewahrsamsinhaber das Zeugnis verweigern kann (ein dahingehender Antrag wurde in der Kommission 1903-1905 verworfen und von der Kommission 1909 angenommen (Bericht der 7.Kommission, 1.Teil, S.3208; in Mat.z. Strafrechtsreform, Bd.13)); den Verdächtigen betreffende Aufzeichnungen (so ein Antrag in der Debatte über Reformentwürfe einer 1908 und 1909 tagenden Reichstagskommission (vgl. Bericht der 7.Kommission, 1.Teil, S.3208; in Mat.z. Strafrechtsreform, Bd.13)).

[59] Protokolle der Kommission 1903-1905, Bd.2, S.175-177; Begründung zum E 1909, Mat.z. Strafrechtsreform, Bd.12, S.92.

[60] Bericht der 7.Kommission, 1.Teil, S.3208; in Mat.z. Strafrechtsreform, Bd.13.

[61] Protokolle der Kommission für die Reform des Strafverfahrens, Bd.2 (1905), S.175-177.

[62] Siehe *Gürtner*, Das kommende deutsche Strafverfahren, Bericht der amtlichen Strafprozeßkommission, 1938.

schwersten Straftaten, insbesondere Hoch- und Landesverrat, solle ein Beschlagnahmeverbot nicht bestehen.

Bei Angehörigen sollten hingegen nur schriftliche Mitteilungen zwischen dem Beschuldigten und seinen nächsten Angehörigen beschlagnahmefrei sein. Die Differenzierung zwischen den Angehörigen und den geheimnisgeschützten Berufen wurde damit begründet, daß an der ungestörten Berufsausübung der von § 53 umfaßten Berufe ein starkes öffentliches Interesse bestehe. Das Zeugnisverweigerungsrecht Angehöriger solle dagegen lediglich diese vor einer Konfliktlage bewahren. Ein Beschlagnahmeverbot lasse sich aber so nicht begründen; dieses lasse sich allenfalls rechtfertigen mit dem Schutz des familiären Vertrauensverhältnisses, welches nur zwischen nächsten Angehörigen dem staatlichen Interesse an Strafverfolgung vorgehen könne[63].

IV. Das 3. Strafrechtsänderungsgesetz von 1953

Bei Gründung der Bundesrepublik galt somit immer noch die Regelung der Beschlagnahmefreiheit von 1877, und so verwundert es nicht, daß die Diskussion über die Erweiterung des § 97 alsbald wieder begann[64]. Mit dem 3. Strafrechtsänderungsgesetz vom 4. August 1953 (BGBl.I, 735) wurden auch die Regelungen über die Zeugnisverweigerungsrechte und die Beschlagnahmefreiheit reformiert; § 97 I erhielt die heute geltende Fassung.

Ziel dieser Reform war es, bisherige Streitfragen, insbesondere bezüglich der Beschlagnahmefreiheit von Aufzeichnungen Zeugnisverweigerungsberechtigter, zu beseitigen[65].

1. Regelung

Zeugnisverweigerungsberechtigt sind nach diesem Gesetz nun auch Patentanwälte, Notare, Wirtschaftsprüfer, vereidigte Buchprüfer und Steuerberater, Zahnärzte, Apotheker und Hebammen, Abgeordnete (s. Art.47 GG) und Rundfunkmitarbeiter (entsprechend Presse). Außerdem wird in § 53 a das Zeugnisverweigerungsrecht der Berufshelfer gesetzlich geregelt. Das Zeugnisverweigerungsrecht nach § 53 I Nr.1-3 wird außerdem erweitert auf das, was diesen Personen bei ihrer Berufsausübung bekannt geworden ist[66].

---

[63] *Schaffheutle* in: *Gürtner*, a.a.O. (Fn. 62), S.285-289.

[64] Vgl. etwa *Seibert*, JZ 51, 584; OLG Celle, MDR 52, 376 mit Anm.*Maaßen*; LR 20.-*Tillmann*, § 97, Rdn.6 m.w.N. über diesen Streit.

[65] BT-Drucks. Nr.3713 (1.Wp), S.49 (Begr. zu RegEntwurf); siehe auch *Costa*, MDR 53, 577 (578); *Dallinger*, JZ 53, 432 (437).

[66] Ob das, was eine Person nach § 53 bei der Berufsausübung von selbst wahrgenommen hat, von dem Zeugnisverweigerungsrecht umfaßt war, war bis dahin umstritten (vgl. *Müller-Dietz*, S.13).

§ 97 wird erweitert: beschlagnahmefrei sind nun auch Aufzeichnungen sowie andere Gegenstände[67], auf die sich das Zeugnisverweigerungsrecht nach § 53 I Nr. 1 bis 3 bezieht. Außerdem sind beschlagnahmefrei Schriftstücke bei Abgeordneten sowie bei Presse- und Rundfunkmitarbeitern, soweit ihr Zeugnisverweigerungsrecht reicht. Des weiteren wird der Begriff "Gewahrsam" des Zeugnisverweigerungsberechtigten eingeführt[68].

2. *Entstehung*

Dem Gesetz ging ein Entwurf der Bundesregierung[69] voraus, der in den hier interessierenden Teilen im wesentlichen bereits das bestimmte, was später Gesetz wurde. Lediglich das Zeugnisverweigerungsrecht von Steuerberatern und Wirtschaftsprüfern war Gegenstand kontroverser Diskussion[70], wurde aber schließlich entsprechend dem Entwurf verabschiedet. Zur Begründung für die Erweiterung der Zeugnisverweigerungsrechte wurde die Schutzwürdigkeit der Vertrauensverhältnisse zwischen dem Beschuldigten und den neu erfaßten Berufsgruppen angeführt. Um die Umgehung der Zeugnisverweigerungsrechte zu verhindern, müßten auch die Berufshelfer verweigerungsberechtigt sein.

Dieser Schutz vor Umgehung wurde auch als maßgebliche Erwägung für die Beschlagnahmefreiheit von Aufzeichnungen und sonstigen Gegenständen angeführt. Das Zeugnisverweigerungsrecht solle nicht dadurch illusorisch gemacht werden, daß Gegenstände beschlagnahmt werden könnten, aus deren Inhalt sich gerade das ergebe, was der zur Verweigerung des Zeugnisses Berechtigte dem Gericht verschweigen möchte[71].

Die Regelung der Beschlagnahmefreiheit war in den Debatten zum 3. Strafrechtsänderungsgesetz nicht umstritten[72]. Offensichtlich hatte sich die Einsicht

---

67 Als Beispiel für sonstige Gegenstände wurden der vom Arzt aus dem Körper des Beschuldigten entfernte Fremdkörper sowie dem Anwalt übergebene Dokumente genannt (BT-Drucks.I Nr.3713, S.49).

68 Zuvor hing die Beschlagnahmefreiheit davon ab, daß sich der Gegenstand "in den Händen" des Zeugnisverweigerungsberechtigten befindet. Sachlich hat sich durch diese Neufassung nichts geändert (vgl. *Welp*, Überwachung, S.191 f., Fn.13 m.w.N.).

69 BT-Drucks. Nr.3713 (1.Wp.).

70 265. Sitzung des BT's, 1.Wp. (2.Lesung); 269. Sitzung des BT's, 1.Wp.(3.Lesung); - Gegen ein Zeugnisverweigerungsrecht wurde angeführt, daß es an einem einheitlichen Berufsrecht dieser Berufe fehle; für ein Zeugnisverweigerungsrecht wurde mit dem Schutz des Vertrauensverhältnisses dieser Personen zu ihren Klienten, der Geheimhaltungsbedürftigkeit der innerhalb dieses Vertrauensverhältnisses behandelten Vorgänge und damit argumentiert, daß die Kompliziertheit der steuerrechtlichen Vorschriften dazu zwängen, sich Steuerberatern u.ä. anzuvertrauen.

71 *Eb.Schmidt*, Nachtr.I, § 97, Rdn.2.

72 Der Ausschuß für Rechtswesen und Verfassungsrecht (23. Ausschuß) schlug nur redaktionelle Änderungen vor (BT-Drucksache Nr.4250); auch im Bundestag war diese Regelung unumstritten (83. und 236. Sitzung (1. Les.); 265. Sitzung (2. Les.); 269. Sitzung (3. Les.)).

in die Notwendigkeit der Erweiterung der Beschlagnahmefreiheit nach den seit 1877 andauernden Reformdiskussionen allgemein durchgesetzt. So wurde die Änderung des § 97 auch in der Literatur positiv aufgenommen. Während nach der alten Fassung des § 97 das Zeugnisverweigerungsrecht des Personenkreises der §§ 52, 53 I Nr.1-3 nicht als gewährleistet habe angesehen werden können, sei nun eine klare gesetzliche Grundlage geschaffen worden, die die alten Streitfragen beseitige[73].

V. Von 1953 bis heute

Nach dem 3.Strafrechtsänderungsgesetz hat es verschiedene Erweiterungen der Zeugnisverweigerungsrechte und entsprechende Erweiterungen des Beschlagnahmeverbots bei diesen Personengruppen gegeben. 1974 [74] wurde in Folge der Neuregelung des Schwangerschaftsabbruchs ein Zeugnisverweigerungsrecht der Berater und Begutachter nach §§ 218 c, 219 StGB als § 53 I Nr. 3 a eingeführt und die Beschlagnahmefreiheit auf Gegenstände ausgedehnt, die sich im Gewahrsam solcher Beratungs- und Begutachtungsstellen befinden (§ 97 II 1, 2. Hs.). 1975[75] erhielt das Zeugnisverweigerungsrecht der Presse- und Rundfunkmitarbeiter die heutige Fassung. Im Jahre 1992 schließlich ist ein Zeugnisverweigerungsrecht für Drogenberater (§ 53 I Nr.3 b) und ein Beschlagnahmeverbot bei diesen bzw. bei Drogenberatungsstellen eingeführt worden[76]. Ansonsten ist es bei der 1953 verabschiedeten Regelung der Beschlagnahmeverbote geblieben.

VI. Zusammenfassung/Resümee

Zeugnisverweigerungsrechte der Angehörigen, des Beichtvaters und des Verteidigers des Beschuldigten waren bis Mitte des 19. Jahrhunderts allgemein anerkannt. Als deren ratio wurde überwiegend eine bei dem Zeugen bestehende Konfliktlage angeführt. Aus der strukturellen Nähe von Aussage- und Herausgabepflicht und der Unzumutbarkeit aktiver Mitwirkung von Angehörigen an der Überführung des Verdächtigen leitete man ab, daß beide Pflichten in gleicher Weise eingeschränkt sein sollten. Dies wurde in vielen Strafprozeßordnungen deutscher Länder, zum Teil allerdings nur für die Herausgabe von Urkunden und Korrespondenz, und in der StPO von 1877 umgesetzt und war seitdem unumstritten.

---

[73] LR[20.]-*Tillmann* (Nachtrag), § 97, Nr.12.

[74] 5.Gesetz zur Reform des Strafrechts vom 18. Juni 1974 (BGBl.I, 1297).

[75] Gesetz über das Zeugnisverweigerungsrecht der Mitarbeiter von Presse und Rundfunk vom 25. Juli 1975 BGBl.I, 1973; zur Entstehung im einzelnen *Groß*, NJW 75, 1763.

[76] BGBl.I, 1366.

An die Zeugnisverweigerungsrechte anküpfende Beschränkungen sonstiger Zwangsmaßnahmen konnten sich erst durchsetzen, als neben der Bewahrung des Zeugen vor einer Konfliktlage das Vertrauensverhältnis zwischen dem Beschuldigten und den Zeugnisverweigerungsberechtigten als Schutzzweck der Zeugnisverweigerungsrechte erkannt wurde. Sofern unter dem Einfluß liberaler Entwicklungen im 19. Jahrhundert Beschlagnahmeverbote gefordert wurden, standen dabei zunächst weniger die Zeugnisverweigerungsrechte als vielmehr der Schutz der Privatsphäre und des persönlichen, insbesondere des Briefgeheimnisses im Vordergrund. Beschränkungen der Beschlagnahme wurden zunächst allgemein für Papiere Nichtverdächtiger, dann für die innerhalb von familiären Beziehungen entstandenen Briefe und Schriftstücke und schließlich auch für schriftliche Mitteilungen zwischen dem Beschuldigtem und dessen Beichtvater sowie seinem Verteidiger gefordert; erfaßt waren damit alle durch Zeugnisverweigerungsrechte geschützten Beziehungen.

Bezüglich des Umfangs der Beschlagnahmefreiheit gab es verschiedene Vorschläge und Regelungen. Die Forderungen in der Literatur reichten von der völligen Unzulässigkeit der Beschlagnahme bei Nichtverdächtigen bis hin zu restriktiveren Ansichten, die die Beschlagnahmefreiheit auf Korrespondenz zwischen dem Beschuldigten und den Zeugnisverweigerungsberechtigten aus beruflichen Gründen beschränkt sehen wollten. Gesetzliche Regelungen von Beschlagnahmeverboten gab es bis 1877 nur in wenigen Ländern.

Nach der Einführung des Beschlagnahmeverbots für im Gewahrsam des Zeugnisverweigerungsberechtigten befindliche schriftliche Mitteilungen zwischen diesen und dem Beschuldigten durch die StPO von 1877 wurden die Reformdiskussionen fortgesetzt. In ihrem Mittelpunkt stand seitdem die Frage eines Beschlagnahmeverbots für Aufzeichnungen Zeugnisverweigerungsberechtigter, das für die Personen nach § 53 schließlich 1953 Aufnahme in § 97 fanden.

Die enumerative Aufzählung der beschlagnahmefreien Gegenstände in § 97 resultiert nach alledem wohl aus der schrittweisen Entwicklung der Beschlagnahmefreiheit; die Einführung einer Generalklausel, wie dies noch v.Hippel 1927 forderte, wurde später nicht mehr erwogen. Verschiedene Ende des 19. und Anfang des 20. Jahrhunderts diskutierte Erweiterungen der Beschlagnahmefreiheit, wie etwa ein Beschlagnahmeverbot für Mitteilungen Zeugnisverweigerungsberechtigter untereinander, für Mitteilungen auf der Post sowie für Gegenstände aus der Beziehung Zeugnisverweigerungsberechtigter aus beruflichen Gründen zu nichtbeschuldigten Dritten, wurden später ebenfalls nicht mehr aufgegriffen, obwohl, wie sich im Laufe der Untersuchung zeigen wird, gerade einige dieser Erweiterungen zur Verwirklichung der Schutzzwecke der Zeugnisverweigerungsrechte bei den Zwangsmaßnahmen erforderlich wären.

B. Körperliche Untersuchung Nichtbeschuldigter und Untersuchungsverweigerungsrecht

I. Vom Beginn des 19. Jahrhunderts bis zur StPO von 1877

Eine gesetzliche Regelung der körperlichen Untersuchung im Strafverfahren gab es bis zum Beginn des 19. Jahrhunderts nicht, und obwohl im Zuge der Freiheitsbewegungen des 19.Jahrhunderts die Forderung erhoben wurde, Eingriffe des Staates in Rechte des Bürgers gesetzlich zu regeln, sahen auch die Reformgesetzgebungen der deutschen Länder keine Bestimmungen vor, die Strafverfolgungsorgane ausdrücklich die körperliche Untersuchung, sei es Verdächtiger oder Nichtverdächtiger, gestatteten. Geregelt war lediglich in einigen Strafprozeßordnungen die "Aussuchung an", bzw. die "Durchsuchung am Körper" einer Person, die aber wohl der Auffindung von Beweisgegenständen dienen sollte[77]; andere Strafprozeßordnungen enthielten verfahrensrechtliche Bestimmungen für die körperliche Untersuchung[78]. Überwiegend ging man aber davon aus, auch ohne eine ausdrückliche gesetzliche Regelung sei jedermann verpflichtet, zu Beweiszwecken dem Gericht die Besichtigung auch seiner Person zu gestatten[79]. Da es um ein bloßes Dulden ginge, könnten sich auch Personen, die zum Zeugnis nicht verpflichtet seien, dieser Pflicht nicht entziehen[80]. Mit der Begründung, die Pflicht zur Duldung der körperliche Untersuchung folge aus der Pflicht zur Zeugnisablegung und müsse den gleichen Einschränkungen wie diese unterliegen, wurde allerdings vereinzelt der Augenschein bei Dritten für unstatthaft gehalten, soweit diese das Zeugnis verweigern könnten[81].

II. Die StPO von 1877

Die StPO von 1877 änderte an diesem Rechtszustand nichts[82]. Geregelt wurde auch hier lediglich die Durchsuchung der Person und der Räume des Verdächtigen (§ 102) und des Nichtverdächtigen (§ 103).

---

77 Vgl. *Schwarze*, S.280 f. zu Art.196 StPO Sachsen; Preuß. Entwurf von 1865, § 103.

78 § 145 Preuß. Kriminalordnung vom 11.12.1805; Art. 94, 112, 113 der Württembergischen StPO vom 22.6.1843; §§ 106, 108 Badische StPO vom 6.3.1845; (vgl. dazu *Dzendzalowski*, S. 81 f.); Art. 174, 177 der Sächsischen StPO von 1855.

79 *Planck*, S.225; vgl. auch *Brauer*, NArchKrimR 1846, 583 (587 ff.); *Zachariä*, S.218; *Dzendzalowski*, S.82; *Etterich*, S.5; anders *Beling*, ZStW 15, 471 (481).

80 *Planck*, S.224 f.

81 *Brauer*, NArchKrimR 1846, 583 (605 f.).

82 Über eine Regelung der körperlichen Untersuchung wurde soweit ersichtlich während der gesamten Beratungen zur RStPO, auch im Zusammenhang mit der Personendurchsuchung, nicht diskutiert.

Während in der Literatur nach 1877 die Auffassungen über die Zulässigkeit der körperlichen Untersuchung Nichtbeschuldigter[83] und über ein Untersuchungsverweigerungsrecht[84] geteilt blieben, erklärte das Reichsgericht im Jahre 1886 die körperliche Untersuchung Nichtbeschuldigter für zulässig gemäß § 103: Es handele sich der Sache nach um die Durchsuchung einer Person nach Spuren einer Straftat[85]. Körperliche Eingriffe, insbesondere die Entnahme von Blutproben, gegen den Willen des Betroffenen seien hingegen nicht von § 103 umfaßt[86]. Daß Nichtbeschuldigte ein Untersuchungsverweigerungsrecht entsprechend dem Zeugnisverweigerungsrecht haben könnten, lehnte das Reichsgericht mit der Begründung ab, eine Konfliktlage, wie sie dem Zeugnisverweigerungsrecht Angehöriger zugrundelege, bestehe bei der körperlichen Untersuchung nicht[87].

III. Reformdiskussionen von 1877 bis 1933

Die Rechtsprechung des Reichsgerichts brachte die Diskussion um die körperliche Untersuchung nicht zum Erliegen. Verschiedene Kommissionen[88] beschäftigten sich mit der Zulässigkeit der körperlichen Untersuchung und den Möglichkeiten einer gesetzlichen Regelung.

Zu konkreten Gesetzentwürfen kam es in Entwürfen von 1908 und 1909. Dort war eine Regelung der körperlichen Untersuchung zu dem Zweck, eine Spur oder Folge einer Straftat festzustellen, vorgesehen. In den Beratungen zum E 1909 wurde erstmals auch intensiv diskutiert, ob Zeugnisverweigerungsberechtigten das Recht gegeben werden sollte, die körperliche Untersuchung zu verweigern. Die Befürworter eines Untersuchungsverweigerungsrechts führten an, dies sei eine Konsequenz des Zeugnisverweigerungsrechts, da sonst die Untersuchung das Zeugnisverweigerungsrecht illusorisch machen würde. Ein Untersuchungsverweigerungsrecht wurde schließlich jedoch abgelehnt, wobei die Erwägung maßgeblich war, eine Konfliktlage liege bei der Untersuchung anders als bei der Zeugenaussage nicht vor, da es um ein Dulden und nicht um ein aktives

---

[83] Für die Zulässigkeit der körperlichen Untersuchung u.a. *v.Kries*, S.410: zulässig sei die Besichtigung des Körpers; *Graf zu Dohna*, S.119 f.; *Alsberg*, JW 31, 69 f.: Blutproben und in gewissem Umfang auch andere körperliche Eingriffe seien ohne Einwilligung zulässig; gegen die Zulässigkeit u.a. *Rosenfeld*, § 61, Anm.4; Rintelen, Sten.Ber. 1895/97, 5.Bd., S.3399.

[84] Für Untersuchungsverweigerungsrecht: *Stenglein*, § 86, Anm.5; v. *Liszt*, Nation, 23. Jhrg. (1906), 339 f.; *Ehrenfreund*, GA 53 (1909), 19 (25); dagegen: *Kohler*, GA 60, (1913), 212 (213); *Feisenberger*, § 86, Anm.3; *Graf zu Dohna*, S.118.

[85] RGSt.14, 189 (194).

[86] RGSt.64, 160 (162); so auch RGSt.66, 273.

[87] RGSt.19, 364 (366).

[88] So im Jahre 1995 eine Reichstagskommission (Sten.Ber. 1895/97 3. Anl.Bd. Drucks. Nr.294; Sten.Ber. 1895/97 5.Bd., S.3399 f.); außerdem die 1903 bis 1905 tagende Kommission für die Reform des Strafverfahrens (vgl. Protokolle der Kommission für die Reform des Strafverfahrens, 2 Bd., 1905).

Tun gehe. Zudem bestehe die Gefahr, daß Angehörige innerhalb von Abhängigkeitsverhältnissen zur Verweigerung der Untersuchung gezwungen werden könnten[89].

Weder dieser noch spätere Entwürfe wurden jedoch Gesetz. Bis zum Ende der Weimarer Republik war die körperliche Untersuchung daher nicht ausdrücklich gesetzlich geregelt.

IV. 1933: Aufnahme der körperlichen Untersuchung in die StPO

Erstmals Aufnahme in die StPO fand die körperliche Untersuchung mit dem Gesetz gegen gefährliche Gewohnheitsverbrecher und über Maßregeln der Besserung und Sicherung von 1933[90]: Nach diesem Gesetz durften Nichtbeschuldigte ohne ihre Einwilligung untersucht werden, wenn an ihrem Körper eine bestimmte Spur oder Folge einer Straftat festgestellt werden sollte. Entnahmen von Blutproben und andere Eingriffe waren zulässig, wenn kein Nachteil für die Gesundheit des zu Untersuchenden drohte[91]. Ein Untersuchungsverweigerungsrecht war nicht vorgesehen.

Da die Regelung von 1933 von den Aliierten nicht als nationalsozialistisch angesehen wurde, galt sie nach 1945 mit einigen im wesentlichen verfahrensrechtlichen Änderungen auch in den Besatzungszonen und war 1949 noch in Kraft.

V. 1950: Reform und Einführung des Untersuchungsverweigerungsrechts

Die Frage, wie die künftige Regelung der körperlichen Untersuchung aussehen solle, gehörte 1950 zu einer der umstrittenen Fragen bei der Beratung des sog. Vereinheitlichungsgesetzes[92].

Der Entwurf der Bundesregierung zu diesem Gesetz beließ es im wesentlichen bei der bestehenden Regelung und führte eine allgemeine Zumutbarkeitsklausel

---

[89] Vgl. Bericht der 7. Kommission des Reichstages, Mat. z. Strafrechtsreform Bd. 13, S.3206 f.

[90] Vgl. RGBl.I, 995, (1000).

[91] In der amtlichen Strafprozeßkommission wurde diese Regelung als zu eng angesehen und vorgeschlagen, daß die körperliche Untersuchung eines Nichtverdächtigen zulässig sein solle, wenn die Untersuchung zur Wahrheitsermittlung unerläßlich ist und dem zu Untersuchenden zugemutet werden kann (Bericht der amtlichen Strafprozeßkommission, S.297 f.). Dies wurde jedoch nicht umgesetzt.

[92] Gesetz zur Wiederherstellung der Rechtseinheit auf dem Gebiete der Gerichtsverfassung, der bürgerlichen Rechtspflege, des Strafverfahrens und des Kostenrechts vom 12.9.1950 (BGBl.I, 455).

für Blutproben und andere körperliche Eingriffe ein[93]. Ein Untersuchungsverweigerungsrecht war nicht vorgesehen.

In der 2. Lesung des Vereinheitlichungsgesetzes im Bundestag wurde § 81 c, der die körperliche Untersuchung Nichtbeschuldigter regelte, auf Antrag der SPD-Fraktion nach kontroverser Debatte gestrichen[94]. Diejenigen, die für eine Streichung des § 81 c plädierten, führten an, daß die körperliche Untersuchung Nichtbeschuldigter einen Verstoß gegen die Menschenwürde darstelle und die körperliche Unversehrtheit und die Freiheit der Person unzulässig beschränke. Es könne von einem Nichtbeschuldigten nicht verlangt werden, seinen Körper als Beweisstück zur Verfügung zu stellen. Zudem entspringe die bisherige Regelung nationalsozialistischem Gedankengut[95]. Die Befürworter der Zulässigkeit der körperlichen Untersuchung Nichtbeschuldigter begründeten ihre Auffassung mit dem Interesse des Staates und der Gesellschaft an der objektiven Findung der Wahrheit; dieses ginge in den Fällen des § 81 c dem Interesse des einzelnen vor. Ohne die körperliche Untersuchung etwa des Opfers einer Straftat könne die Wahrheit häufig nicht festgestellt werden[96].

In dieser Sitzung wurde auch die Frage des Untersuchungsverweigerungsrechts angesprochen. Es sei ein Widerspruch in sich, wenn das zeugnisverweigerungsberechtigte Opfer einer Straftat zwangsweise untersucht werden könne[97].

In der 3. Lesung schließlich wurde § 81 c mit einer allgemeinen Zumutbarkeitsklausel und der Einschränkung verabschiedet, daß die Untersuchung aus den gleichen Gründen wie das Zeugnis verweigert werden kann[98]. Für zulässig erklärt wurde nur die Untersuchung und die Entnahme von Blutproben, nicht sonstige Eingriffe. Das Untersuchungsverweigerungsrecht wurde dabei als Kompromiß eingeführt, um § 81 c nicht endgültig scheitern zu lassen[99], da auch in der 3. Lesung erneut Zweifel an der Vereinbarkeit der körperlichen Untersuchung Nichtbeschuldigter mit der Menschenwürde angeführt wurden.

Als Begründung des Untersuchungsverweigerungsrechts wurde lediglich angeführt, daß Ehefrau, Eltern und Kinder, ebenso wie sie die Aussage verweigern

---

[93] BT-Drucksache I Nr. 530 Anl.I; Der 23. Ausschuß (Ausschuß für Rechtswesen und Verfassungsrecht) wollte die körperliche Untersuchung Nichtbeschuldigter ebenfalls zulassen und beschloß einige Änderungen, unter anderem ersetzte er die Zumutbarkeitsklausel durch die Bestimmung, die Untersuchung Nichtverdächtiger sei unzulässig, wenn die Maßnahme außer Verhältnis zur Bedeutung der Sache stehe (BT-Drucksache I Nr. 1138).

[94] BT, 79. Sitzung, 2910 (C).

[95] BT, 79. Sitzung, 2905-2909.

[96] BT, 79. Sitzung, 2881 (B); 2908 (A,B).

[97] BT, 79. Sitzung, 2909 (D) (Wagner, SPD).

[98] BT, 81. Sitzung, 3072.

[99] So bezeichnete Justizminister Dehler diesen Vorschlag als Zwischenlösung, deren Verfeinerung der endgültigen Strafrechtsreform zu überlassen sei (BT, 81. Sitzung, 3072 (A)).

könnten, auch das Recht haben müßten, ihren Körper als Beweismittel zu verweigern. Darin und in der Formulierung, das Bestehen von Zeugnisverweigerungsrecht und Untersuchungspflicht sei ein Widerspruch in sich, klingt die Erwägung an, die Untersuchung Zeugnisverweigerungsberechtigter führe zu einer Umgehung des Zeugnisverweigerungsrechts[100]. Auf die Argumente, die früher zur Ablehnung eines Untersuchungsverweigerungsrechts geführt hatten, wurde im Bundestag nicht mehr eingegangen. Gleichwohl stand von 1950 an das Untersuchungsverweigerungsrecht nicht mehr ernsthaft zur Debatte.

§ 81 c wurde in der Folgezeit noch einige Male, jedoch nur in hier nicht näher interessierenden Punkten, geändert[101]. Inhaltlich blieb es im wesentlichen bei der Regelung von 1950.

C. Entstehung des § 100 a

I. Rechtslage vor 1968

Das Fernmeldegeheimnis wurde schon kurz nachdem der Telegrafen- und Telefonverkehr Mitte des vorigen Jahrhunderts aufkam gesetzlich geschützt[102]; durch Art. 117 der Weimarer Verfassung[103] und Art. 10 GG erhielt es verfassungsrechtlichen Schutz.

Da eine gesetzliche Ermächtigung nicht vorhanden war, gestattete die geltende Rechtslage bis 1968 es deutschen Behörden und Gerichten nicht, Telefongespräche abzuhören und Fernschreiben mitzulesen, auch nicht, wenn dies der Verfolgung von Verbrechen oder Vergehen diente[104]. Gesetzlich zulässig war lediglich gem. dem auch heute noch bestehenden § 12 FernmG das Verlangen nach Auskunft über einen bereits abgewickelten[105] Fernmeldeverkehr, das der

---

[100] *Etterich* (S.66 f.) meint, der Gesetzgeber habe eine enge Verwandtschaft zwischen der Zeugnisablegung und der Gestattung der körperlichen Untersuchung darin gesehen, daß in beiden Fällen der Mensch mit seiner Persönlichkeit Beweis liefere.

[101] 3.StrÄG v. 4.8.1953 (BGBl.I, 735): die Abstammungsuntersuchung wird für zulässig erklärt; Untersuchung nur durch Arzt; EGStGB v. 2.3.74 (BGBl.I, 469); 1. Gesetz zur Reform des Strafverfahrensrechts v. 9.12.74 (BGBl.I, 3393).

[102] Vgl. Telegrafenordnung für das Deutsche Reich v. 21.6.1872, RGBl. S.213; § 8 Telegrafengesetz v. 6.4.1892, RGBl. S.467

[103] Weimarer Verfassung v. 11.8.1919, RGBl. S.1383 ff.

[104] *Sendler*, S.115; *Kaiser*, NJW 69, 18; *Krückels*, S.5; *Gross-Spreitzer*, S.7; vereinzelt wurde die Ansicht vertreten, daß eine "Beschlagnahme" von Telefongesprächen analog § 99 zulässig sei (so etwa LR[20.]-*Tillmann*, §§ 99, 100 a, Anm.16.6.; dag. *Eb.Schmidt*, Lehrk., Teil II, § 99, Rdn.9; LR[21.]-*Dünnebier*, § 99, Anm.3 b aa)..

[105] Vgl. nur SK/StPO-*Rudolphi*, § 99, Rdn.20.

Richter und bei Gefahr im Verzug auch die Staatsanwaltschaft in strafgerichtlichen Untersuchungsverfahren an die Post richten kann.

II. G 10: Inhalt, Entstehung und Motive

Die strafprozessuale Telefonüberwachung wurde durch das Gesetz zur Beschränkung des Brief-, Post- und Fernmeldegeheimnisses vom 13. August 1968 (BGBl.I, 949) (sog. Abhörgesetz, G 10) in die Strafprozeßordnung eingeführt (§§ 100 a, b). Das G 10 ermöglichte zunächst das Abhören zu nachrichtendienstlichen Zwecken, begründete also Eingriffsrechte der Verfassungsschutzbehörden. Gleichzeitig wurde Art. 10 GG geändert. Darüber hinaus hielt man es aus kriminalpolitischen Erwägungen heraus für notwendig, auch die Ermittlungsmöglichkeiten der Strafverfolgungsbehörden entsprechend zu erweitern[106]. § 100 a sah jedoch die Möglichkeit der Telefonüberwachung von vorneherein nicht nur für Staatsschutzdelikte, sondern auch für verschiedene überwiegend schwere Delikte (allerdings auch weniger schwere, z.B. Erpressung, § 253 StGB) aus dem Bereich der allgemeinen Kriminalität vor. In der Begründung zu dem von der Bundesregierung beschlossenen Entwurfs eines G 10 [107], der insoweit mit der Gesetz gewordenen Fassung übereinstimmt, wurde dazu angeführt, daß auch in Fällen des Verdachts bestimmter schwerer Straftaten aus dem Bereich der allgemeinen Kriminalität ein dringendes Bedürfnis für die Überwachung des Fernmeldeverkehrs bestehe[108]. Die Ausdehnung des Personenkreises, gegen den sich die Anordnung richten kann, auch auf unverdächtige Personen (Personen, von denen anzunehmen ist, daß sie für den Beschuldigten bestimmte oder von diesem herrührende Mitteilungen entgegennehmen oder daß der Beschuldigte ihren Anschluß benutzt) sollte die Umgehung des Gesetzes verhindern[109].

Vor 1968 und auch nach Verabschiedung des G 10 hatte es sowohl zustimmende als auch ablehnende Stimmen zu einer Regelung der strafprozessualen Telefonüberwachung gegeben. Während eine Regelung der strafprozessualen Telefonüberwachung z.T. aus kriminalpolitischen Erwägungen heraus für wünschenswert gehalten wurde[110], wurde von den Gegnern der Zulässigkeit der

---

[106] Da die politische Auseinandersetzung um die Notstandsgesetze in erster Linie um die nachrichtendienstlichen Eingriffskompetenzen, insbesondere den hierzu geregelten Ausschluß der Mitteilungspflicht und die Versagung des Rechtswegs geführt wurde, wurde der strafprozessualen Fernmeldeüberwachung während der gesetzgeberischen Beratungen zu den Notstandsgesetzen nur wenig Aufmerksamkeit geschenkt; vgl. *Welp*, Überwachung, S.18; auch *Kaiser*, NJW 69, 18 hielt die Bedeutung des Abhörgesetzes für den Strafprozeß für gering.

[107] BT-Drucksache Nr. 1880 v. 13. Juni 1967.

[108] BT-Drucksache V/1880 v. 13. Juni 1967, I 5.

[109] BT-Drucksache V/1880 v. 13. Juni 1967, zu Art.2 des E.

[110] Vgl. *Klug*, Referat 46.DJT, F 55 f., F 69; *Jescheck*, Diskussion 46.DJT, F 157; Beschluß des 46.DJT, 46. DJT, Protokolle und Gutachten II, F 182; zustimmend zu einem kriminalpolitischen Bedürfnis für § 100 a auch *Krückels*, S.7 f.

Telefonüberwachung angeführt, daß die Begründung einer Befugnis, einen Telefonanschluß während eines bestimmten Zeitraums hinsichtlich aller ankommenden oder abgehenden Gespräche abzuhören, verfassungswidrig sei, weil so zwangsläufig auch mit dem Verfahren nicht zusammenhängende Gespräche überwacht würden. Zulässig sein könne es lediglich, einzelne Gespräche abzuhören, wenn für diese der Verdacht bestehe, daß sie bei einer gravierenden Straftat als Beweismittel in Betracht kämen[111]. Durch den E zu G 10 sei hingegen das Post- und Fernmeldegeheimnis praktisch aufgehoben[112].

Schließlich wurde auch das kriminalpolitische Bedürfnis für eine strafprozessuale Telefonüberwachung bezweifelt. Kaiser wies insbesondere darauf hin, daß gerade für Straftaten, bei denen die Telefonüberwachung besonders erfolgversprechend sein kann, etwa bei der sog. Weiße-Kragen-Kriminalität, §§ 100 a und b nicht anwendbar seien[113].

Obwohl also sowohl in der Literatur als auch vom Gesetzgeber selbst die Gefahr gesehen wurde, daß auch unbeteiligte Dritte von der Telefonüberwachung betroffen und in Grundrechten verletzt sein können, sah man die besondere Problematik der Überwachung von Gesprächen des Beschuldigten mit Zeugnisverweigerungsberechtigten bzw. des Schutzes der durch Zeugnisverweigerungsrechte geschützten Beziehungen weder in der Literatur noch während des Gesetzgebungsverfahrens[114].

III. Änderungen des § 100 a

§ 100 a hat in der Folgezeit zunehmende Erweiterungen erfahren. Konnte zunächst im wesentlichen nur bei wirklicher Schwerkriminalität abgehört werden, so wurde der Katalog des § 100 a allmählich auch um Straftaten ergänzt, die im Unrechtsgehalt weit niedriger liegen[115]. Einschränkungen der Telefonüberwachung im Hinblick auf Zeugnisverweigerungsrechte waren dagegen nicht Gegenstand von Reformüberlegungen.

---

111 Badura in: BK (Zweitb.), Art.10 Rdn.57; ähnlich auch *Oehler* in: *Neumann/Nipperdey/Scheuner*, S.617.

112 *Badura* in: BK (Zweitb.), Art.10 Rdn.60.

113 *Kaiser*, NJW 69, 18 (19).

114 Vgl. auch *Werle*, JZ 91, 482 (484 f.).

115 Z.B. Anstiftung/Beihilfe zur Fahnenflucht (Freiheitsstrafe bis zu 5 Jahren) oder zum Ungehorsam (Freiheitsstrafe bis zu 3 Jahren) durch einen Nichtsoldaten (§§ 16, 19 i.V.m. § 1 III WStG); die Angehörigkeit zu einer Ausländervereinigung, deren Bestehen, Zielsetzung oder Tätigkeit vor den Behörden geheimgehalten wird, um ihr Verbot abzuwenden (§ 47 I Nr.7 AuslG: Freiheitsstrafe bis zu einem Jahr oder Geldstrafe, bei geringer Schuld Absehen von Strafe möglich, § 47 III AuslG); Bildung, Beteiligung, Werbung oder Unterstützung einer kriminellen Vereinigung (§ 129 StGB: Freiheitsstrafe bis zu 5 Jahren).

2. TEIL

Die Berücksichtigung des Zeugnisverweigerungsrechts der Angehörigen des Beschuldigten (§ 52) bei den auf Beweisgewinnung gerichteten Zwangsmaßnahmen

A. Schutzzwecke des § 52 und deren Konsequenzen für die Zwangsmaßnahmen

I. Rücksichtnahme auf innere Konfliktlage

Das Zeugnisverweigerungsrecht nach § 52 berücksichtigt zunächst die Tatsache, daß der Angehörige als Zeuge zur wahrheitsgemäßen Aussage verpflichtet ist, andererseits jedoch gefühlsmäßig auf weitestgehende Schonung des ihm nahestehenden Beschuldigten und auf die Wahrung der familiären Solidarität bedacht ist[1]. Indem das Zeugnisverweigerungsrecht verhindert, daß Angehörige des Beschuldigten entweder den Beschuldigten belasten oder eine falsche Aussage machen müssen, werden die Zeugen vor einer inneren Konfliktlage bewahrt[2]. Insoweit beruht § 52 auf dem gleichen Grundgedanken wie der nemo-tenetur-Grundsatz, da der Zeuge die Belastung eines Angehörigen oftmals wie eine Selbstbelastung empfinden und durch die Verurteilung des Beschuldigten zudem auch vielfach konkrete eigene Nachteile haben wird[3].

---

[1] *Rengier*, Zeugnisverweigerungsrechte, S.8.

[2] Allgemeine Auffassung; vgl. schon die Motive zur StPO von 1877 (*Hahn*, S.106); *Beling*, Beweisverbote, S.16; RGSt.12, 143 (145); BGHSt.10, 393 (394); 11, 213 (216); 22, 37; BGH, StV 90, 435 (436); NJW 92, 1116 (1117); *Busch*, FS Eb. Schmidt, 569 (570); *Arndt*, NJW 66, 869 (605); *Dünnebier*, MDR 64, 965; *Nüse*, JR 66, 281 (283); *Michaelis*, NJW 69, 730; *R.Hauser*, Zeugenbeweis, S.178; *Gross-Spreitzer*, S.112; *Schlothauer*, AG Strafrecht 1988, 80 (86); *Hoffmann*, MDR 90, 111 (112).
Der BGH spricht z.T. von einem "Pflichtenwiderstreit", der auf der Zwangslage beruhe, entweder den Beschuldigten wahrheitsgemäß belasten oder die Unwahrheit sagen zu müssen (vgl. etwa BGHSt.2, 99 (104); 12, 235 (239); 25, 168 (170)). Da ein solcher Pflichtenwiderstreit allein auf der innerlichen Überzeugung von einer Verpflichtung zur Wahrung der familiären Solidarität und nicht auf einem Widerstreit von Rechtspflichten beruhen kann, beschreibt der Begriff "innere Konfliktlage" die Situation des Zeugen jedoch wesentlich präziser.

[3] Vgl. auch *Rogall*, Beschuldigter als Beweismittel, S.64, 151; *Widmaier*, AG Strafrecht 1988, 29 (35).

1. Konsequenzen für die Zwangsmaßnahmen

Einschränkungen von Beschlagnahme, Telefonüberwachung und körperlicher Untersuchung können mit einer solchen inneren Konfliktlage nicht begründet werden[4], da die betroffenen Angehörigen bei diesen Zwangsmaßnahmen nicht vor der Entscheidung stehen, ob sie aktiv an der Überführung des Beschuldigten mitwirken sollen. § 97 I Nr. 1 und § 81 c III müssen also auf anderen Erwägungen beruhen. Dementsprechend konnte sich die Einsicht in die Notwendigkeit von Einschränkungen der zur Duldung verpflichtenden Zwangsmaßnahmen nicht durchsetzen, solange die Berücksichtigung einer Konfliktlage als einzige Rechtfertigung des Zeugnisverweigerungsrechts Angehöriger angesehen wurde[5].

2. Zum Umgehungsschutz

Aus der Feststellung, daß zur Vermeidung einer Konfliktlage bei Angehörigen die Duldungspflichten keiner Einschränkung bedürfen, folgt auch, daß der von vielen als die maßgebliche ratio des Beschlagnahmeverbots nach § 97 I Nr. 1 und des Untersuchungsverweigerungsrechts nach § 81 c III angeführte Schutz vor Umgehung des Zeugnisverweigerungsrechts Angehöriger[6] als Erklärung dieser Bestimmungen jedenfalls nicht isoliert herangezogen werden kann. Wenn das Zeugnisverweigerungsrecht Angehöriger diese vor einer inneren Konfliktlage bewahren soll, dann wird das Zeugnisverweigerungsrecht weder durch eine Beschlagnahme oder Telefonüberwachung[7] bei Familienangehörigen noch durch die körperliche Untersuchung Angehöriger umgangen.

Die Argumentation, das Zeugnisverweigerungsrecht Angehöriger berücksichtigende Einschränkungen von Duldungspflichten dienten dem Schutz vor Umgehung des Zeugnisverweigerungsrechts, ist also nur stimmig, wenn man solche Schutzzwecke des § 52 anerkennt und zugrundelegt, die aus sich heraus Einschränkungen der Duldungspflichten fordern.

---

[4] Vgl. etwa *Dünnebier*, MDR 64, 965; *Klöhn*, S. 263.

[5] Vgl. oben 1. Teil A.

[6] *Kleinknecht/Meyer*, § 97, Rdn. 1; LR-*Schäfer*, § 97, Rdn. 1, 22; *Gülzow*, NJW 81, 265; *Tschacksch*, S. 159; *Amelung*, DNotZ 84, 195 (198); AK/StPO-*Amelung*, § 97, Rdn. 2; *Fezer*, JuS 78, 765 (767); *Welp*, FS Gallas, 391 (410); *Volk*, DStR 89, 338 (340); *R. Schmidt*, Ausnahme, S. 19; *Müller-Dietz*, S. 29; *Alsberg/Nüse/Meyer*, S. 506; *R. Hauser*, Schweizer ZfStR 84, 42 (63); BVerfGE 20, 162 (188); 32, 373 (385); OLG Frankfurt, StV 82, 64; OLG Celle, JZ 89, 906; *Schlothauer*, AG Strafrecht 1988, 80 (94) zum Untersuchungsverweigerungsrecht.

[7] Unzutreffend daher *Gross-Spreitzer*, die die ratio des § 52 allein in der Bewahrung des Zeugen vor einer Konfliktlage sieht (S. 114 oben) und gleichzeitig mit dem Argument, sonst werde § 52 umgangen, ein Verwertungsverbot für Gespräche zeugnisverweigerungsberechtigter Angehöriger fordert (S. 160 f.).

3. Konfliktsituation als ratio des Untersuchungsverweigerungsrechts?

Wurde oben dargelegt, daß das Untersuchungsverweigerungsrecht nicht auf einer inneren Konfliktlage beruhen kann, so scheint dies Entscheidungen des Bundesgerichtshofes zu widersprechen, in denen dieser anführt, das Gesetz wolle mit § 81 c III der oft schweren Konfliktlage Rechnung tragen, die dadurch entstehe, daß der Verwandte zu einem Beweisakt gegen den Beschuldigten veranlaßt werden solle. Diese Konfliktlage, die in der Regel an das Gewissen der Beweisperson rühre, solle nicht durch staatlichen Zwang, sondern durch die freie selbstverantwortliche Entscheidung der Beweisperson gelöst werden[8].

Die so beschriebene Konfliktlage ist allerdings eine andere als die, an die das Zeugnisverweigerungsrecht anknüpft[9]. Sollen die Angehörigen zur Aussage gezwungen werden, so müssen sie entscheiden, wie sie ihre Aussage gestalten sollen. Sie müssen u.U. ihren Angehörigen aktiv belasten, wollen sie nicht die Unwahrheit sagen und sich so strafbar machen. Vor eine solche konfliktbehaftete Entscheidung wäre ein zur Duldung der körperlichen Untersuchung verpflichteter Angehöriger aber nicht gestellt. Gemeint ist daher wohl die auch in der Literatur verschiedentlich angeführte Konfliktsituation, die immer dann bestehen soll, wenn Angehörige in irgendeiner Weise aktiv oder passiv an der Überführung des Beschuldigten mitwirken sollen[10]. Die Berücksichtigung dieser Konfliktsituation durch das Untersuchungsverweigerungsrecht führen einige auf Art. 1 I GG zurück[11].

Eine solche Konfliktsituation ist aber mit der durch § 52 berücksichtigten inneren Konfliktlage nicht vergleichbar. Sind Angehörige zur passiven Mitwirkung am Strafverfahren verpflichtet, so kann eine Konfliktsituation dadurch allein aus dem Widerwillen des Betroffenen resultieren, zur Überführung des Beschuldigten beitragen zu müssen. Ob allein ein solcher Widerwille Berücksichtigung verdient, erscheint jedoch zweifelhaft[12], zumal auch dem Beschuldig-

---

[8] BGHSt. 12, 235 (239); 13, 394 (399).

[9] Siehe auch *Dünnebier*, GA 53, 65 (70 f.); *Peters*, Fehlerquellen, S.294, 315; *Selbherr*, S.94 f.; *R.Hauser*, Zeugenbeweis, S.266.

[10] Vgl. etwa *Grünwald*, JZ 66, 489 (497); *Schlothauer*, AG Strafrecht 1988, 80 (94); *Petry*, S.50 f.; *Krause*, JZ 76, 124 (126); *Rogall*, Beschuldigter als Beweismittel, S.65, 233 f.: § 81 c III sei Ausdruck des nemo-tenetur-Grundsatzes, der auch den Angehörigen schütze; ders., ZStW 91 (1979), 1 (17); ähnlich *R.Schmidt*, Ausnahme, S.19 zu § 97; vgl. auch BGHSt.25, 168 (171)): der Grundgedanke des § 97 liege darin, daß von dem Zeugnisverweigerungsberechtigten ein Beitrag zur Überführung des Beschuldigten nicht erzwungen werden solle.

[11] *Busch*, FS Eb.Schmidt, 569 (571); *Dünnebier*, GA 53, 65 (71); ders., MDR 64, 965; *Kühne*, Beweisverbote, S.64 f.; *Klöhn*, S.173; *Rogall*, ZStW 91 (1979), 1 (17): das Untersuchungsverweigerungsrecht schütze ein Persönlichkeitsrecht des Zeugen.

[12] Kritisch auch *Peters*, Fehlerquellen, S.294, 315; - Ob die Gefahr, sich oder einen Angehörigen der Strafverfolgung auszusetzen, im Zivilprozeß ein Untersuchungsverweigerungsrecht nach § 372

ten selbst die seiner eigenen Überführung dienende Untersuchung, körperliche Eingriffe gar in größerem Umfang[13] als Nichtbeschuldigten, zugemutet wird[14].

Soll das Untersuchungsverweigerungsrecht darauf beruhen, daß es Angehörigen nicht zumutbar sei, in irgendeiner Weise einen Beitrag zur Überführung des Beschuldigten zu leisten, so fragt sich außerdem, warum Angehörigen die Duldung der Inaugenscheinnahme[15], der Beschlagnahme (mit Ausnahme von schriftlichen Mitteilungen) und der Telefonüberwachung im Gegensatz zu der körperlichen Untersuchung zumutbar sein soll; an einer Darlegung des entscheidenden Unterschiedes zwischen der körperlichen Untersuchung und sonstigen zur Duldung verpflichtenden Zwangsmaßnahmen fehlt es bisher[16].

Schließlich spricht auch die historische Entwicklung, die zur Entstehung des § 81 c III führte, eher gegen die Berücksichtigung einer Konfliktsituation durch das Untersuchungsverweigerungsrecht. Das Reichsgericht hatte ein Untersuchungsverweigerungsrecht mit der Begründung abgelehnt, eine Zwangslage, wie sie dem Zeugnisverweigerungsrecht Angehöriger zugrundeliege, bestehe bei der körperlichen Untersuchung nicht, da sich der Angehörige bei der Untersuchung lediglich passiv zu verhalten habe[17]. Auch in zu Beginn des 20. Jahrhunderts geführten Reformdiskussionen wurde ein Untersuchungsverweigerungsrecht mit dieser Begründung verworfen[18]. Bei der Einführung des Untersuchungsverweigerungsrechts im Jahre 1950 war von der Berücksichtigung einer Konfliktlage nicht die Rede; an die Reformdiskussionen vor 1950 knüpfte man nicht an. Das

---

a I 2.Hs. ZPO begründet, ist umstritten, vgl. *Baumbach/Lauterbach-Hartmann*, § 372 a, Anm. 4 B c bb); *Zöller-Stephan*, § 372 a, Rdn.11 m.N.

[13] Dazu kritisch *Frister*, S.114.

[14] So auch *Geerds*, GA 65, 321 (336); - Aus diesem Grund kann auch die Argumentation Rogalls, das Untersuchungsverweigerungsrecht beruhe auf dem nemo-tenetur-Grundsatz (*Rogall*, Beschuldigter als Beweismittel, S.65, 233 f.; siehe auch *Widmaier*, AG Strafrecht 1988, 29 (35)), unabhängig davon, ob dieser Grundsatz den Zwang zur Belastung eines Angehörigen überhaupt umfaßt, nicht überzeugen. Wenn schon die körperliche Untersuchung des Beschuldigten selbst keinen Verstoß gegen den nemo-tenetur-Grundsatz darstellt, (und dies behauptet auch *Rogall* nicht), so kann aus dem nemo-tenetur-Grundsatz für die Duldung der körperlichen Untersuchung durch Angehörige des Beschuldigten nichts folgen.

[15] Die Inaugenscheinnahme (deren Abgrenzung zur körperlichen Untersuchung u.U. schwierig sein kann) kann de lege lata nach überwiegender Ansicht nicht verweigert werden (vgl. BGH, GA 65, 109; OLG Hamm, MDR 74, 1036; LR-*Dahs*, § 81 c, Rdn.30; § 86, Rdn.21; AK/StPO-*Wassermann*, § 81 c, Rdn.15; KK-*Pelchen*, § 81 c, Rdn.10; KMR-*Paulus*, § 81 c, Rdn.27; *Kleinknecht/Meyer*, § 81 c, Rdn.23; a.A. *Eb.Schmidt*, Lehrk, Teil II, § 86, Rdn.13; *Rogall*, MDR 75, 813 (814)).

[16] Daß die körperliche Untersuchung u.U. einen Eingriff in die körperliche Unversehrtheit bedeuten kann, kann nicht entscheidend sein (in diese Richtung aber *Nüse*, JR 66, 281 (283)), da dies schon durch die Beschränkung der Reichweite zulässiger Eingriffe in § 81 c berücksichtigt wird und zudem dem Beschuldigten sogar gravierendere Eingriffe zugemutet werden.

[17] RGSt.19, 364 (366).

[18] Siehe oben 1.Teil, B III.

Untersuchungsverweigerungsrecht wurde vielmehr als Kompromiß wohl auf Grundlage der (wie oben gezeigt ohne Bezug auf konkrete Schutzzwecke des Zeugnisverweigerungsrechts gehaltlosen) Erwägung eingeführt, daß die Untersuchung das Zeugnisverweigerungsrecht umgehe[19]. Eine Konfliktsituation ist erst nach Einführung des Untersuchungsverweigerungsrecht als dessen Rechtfertigung in der Literatur angeführt worden.

Nach alledem läßt sich feststellen, daß auch das Untersuchungsverweigerungsrecht mit einer Konfliktsituation nicht gerechtfertigt werden kann[20]. Ob sonstige Schutzzwecke des Zeugnisverweigerungsrechts nach § 52 ein Untersuchungsverweigerungsrecht erfordern, werden die folgenden Erörterungen ergeben.

II. Familienfrieden

Durch die Gewährung des Zeugnisverweigerungsrechts wird neben der Bewahrung des Zeugen vor einer inneren Konfliktlage auch die Familie von Beschuldigtem und Zeugen insgesamt geschützt, die Familienzusammengehörigkeit gestärkt und die Familie vor gesellschaftlichen Belastungen bewahrt. Würde man Angehörige zur Aussage zwingen, so könnte dies zu einer erheblichen Belastung des Familienfriedens führen. Vorwürfe über Inhalt und Form der Aussage könnten das Familienklima vergiften[21]. Insofern hat § 52 auch eine nachprozessuale Schutzrichtung[22].

Zwangsmaßnahmen, die den Angehörigen zur Duldung und nicht zur aktiven Mitwirkung an der Überführung des Beschuldigten verpflichten, sind, da sie dem Angehörigen keine Handlungsalternativen lassen, als solche kaum konfliktträchtig; Einschränkungen der Duldungspflichten sind daher insoweit nicht erforderlich.

Allerdings kann insbesondere die körperliche Untersuchung Angehöriger durchaus erhebliche Belastungen des Familienfriedens nach sich ziehen, etwa wenn dadurch entgegen dem Willen der Betroffenen ein Familiendelikt aufgeklärt werden soll, oder im Rahmen eines Meineidsverfahrens durch eine Abstammungsuntersuchung außereheliche Beziehungen eines Familienmitglieds

---

[19] Siehe oben 1.Teil, B V. a.E.

[20] So auch *Kohlhaas*, JR 74, 89 (91); *Geerds*, GA 65, 321 (336).

[21] *Meuthien*, S.21 f.; *Zottmann*, S.28; *Rengier*, Zeugnisverweigerungsrechte, S.8-10; *Klöhn*, S.173; *Kühne*, Strafprozeß, Rdn.474; vgl. auch *Jescheck*, Generalgutachten 46.DJT, 20; *Andenaes*, Gutachten 46.DJT, S.8; *H.C.Hauser* S.33; *R.Hauser*, Zeugenbeweis, S.177; *Peters*, JR 68, 429 (430); *Tschacksch*, S.171; *Hoffmann*, MDR 90, 111 (112); *Arndt*, NJW 66, 869 (870); *Rupp*, Gutachten 46.DJT, S.200; *Krauß*, FS Gallas, 365 (386); *Fuchs*, NJW 59, 14 (18); *Widmaier*, AG Strafrecht 1988, 29 (35); *W.Meier*, S.140; *Schlothauer*, AG Strafrecht 1988, 80 (87); *Peres*, S.96 f.; BVerfGE 36, 193 (203); BGHSt. 11, 213 (216); BGH, NJW 92, 1116 (1117).

[22] *Rengier*, Zeugnisverweigerungsrechte, S.8.

festgestellt werden[23]. In solchen Fällen geht die Gefahr für den Familienfrieden aber nicht von der körperlichen Untersuchung, sondern von der Aufklärung des der Straftat zugrundeliegenden Sachverhalts aus, unabhängig davon, welche Beweismittel dazu herangezogen werden. Eine Bedrohung des Familienfriedens kann in solchen Fällen nur dadurch ausgeschlossen werden, daß nicht nur der Angehörige die körperliche Untersuchung verweigern kann, sondern die Tat entweder überhaupt nicht oder bei Familiendelikten zumindest nicht gegen den Willen des Opfers verfolgt wird. Faktisch wird dies durch das Zusammenspiel von Zeugnisverweigerungsrecht und Untersuchungsverweigerungsrecht Angehöriger bereits jetzt bewirkt[24].

Da die Zeugnisverweigerungsrechte aber nicht dazu dienen, die Strafverfolgung bei bestimmten Delikten zu verhindern[25], liegt die Frage, ob sich das Untersuchungsverweigerungsrecht mit der Erwägung rechtfertigen läßt, zur Wahrung des Familienfriedens solle auf die Verfolgung bestimmter Taten verzichtet werden bzw. die Verfolgung solle vom Willen der Familienangehörigen abhängig sein, außerhalb des hier thematischen Verhältnisses von Zeugnisverweigerungsrechten zu Einschränkungen der Duldungspflichten. Als Konsequenz aus dem Zeugnisverweigerungsrecht kann das Untersuchungsverweigerungsrecht somit orientiert am Schutz des Familienfriedens als ratio des § 52 nicht erklärt werden.

Auch zur Verwirklichung sonstiger möglicher Schutzzwecke des § 52 ist, wie sich im folgenden zeigen wird, ein Untersuchungsverweigerungsrecht nicht erforderlich; der These, "wer mit dem Mund nicht auszusagen hat, braucht auch nicht mit dem Körper zu bekunden"[26], ist also zumindest insoweit nicht zuzustimmen, als eine teleologische Parallelität von Zeugnisverweigerungsrecht und Untersuchungsverweigerungsrecht behauptet wird. Eine endgültige Aussage über die Berechtigung des § 81 c III bzw. des wirklich hinter § 81 c III stehenden Gedankens[27], (dessen Verwirklichung, etwa die Ausgestaltung bestimmter Familiendelikte als Antragsdelikte, ein Untersuchungsverweigerungsrecht nicht erfordert,) kann im Rahmen dieser Untersuchung nicht getroffen werden.

---

23 Vgl. *Selbherr*, S.104; *Klöhn*, S.173.

24 Ähnlich *Kohlhaas*, JR 74, 89 (91).

25 Vgl. auch *Beling*, Beweisverbote, S.24; *Steinberg-Copek*, S.25 unten.

26 *R.Hauser*, Zeugenbeweis, S.266; *Futterlieb*, S.53 f.

27 Vgl. dazu etwa *R.Hauser*, Schweizer ZfStR 84, 42 (67 f.) m.w.N.

III. Wahrheitsfindung

Nach Ansicht einiger soll § 52 auch die Wahrheitsfindung schützen. Da Angehörige des Beschuldigten wegen ihrer inneren Konfliktlage stets der Versuchung ausgesetzt seien, diesen entgegen der Wahrheit zu entlasten, komme Aussagen Angehöriger nur eine beschränkte Beweiskraft zu. Indem Angehörige nicht zur Aussage gezwungen würden, werde daher auch das Risiko eines unzuverlässigen Beweismittels verringert und der Wahrheitsfindung gedient[28].

Einschränkungen von zur Duldung verpflichtenden Zwangsmaßnahmen lassen sich aus einem solchen Schutzzweck nicht ableiten. Bei den durch Beschlagnahme, Telefonüberwachung und körperlicher Untersuchung erlangten Beweisen besteht kaum die Gefahr, daß diese durch Angehörige manipuliert worden sind[29]. Selbst wenn man also die Wahrheitsfindung als Schutzzweck der Zeugnisverweigerungsrechte ansieht, läßt sich damit weder § 97 I Nr.1 noch § 81 c III erklären.

Der umstrittenen Frage, ob das Zeugnisverweigerungsrecht nach § 52 der Wahrheitsfindung dient, kommt damit im Rahmen dieser Untersuchung keine Bedeutung zu.

IV. Selbstbezichtigungsfreiheit

Petry führt als weiteren Schutzzweck des § 52 die Selbstbezichtigungsfreiheit des Beschuldigten an. Dieser sei auf die Kommunikation mit seinen Angehörigen in ganz besonderem Maße angewiesen. Könnten diese Vertrauenspersonen zur Aussage gezwungen werden, so bedeute die darin liegende Ausnutzung des menschlichen Kommunikationsbedürfnisses einen mittelbaren Zwang zur Selbstbezichtigung, also einen Verstoß gegen das passive Verteidigungsrecht des Beschuldigten (nemo-tenetur-Grundsatz)[30].

---

[28] Vgl. *Eb.Schmidt*, JZ 58, 596 (599 f.); NJW 68, 1209; *Niese*, JZ 53, 219 (223); *Busch*, JZ 53, 703; *Klug*, Referat 46.DJT, F 35; *Michaelis*, NJW 69, 730; *Gössel*, NJW 81, 649 (653); *Noll*, Festgabe *Gerwig*, 135 (137); *Rengier*, Zeugnisverweigerungsrechte, S.56 ff.; *R.Hauser*, S.178; *Schlothauer*, AG Strafrecht 1988, 80 (98, 100); *Sydow*, S.51; BGHSt.10, 393 (393 f.);
A.A.: BGHSt.11, 213 (215 f.); *Beling*, Beweisverbote, S.13; *Dencker*, S.42 f.; *Schöneborn*, MDR 74, 457; *Jähnke*, AG Strafrecht 1988, 69 (73): *Amelung*, Informationsbeherrschungsrechte, S.14 f.; zweifelnd *Grünwald*, JZ 66, 489 (497).

[29] Siehe nur *Busch*, FS Eb.Schmidt, 569 (571) zu körperlicher Untersuchung; *Dalakouras*, S.224 f. zu Briefen.

[30] *Petry*, S.45-49; *Schünemann*, ZStW 90 (1978), 11 (62); siehe auch *Freund*, NJW 75, 2057 (2058); *Amelung*, Informationsbeherrschungsrechte, S.35; LG Darmstadt, StV 90, 104: Werde der Beschuldigte unter Einschaltung einer Vertrauensperson und unter Ausnutzung des zwischen ihr und dem Beschuldigten bestehenden familiären Vertrauensverhältnisses zu selbstbelastenden Äußerungen provoziert, wobei er darüber getäuscht werde, daß ein Ermittlungsbeamter seine vermeint-

Mit der Selbstbezichtigungsfreiheit als Schutzzweck des § 52 läßt sich das Beschlagnahmeverbot des § 97 I Nr. 1 erklären, da auch die Beschlagnahme schriftlicher Kommunikationsmittel eine Ausnutzung des Kommunikationsbedürfnisses bedeutet. Ein Beschlagnahmeverbot muß aber bei konsequenter Verwirklichung dieses Schutzzwecks nicht nur an Mitteilungen im Gewahrsam des Zeugnisverweigerungsberechtigten, sondern an innerfamiliärem Kommunikationsmaterial unabhängig von den Gewahrsamsverhältnissen bestehen[31]. Da es im Hinblick auf die Selbstbezichtigungsfreiheit keinen Unterschied macht, ob der Beschuldigte seine mitmenschlichen Beziehungen in schriftlicher oder mündlicher Weise abwickelt[32], dürfte schließlich auch die Telefonüberwachung von Gesprächen zwischen dem Beschuldigten und seinen Angehörigen nicht zulässig sein[33].

Das Untersuchungsverweigerungsrecht läßt sich hingegen mit der Selbstbezichtigungsfreiheit des Beschuldigten nicht erklären[34]; ein Kommunikationsbedürfnis wird durch die körperliche Untersuchung nicht ausgenutzt.

Die Selbstbezichtigungsfreiheit wäre also ein möglicher Schutzzweck des § 52, der zumindest die Regelung des § 97 I Nr. 1 erklären könnte, diese allerdings als nicht ausreichend erscheinen ließe, sondern weitergehende Einschränkungen von Beschlagnahme und Telefonüberwachung erforderte. Der Frage, ob § 52 tatsächlich eine Ausprägung des nemo-tenetur-Grundsatzes darstellt, kommt daher für eine schutzzweckorientierte Betrachtung der Duldungspflichten große Bedeutung zu[35].

Petrys Ausführungen zum Schutz der Selbstbezichtigungsfreiheit durch § 52 haben einen zutreffenden Kern, indem er das soziale Kontaktverhältnis zwischen Angehörigen herausstellt und die daraus resultierende besondere Schutzwürdigkeit der Kommunikation unter Angehörigen betont. Der Beschuldigte ist auf Ansprechpartner angewiesen und wird solche häufig in der Familie finden.

---

lich nur gegenüber der Person seines Vertrauens gemachten Angaben mithört, so seien die Angaben des Beschuldigten unverwertbar.

[31] *Petry*, S. 52 f. fordert ein Beschlagnahmeverbot zumindest im Gewahrsam des Beschuldigten, da von diesem ebensowenig wie von dem Angehörigen eine Aussage zu erlangen sei. *Petry* scheint damit Kommunikation nur in der Sphäre der Kommunikationspartner für schutzwürdig zu halten (vgl. zu einer solchen Differenzierung unten 2. Teil, C). Warum aber die Selbstbezichtigungsfreiheit, so wie *Petry* sie versteht, nicht auch verletzt sein soll, wenn Kommunikationsmaterial auf der Post oder im Gewahrsam Dritter beschlagnahmt wird, läßt *Petry* offen; in seiner Konzeption kann es auf die Gewahrsamsverhältnisse an sich nicht ankommen.

[32] *Petry*, S. 52.

[33] Vgl. auch *W. Meier*, S. 154 f.

[34] So auch *Petry*, S. 49 f.

[35] Vgl. zum folgenden auch *Rengier*, Zeugnisverweigerungsrechte, S. 11 f.

Man kann daher durchaus von einer Ausnutzung des menschlichen Kommunikationsbedürfnisses sprechen, wenn innerfamiliäre Kommunikationsinhalte als Beweismittel im Strafprozeß herangezogen werden.

Allerdings ist der nemo-tenetur-Grundsatz nicht erforderlich, die Schutzbedürftigkeit der innerfamiliären Kommunikation zu erklären. Vielmehr wurzelt, wie Petry dies selbst erkennt, das Recht auf zwischenmenschliche Beziehungen im Persönlichkeitsrecht. Die Hauptaussage Petrys, durch das Zeugnisverweigerungsrecht nach § 52 werde die familiäre Vertrauensbeziehung im Interesse des Beschuldigten und dessen Angehörigen geschützt[36], läßt sich auf die Verwirklichung eben dieses Persönlichkeitsrechts zurückführen[37]. Die Heranziehung des nemo-tenetur-Grundsatzes ist in diesem Zusammenhang weder erforderlich noch hilfreich.

Im Gegenteil kann die Ausdehnung des nemo-tenetur-Grundsatzes auf Situationen, in denen der Beschuldigte "mittelbar" gezwungen ist, sich selbst zu belasten, zu einer gefährlichen Aufweichung dieses elementaren strafprozessualen Prinzips führen. In seinem überkommenen Verständnis bedeutet der nemo-tenetur-Grundsatz, daß den Beschuldigten keine Pflicht trifft, die eigene Überführung durch positives Tun zu fördern; insbesondere darf er nicht zu einer Aussage gezwungen werden[38]. Einschränkungen dieses elementaren strafprozessualen Prinzips sind unzulässig[39].

Schwierigkeiten bei der Anwendung des Grundsatzes der Selbstbezichtigungsfreiheit ergeben sich schon dann, wenn außerhalb des Strafverfahrens rechtliche Pflichten oder Obliegenheiten zur Offenbarung belastender Tatsachen bestehen[40]. Erweitert man den nemo-tenetur-Grundsatz jedoch sogar auf Situationen, in denen keinerlei rechtlicher Zwang auf den Beschuldigten ausgeübt wird, so läßt er sich nicht mehr uneingeschränkt durchhalten, sondern wird im Einzelfall der Abwägung mit Strafverfolgungsinteressen zugänglich. Der Grundsatz der Selbstbezichtigungsfreiheit verliert damit an klaren Konturen und es besteht die Gefahr, daß er infolgedessen im ganzen der Abwägung unterworfen wird[41]. Der nemo-tenetur-Grundsatz sollte daher nur für unmittelbaren staatlichen Zwang zur Mitwirkung an der eigenen Überführung gelten[42].

---

[36] *Petry*, S.47.

[37] Siehe dazu unter 2.Teil, A V.

[38] *Rogall*, Beschuldigter als Beweismittel, S.158; *Nothelfer*, S.91 m.w.N.

[39] Vgl. nur *Eb.Schmidt*, Lehrk., Teil II, § 95, Rdn.1.

[40] So etwa im Konkursverfahren (vgl. BVerfGE 56, 37; LR-*Schäfer*, Einl.Kap.14, Rdn.29 ff., insb. Rdn.30).

[41] In diese Richtung *Nothelfer*, S.85 ff.

[42] So i.E. auch *Rengier*, Zeugnisverweigerungsrechte, S.11 f.

Der Schutz der Selbstbezichtigungsfreiheit ist somit nicht ratio des Zeugnisverweigerungsrechts Angehöriger nach § 52 und kann daher auch nicht zur Begründung des § 97 I Nr. 1 oder sonstiger Einschränkungen der Duldungspflichten herangezogen werden. Soweit Petry auf den Schutz innerfamiliärer Kommunikation abstellt und daraus Konsequenzen für die Duldungspflichten ableitet, kann auf die folgenden Erörterungen zu dem Schutz des innerfamiliären Vertrauensverhältnisses verwiesen werden.

V. Familiäres Vertrauensverhältnis/Unbefangenheit innerfamiliärer Kommunikation

Weitere mögliche, in letzter Zeit besonders von Rengier hervorgehobene ratio des Zeugnisverweigerungsrechts Angehöriger ist der Schutz des familiären Vertrauensverhältnisses. Rengier versteht darunter den Schutz der persönlichen Aussprachen und Beobachtungen; die im Familienkreis offengelegten privaten Sorgen und Nöte sollen nicht dem freien Zugriff der Strafverfolgungsbehörden ausgesetzt sein. § 52 schütze die Familie als Ausspracheforum und "unbefangenes Kommunikationszentrum" und sei damit Ausdruck des Rechts auf private Lebensgestaltung aus Art. 2 I i. V. m. 1 I GG[43].

Dieser Schutzzweck ist früher bereits von anderen Autoren beschrieben worden. Grünwald führt an, das Zeugnisverweigerungsrecht Angehöriger berücksichtige das Bedürfnis, sich seinen nächsten Angehörigen anzuvertrauen, ohne daß der Staat die Preisgabe dieses Geheimnisses erzwingen und gegen ihn verwenden werde[44]. Nach Dünnebier dient das Zeugnisverweigerungsrecht Angehöriger dem gesellschaftlich erwünschten freien und offenen Verkehr unter Angehörigen[45]. Rupp schließlich führte auf dem 46. DJT aus, das Zeugnisverweigerungsrecht verstopfe typische und durch Art. 6 GG verfassungsrechtlich geschützte Entäußerungskanäle[46].

1. Konsequenzen für die Zwangsmaßnahmen

a) Absoluter Schutz innerfamiliärer Kommunikation

Soll es § 52 den Familienangehörigen des Beschuldigten ermöglichen, vertrauliche innerfamiliäre Kommunikation unbefangen zu führen, so setzt die konsequente Verwirklichung dieses Schutzzwecks voraus, daß in vertrauliche

---

43 *Rengier*, Zeugnisverweigerungsrechte, S. 8 ff.; ähnlich *H.C. Hauser*, S. 23; *R. Hauser*, Zeugenbeweis, S. 177, 262 f.; *Klöhn*, S. 151; *R. Schmidt*, Ausnahme, S. 19; siehe auch die Nachweise im folgenden.

44 *Grünwald*, JZ 66, 489 (497); so auch *Schumacher*, S. 315; *Sendler*, S. 91.

45 *Dünnebier*, MDR 64, 965.

46 Gutachten 46. DJT, S. 200.

innerfamiliäre Kommunikation auch durch sonstige Zwangsmaßnahmen nicht eingegriffen werden darf. Während ein Untersuchungsverweigerungsrecht zur Verwirklichung auch dieses Schutzzwecks also nicht erforderlich ist, läßt sich das Beschlagnahmeverbot des § 97 I Nr. 1, das aus der Familie stammendes Kommunikationsmaterial beschlagnahmefrei stellt, mit diesem Schutzzweck zwanglos erklären.

Zur Gewährleistung vertraulicher innerfamiliärer Kommunikation sind aber weitere Einschränkungen von Beschlagnahme und Telefonüberwachung erforderlich:

Ein Beschlagnahmeverbot müßte zunächst auch an schriftlichen Mitteilungen zwischen nichtbeschuldigten Familienmitgliedern bestehen. Dies forderte schon Klug auf dem 46. DJT mit der Begründung, sonst werde das Zeugnisverweigerungsrecht insoweit illusorisch gemacht[47].

Der Beschlagnahme müßten außerdem Aufzeichnungen Angehöriger über innerfamiliäre Kommunikation entzogen sein[48]. In diese Richtung geht auch ein Beschluß des LG Saarbrücken aus dem Jahre 1988[49]: Der Katalog des § 97 müsse erweitert werden um die intimen Aufzeichnungen des Ehegatten aus der Zeit der Ehe. Das Vertrauen, das zu den Grundvoraussetzungen der Persönlichkeitsentfaltung in der Ehe gehöre, könne nur aufkommen, wenn jeder Ehepartner erwarten dürfe, daß auch die intimen Aufzeichnungen des anderen, soweit sie ihn betreffen, geheim blieben.

Ein umfassender Schutz innerfamiliärer Kommunikation setzte außerdem voraus, daß innerfamiliäres Kommunikationsmaterial unabhängig von den Gewahrsamsverhältnissen beschlagnahmefrei ist; ein Beschlagnahmeverbot müßte insbesondere bestehen an im Gewahrsam des Beschuldigten und der Post befindlichem Kommunikationsmaterial.

Außerdem müßte die Überwachung von Telefongesprächen zwischen Familienangehörigen verboten sein.

Schließlich wäre der Schutz innerfamiliärer Kommunikation nur vollständig, wenn auch sonstige Maßnahmen, mit denen in innerfamiliäre Kommunikation eingegriffen wird, unzulässig und Aufnahmen von Gesprächen Angehöriger un-

---

47 Referat 46.DJT, F 59 f.; - Auch das schwedische und das finnische Recht stellen die Korrespondenz Angehöriger untereinander beschlagnahmefrei (nach *Andenaes*, Gutachten 46.DJT, S.21).

48 Ähnlich *E.Kaufmann*, S.144; *R.Hauser*, Zeugenbeweis, S.262 f.: Beschlagnahmeverbot für schriftliche Aufzeichnungen über mündliche Mitteilungen des Beschuldigten.

49 StV 88, 480 f.

verwertbar wären[50]. Nicht zulässig sein dürfte insbesondere auch die Überwachung von Gesprächen Angehöriger mittels technischer Abhörgeräte wie Wanzen o.ä.[51]. Solche Maßnahmen begegnen schon allgemein schwerwiegenden verfassungsrechtlichen Bedenken[52]; sind jedoch familiäre Gespräche von der Überwachung betroffen, und dies wird sich kaum je ausschließen lassen, so kommt die Kollission mit dem Schutz der innerfamiliären Vertrauensbeziehung hinzu. Die Zulassung heimlicher Abhörmaßnahmen würde somit, schützt § 52 innerfamiliäre Kommunikation, nicht zuletzt auch das Zeugnisverweigerungsrecht Angehöriger weiter entwerten.

b) Differenzierung nach Sphären

Ein Teil der nach geltendem Recht bestehenden Eingriffsmöglichkeiten in innerfamiliäre Kommunikation läßt sich allerdings damit erklären, daß die Schutzwürdigkeit von Kommunikation davon bestimmt wird, ob und inwieweit sie in einer vertraulichen Sphäre stattfindet[53]. Wer sich etwa auf offener Straße mit Angehörigen unterhält, kann nicht erwarten, daß die Vertraulichkeit dieser Kommunikation in gleicher Weise wie etwa ein in der Wohnung stattfindendes Gespräch rechtlich gewährleistet wird. Es ist daher auch eine am Schutz innerfamiliärer Kommunikation orientierte Konzeption denkbar, die nur in bestimmten Vertrauenssphären befindliche Kommunikation schützt.

Liegt dem Gewahrsamserfordernis des § 97 II 1 die Erwägung zugrunde, daß ein Beweismittel seine Schutzwürdigkeit verlieren soll, wenn es aus der geschützten Vertrauens- und Geheimsphäre hinausgelangt und zeugnispflichtigen Dritten damit die Möglichkeit der Kenntnisnahme gegeben wird[54], so erscheint es denkbar, daß auch das geltende Recht am Schutz innerfamiliärer Kommunikation orientiert ist; diese ist eben nur in der Sphäre des Angehörigen geschützt[55]. Die Tatsache, daß de lege lata weder die Postbeschlagnahme noch die Telefonüberwachung im Hinblick auf Zeugnisverweigerungsrechte eingeschränkt sind, könnte darauf beruhen, daß der Gesetzgeber postalische Kommunikation für we-

---

[50] Vgl. auch *Sendler*, S.92; *R.Hauser*, Zeugenbeweis, S.263; - Der BGH hätte unter Zugrundelegung des Schutzes innerfamiliärer Kommunikation durch § 52 seine Entscheidung über die Unverwertbarkeit der Aufzeichnung eines Raumgesprächs zwischen Eheleuten (BGHSt.31, 296; siehe dazu auch *Dalakouras*, S.214; *Gössel*, JZ 84, 361 (362); *Geis*, JZ 91, 112 (115 f.)) daher auch mit dem Argument stützen können, eine Verwertung der Aufzeichnung umgehe das Zeugnisverweigerungsrecht nach § 52.

[51] Dies ist inzwischen - allerdings nur bei außerhalb der Wohnung geführten Gesprächen - gem. § 100c Nr.2, der durch das Gesetz zur Bekämpfung des illegalen Rauschgifthandels und anderer Erscheinungsformen der organisierten Kriminalität v. 15.7.92 eingeführt wurde, zulässig.

[52] Vgl. etwa *Rohlf*, S.161; *Dalakouras*, S.68 f.; *de Lazzer/Rohlf*, JZ 77, 207 (211).

[53] Siehe dazu näher unter C.

[54] Vgl. SK/StPO-*Rudolphi* § 97 Rdn.8; *Welp*, Überwachung, S.195; näher dazu unter C II..

[55] Vgl. auch *Werle*, JZ 91, 482 (485 f.).

niger schutzwürdig hält. Ein solcher Ansatz vermag allerdings unabhängig davon, ob eine Differenzierung zwischen direkter und postalischer Kommunikation überzeugend ist[56], nicht zu erklären, warum auf schriftliche postalische Kommunikation uneingeschränkt zugegriffen werden darf, solange sie sich auf dem Postweg befindet, sie dagegen geschützt ist, sobald sie den Angehörigen erreicht hat: hält man postalische Kommunikation nicht für schutzwürdig, so kann es nicht darauf ankommen, wo sich ein mit der Post befördertes Schriftstück gerade befindet.

Inkonsequent ist innerhalb einer solchen Erklärung der geltenden Regelung zudem die Beschlagnahmbarkeit von innerfamiliärem Kommunikationsmaterial im Gewahrsam des Beschuldigten. Die Vertrauenssphäre, in der sich Kommunikationsmaterial im von § 97 II 1 geforderten Gewahrsam des Angehörigen befindet, ist die Sphäre der Kommunikationspartner. Wieso es im Hinblick auf die Schutzwürdigkeit der Kommunikation maßgeblich sein soll, ob der den Gewahrsam innehabende Kommunikationspartner eine Person nach § 52 oder der Beschuldigte ist, ist nicht ersichtlich[57]. Kommunikationsmaterial befindet sich im Gewahrsam des Beschuldigten ebenso innerhalb der geschützten Sphäre der Kommunikationspartner wie im Gewahrsam eines Angehörigen. Da der Beschuldigte nicht aussagen muß, ist Kommunikationsmaterial in seinem Gewahrsam zudem ebenso nach außen abgeschlossen wie im Gewahrsam des Zeugnisverweigerungsberechtigten[58]. Kommunikationsmaterial muß somit im Gewahrsam des Beschuldigten in gleicher Weise geschützt sein wie im Gewahrsam des Angehörigen.

Eine schlüssige Erklärung der geltenden Regelung läßt sich also auch anhand einer Differenzierung der Schutzwürdigkeit von Kommunikation nach Sphären nicht finden.

c) Resümee

Dient § 52 dem Schutz innerfamiliärer Kommunikation, so ist zur Verwirklichung dieses Schutzzwecks des Zeugnisverweigerungsrechts Angehöriger auch bei den sonstigen Zwangsmaßnahmen das Beschlagnahmeverbot des § 97 zumindest auf Mitteilungen zwischen nichtbeschuldigten Familienmitgliedern und Aufzeichungen über Kommunikation zu erweitern; innerfamiliäres Kommunikationsmaterial müßte zudem auch im Gewahrsam des Beschuldigten beschlagnahmefrei sein. Inwieweit darüber hinaus Beschränkungen von Postbeschlagnah-

[56] Siehe dazu unten 2.Teil, C III. 3.

[57] Vgl. auch *Petry*, S.52 f.

[58] Siehe auch *Welp*, JZ 74, 423 (424 f.) zu Verteidigungsmaterial im Gewahrsam eines (Mit-)Beschuldigten: in den Händen des Mitbeschuldigten bleibe der "Kreis der Wissenden" auf Personen beschränkt, die das Geheimnis unter dem Schutz ihrer Aussagefreiheit prozessual bewahren könnten.

me und Telefonüberwachung, eventuell sogar ein vollständiger Wegfall des Gewahrsamserfordernisses erforderlich wäre, hängt davon ab, innerhalb welcher Sphären innerfamiliäre Kommunikation geschützt werden sollte. Diese Frage soll hier noch zurückgestellt werden[59].

Will man die Vertraulichkeit innerfamiliärer Kommunikation dagegen nicht schützen, so berührt dies das Zeugnisverweigerungsrecht Angehöriger wegen der insoweit bestehenden Konfliktlage der Zeugen zwar nicht; Beschlagnahmeverbote und Einschränkungen der Telefonüberwachung, mithin auch das de lege lata bestehende Beschlagnahmeverbot für schriftliche Mitteilungen zwischen dem Beschuldigten und seinen Angehörigen, sind dann aber mit Rücksicht auf das Zeugnisverweigerungsrecht Angehöriger nicht erforderlich.

Ob § 52 dem Schutz unbefangener innerfamiliärer Kommunikation dient, ist daher die für eine Konzeption der an § 52 anknüpfenden Beschränkungen der Zwangsmaßnahmen entscheidende Frage. Der nur ansatzweise Schutz innerfamiliärer Kommunikation nach geltendem Recht ist in jedem Fall inkonsequent.

2. *Unbefangenheit und Vertraulichkeit innerfamiliärer Kommunikation als schützenswertes Rechtsgut*

a) Familie als Ort vertrauensvoller Kommunikation

Nähe und Vertrauen mit Kontaktpersonen sowie Verbalisierung und Kommunikation sind elementare menschliche Bedürfnisse und wesentliche Bestandteile der Menschenwürde[60]. Im andauernden Prozeß der Persönlichkeitsbildung ist Kommunikation ein wesentlicher Faktor[61]. Jeder Mensch ist auf Vertrauenspersonen angewiesen, mit denen er sich aussprechen, seine Sorgen und Nöte mitteilen und so Trost, Rat und Hilfe erlangen kann. So steht auch die privat-persönliche Kommunikation unter dem Schutz der Kommunikationsgrundrechte (Art. 5, 8 GG)[62]. Außerdem ist die Unbefangenheit der nichtöffentlichen Kommunikation ein Bestandteil der Intimsphäre[63] und damit des Rechts auf private Lebensgestaltung aus Art.2 i.V.m. Art.1 GG.

Ein Ort, wo solche vertrauensvolle Kommunikation häufig stattfindet, ist die Familie[64]. Die Beziehungen von Angehörigen untereinander sind wesentlich

---

[59] Siehe dazu unten 2.Teil, C.

[60] *Dalakouras*, S.53; siehe auch *Dencker*, S.115.

[61] *Rohlf*, S.63.

[62] *Dalakouras*, S.78; *Rohlf*, S.181 f.

[63] *Dalakouras*, S.239 unten.

[64] Zwar spielt heute die Familie, insbesondere die Großfamilie, wie sie der weiten Ausgestaltung des § 52 zugrundeliegt, keine so große Rolle mehr wie im 19. Jahrhundert bei der Entstehung dieser

vom familiären Vertrauensverhältnis, von Vertraulichkeit und Vertrautheit geprägt. Für viele Menschen ist die Familie der Ort, wo sie sich aussprechen, wo die Gelegenheit besteht, sich offen und ohne äußere Zwänge anderen mitzuteilen. Der Schutz von Ehe und Familie zielt so auf die Gewährleistung eines Zufluchtsortes vor gesellschaftlicher und staatlicher Inpflichtnahme, eines Lebensbereiches zur Eigenständigkeit und Selbstverantwortlichkeit des Menschen und damit auf die Ermöglichung von Privatheit ab[65].

b) Rechtsprechung des Bundesverfassungsgerichts zu innerfamiliärer Kommunikation

Die Schutzwürdigkeit innerfamiliärer Kommunikation hat auch das Bundesverfassungsgericht in mehreren Entscheidungen betont[66]. Das verfassungskräftige Gebot auf Achtung der Intim- und Privatspäre, das in dem Recht auf freie Entfaltung der Persönlichkeit (Art.2 I GG) verbürgt sei, erfahre für den Bereich der Meinungsäußerungen unter Familienangehörigen durch die Verfassungsgarantie von Ehe und Familie besondere Verstärkung[67]. Der Meinungsäußerungsfreiheit im Bereich der familiären, insbesondere der ehelichen Privatsphäre (Grundrecht aus Art.5 I i.V.m. Art.2 I GG) komme daher besondere Bedeutung zu[68]. Zwar betreffe die innerfamiliäre Kommunikation nicht den unantastbaren Bereich, Eingriffe seien daher unter Wahrung des Verhältnißmäßigkeitsgrundsatzes zulässig[69]. Dabei sei jedoch die besondere Bedeutung der familiären Privatsphäre und der innerfamiliären Kommunikation zu beachten.

Aus diesen Grundsätzen hat das Bundesverfassungsgericht gefolgert, daß Ehescheidungsakten in anderen Verfahren nicht zum Beweis herangezogen werden dürften, da im Ehescheidungsverfahren dem Gericht Tatsachen aus der ehelichen Privatsphäre offenbart werden müßten, die sonst einer breiteren Öffentlichkeit und erst recht dem Staat gegenüber nicht offenbart würden[70].

In Bezug auf die Untersuchungshaft hat das Bundesverfassungsgericht angeführt, diese beeinträchtige die notwendige Kommunikation zwischen dem Inhaftierten und dem in Freiheit lebenden Angehörigen und könne dazu beitra-

---

Vorschrift (daher kritisch gegenüber der Bedeutung der Familie *Gross-Spreitzer*, S.113). Gleichwohl ist nach wie vor die (Klein)familie die bedeutenste soziale Lebensform.

65 *Rohlf*, S.172; *Dalakouras*, S.71; BVerfGE 6, 55 (70).

66 BVerfGE 27, 344; 34, 205 (Ehescheidungsakten); BVerfGE 35, 35; 42, 234; StV 91, 306 (Briefkontrolle von Familienangehörigen in U-Haft); BVerfGE 42, 95 (Besuch von Ehegatte und Kindern in U-Haft).

67 BVerfGE 42, 234 (236).

68 BVerfGE 35, 35 (Leitsatz).

69 BVerfGE 27, 344 (351); 35, 35, (40).

70 BVerfGE 27, 344 (352).

gen, daß sie einander tiefgreifend entfremdet würden[71]. Gerade der U-Häftling habe das besondere Bedürfnis, sich dem Ehepartner gegenüber frei und offen auszusprechen und ihm die Dinge und Eindrücke aus seiner Sicht zu schildern[72]. Mit dem Wegfall der Vertraulichkeit der Information werde der Schutz der ehelichen Privatsphäre nicht hinfällig. Zur Aufrechterhaltung der Familie seien daher angemessene Vorkehrungen zu treffen[73]. Briefe dürften zwar zur Sicherung des Haftzwecks kontrolliert werden. Dabei sei jedoch über unsachliche Kritik und beleidigende Äußerungen, hier über die beteiligten Richter, hinwegzusehen[74]. Außerdem seien Vorkehrungen zur Ermöglichung des Besuchs von Familienangehörigen zu treffen[75].

Das Bundesverfassungsgericht hat somit die Ermöglichung unbefangener innerfamiliärer Kommunikation und die Vertraulichkeit der innerfamiliären Bezie-hungen als verfassungsrechtlich durch Art.6 GG sowie durch Art.2 I i.V.m. 1 I GG geschütztes Gut anerkannt[76].

c) Beleidigende Äußerungen im engsten Familienkreis

Daß Kommunikation innerhalb der Familie besonderen Schutzes bedarf, ist schließlich auf einem weiteren Gebiet nahezu unbestritten:

Wenn die Ansichten über Begründung und Umfang der Straffreiheit auch unterschiedlich sind, so ist man sich heute doch weitgehend einig, daß den Strafandrohungen der §§ 185, 186 StGB (Beleidigung, üble Nachrede) jedenfalls nicht ehrenrührige Äußerungen über Außenstehende im engsten Kreis der Familie (etwa zwischen Ehegatten, zwischen Eltern und Kindern) unterfallen, die in der begründeten Erwartung gemacht werden, daß der Äußerungsempfänger sie nicht über diesen Kreis hinausträgt[77].

Diese Begrenzung der Strafbarkeit wird dogmatisch auf verschiedenen Wegen erreicht, denen hier keine Relevanz zukommt[78]. Interessant ist allein die Frage, aus welchem Grund Beleidigungen Dritter innerhalb der Familie straffrei bleiben

---

71 BVerfGE 42, 95, (101); BVerfGE 42, 95 (101).

72 BVerfGE 35, 35 (39).

73 BVerfGE 42, 95 (101).

74 BVerfGE 35, 35 (39 f.).

75 BVerfGE 42, 95 (101).

76 Siehe auch *Rohlf*, S.92, 95.

77 LK-*Herdegen*, § 185 Rdn.11 m.w.N.

78 Vertreten wird u.a.: es fehle an der Kundgabe (so z.B. OLG Oldenburg GA 54, 284; *Hansen*, JuS 74, 106) oder an dem Kundgabevorsatz (*Maurach/Schroeder*, BT/1, 208); es fehle an der Ehrverletzung, da Äußerungen im engsten Familienkreis nicht gegen die Wertgeltung des Betroffenen in der Allgemeinheit gerichtet seien (*Engisch*, GA 57, 331); Anerkennung eines straffreien Refugiums sei Rechtfertigungsgrund (LK-*Herdegen*, § 185, Rdn.14) oder Strafausschließungsgrund (Sch-Sch-*Lenckner*, Vorbem. §§ 185 ff., Rdn.9).

sollen. Dazu wird angeführt, dem einzelnen müsse ein letztes Refugium verbleiben, wo er befreit von den rechtlichen Pflichtanforderungen vertrauliche Gespräche führen dürfe[79]. Der Mensch brauche Möglichkeiten des Sich-Aussprechens, des Wegerzählens, einen Freiraum, in dem er aufgestauten Emotionen Luft verschaffen, aber auch sich bloß mitteilen könne[80]. Mit der Berücksichtigung dieses menschlichen Bedürfnisses werde Art. 1 und 2 GG Rechnung getragen[81].

Hier tauchen also die gleichen Erwägungen wieder auf, die oben zur Begründung der Schutzwürdigkeit der Unbefangenheit innerfamiliärer Kommunikation angeführt wurden.

d) Resümee

Die Unbefangenheit innerfamiliärer Kommunikation ist ein schützenswertes Rechtsgut, das verfassungsrechtlich von Art. 2 I i.V.m. Art. 1 I GG umfaßt ist.

Freie, unbefangene Kommunikation kann aber nur stattfinden, wenn den Kommunikationspartnern durch die Kommunikation kein Nachteil droht. Kann innerfamiliäre Kommunikation im Strafprozeß gegen einen Familienangehörigen offenbart und verwertet werden, so bedeutet dies für die Familienangehörigen, daß sie mit ihrer Kommunikation möglicherweise zu der Überführung des Beschuldigten beitragen. Die Ermöglichung unbefangener innerfamiliärer Kommunikation setzt daher die Wahrung der Vertraulichkeit dieser Kommunikation gegenüber Strafverfolgungsorganen voraus[82].

3. Schützt das Zeugnisverweigerungsrecht nach § 52 die Unbefangenheit/Vertraulichkeit innerfamiliärer Kommunikation?

Wenn es § 52 den Angehörigen des Beschuldigten auch ermöglicht, über innerfamiliäre Kommunikation die Aussage zu verweigern, so könnte doch die Ausgestaltung des Zeugnisverweigerungsrechts Angehöriger dafür sprechen, daß § 52 nicht der Ermöglichung unbefangener innerfamiliärer Kommunikation zu dienen bestimmt ist.

---

[79] SK-*Rudolphi*, vor § 185, Rdn. 18; *Hellmer*, GA 63, 129 (136) m.N.

[80] LK-*Herdegen*, § 185 Rdn. 13; Sch-Sch-*Lenckner*, Vorbem. §§ 185 ff., Rdn. 9.

[81] SK-*Rudolphi*, vor § 185, Rdn. 18.

[82] Vgl. auch *R. Hauser*, Zeugenbeweis, S. 177: Zutrauen, offener Verkehr und freier Gedanken- sowie Erfahrungsaustausch wären nicht möglich, wenn alles und jedes, das sich in der Gemeinschaft zuträgt oder vertrauensvoll mitgeteilt wird, im Prozeß erzwungenermaßen in Erfahrung gebracht werden könnte; vgl. auch *Dalakouras*, S. 73: die indiskrete Kenntnisnahme familiärer Entscheidungsprozesse und Angelegenheiten sowie das Verlangen nach Offenbarung sei dem Staat verboten.

a) Abstellen auf tatsächliche Vertrauensbeziehung?

Einwenden ließe sich zunächst, daß § 52 nicht ein Vertrauensverhältnis, innerhalb dessen Kommunikation geführt wird, sondern allein die Familienzugehörigkeit des Zeugen voraussetzt, es somit für das Zeugnisverweigerungsrecht unerheblich ist, ob innerhalb der Familie vertrauliche Kommunikation geführt wird oder nicht, und daher § 52 auch nicht den Schutz solcher Kommunikation bezwecke.

Gegen eine solche Argumentation spricht aber, daß § 52 mit der Familienangehörigkeit an typische, leicht abgrenzbare Vertrauensverhältnisse anknüpft[83]. Ist die Familie typischerweise ein Forum für vertrauliche Kommunikation, so kann § 52 dem Schutz solcher Kommunikation unabhängig von im Einzelfall bestehenden Vertrauen dienen. So ist ratio des § 52 auch die Bewahrung des Zeugen vor einer Konfliktlage unabhängig davon, ob eine solche in concreto vorliegt[84].

b) Einwand: freie Entscheidung des Zeugen über Aussage

Gegen eine am Schutz des familiären Vertrauensverhältnisses durch § 52 orientierte Konzeption wird weiterhin argumentiert, dies widerspreche der Tatsache, daß § 52 kein Beweisverbot, sondern ausschließlich ein Recht des Zeugen begründe, von dem dieser auch unabhängig von etwaigen "Entbindungserklärungen" anderer Familienangehöriger Gebrauch machen könne.[85]. Eb.Schmidt führt die Tatsache, daß § 52 kein absolutes Vernehmungsverbot vorsieht, als Begründung dafür an, daß § 52 nicht die Familie schützt[86].

Eine Möglichkeit des Beschuldigten, die Aussage eines Angehörigen zu erzwingen, kommt aber schon wegen der unabhängig von dem Einverständnis des Beschuldigten möglichen Konfliktlage des Angehörigen nicht in Betracht[87].

---

[83] Vgl. *Rengier*, Zeugnisverweigerungsrechte, S.63, 105; daß neben der Familie auch andere soziale Beziehungen bestehen, innerhalb derer typischerweise vertrauliche Kommunikation geführt wird, etwa nichteheliche oder homosexuelle Partnerschaften, läßt § 52 zwar möglicherweise als zu eng erscheinen, spricht aber ebenfalls nicht gegen den Schutz innerfamiliärer Kommunikation durch § 52.

[84] BGHSt.12, 235 (239); *Eb.Schmidt*, JR 59, 369; LR-*Dahs*, § 52, Rdn.1 m.w.N.

[85] So *Schlothauer*, AG Strafrecht 1988, 80, (88 Fn.32).

[86] JZ 58, 596 (597); so auch *Gössel*, NJW 81, 649 (653); *Gross-Spreitzer*, S.112 f.; - In diese Richtung hat auch *Jescheck* (Generalgutachten, S.21) auf dem 46.DJT die Frage aufgeworfen, ob nicht mit Rücksicht auf Art.6 GG ein absolutes Beweisverbot bezüglich Aussagen von mit dem Beschuldigten verwandten Zeugen geboten wäre. Gegen ein absolutes Vernehmungsverbot bei Angehörigen spricht aber schon, daß den Angehörigen damit die Möglichkeit versagt wird, den Beschuldigten zu entlasten (*Schwarze*, GS 21 (1869), 60 (61); *Grünwald*, Diskussion 46.DJT, F 151; *Rengier*, Zeugnisverweigerungsrechte, S.110; *H.C.Hauser*, S.43 f.).

[87] Vgl. *Rengier*, Zeugnisverweigerungsrechte, S.254 f.; siehe auch unten 2.Teil, B I.

Ebensowenig spricht es gegen den Schutz des innerfamiliären Vertrauensverhältnisses durch § 52, daß der Beschuldigte den Angehörigen nicht zum Schweigen zwingen kann. Zwar besteht das Zeugnisverweigerungsrecht nach § 52, dient es der Unbefangenheit innerfamiliärer Kommunikation, auch und insbesondere im Interesse des Beschuldigten. Da aber ein familiäres Vertrauensverhältnis nicht staatlich erzwungen werden kann, sondern davon abhängig ist, daß das Vertrauen freiwillig aufgebaut und gewahrt bleibt, ist es das Risiko des Beschuldigten, inwieweit er sich seinen Familienangehörigen anvertraut. Er muß wissen, ob er sich auf seine Angehörigen und deren Verschwiegenheit verlassen kann[88].

Der auch aus verfassungsrechtlichen Gründen notwendige Schutz innerfamiliärer Kommunikation kann mithin nur so aussehen, daß der familiäre Binnenraum vor staatlichem Zugriff geschützt ist, ohne daß die Geheimhaltung innerfamiliärer Begebenheiten durch Familienangehörige erzwungen wird[89]. Staatliche Stellen dürfen daher Tatsachen, die Kommunikation innerhalb des familiären Vertrauensverhältnisses betreffen, nicht mit Zwang ermitteln[90]. Andererseits kann es jedoch den Familienangehörigen überlassen bleiben zu entscheiden, welche Geheimnisse sie nach außen preisgeben wollen und welche nicht.

Die freie Entscheidungsmöglichkeit der Zeugen über die Ausübung des Zeugnisverweigerungsrechts nach § 52 widerspricht also nicht der Erkenntnis, daß das Zeugnisverweigerungsrecht Angehöriger das innerfamiliäre Vertrauensverhältnis schützt.

c) Einwand: § 52 thematisch unbegrenzt

Gegen den Schutz innerfamiliärer Kommunikation durch § 52 ließe sich schließlich einwenden, daß das Zeugnisverweigerungsrecht Angehöriger umfassend und nicht auf das begrenzt ist, was der Zeuge in Kommunikation mit seinen Familienangehörigen erfahren hat. Dies erklärt sich allerdings aus der Berück-

---

[88] So auch *Petry*, S.47 f.; ähnlich auch *Klöhn*, S.154; - Daß die Risikoverteilung bei den nach § 53 Nr.2 bis 3 b geschützten Vertrauensbeziehungen anders ist, liegt darin begründet, daß es dort, anders als bei der ehelichen und familiären Binnensphäre, nicht um den Schutz eines Freiraumes für höchstpersönliche, sondern für primär funktionale Beziehungen geht: Die Person des Klienten und des Angehörigen des Heil- oder Beratungsberufes sind weitgehend austauschbar (vgl. *Rohlf*, S.107; *Kühne*, JZ 81, 647 (648)). Bei der Auswahl etwa eines Arztes kann es vernünftigerweise nicht das Risiko des Patienten sein, ob der Arzt vertrauenswürdig und verschwiegen ist (vgl. *Sauter*, S.42).

[89] Vgl. auch *Sendler*, S.91 f.; - Auch sonst ist es so, daß man das Risiko der Auswahl seiner Kommunikationspartner selbst trägt. So ist man etwa auch dann, wenn die Überwachung eines Telefongesprächs verboten ist, nicht dagegen geschützt, daß der Gesprächspartner den Gesprächsinhalt einem anwesenden Strafverfolgungsbeamten mitteilt (*Gusy*, JuS 86, 89 (95)).

[90] Vgl. *Petry*, S.48.

sichtigung der inneren Konfliktlage bei dem Zeugen, die ein thematisch unbegrenztes Zeugnisverweigerungsrecht erfordert und schließt nicht aus, daß daneben weitere, theoretisch auch mit einem gegenständlich begrenzten Zeugnisverweigerungsrecht erreichbare Schutzzwecke des § 52 bestehen.

4. Ergebnis

Nach alledem ergibt sich, daß § 52 neben der Bewahrung des Zeugen vor einer Konfliktlage auch die Unbefangenheit und Vertraulichkeit der Kommunikation innerhalb des familiären Vertrauensverhältnisses gewährleistet. Indem das Zeugnisverweigerungsrecht Angehöriger dem elementaren menschlichen Bedürfnis nach Verbalisierung und Kommunikation[91] Rechnung trägt, dient es der Verwirklichung des allgemeinen Persönlichkeitsrechts aus Art.2 I i.V.m. 1 I GG sowie dem Schutz von Ehe und Familie gem. Art.6 GG. Erlangt ein gesprächsfremder Dritter Kenntnis von Kommunikation ohne Wissen und Wollen der Gesprächspartner, so liegt zudem auch ein Eingriff in die negative Meinungsäußerungsfreiheit aus Art.5 GG (freie Wahl des Kommunikationspartners und freie Entscheidung, wem was mitgeteilt wird) vor[92]. § 52 wirkt damit in den vorprozessualen Raum hinein[93].

5. Präzisierung des Schutzzwecks

Mit dem Schutz der Unbefangenheit und Vertraulichkeit innerfamiliärer Kommunikation durch § 52 ist der hier diskutierte Schutzzweck des Zeugnisverweigerungsrechts Angehöriger noch nicht hinreichend präzise beschrieben. Der für die Gewährung des Zeugnisverweigerungsrechts maßgebliche Nachteil, der Familienangehörigen bei fehlender Wahrung der Vertraulichkeit innerfamiliärer Kommunikation droht, kann in der Offenbarung innerfamiliärer Kommunikation als solcher oder in der Offenbarung zum Zwecke der Verwertung der Kommunikation gegen den beschuldigten Familienangehörigen liegen.

Erheblich ist diese Unterscheidung für die Bestimmung der durch § 52 geschützten Personen[94]. Die schlichte Offenbarung innerfamiliärer Kommunikation betrifft nichtbeschuldigte Familienmitglieder in gleicher Weise wie den Beschuldigten. Erfolgt die Offenbarung dagegen zum Zwecke der Verwertung im Strafverfahren gegen ein Familienmitglied, so bedeutet dies einen Eingriff primär in rechtlich geschützte Interessen des Beschuldigten.

---

91 Vgl. *Dencker*, S.115.

92 *Eberle*, DÖV 77, 306 (308).

93 So auch *Rengier*, Zeugnisverweigerungsrechte, S.8 f.

94 Dies wiederum ist relevant für die Frage der Verfügungsbefugnis und des Wegfalls des Beschlagnahmeverbots (siehe unten 2.Teil, B und E).

a) Schutz vor Offenbarung oder vor Verwertung innerfamiliärer Kommunikationsinhalte?

Ein umfassender Schutz vor drohender Offenbarung innerfamiliärer Kommunikation würde ein Zeugnisverweigerungsrecht über innerfamiliäre Kommunikationsinhalte unabhängig von der Verfahrensstellung der Familienangehörigen voraussetzen. Dies ist de lege lata in keiner Verfahrensordnung der Fall[95], und obwohl der Schutz des Grundrechts aus Art.2 I i.V.m. 1 I GG auch das Interesse umfaßt, innerfamiliäre Kommunikation gegenüber der Öffentlichkeit geheim zu halten, erscheinen auch de lege ferenda die Gefahren, die von der Gefahr der schlichten Offenbarung innerfamiliärer Kommunikation für die Unbefangenheit dieser Kommunikation ausgehen, als nicht gewichtig genug, für sich gesehen die umfassende Geheimhaltung dieser Kommunikation zu rechtfertigen[96].

Der eigentlich schwerwiegende und beachtenswerte Eingriff in die durch Art.2 I i.V.m. 1 I GG geschützte Unbefangenheit innerfamiliärer Kommunikation geht von der Möglichkeit aus, Kommunikationsinhalte aus dem familiären Vertrauensverhältnis zur Belastung eines Familienangehörigen im Strafverfahren heranzuziehen[97]. Die Verhängung von Strafe bedeutet für den Betroffenen einen äußerst gravierenden Eingriff in sein Freiheitsrecht und seine Lebensplanung. Müßten der Beschuldigte und seine Angehörigen den staatlichen Zugriff auf innerfamiliäre Kommunikation zum Zweck der Überführung des Beschuldigten befürchten, so würde dies eine schwere Beeinträchtigung der Freiheit und Unbefangenheit dieser Kommunikation bedeuten. Diese Beeinträchtigung wiegt wesentlicher schwerer als die, die von der bloßen Sorge ausgeht, außenstehende Dritte könnten von der Kommunikation erfahren.

---

[95] Auch etwa § 383 ZPO (der gem. § 173 VwGO entsprechend im verwaltungsgerichtlichen Verfahren gilt) gibt nur Angehörigen einer Partei ein Zeugnisverweigerungsrecht und beruht damit auf dem zum Strafverfahren parallelen Gedanken, daß niemand gezwungen sein soll, an der Verurteilung eines Angehörigen (hier zur zur Erfüllung zivilrechtlicher bzw. öffentlichrechtlicher Verpflichtungen) mitzuwirken.

[96] Da es sich hier um die Frage der Gewichtung des Interesses an Geheimhaltung innerfamiliärer Kommunikation handelt, müßte dies systematisch in dieser Untersuchung erst unter der Berücksichtigung von Gegeninteressen, insbesondere Strafverfolgungsinteressen, erörtert werden. Da es aber ganz unbestritten ist, daß eine Berücksichtigung eines solchen Geheimhaltungsinteresses nicht erfolgen sollte, würde eine solche Vorgehensweise die Untersuchung nur unnötig verkomplizieren. Welche Konsequenzen die Berücksichtigung des Interesses, auch vor der schlichten Offenbarung von Kommunikation bewahrt zu werden, hat, soll unten anhand des Zeugnisverweigerungsrechts nach § 53 I Nr.1 bis 3 b erörtert werden, da dort dieses Interesse zumindest durch das Zeugnisverweigerungsrecht selbst verwirklicht wird.

[97] Vgl. auch *Amelung*, Informationsbeherrschungsrechte, S.91, 93; *Peres*, S.71; in der Sache erkannte dies schon *Sauter* (S.308) im Jahre 1910: es könne ein berechtigtes Verlangen des Klienten sein, daß seine Angelegenheit gerade dem Gericht oder dem Staatsanwalt verborgen bleibe.

Wenn die Schutzwürdigkeit innerfamiliärer Kommunikation im Strafverfahren auch nicht direkt aus dem nemo-tenetur Grundsatz ableitbar ist[98], so ist doch hier die Nähe zu diesem Grundsatz deutlich[99]. Das elementare und schützenswerte menschliche Bedürfnis, sich mit Vertrauenspersonen auszusprechen, soll nicht ausgenutzt werden, um den Beschuldigten im Strafverfahren zu belasten. Insofern, und dies ist der zutreffende Kern der Argumentation Petrys, verlangt Art.2 I i.V.m. 1 I GG die Berücksichtigung eines tatsächlichen Zwangs, dem der Beschuldigte unterliegt. Der Schutz des innerfamiliären Vertrauensverhältnisses im Strafprozeß kann so durchaus als eine "Ausstrahlungswirkung" des nemo-tenetur-Grundsatzes verstanden werden[100].

b) Einbeziehung des Beschuldigten in den Schutzbereich des § 52

Die Unbefangenheit innerfamiliärer Kommunikation wird somit durch § 52 primär im Interesse des Beschuldigten selbst geschützt[101]. Dieser soll nicht befürchten müssen, daß Tatsachen aus innerfamiliärer Kommunikation durch Zwang gegen die Angehörigen im Prozeß gegen ihn verwertet werden[102].

c) Schutz der Familienangehörigen des Beschuldigten

Außerdem schützt § 52 auch, über die Berücksichtigung einer inneren Konfliktlage hinaus, Interessen der Zeugen. Diese sollen nicht befürchten müssen, durch Kommunikation mit dem Beschuldigten oder mit anderen Familienmitgliedern zur Belastung des Beschuldigten beizutragen.

Der Schutz der Familienangehörigen durch § 52 ist allerdings nicht originärer Art. Da für den Schutz innerfamiliärer Kommunikation durch § 52 maßgeblich ist, daß der Beschuldigte nicht durch innerfamiliäre Kommunikation überführt werden soll, sind die Familienangehörigen nur als Reflex des Schutzes des Beschuldigten in den Schutzbereich des § 52 mit einbezogen.

---

98 Vgl. dazu oben S. 53 f.

99 Vgl. auch *Amelung*, Informationsbeherrschungsrechte, S.35.

100 Vgl. auch *Rengier*, Zeugnisverweigerungsrechte, S.12: "mittelbare Stärkung der Verteidigungsstellung durch § 52".

101 Vgl. auch *Widmaier*, AG Strafrecht 1988, 29 (35); *R.Schmidt*, Ausnahme, S.19; *Busch*, JZ 53, 703; *Peres*, S.97; siehe auch LG Saarbrücken, StV 88, 480 (481) zu § 97: § 97 diene dem Schutz der Persönlichkeitssphäre des Beschuldigten insoweit, als sie sich in persönlichen Beziehungen entfalte.

102 So auch *Dünnebier*, GA 53, 65 (70).

d) Öffentliches Interesse an unbefangener innerfamiliärer Kommunikation

Mit dem Schutz innerfamiliärer Kommunikation geht § 52 schließlich über die Verfolgung rein individualbezogener Zwecke hinaus. Da es erheblich zur Lösung oder Entschärfung sozialer Konflikte beitragen kann, wenn der einzelne die Möglichkeit hat, ohne Furcht vor dadurch drohenden Nachteilen seine Sorgen und Nöte einer Vertrauensperson mitzuteilen, sich auszusprechen und so Rat oder Hilfe zu erlangen, wird mit dem Schutz innerfamiliärer Kommunikation der Gesellschaft insgesamt gedient; das Zeugnisverweigerungsrecht nach § 52 und die daran anküpfenden Beschränkungen der Zwangsmaßnahmen liegen also auch im öffentlichen Interesse[103]. Diejenigen, die dies bestreiten[104], sehen die ratio des § 52 allein in der Bewahrung des Zeugen vor einer Konfliktlage und erkennen daher die weiterreichende Bedeutung des § 52 nicht.

Die Argumentation, das durch das Zeugnisverweigerungsrecht Angehöriger verfolgte private Interesse sei gegenüber dem öffentlichen Interesse an einer wirksamen Strafrechtspflege geringerwertig und könne deshalb, anders als das von § 53 verfolgte Interesse, etwa bei der Telefonüberwachung keine Einschränkungen rechtfertigen[105], läßt sich daher so nicht durchhalten.

VI. Zusammenfassung/Resümee

§ 52 dient drei individualbezogenen Interessen, denen sich die sonstigen zu § 52 vertretenen individualbezogenen Schutzzwecke zuordnen lassen.

1) Anküpfungspunkt des § 52 ist zum einen die innere Konfliktlage des Zeugen. Das Zeugnisverweigerungsrecht dient zunächst unmittelbar der Bewahrung des Zeugen vor einer solchen Konfliktlage und schützt damit den Zeugen selbst; zudem geht die Erwägung, das Zeugnisverweigerungsrecht nach § 52 schütze die Wahrheitsfindung, davon aus, der Zeuge sei wegen dieser Konfliktlage in der Versuchung, die Unwahrheit zu sagen.

2) Zum anderen dient § 52 der Wahrung des Familienfriedens und damit (nachprozessualen) Interessen aller Familienangehörigen.

---

[103] BGH MDR 66, 384; BGHSt. 11, 213 (216); 12, 235 (239): "allgemeines Interesse"; *Rengier*, Zeugnisverweigerungsrechte, S. 11 m.w.N.; *Grünwald* JZ 66, 489, (497); *R. Hauser*, Zeugenbeweis, S. 178; H.C. *Hauser*, S. 33; *Dünnebier*, MDR 64, 965: der freie und offene Verkehr unter Angehörigen sei gesellschaftlich erwünscht.

[104] Vgl. etwa *Rudolphi*, FS Schaffstein, 433 (445); *Beulke*, Jura 86, 642 (643 f.); *Gross-Spreitzer*, S. 113.

[105] *Rudolphi*, FS Schaffstein, 433 (445 f.); ähnlich *Gross-Spreitzer*, S. 112-115; *Beulke*, Jura 86, 642 (643 f.); i.E. auch KMR-*Müller*, § 100 a, Rdn. 16.

3) Schließlich gewährleistet das Zeugnisverweigerungsrecht des 52 die Vertraulichkeit und damit die Unbefangenheit innerfamiliärer Kommunikation; der Beschuldigte und seine Angehörigen müssen nicht befürchten, durch diese Kommunikation zur Überführung des Beschuldigten beizutragen. Diese Erwägung liegt auch der Konzeption Petrys zugrunde, der § 52 für einen Ausfluß des nemo-tenetur-Grundsatzes hält. Insoweit dient das Zeugnisverweigerungsrecht nach § 52 primär Interessen des Beschuldigten; zudem liegt der Schutz des familiären Vertrauensverhältnisses auch im Interesse der Allgemeinheit.

Während die unter 1) und 2) genannten Schutzzwecke Einschränkungen der Duldungspflichten nicht erforderlich machen, setzt die Verwirklichung des unter 3) beschriebenen Gedankens bei den auf Duldung gerichteten Zwangsmaßnahmen voraus, daß die Vertraulichkeit innerfamiliärer Kommunikation grundsätzlich auch bei diesen Zwangsmaßnahmen gewahrt bleibt; damit dienen an § 52 anknüpfende Beschränkungen der Duldungspflichten primär Interessen des Beschuldigten. Der Schutz innerfamiliärer Kommunikation erfordert über die geltende gesetzliche Regelung hinausgehende Beschränkungen von Beschlagnahme und Telefonüberwachung[106]. Die bestehende Regelung der Berücksichtigung des Zeugnisverweigerungsrechts nach § 52 bei Beschlagnahme und Telefonüberwachung ist daher mit an der ratio des § 52 orientierten Erwägungen nicht schlüssig zu erklären.

Das Untersuchungsverweigerungsrecht nach § 81 c III ist schließlich mit an § 52 anknüpfenden Erwägungen nicht zu rechtfertigen.

VII. Herausgabeverweigerungsrecht (§ 95 II 2)

Nicht erörtert wurde bisher, inwieweit das Zeugnisverweigerungsrecht Angehöriger bei der Herausgabepflicht zu berücksichtigen ist.

§ 95 I verpflichtet jeden, der einen beweiserheblichen Gegenstand im Gewahrsam hat, zur Herausgabe dieses Gegenstandes. Da diese Editionspflicht bei Zeugnisverweigerungsberechtigten gem. § 95 II 2 nicht mit Zwangsmitteln durchgesetzt werden kann, besteht faktisch bei diesen Personen keine Herausgabepflicht[107]. Das Herausgabeverweigerungsrecht der zeugnisverweige-

---

[106] Vgl. dazu im einzelnen oben 2.Teil, A V. 1.

[107] Ob § 95 II 2 die Editionspflicht begrenzt oder bestimmt, daß eine bestehende Pflicht nicht durchsetzbar ist, ist umstritten (im ersteren Sinne *Tschacksch*, S.81; *Petry*, S.54, Fn.75; a.A. KMR-*Müller*, § 95, Rdn.3; OLG Celle, NJW 73, 406 (407); *Creifels*, GA 60, 65 (70); differenzierend SK/StPO-*Rudolphi*, § 95, Rdn.6; *Peters*, Strafprozeß, S.442; AK/StPO-*Amelung*, § 95, Rdn.7: handele es sich um einen Gegenstand nach § 97, so bestehe keine Pflicht, bei sonstigen Gegenständen sei eine bestehende Pflicht nicht durchsetzbar). Dieser Streit wird auch in jüngster

rungsberechtigten Angehörigen des Beschuldigten ist dabei nicht auf die Gegenstände nach § 97 I Nr. 1 beschränkt, es ist vielmehr umfassend[108].

Anhand der Schutzzwecke des Zeugnisverweigerungsrechts Angehöriger wird im folgenden die Berechtigung des § 95 II 2 i.V.m. § 52 untersucht.

1. Innere Konfliktlage

Das Zeugnisverweigerungsrecht des § 52 berücksicht die Situation des mit dem Beschuldigten verwandten Zeugen, der sich entscheiden muß, entweder seinen Angehörigen zu belasten, oder sich wegen einer falschen Aussage strafbar zu machen.

Der Angehörige, der ein Beweismittel herausgeben soll, befindet sich in einer ganz ähnlichen Lage. Er muß entscheiden, ob er ein belastendes Beweismittel herausgibt oder die in § 70 festgelegten Ordnungs- und Zwangsmittel erduldet (§ 95 II 1). Es liegt also eine Parallele vor: der Aussage entspricht die Herausgabe, der drohenden Strafe die drohenden Ordnungs- und Zwangsmittel. Auch eine Herausgabepflicht würde den Angehörigen des Beschuldigten daher vor eine innere Konfliktlage stellen. Wird dieser Konfliktlage durch ein Zeugnisverweigerungsrecht Rechnung getragen, so muß dies konsequenterweise auch durch ein Herausgabeverweigerungsrecht geschehen. "Was der Mund nicht zu offenbaren braucht, soll auch die Hand nicht preisgeben müssen"[109].

Verallgemeinernd läßt sich sagen, daß jeder Zwang zur aktiven Mitwirkung von Angehörigen am Strafverfahren diese vor eine innere Konfliktlage stellen würde[110]. Geht man von der Berücksichtigung einer solchen Konfliktsituation durch das Zeugnisverweigerungsrecht Angehöriger aus, so verlangt eine konsequente Verwirklichung dieses Rechtsgedankens also die Befreiung der Angehörigen von jeder strafprozessualen Handlungspflicht.

2. Familienfrieden

Rechtfertigen läßt sich das Herausgabeverweigerungsrecht auch mit der Wahrung des Familienfriedens: Es kann durchaus zu Konflikten innerhalb der

---

Zeit noch geführt, ohne daß die praktische Relevanz dieser Streitfrage erwiesen wäre (vgl. schon v. *Hippel*, ZStW 47 (1927), 523 (525)), und soll deshalb hier dahingestellt bleiben.

[108] *Kleinknecht/Meyer*, § 95, Rdn. 10; KK-*Laufhütte*, § 95, Rdn. 5.

[109] *R.Hauser*, Zeugenbeweis, S. 257.

[110] Insofern ist also die verschiedentlich getroffene Aussage zutreffend, daß passive prozessuale Pflichten weniger belastend seien als Handlungspflichten (so *Tschacksch*, S. 160-162; *E.Kaufmann*, S. 144; ähnlich *Eb. Schmidt*, Nachtr. I, § 95, Rdn. 1); kritisch zu der Differenzierung zwischen Dulden und Handeln bei der Bemessung staatlicher Eingriffe allerdings *Müller-Dietz*, S. 18, 24; *Planck*, S. 238 f.

Familie kommen, wenn Angehörige des Beschuldigten auf Druck staatlicher Organe Beweismittel herausgeben müßten.

3. Wahrheitsfindung

Die Wahrheitsfindung als möglicher Schutzzweck des § 52 macht dagegen keine Einschränkung der Herausgabepflicht Angehöriger nötig. Ein Beweismittel wird nicht dadurch zweifelhaft, daß dessen Herausgabe von einem Angehörigen erzwungen wurde.

4. Selbstbezichtigungsfreiheit/innerfamiliäre Kommunikation

Der Schutz der Unbefangenheit innerfamiliärer Kommunikation, der auch im Mittelpunkt des Schutzzwecks "Selbstbezichtigungsfreiheit" steht, verlangt demgegenüber Einschränkungen der Herausgabepflicht: Die Herausgabepflicht dürfte sich, entsprechend dem erforderlichen Beschlagnahmeverbot, nicht auf innerfamiliäres Kommunikationsmaterial beziehen. Ein umfassendes Herausgabeverweigerungsrecht ist jedoch unter ausschließlicher Zugrundelegung dieses Schutzzwecks nicht erforderlich.

B. Verfügungsbefugnis

Unter Heranziehung der Schutzzwecke des Zeugnisverweigerungsrechts Angehöriger läßt sich die Frage beantworten, inwieweit Zeugnisverweigerungsrecht, Beschlagnahmeverbot und ein (de lege ferenda einzuführendes) Verbot der Telefonüberwachung vom Willen des Beschuldigten und dessen Angehörigen abhängen sollen, inwieweit diese Personen also verfügungsbefugt sind.

I. Zeugnisverweigerungsrecht[111]

Ob der Angehörige von seinem Zeugnisverweigerungsrecht Gebrauch macht oder nicht, ist de lege lata allein von dessen Entscheidung abhängig.

Auch in einer schutzzweckorientierten Konzeption kann insoweit nichts anderes gelten. Die durch die Pflicht zur aktiven Mitwirkung im Strafverfahren gegen einen Angehörigen begründete Konfliktlage der Zeugen kann auch dann bestehen, wenn der Beschuldigte in die Aussage einwilligt[112]. Daß der Beschul-

---

[111] Die Ausführungen zu dem Zeugnisverweigerungsrecht gelten auch für das Herausgabeverweigerungsrecht nach § 95 II 2.

[112] Vgl. *Rengier*, Zeugnisverweigerungsrechte, S.254 f.

digte den Angehörigen auch nicht zum Schweigen zwingen kann, folgt daraus, daß Kommunikation im innerfamiliären Vertrauensverhältnis nur gegen staatliche Eingriffe geschützt werden muß. Gibt dagegen ein an der Kommunikation Beteiligter freiwillig die Vertraulichkeit auf, muß der andere Kommunikationspartner dies hinnehmen[113].

II. Beschlagnahme

De lege lata soll das Beschlagnahmeverbot nach §§ 97 I Nr.1, 52 entfallen, wenn der Angehörige eine in seinem Gewahrsam befindliche Mitteilung freiwillig herausgibt[114]. Ob der Beschuldigte in die Beschlagnahme einwilligt, soll dagegen auf das Beschlagnahmeverbot keine Auswirkungen haben[115]. Dies beruht wohl auf der Auffassung, das Beschlagnahmeverbot schütze ausschließlich oder zumindest in erster Linie den Zeugnisverweigerungsberechtigten selbst[116].

In einer schutzzweckorientierten Konzeption kann dagegen der verfahrensrechtlichen Stellung des zustimmenden Kommunikationspartners für die Relevanz der Einwilligung grundsätzlich keine Bedeutung zukommen. Aus der Tatsache, daß die Schutzwürdigkeit innerfamiliärer Kommunikation von der Wahrung der Vertraulichkeit durch die Kommunikationspartner abhängt, folgt vielmehr, daß jeder an der Kommunikation beteiligte Angehörige selbständig auf das Beschlagnahmeverbot bezüglich innerfamiliären Kommunikationsmaterials verzichten kann.

Der Beschuldigte sollte de lege ferenda verfügungsbefugt aber auch bezüglich solcher innerfamiliärer Kommunikation sein, an der er nicht beteiligt ist. Da eine Gefahr für die Unbefangenheit innerfamiliärer Kommunikation von der Möglichkeit der Verwertung dieser Kommunikation mit Willen des Beschuldigten nicht ausgeht, und das Interesse der Familienangehörigen an schlichter Geheimhaltung ihrer Kommunikation durch § 52 nicht geschützt wird[117], sollte der Beschuldigte wirksam auch in die Verwertung von Material aus der Kommunikation zwischen Angehörigen einwilligen können[118].

---

[113] Vgl. oben 2.Teil A V. 3.b).

[114] BGHSt.18, 227 (230); Der Gewahrsamsinhaber muß von dem Beschlagnahmeverbot wissen bzw. entsprechend belehrt werden (vgl. *G.Herdegen*, GA 63, 141 (143 ff.)).

[115] RG, Recht 1927, S.785, Nr.2623; *Fezer*, JuS 78, 765 (767, Fn.32); KMR-*Müller*, § 97, Rdn.25; AK/StPO-*Amelung*, § 97, Rdn.28.

[116] Vgl. etwa *Bringewat*, NJW 74, 1740 (1741 f.); LR[23.]-*Meyer*, § 97, Rdn.14.

[117] Siehe oben S. 65 f.

[118] Das zu § 53 I Nr.1 bis 3 b erörterte Problem der Beschlagnahme von Material aus der Beziehung des Zeugnisverweigerungsberechtigten zu nichtbeschuldigten Dritten zum Zweck der Entlastung des Beschuldigten (vgl. unten 3.Teil, B II. 3.) stellt sich somit hier nicht. Da der Beschuldigte über sämtliche innerfamiliäre Kommunikation verfügungsbefugt ist, kann er der Beschlagnahme zustimmen, wenn er sich davon eine Entlastung verspricht.

III. Telefonüberwachung

Soll unbefangene innerfamiliäre Kommunikation umfassend geschützt werden, so muß auch die Überwachung telefonischer Gespräche zwischen Angehörigen unzulässig sein.

Orientiert an dem Schutz innerfamiliärer Kommunikation durch das Zeugnisverweigerungsrecht nach § 52 müßte auch telefonische Kommunikation mit der Aufgabe der Vertraulichkeit durch einen der Kommunikationspartner die Schutzwürdigkeit verlieren, die Telefonüberwachung mithin bei Zustimmung eines Kommunikationspartners zulässig sein[119]. Gegen dieses Ergebnis spricht jedoch § 201 StGB[120], wonach das Abhören und die Aufnahme des Fernsprechverkehrs auch bei Einwilligung eines Gesprächspartners verboten ist[121]; der einzelne wird insoweit also auch gegenüber seinem Kommunikationspartner geschützt. Grund dieser Bestimmung ist, daß unbefangene menschliche Kommunikation nicht möglich wäre, müßte ein jeder mit dem Bewußtsein leben, daß jedes seiner Worte, eine vielleicht unbedachte oder unbeherrschte Äußerung, eine bloß vorläufige Stellungnahme im Rahmen eines sich entfaltenden Gesprächs oder eine nur aus einer besonderen Situation heraus verständliche Formulierung aufgezeichnet und bei anderer Gelegenheit und in anderem Zusammenhang hervorgeholt werden können[122]. Ein Verbot der Überwachung innerfamiliärer Kommunikation kann daher nicht bei einseitiger Einwilligung entfallen[123].

---

119 Nach überwiegender Ansicht ist die Telefonüberwachung über § 100 a hinaus bei Einwilligung des Anschlußinhabers zulässig: BayObLG JZ 74, 393; LR-*Meyer*[23.], § 100 a, Rdn.4; SK/StPO-*Rudolphi*, § 100 a, Rdn.9; *Welp*, Überwachung, S.71 f.; *Sendler* (S.133) will mit dem Argument, jeder Gesprächsteilnehmer könne auch ohne Einwilligung des anderen jedem beliebigen Dritten Mitteilung von dem Gespräch machen, das Mithören, nicht dagegen die Aufnahme des Ferngesprächs bei Einwilligung eines Gesprächspartners zulassen.

120 KK-*Laufhütte*, § 100 a, Rdn.5; LR-*Schäfer*, § 100 a, Rdn.9 a.

121 § 201 StGB umfaßt auch telefonische Kommunikation, vgl. *Dreher/Tröndle*, § 201, Rdn.2; OLG Karlsruhe, NJW 79, 1513; *Werner*, NJW 88, 993 (996).

122 Vgl. BVerfGE 34, 238 (246 f.)(Tonband); BGHSt. 14, 358 (359 f.); BGHZ 27, 284 (287 f.); Sch-Sch-*Lenckner*, § 201, Rdn.2; LK-*Träger*, § 201, Rdn.2; *Kramer*, NJW 90, 1760; siehe auch *Kühne*, Beweisverbote, S.49 f.: "Vertrauen in die Vergänglichkeit des Wortes".

123 KK-*Laufhütte*, § 100 a, Rdn.5; LR-*Schäfer*, § 100 a, Rdn.9 a; i.E. auch *Amelung/Pauli*, MDR 80, 801 (802); *Gusy*, JuS 86, 89 (95).

C. Das Gewahrsamserfordernis/Die Abstufung des Schutzes von Kommunikation nach Sphären

Anhand einer Analyse des Gewahrsamserfordernisses des § 97 II 1 soll im folgenden untersucht werden, inwieweit § 97 II 1 eine plausible Wertung zugrundeliegt und in welchem Umfang innerfamiliäre Kommunikation in einem schutzzweckorientierten System geschützt werden sollte.

I. Die Bedeutung des Gewahrsamserfordernisses

Die Beschränkungen der Beschlagnahme nach § 97 I Nr. 1 bestehen nur, wenn sich der fragliche Gegenstand im Gewahrsam des Zeugnisverweigerungsberechtigten befindet (§ 97 II 1). Die Beschlagnahmefreiheit von Mitteilungen des Beschuldigten an seine Angehörigen tritt daher erst ein, wenn die Mitteilung den zeugnisverweigerungsberechtigten Angehörigen erreicht hat. Mitteilungen eines Angehörigen an den Beschuldigten andererseits sind nur beschlagnahmefrei, solange sie sich noch in den Händen des Absenders befinden. Der Schutz entfällt, sobald der Angehörige sie auf den Weg zu dem Beschuldigten gibt. Das an § 52 anküpfende Beschlagnahmeverbot, das nach § 97 I Nr. 1 zunächst umfassend für schriftliche Miteilungen zwischen Angehörigen und Beschuldigtem besteht, wird also durch das Gewahrsamserfordernis erheblich eingeschränkt.

Da das Gesetz den Gewahrsam des zeugnisverweigerungsberechtigten Angehörigen als Voraussetzung für ein Beschlagnahmeverbot festlegt, ein solcher Gewahrsam jedoch an sich auf der Post befindlichen Gegenständen nicht besteht, liegt die im Hinblick auf § 52 uneingeschränkte Zulässigkeit der Postbeschlagnahme in der Logik des geltenden Rechts. Auf diesem Hintergrund wird auch deutlich, daß § 97 nicht analog auf die Postbeschlagnahme angewendet werden kann[124]. Es ist keine planwidrige Lücke im bestehenden gesetzlichen System, daß die Postbeschlagnahme ohne Rücksicht auf Zeugnisverweigerungsrechte zulässig ist. Über eine analoge Anwendung des § 97 Einschränkungen der Postbeschlagnahme zu konstruieren, würde vielmehr dem Gesetz, das dem Gewahrsamserfordernis bewußt ein starkes Gewicht beilegt[125], und dem Willen des historischen Gesetzgebers zuwiderlaufen. Bei den Beratungen zur StPO von 1877 wurden Einschränkungen der Postbeschlagnahme mit Rücksicht auf Zeugnisverweigerungsrechte ausdrücklich verworfen, obwohl Ländergesetze vor 1877 z.T. solche Einschränkungen vorsahen[126]. Eine Beschränkung der Postbeschlagnahme für Mitteilungen zwischen Familienangehörigen läßt sich daher nur de lege ferenda begründen.

---

[124] *Welp*, Überwachung, S. 195; *Klöhn*, S. 262 f.; *Werle*, JZ 91, 482 (485 f.).
[125] *Welp*, Überwachung, S. 195; BGHSt. 19, 374.
[126] Vgl. oben 1. Teil, A I. 3., A II. 3.

Schließlich beruht wohl auch die einschränkungslose Zulässigkeit der Telefonüberwachung auf der Erwägung, daß an den mit Hilfe des Telefons übermittelten Nachrichten kein "Gewahrsam" der Gesprächspartner besteht[127]. Aus den gleichen Gründen wie bei der Postbeschlagnahme kommt daher eine analoge Anwendung des § 97 nicht in Betracht[128].

Das Gewahrsamserfordernis steht also hinter dem gesamten gesetzlichen System der Berücksichtigung des Zeugnisverweigerungsrechts Angehöriger bei den strafprozessualen Duldungspflichten.

II. Die ratio des Gewahrsamserfordernisses

Das Gewahrsamserfordernis und damit auch die unbeschränkte Zulässigkeit der Postbeschlagnahme und der Telefonüberwachung beruhen auf der Erwägung, daß ein Beweismittel seine Schutzwürdigkeit verlieren soll, wenn es aus der geschützten Vertrauens- und Geheimsphäre hinausgelangt und zeugnispflichtigen Dritten damit die Möglichkeit der Kenntnisnahme gegeben wird[129]. Das Gesetz versteht den Gewahrsam als formalen Faktor der Schutzwürdigkeit; es geht davon aus, das Geheimnis sei außerhalb der Herrschaftssphäre des Geheimnisträgers fremder Indiskretion ohnehin preisgegeben[130]. Bei Postbeschlagnahme und Telefonüberwachung soll das Verhältnis zwischen Beschuldigtem und Zeugnisverweigerungsberechtigtem weniger schutzwürdig sein, weil die Kommunikationspartner, indem sie die Post als Mittler ihrer Kommunikation einsetzen, sich selbst und freiwillig aus der geschützten Privat- und Intimsphäre hinaus in eine außenstehenden Dritten zugängliche Sphäre begäben[131].

Eine ähnliche Argumentation findet sich bei Gross-Spreitzer im Zusammenhang mit der Beeinträchtigung der Aussagefreiheit des Beschuldigten durch Postbeschlagnahme und Telefonüberwachung: Der Beschuldigte mache seine

---

[127] In diese Richtung neuerdings auch *Werle*, JZ 91, 482 (485 f.).

[128] *Welp*, Überwachung, S.195 f.; *Werle*, JZ 91, 482 (485 f.); *Rieß*, AG Strafrecht 1988, 141 (150); *Klöhn*, S.262 f.; *Gross-Spreitzer*, S.91, Fn.1; vgl. auch *Wolter*, GS Arm.Kaufmann, 761 (767); auch die Ansicht, es bestehe ein Verwertungsverbot für Erkenntisse aus Gesprächen zwischen dem Beschuldigten und Personen nach § 52 (so *Bottke*, JA 80, 748; *W.Meier*, S.156; *Gross-Spreitzer*, S.160 f.) widerspricht der gesetzlichen Wertung, das Zeugnisverweigerungsrecht nach § 52 bei der Telefonüberwachung nicht zu berücksichtigen (*Joecks*, JA 83, 59 (63)).

[129] SK/StPO-*Rudolphi* § 97 Rdn.8; *Welp*, Überwachung, S.195; beide Autoren bezweifeln, daß damit eine rechtspolitisch sinnvolle Regelung getroffen sei; die Regelung sei jedoch (de lege lata) zu respektieren.

[130] *Klöhn*, S.263; *Welp*, Überwachung, S.195.

[131] *Welp*, Überwachung, S.195; *Dalakouras*, S.90; Es klingt hier der auch in anderen Zusammenhängen angeführte Grundsatz an, nach dem ein geringerer Schutz vor staatlichem Zugriff dann bestehe, wenn jemand freiwillig etwas (etwa ein Tagebuch, Brief etc.) von sich gegeben habe (*Dünnebier*, MDR 64, 965 (967); zustimmend *Klug*, Referat 46.DJT, F 61; *Welp*, Überwachung, S.201; *Dalakouras*, S.141).

Aussagen am Telefon freiwillig. Daß seine Äußerungen mitgehört werden könnten, sei sein eigenes Risiko, da auch in sonstigen Situationen die Gefahr des heimlichen Belauschtwerdens bestehe und zudem seine Angaben durch die Zeugenaussage des Gesprächspartners gegebenenfalls gegen ihn verwendet werden könnten[132].

III. Die Differenzierung nach Sphären

Das Gewahrsamserfordernis des § 97 II 1 beruht damit auf einer Abstufung der Schutzwürdigkeit von Kommunikation nach Sphären: Kommunikation wird nur insoweit geschützt, als sich Kommunikationsmaterial in der Sphäre des Zeugnisverweigerungsberechtigten befindet; da dies bei schriftlichen Mitteilungen im Gewahrsam des Beschuldigten und Dritter sowie bei postalischer Kommunikation nicht der Fall ist, bleibt Kommunikation insoweit ungeschützt. Ist mit einer Abstufung nach Sphären grundsätzlich der zutreffende Ansatzpunkt für die Bewertung der Schutzwürdigkeit von Kommunikation gefunden, so fragt sich doch, ob die gesetzliche Regelung die Grenzen des Schutzes nicht zu eng zieht.

1. (Mit-)gewahrsam des Beschuldigten

Wie oben bereits festgestellt ist die uneingeschränkte Beschlagnahmbarkeit von Mitteilungen von und an Angehörige im Gewahrsam des Beschuldigten mit der hier beschriebenen ratio des Gewahrsamserfordernisses nicht vereinbar[133]. Im Gewahrsam des Beschuldigten befindet sich Kommunikationsmaterial ebenso innerhalb der geschützten Vertrauenssphäre wie im Gewahrsam eines Angehörigen. Es müßte somit in gleicher Weise geschützt sein. Die geltende Regelung ist also insoweit schon in sich nicht schlüssig.

In einem schutzzweckorientierten System muß innerfamiliäres Kommunikationsmaterial also jedenfalls auch im Gewahrsam des Beschuldigten beschlagnahmefrei sein.

---

132 *Gross-Spreitzer*, S.74; in diese Richtung auch *Welp*, Überwachung, S.60: Da durch die Überwachung nichts in Erfahrung gebracht werde, was der Beschuldigte seinem Partner nicht ohnehin anvertraut habe und was daher auch durch dessen Zeugenaussage in das Verfahren eingeführt werden könnte, bedürfe er keines Schutzes, der ihm gerade in seiner prozessualen Rolle als Beschuldigter zustehe (m.w.N.). Diese Funktion könne nur sein natürlicher Argwohn übernehmen.
Da es in den hier thematischen Fällen aber gerade so ist, daß keiner der Kommunikationspartner zur Aussage über die Kommunikation verpflichtet ist, kann die letztere Erwägung hier von vorneherein nicht weiterführen.

133 Zu einer Erklärung dieser Regelung siehe unten 2.Teil Fn.188.

2. *Schutz auch "öffentlicher" Kommunikation?*

a) Gewahrsam zeugnispflichtiger Dritter

De lege lata sind schriftliche Mitteilungen als Konsequenz aus dem Gewahrsamserfordernis uneingeschränkt beschlagnahmbar, wenn sie sich im Alleingewahrsam zeugnispflichtiger Dritter befinden. Dies gilt nach überwiegender Ansicht auch dann, wenn der Zeugnisverweigerungsberechtigte den Gewahrsam unfreiwillig verloren hat[134]. Es fragt sich, ob die Wertung des § 97 II 1 zumindest insoweit überzeugend ist.

Wollte man innerfamiliäre Kommunikation umfassend schützen, so erforderte dies ein Beschlagnahmeverbot auch an im Gewahrsam zeugnispflichtiger Dritter befindlichem sowie an gewahrsamslosem Kommunikationsmaterial. In Rechtsprechung und Literatur ist nun aber anerkannt, daß die Schutzwürdigkeit eines Kommunikationsverhältnisses davon abhängig ist, ob und inwieweit die Kommunikation in einer vertraulichen Sphäre stattfindet[135]. Dem einzelnen sind durch Art.2 I i.V.m. 1 I GG Freiräume gewährleistet, innerhalb derer er mitmenschliche Beziehungen grundsätzlich frei von staatlichem Zugriff gestalten kann. Die rechtliche Anerkennung von Geheimsphären küpft aber an äußere Gegebenheiten an, die die Interna vor öffentlicher Wahrnehmung abschirmen; fehlen diese, so bleiben die Interna nicht geheim und brauchen von der Rechtsordnung nicht als solche zu respektiert zu werden[136]. Je mehr sich Kommunikation also in der Öffentlichkeit abspielt, desto weniger können die Beteiligten mit der Wahrung der Vertraulichkeit ihrer Kommunikation rechnen[137]. Dementsprechend ist auch vom Schutz des § 201 StGB nur die nichtöffentliche Kommunikation umfaßt. Auch innerfamiliäre Kommunikation sollte daher umfassenden Schutz im Strafprozeß nur genießen, wenn sie in einer vertraulichen Sphäre stattfindet. Vertrauliche Kommunikation liegt aber nicht vor, wenn Dritte die Kommunikation zur Kenntnis nehmen können, ohne dabei rechtswidrig zu han-

---

[134] SK/StPO-*Rudolphi*, § 97, Rdn.17 f.; KK-*Laufhütte*, § 97, Rdn.6; LR-*Schäfer*, § 97, Rdn.22; *Kleinknecht/Meyer*, § 97, Rdn.13; a.A. *Beulke*, Verteidiger, S.210; *R. Schmidt*, Ausnahme, S.49-51; *Nothacker*, ArchKrimR 86 (178), 1 (6); LR[21]-*Dünnebier*, § 97, 4.a)bb).

[135] Vgl. BVerfGE 34, 238 (246 f.); BGHZ 27, 284 (286 ff.); BGH, NJW 89, 2760 (2761 f.); BayObLG, NJW 90, 197 (198); *Rohlf*, passim, insb. S.109 ff., 197 f. m.w.N.; *Dalakouras*, passim.

[136] *Amelung*, JR 84, 256: Hierbei sei es prinzipiell gleichgültig, ob der Geheimhaltungsinteressent die Geheimhaltung bewußt oder unbewußt vernachlässigte.

[137] Vgl. *Sax*, JZ 65, 1 (5): Der einzelne müsse solche Behinderungen seiner Handlungsfreiheit als eine "faktische Belästigung" hinnehmen, gegen die er sich unter normaler Gestaltung seiner Lebensvollzüge zu schützen vermöge. Da man sich durch Vorkehrungen des normalen Lebensvollzugs dagegen schützen könne, daß ein anderer liest, was man nur für sich selbst aufgezeichnet habe, daß er mit dem bloßen Ohr hört, was man nicht für ihn Bestimmtes spreche, habe man sich nicht genug abgesichert, wenn dies trotzdem geschehe und müsse es als bloße "Belästigung" hinnehmen.

deln[138]. Aus diesem Grund sollte ein Beschlagnahmeverbot an im Gewahrsam Dritter befindlichem innerfamiliärem Kommunikationsmaterial grundsätzlich nicht bestehen.

Auch wenn einer der Kommunikationspartner den Gewahrsam an Kommunikationsmaterial unfreiwillig verloren hat, wenn ein Angehöriger etwa einen geöffneten[139] Brief des Beschuldigten verliert, sollte nichts anderes gelten. Allerdings folgt dies nicht, wie dies z.T. behauptet wird, daraus, daß bei unfreiwilligem Gewahrsamsverlust Dritte Kenntnis von dem Gegenstand nehmen und darüber vernommen werden können, so daß ein Beschlagnahmeverbot keinen Sinn mehr machte[140]. Wollte man innerfamiliäre Kommunikation auch bei unfreiwilligem Vertraulichkeitsverlust schützen, so müßte vielmehr auch die Vernehmung des Dritten insoweit verboten werden[141]. Entscheidend ist vielmehr, daß es Sache der Kommunikationspartner selbst ist, die Vertraulichkeit ihrer Kommunikation zu wahren[142]; gelingt ihnen dies nicht, so müssen sie die Konsequenzen der aus dem Vertraulichkeitsverlust resultierenden verminderten Schutzwürdigkeit ihrer Kommunikation hinnehmen. Ebensowenig wie derjenige, der sich auf offener Straße so unterhält, daß ein Dritter das Gespräch belauschen kann, auch dann nicht die Wahrung der Vertraulichkeit seines Gesprächs gegenüber staatlichen Organen erwarten kann, wenn er das Gespräch geheim halten wollte[143], kann jemand, der ein Schriftstück verliert, mit der Geheimhaltung dieses Schriftstücks rechnen[144].

---

138 Vgl. zum Verlust der Vertraulichkeit durch rechtswidrige Eingriffe unten unter C III. 2.b).

139 Solange der Brief verschlossen ist, ist dessen Kenntnisnahme nur unter Verstoß gegen § 202 StGB möglich.

140 Vgl. LR-*Schäfer*, § 97, Rdn.22; vgl. auch AK/StPO-*Amelung*, § 97, Rdn.12.

141 Zudem kommt der Vernehmung eines Dritten über seine Kenntnisse von einem Schriftstück ein geringerer Beweiswert als der Verlesung des Schriftstücks zu, so daß die Vernehmung einen weniger schwerwiegenden Eingriff in die Vertraulichkeit der Kommunikation darstellt als die Verlesung des Kommunikationsmaterials selbst. Letzlich hebt sich das Argument, der Dritte könne vernommen werden, selbst auf: Hätte die Aussage des Dritten den gleichen Beweiswert, wäre die Verlesung überflüssig und ein Beschlagnahmeverbot für die Wahrheitsfindung unschädlich; ist der Beweiswert der Aussage dagegen gegenüber der Verlesung geringer zu veranschlagen, so macht ein Beschlagnahmeverbot im Hinblick auf die Wahrung der Vertraulichkeit noch Sinn.

142 Vgl. *Sax*, a.a.O. (Fn. 137); *Amelung*, a.a.O. (Fn. 136); vgl. auch *Rohlf*, S.197: die Privatsphäre umfasse alle diejenigen Handlungen, die nicht für einen beliebigen Personenkreis wahrnehmbar seien; das bedeutet, daß die Privatsphäre auch verlassen ist, wenn Kommunikation unfreiwillig einem beliebigen Personenkreis zugänglich wird.

143 Davon zu unterscheiden ist die hier nicht thematische Frage, inwiefern staatliche Organe befugt wären, solche Gespräche gezielt zu belauschen.

144 Ob der Gewahrsamsverlust auf einem Verhalten des Beschuldigten selbst oder auf dem eines Angehörigen beruht, ist insoweit unerheblich. Ebenso wie der Beschuldigte die freiwillige Offenbarung von Kommunikation durch seine Angehörigen hinnehmen muß, ist es auch das Risiko des Beschuldigten, inwiefern seine Angehörigen sorgfältig mit Kommunikationsmaterial umgehen.

Die Bewertung, inwieweit die Kommunikation durch den Verlust der Vertraulichkeit die Schutzwürdigkeit verliert, hängt dabei allerdings auch von dem Grad des Verschuldens gegen sich selbst ab, der die Kommunikationspartner bei dem Verlust der Vertraulichkeit trifft. Das Beschlagnahmeverbot aber etwa nur dann entfallen zu lassen, wenn der Verlust der Vertraulichkeit auf grob fahrlässigem Verhalten eines Kommunikationspartners beruht, oder es zumindest bei unverschuldetem Gewahrsamsverlust bestehen zu lassen, wäre kaum praktikabel. Die Fälle unfreiwilligen Gewahrsamsverlusts sollten daher, unter Hinnahme eines gewissen Verlusts an Einzelfallgerechtigkeit, einheitlich gelöst werden.

b) Gewahrsamsverlust durch rechtswidrigen Eingriff

Nicht entfallen sollte das Beschlagnahmeverbot schließlich sowohl de lege lata als auch de lege ferenda, wenn der Verlust der Vertraulichkeit durch einen rechtswidrigen Eingriff erfolgte, also von außen erzwungen wurde, da die Kommunikationspartner in diesem Fall das in ihrem Verantwortungsbereich Liegende zur Wahrung der Vertraulichkeit getan haben.

Allerdings wird ein an rechtswidriges Handeln Privater anknüpfendes Beweisverbot überwiegend nur bei einem besonders krassen Rechtsverstoß, bei einer extremen Menschenrechtswidrigkeit der Privatperson angenommen[145]. Begründet wird dies damit, daß sich die gesetzlichen Bestimmungen über die Beweiserhebung nur an Justizorgane, nicht hingegen an Private richteten[146].

Würde sich der Staat die Verletzung von Individualrechtsgütern zur Durchsetzung seines Strafanspruchs zunutze machen, so käme er aber seiner Schutzverpflichtung (Art. 1 III GG), die auch gegenüber Angriffen Privater besteht, nicht nach[147]. Wird innerfamiliäre Kommunikation erst durch einen rechtswidrigen Eingriff von außen Dritten und auch Strafverfolgungsorganen zugänglich, so würde ein Wegfall des Beschlagnahmeverbots und die Verwertung der so erlangten Beweismittel bedeuten, daß die Strafverfolgungsorgane diese rechtswidrige Handlung für ihre Zwecke ausnutzen könnten[148]. Mit dem notwendigen

---

[145] *Kleinknecht*, NJW 66, 1537 (1543); *Nüse*, JR 66, 281 (285, 287); *Roxin*, Strafverfahrensrecht, S.154; *Amelung*, Informationsbeherrschungsrechte, S.64; weniger eng *Otto*, FS Kleinknecht, 319 (327-329): unverwertbar seien Beweismittel, die durch ein Eindringen Privater in den durch Anerkennung der Menschenwürde garantierten Bereich der Persönlichkeitsentfaltung (auch der Gemeinschaftssphäre) erlangt wurden (ähnlich auch *Sendler*, S.77 f.; MDHS-*Dürig*, Art.2 I, Rdn.40; vgl. auch BGH, NJW 89, 2760 (2761 f.)).

[146] *Kleinknecht*, NJW 66, 1537 (1542); *Roxin*, Strafverfahrensrecht, S.154; *Dencker*, S.98, der sich generell gegen aus rechtswidrigem Handeln Privater folgende Verwertungsverbote ausspricht.

[147] *Sydow*, S.109 f.; *Rogall*, ZStW 91 (1979), 1 (41); siehe auch *Klug*, Referat 46.DJT, F 47; *Sendler*, S.79 f.

[148] Vgl. *Sydow*, S.116: die Justiz solle sich nicht zum "Hehler von Beweismaterial" (der Ausdruck stammt von *Schmidt-Leichner*, Diskussion 46.DJT, F 139) machen lassen; *Rogall*, ZStW 91 (1979), 1 (41); krit. auch *Sendler*, S.61 f.

Schutz der Unbefangenheit und Vertraulichkeit innerfamiliärer Kommunikation wäre dies nicht zu vereinbaren.

Zu dem gleichen Ergebnis kommt man, wenn man wie Rogall über die Zulässigkeit der Verwertung bei rechtswidrigen Eingriffen Privater nach denselben Kriterien entscheidet wie bei der Erhebung und Verwertung von Beweismitteln, die durch Strafverfolgungsorgane erlangt wurden[149]. Da Verstöße gegen § 97 stets ein Verwertungsverbot nach sich ziehen[150], kann nach dieser Ansicht der rechtswidrige Zugriff Privater auf innerfamiliäres Kommunikationsmaterial nicht die Aufhebung des Beschlagnahmeverbots nach sich ziehen. Auch wenn man schließlich mit Grünwald darauf abstellt, ob das Gericht seinerseits durch die Beweisaufnahme widerrechtlich in das Recht des Angeklagten eingreifen würde, und die Frage, wie der Private das Beweisstück erlangt hat, für unerheblich hält[151], kommt man in dem hier interessierenden Fall zu einem Beweisverbot, da die Gefahr für die Unbefangenheit innerfamiliärer Kommunikation gerade von der Möglichkeit der Verwertung des Kommunikationsmaterials ausgeht.

Das Beschlagnahmeverbot entfällt daher weder de lege lata noch in einer am Schutz innerfamiliärer Kommunikation orientierten Konzeption, wenn die Familienangehörigen den Gewahrsam durch einen rechtswidrigen Eingriff verloren haben[152].

c) Verwertbarkeit bei Beschlagnahme in anderem Ermittlungsverfahren

Das Beschlagnahmeverbot muß schließlich auch bestehen bleiben, wenn der Gewahrsamsverlust durch Beschlagnahme in einem anderen Ermittlungsverfahren oder wegen einer anderen Tat eingetreten ist[153]. Das Beschlagnahmeverbot darf nicht dadurch aus den Angeln gehoben werden, daß das geschützte Beweismittel wegen einer anderen Tat bei dem Zeugnisverweigerungsberechtigten beschlagnahmt werden durfte[154]. Würde man anders entscheiden, so würde dies zu einer Umgehung des Beschlagnahmeverbots des § 97 führen. Die Beschlagnahmefreiheit ist daher für jedes Verfahren selbständig zu prüfen.

---

149 Vgl. *Rogall*, ZStW 91 (1979), 1 (42).

150 Vgl. RGSt.20, 91 (92); 47, 195 (196); BGHSt.18, 227 (228); 25, 168 (170); *Niese*, Doppelfunktionelle Prozeßhandlungen, S.140 f.; *Widmaier*, AG Strafrecht 1988, 29 (35); KK-*Laufhütte*, § 97, Rdn.7; LR-*Schäfer*, § 97, Rdn.103 m.w.N.

151 *Grünwald*, JZ 66, 489 (496).

152 Aus den gleichen Gründen besteht ein Vernehmungsverbot, wenn sich ein Dritter rechtswidrig Kenntnis von innerfamiliärer Kommunikation verschafft hat.

153 BGHSt.18, 227; LR-*Schäfer*, § 97, Rdn.22; 109; *Kleinknecht/Meyer*, § 97, Rdn.13; KMR-*Müller*, § 97, Rdn.6; AK/StPO-*Amelung*, § 97, Rdn.12; anders nur *Creifels*, GA 60, 65 (74 f.): seien die Beweismittel einmal der Strafverfolgungsbehörde zugänglich geworden, so komme dem Geheimnisschutz keine Bedeutung mehr zu.

154 LR-*Schäfer*, § 97, Rdn.109.

Allgemein läßt sich sagen, daß Kommunikation die Schutzwürdigkeit nicht dadurch verlieren kann, daß sie die Vertraulichkeit aufgrund staatlichen Zwangs verloren hat[155]. Kommunikationsrechte wären ansonsten staatlichem Zugriff beliebig preisgegeben.

d) Ergebnis

Die gesetzliche Regelung, ein Beschlagnahmeverbot für im Gewahrsam Dritter befindliche Mitteilungen nicht vorzusehen, ist überzeugend. Eine Ausnahme sollte nur dann gemacht werden, wenn der Gewahrsamsverlust durch einen rechtswidrigen Eingriff bewirkt wurde. Ein absoluter Schutz innerfamiliärer Kommunikation wäre also zu weitgehend.

3. Postalische Kommunikation

Zu untersuchen bleibt die Berechtigung der gesetzlichen Wertung, die Zugriffsmöglichkeiten auf postalische Kommunikation (§§ 99, 100 a) im Hinblick auf § 52 nicht einzuschränken.

a) Begründung für geringere Schutzwürdigkeit

Postalische Kommunikation soll weniger schutzwürdig als direkte Kommunikation sein, weil sie außenstehenden Dritten in größerem Umfang als direkte Kommunikation zugänglich ist und die Kommunikationspartner mit der Inanspruchnahme postalischer Kommunikation diesen Verlust an Vertraulichkeit in Kauf nähmen[156]. So argumentiert Dalakouras, das Vertrauen in die Abgeschlossenheit der Kommunikationssysteme der Post sei allgemein geringer als in die Abgeschlossenheit privater Räumlichkeiten. Der Bereich der Post stehe für den einzelnen nicht zur Einsicht offen und sei nicht überschaubar; daher könne keine umfassende Vertraulichkeit bei der Brief- und Fernkommunikation gewährleistet werden. Die fehlende Vertraulichkeit wäre nur dann ausgeglichen, wenn der einzelne durch einen möglichst lückenlosen rechtlichen Schutz vor Eingriffen wie Kenntnisnahme, Verwertung von abgehörten Gesprächen oder beschlagnahmten Briefen geschützt werden könnte. Sofern jedoch unter Umständen selbst heimliche Eingriffe zugelassen seien, verstehe sich von selbst, daß dieser

---

[155] Vgl. auch BVerfGE 35, 35 (39 f.): ist der Wegfall der Vertraulichkeit innerfamiliärer Kommunikation dadurch erzwungen, daß der eine Ehepartner sich in U-Haft befindet, so verliert die eheliche Privatsphäre nicht den Schutz.

[156] Vgl. schon oben 2.Teil C II.;ähnlich für schriftliche Aufzeichnungen BVerfGE 80, 367 (376) (Tagebuch) unter Berufung auf *Forsthoff*, FS 46.DJT, 41 (43): mit der schriftlichen Aufzeichnung seien Gedanken aus dem beherrschten Innenbereich entlassen, der Gefahr eines Zugriffs preisgegeben und damit weniger schutzwürdig; dag. BVerfGE 80, 367 (381)(Votum der 4 abweichenden Richter); *Wolter*, StV 90, 175 (179); *Störmer*, NStZ 90, 397 (399); *Küpper*, JZ 90, 416 (420); *Geis*, JZ 91, 112 (116).

Bereich weit weniger von vertraulicher Kommunikation geprägt werden könne als etwa der Schutzbereich des Art. 13 GG[157].

b) Kritik

Sollen dem Bürger technische Kommunikationsmöglichkeiten zur Verfügung gestellt werden, so müssen diese Kommunikationswege so geschützt werden, daß unbefangene Kommunikation stattfinden kann[158]. Das einfachrechtlich u.a. durch §§ 201, 202 StGB sowie durch § 354 StGB i.V.m. § 5 PostG, § 10 FernmG abgesicherte Grundrecht des Post- und Fernmeldegeheimnisses gem. Art. 10 GG, das der Post und postfremden Staatsorganen verbietet, vom Inhalt postalischer Kommunikation Kenntnis zu nehmen, anderen Kenntnis zu geben oder Gelegenheit zur Kenntnisnahme zu verschaffen[159], wurde daher nicht zuletzt auch als Ausgleich für die Freiheitseinbuße durch mangelnde Dispositionsmöglichkeit der Beteiligten bei postalischer Kommunikation zum Schutz der Privatheit geschaffen[160]. Art. 10 GG gewährleistet so mit der Vertraulichkeit bestimmter Kommunikationsmedien eine räumlich erweiterte Privat- und Geheimsphäre[161]. Auch postalische Kommunikation ist daher Kommunikation innerhalb einer rechtlich geschützten Sphäre. Den Beteiligten soll dieselbe Sicherheit gewährleistet werden, die bestehen würde, wenn die schriftliche Nachricht aus der Hand des Absenders unmittelbar in die des Empfängers gelangen und das gesprochene Wort ohne Vermittlung eines technischen Mediums unmittelbar dem Adressaten zugänglich wäre[162]. Die Zugänglichkeit postalischer Kommunikation für Außenstehende kann daher nicht zu einer verminderten Schutzwürdigkeit solcher Kommunikation führen[163].

---

157 *Dalakouras*, S. 90; 223, der mit dieser Begründung postalische Kommunikation im Gegensatz zu Kommunikation in räumlich abgeschlossenen Vertrauenssphären ("enge Intimsphäre") wegen ihrer größeren Zugänglichkeit der erweiterten Intimsphäre zuordnen will, in der Eingriffe an weniger strenge Voraussetzungen gebunden seien; siehe auch *Rohlf*, S. 169: in der größeren Offenheit des Art. 10 GG nach außen liege der Grund für die im Verhältnis zu Art. 13 GG größeren Beschränkungsmöglichkeiten; vgl. auch *Kühne*, Beweisverbote, S. 126 f.

158 Vgl. auch *Peres*, S. 97 f.

159 *V. Münch-Pappermann*, Art. 10 GG, Rdn. 12.

160 *Gusy*, JuS 86, 89 (90); *Rupp*, Gutachten 46. DJT, 172; *Dalakouras*, S. 74: Briefgeheimnis als Reaktion auf die Gefahr einer totalen Kontrollierung der privaten Kommunikation der Bürger durch den Staat; zu der Anfälligkeit postalischer Kommunikation für rechtswidrige Eingriffe auch *Rohlf*, S. 163 f.; *Welp*, Überwachung, S. 38 f.; AK/GG-*Schuppert*, Art. 10, Rdn. 1; *Pieroth/Schlink*, Rdn. 857; *Gusy*, JuS 86, 89 (91).

161 *Kurth*, NStZ 83, 541 (542); MDHS-*Dürig*, Art. 10, Rdn. 1; *Evers*, JZ 65, 661 (663); *Schatzschneider*, NJW 81, 268 (269); *Pieroth/Schlink*, Rdn. 852; *v. Münch-Pappermann*, Art. 10 GG, Rdn. 2, 38; *Rohlf*, S. 163; zur besonderen Schutzwürdigkeit postalischer Kommunikation auch BGH, JZ 90, 754.

162 *Gusy*, JuS 86, 89 (90, 91); *Welp*, Überwachung, S. 37.

163 Daß Gespräche (insbesondere zwischen Familienangehörigen) in der Wohnung absolut unantastbar bleiben müssen (vgl. *Sendler*, S. 112; *de Lazzer/Rohlf*, JZ 77, 207 (211); *Rohlf*, S. 161;

Angesichts der Tatsache, daß ein Verzicht auf postalische Kommunikation aufgrund der räumlichen Entfernung zu Beziehungspersonen, in der viele Menschen heute leben, häufig einem Verzicht auf Kommunikation überhaupt gleichkäme[164], läßt sich auch nicht sagen, daß sich die Gesprächspartner bei postalischer Kommunikation freiwillig nach außen begeben, die geschützte Geheim- und Privatsphäre verlassen und preisgeben und daher weniger schutzwürdig sind.

Sofern schließlich staatlichen Organen die gesetzliche Befugnis zur Kenntnisnahme von durch die Post vermittelten Kommunikationsinhalten gegeben ist, man also insofern damit rechnen muß, daß Briefe und Telefongespräche zur Kenntnis anderer gelangen, ist es nicht stichhaltig, daraus die geringere Schutzwürdigkeit postalischer Kommunikation zu folgern. Zu argumentieren, es seien bereits heimliche Eingriffe in das Post- und Fernmeldegeheimnis erlaubt, daher rechne niemand mit der Vertraulichkeit postalischer Kommunikation, und aufgrund dieses fehlenden Vertrauens genieße postalische Kommunikation gegenüber gesetzlichen Eingriffen weniger Schutz, ist ein Zirkelschluß[165].

Wolter, GA 88, 129 (134); *Dalakouras*, S.68 f.; vgl. auch BVerfGE 65, 1 (40); *v.Münch-Pappermann*, Art.13 GG, Rdn.46), Eingriffe in postalische Kommunikation hingegen grundsätzlich möglich sind, folgt nicht aus einer geringeren Zugänglichkeit dieser Gespräche, wie dies bei *Dalakouras* (S.89 f.) und *Rohlf* (S.169) anklingt. Entscheidend sind vielmehr die Gesichtspunkte, die der BGH für eheliche Gespräche in seiner "Raumgesprächs-"Entscheidung angeführt hat: Wäre auch die Überwachung von Gesprächen zwischen Eheleuten innerhalb der ehelichen Wohnung zulässig, so bliebe kein Raum innerhalb des privatesten Lebensbereiches übrig, wo Ehepartner sicher sein könnten, daß ihre Gespräche nicht überwacht würden. Die Möglichkeit, Gefühle, Ansichten oder Eindrücke von Erlebnissen zum Ausdruck zu bringen, ohne der Angst ausgesetzt zu sein, daß staatliche Behörden die Unterhaltung überwachen, wäre unerträglich behindert. Dies würde eine schwere Beeinträchtigung der menschlichen Würde bedeuten (BGHSt.31, 296 (300); so auch *Sendler*, S.94 ff.; vgl. auch *Wolfslast*, NStZ 87, 103 (107)).
Dagegen bildet schriftliche und postalische Kommunikation stets nur einen begrenzten Ausschnitt menschlicher Kommunikation; selbst die totale Überwachung dieser Kommunikation erreicht unter dem Gesichtspunkt des Persönlichkeitsschutzes nicht die Intensität und Gefährlichkeit einer auch nur vereinzelt stattfindenden Überwachung unmittelbarer Kommunikation. Aus der Perspektive eines unantastbaren Kernbereichs menschlicher Freiheit haftet selbst der totalen Überwachung des Post- und Fernmeldeverkehrs nur ein punktueller und gegenständlich beschränkter Charakter an (*Welp*, Überwachung, S.35; so auch schon *Sendler*, S.104); es bleibt dem Betroffenen ein Bereich der Heimlichkeit, in der er ungestört Kommunikation führen kann (*Kühne*, Beweisverbote, S.126 f.).

164 *Welp*, Überwachung, S.35; *Gusy*, JuS 86, 89 (90).

165 Vgl. auch *Geis*, JZ 91, 112 (116): "unausrottbarer Zirkelschluß von der faktischen Möglichkeit auf die Befugnis".

c) Ergebnis

Die Erwägungen, die zur Begründung der geringeren Schutzwürdigkeit postalischer Kommunikation vorgebracht werden, sind nicht stichhaltig. Angesichts der Tatsache, daß die Menschen, wollen sie nicht gänzlich auf Kommunikation verzichten, heutzutage vielfach auf die Inanspruchnahme postalischer Kommunikationswege angewiesen sind, sollte auch die Vertraulichkeit innerfamiliärer postalischer Kommunikation gewährleistet werden.

Einzuführen ist daher ein Beschlagnahmeverbot an schriftlichen Mitteilungen zwischen Angehörigen auf der Post und ein Verbot der Überwachung von Telefongesprächen zwischen Angehörigen.

IV. Klarheit des Beschlagnahmeverbots/Rechtssicherheit

Abschließend sei darauf hingewiesen, daß das Gewahrsamserfordernis des § 97 II 1 auch nicht erforderlich ist, um einem Gebot der "Klarheit des Beschlagnahmeverbots" Rechnung zu tragen, aufgund dessen auch in den §§ 96, 98 I 2, 99 stets allein auf den Ort der Beschlagnahme abgestellt werde[166]. Jedes Beschlagnahmeverbot führt zu gewissen Unsicherheiten im Hinblick auf die Zugehörigkeit eines Beweismittels zu den beschlagnahmefreien Gegenständen[167]. Es macht aber keinen Unterschied, ob beschlagnahmefreie Mitteilungen bei dem zeugnisverweigerungsberechtigten Angehörigen, bei dem Beschuldigten oder schon bei der Postbeschlagnahme ausgesondert werden müssen[168]. Die "Klarheit des Beschlagnahmeverbots" kann also nicht als Rechtfertigung des Gewahrsamserfordernisses des § 97 II 1 dienen.

V. Ergebnis

Die geltende gesetzliche Regelung von Beschlagnahme und Telefonüberwachung wird dem Schutz innerfamiliärer Kommunikation nicht hinreichend gerecht. Grund dafür ist insbesondere das Gewahrsamserfordernis des § 97 II 1, das den Schutz auf in der Sphäre des Angehörigen befindliches Kommunikationsmaterial beschränkt.

---

166 So *Gülzow*, NJW 81, 265 (266); Ob ein Gebot der "Klarheit der Beschlagnahmeverbote", etwa als Ausfluß des Gebots der Rechtssicherheit, überhaupt besteht, soll hier dahingestellt bleiben.

167 Dem könnte dadurch begegnet werden, daß die Überprüfung der Beschlagnahmefreiheit von Gegenständen (entsprechend § 148 a II StPO) einem mit der Sache nicht befaßten Richter übertragen wird (so ein Vorschlag der Strafrechtskommission der Fachgruppe Richter und Staatsanwälte in der ÖTV, AnwBl.81, 224 (228); *Wessing*, S.111; vgl. auch *Wolter*, StV 90, 175 (177) zu § 110; *Dahs*, AG Strafrecht 1988, 122 (130) und *Küpper*, JZ 90, 416 (420) zu Entscheidung über die Verwertbarkeit von Tagebüchern).

168 So auch *Welp*, Überwachung, S.198 in Bezug auf Verteidigungsmaterial.

Ein an den Schutzzwecken des § 52 orientiertes System der Zwangsmaßnahmen sollte ein umfassendes Beschlagnahmeverbot für innerfamiliäres Kommunikationsmaterial vorsehen, wenn sich dieses im Gewahrsam des Zeugnisverweigerungsberechtigten, des Beschuldigten oder der Post befindet. Telefongespräche zwischen Familienangehörigen sollten der Überwachung nicht unterliegen.

VI. Mitgewahrsam

1. Mitgewahrsam mehrerer Zeugnisverweigerungsberechtigter

Besteht Mitgewahrsam mehrerer Zeugnisverweigerungsberechtigter nach § 52 an der Mitteilung, so soll de lege lata das Beschlagnahmeverbot nach § 97 bestehen bleiben[169]. Da eine Zugangsmöglichkeit Zeugnispflichtiger in diesen Fällen ebensowenig wie bei Alleingewahrsam besteht, ist dies eine zwingende Konsequenz aus der ratio des Gewahrsamserfordernisses.

Auch eine am Schutz innerfamiliärer Kommunikation orientierte Konzeption kann dies nicht anders entscheiden, da bei Mitgewahrsam mehrerer Familienangehöriger die Vertraulichkeit der Kommunikation gewahrt ist.

2. Mitgewahrsam Zeugnisverweigerungsberechtigter/Beschuldigter

Befindet sich ein Gegenstand im Mitgewahrsam zwischen dem Zeugnisverweigerungsberechtigten und dem Beschuldigten, so soll de lege lata, da das Gesetz für Mitteilungen im Gewahrsam des Beschuldigten keine Beschlagnahmefreiheit vorsieht, das Beschlagnahmeverbot entfallen[170]. Andernfalls werde die gesetzliche Wertung unterlaufen, Gegenstände, die der Disposition des Beschuldigten oder eines der Beteiligung Verdächtigen unterliegen, von der Beschlagnahmefreiheit auszunehmen[171].

Diese Argumentation überzeugt allerdings nicht: aus § 97 II 1 läßt sich ebensogut die gesetzliche Wertung entnehmen, der Disposition des Zeugnisverweigerungsberechtigten unterliegende Gegenstände beschlagnahmefrei zu stellen. Zwingende systematische Gründe gegen ein Beschlagnahmeverbot bestehen

---

[169] Für diejenigen, die Mitgewahrsam allgemein ausreichen lassen wollen (vgl. die in Fn. 173 Genannten), versteht sich dies von selbst; so aber auch LR-*Meyer*[23], Rdn. 14 und *Dünkel*, S.25, die bei Mitgewahrsam einer zeugnisverweigerungsberechtigten und einer zeugnispflichtigen Person ein Beschlagnahmeverbot ablehnen.

[170] BGHSt.19, 374; KG, JR 67, 192; LG Aachen, MDR 81, 603; *Schlüchter*, Rdn.295; *Krause/Nehring*, § 97, Rdn.5; *Höser*, MDR 82, 535 (536); KMR-*Müller*, § 97, Rdn.4; LR-*Schäfer*, § 97, Rdn.19; SK/StPO-*Rudolphi*, § 97, Rdn.9; KK-*Laufhütte*, § 97, Rdn.6; *Kleinknecht/Meyer*, § 97, Rdn.12; AK/StPO-*Amelung*, § 97, Rdn.10.

[171] *Schlüchter*, Rdn.295.

mithin nicht[172]. Da sich bei Mitgewahrsam von Zeugnisverweigerungsberechtigtem und Beschuldigtem die fraglichen Gegenstände innerhalb der Sphäre der Kommunikationspartner befinden, ist de lege lata insoweit ein Beschlagnahmeverbot zu befürworten.

Für eine am Schutz innerfamiliärer Kommunikation orientierte Konzeption der Duldungspflichten ergibt sich ein Beschlagnahmeverbot bei Mitgewahrsam von zeugnisverweigerungsberechtigtem Angehörigen und Beschuldigtem schon aus der Tatsache, daß hier ein Beschlagnahmeverbot auch im Alleingewahrsam des Beschuldigten bestehen muß.

3. Mitgewahrsam Zeugnisverweigerungsberechtigter/zeugnispflichtiger Dritter

Zu untersuchen bleibt, ob ein Beschlagnahmeverbot bestehen soll, wenn sich ein Beweisgegenstand im Mitgewahrsam eines zeugnisverweigerungsberechtigten Angehörigen und eines zeugnispflichtigen Dritten befindet. Dies ist umstritten[173].

Da in § 97 II 1 pauschal von Gewahrsam die Rede ist, spricht der Wortlaut dieser Vorschrift eher für ein Beschlagnahmeverbot bei Mitgewahrsam[174], zumal auch das Reichsgericht den Begriff "in den Händen...befinden", der dem Gewahrsamserfordernis des § 97 vorausging, weit ausgelegt hat[175]. Andererseits ist aber die Vertraulichkeit der Kommunikation nicht mehr gewahrt, der Gegenstand aus der geschützten Sphäre hinausgelangt, wenn ein Dritter Mitgewahrsamsinhaber an dem Kommunikationsmaterial ist; ein Beschlagnahmeverbot ist daher nicht gerechtfertigt[176]. § 97 II 1 ist insofern also eng auszulegen.

Zu beachten ist allerdings, daß gerade bei Kommunikationsmaterial Mitgewahrsam nur selten vorkommen wird. Insbesondere besteht an in einer gemeinsamen Wohnung von Zeugnisverweigerungsberechtigtem und Drittem auf-

---

[172] Auch das Argument des BGH (vgl. BGHSt.19, 374 (374 f.), die Sachherrschaft des Zeugen sei bei Mitgewahrsam durch die Mitherrschaft des Beschuldigten in solchem Maße eingeschränkt, daß er den gegen den Beschuldigten zulässigen Eingriff infolge der bestehenden Sachherrschaftsgemeinschaft auch seinerseits hinnehmen müsse, ist nicht schlüssig, da die Sachherrschaft des Zeugnisverweigerungsberechtigten nicht nur deshalb in relevanter Weise entfallen kann, weil der Beschuldigte und nicht ein sonstiger Dritter (in diesem Fall geht der BGH von Beschlagnahmefreiheit aus) Mitgewahrsamsinhaber ist (*Schlüchter*, Rdn. 295); konsequent dagegen *Dünkel*, S.25, der mit dem vorstehend angeführten Argument die Beschlagnahmefreiheit bei Mitgewahrsam allgemein ablehnt.

[173] Für Beschlagnahmeverbot: BGHSt.19, 374; *Kleinknecht/Meyer*, § 97, Rdn.12; *Schlüchter*, Rdn.295; *Krause/Nehring*, § 97, Rdn.5; KMR-*Müller*, § 97, Rdn.4; LR-*Schäfer*, § 97, Rdn.18; SK/StPO-*Rudolphi*, § 97, Rdn.9; KK-*Laufhütte*, § 97, Rdn.6; AK/StPO-*Amelung*, § 97, Rdn.10; a.A.: *Dünkel*, S.25; LR-*Meyer*[23.], § 97, Rdn.14.

[174] *R.Schmidt*, Ausnahme, S.38.

[175] Vgl. RGSt.50, 241 (243).

[176] So auch LR-*Meyer*[23.], § 97, Rdn.14.

bewahrten Briefen nicht, wie dies des öfteren ohne nähere Prüfung angenommen wird[177], ohne weiteres Mitgewahrsam. Der Gewahrsamsbegriff in § 97 II 1 ist wie in § 246 StGB als tatsächliche Sachherrschaft nach den sozialen Anschauungen zu verstehen[178]. Nach den sozialen Anschauungen wird an höchstpersönlichen Gegenständen wie Briefen jedenfalls bei räumlich getrennter Aufbewahrung regelmäßig Alleingewahrsam des Verfügungsberechtigten, also des Empfängers/Absenders des Briefes vorliegen, selbst wenn weitere Personen tatsächliche Sachherrschaft über solche Gegenstände ausüben können. Läge Mitgewahrsam vor, so hätte dies die kaum überzeugende Konsequenz, daß ein Gewahrsamsbruch vorläge, wenn der Empfänger/Absender des Briefes diesen aus der Wohnung entfernte oder ihn vernichtete. Briefe, die etwa ein Zeugnisverweigerungsberechtigter in dermit einem Dritten gemeinsam genutzten Wohnung aufbewahrt, sind also regelmäßig nicht schon wegen Mitgewahrsams des Dritten beschlagnahmbar[179].

4. Mitgewahrsam Beschuldigter/zeugnispflichtiger Dritter

Aus den gleichen Gründen wie bei Mitgewahrsam zwischen einem zeugnisverweigerungsberechtigten Angehörigen und einem zeugnispflichtigen Dritten muß de lege ferenda[180] das Beschlagnahmeverbot auch bei Mitgewahrsam zwischen dem Beschuldigten und einem zeugnispflichtigen Dritten entfallen.

VII. Gewahrsamswechsel

Nach ganz überwiegender Ansicht soll das Beschlagnahmeverbot nach geltendem Recht dann nicht bestehen, wenn Gewahrsamsinhaber zwar ein zeugnisverweigerungsberechtigter Angehöriger ist, jedoch nicht derjenige, der Absender oder Empfänger der Mitteilung ist[181]. In diesen Fällen des Gewahrsamswechsels sei der Gewahrsamsinhaber nicht beteiligt an dem Vertrauensverhältnis, das § 97 I Nr. 1 schützen wolle.

---

177 Vgl. etwa KG, JR 67, 192; R.*Schmidt*, Ausnahme, S.46.

178 LR-*Schäfer*, § 97, Rdn.17; *R.Schmidt*, Ausnahme, S.38; *Höser*, MDR 82, 535; *Amelung*, DNotZ 84, 195 (198); vgl. auch SK-*Samson*, § 242, Rdn.20 zu dem Gewahrsamsbegriff des § 242 StGB.

179 Zur Beschlagnahmefreiheit solcher Briefe kommt auch *R.Schmidt*, Ausnahme, S.46, der entscheidend auf die Dispositionsbefugnis abstellen will. Bei genauer Betrachtung der Gewahrsamsverhältnisse ist die Einführung eines solchen Kriteriums allerdings überflüssig.

180 Da de lege lata schon kein Beschlagnahmeverbot an Gegenständen im Gewahrsam des Beschuldigten besteht, stellt sich diese Frage nur de lege ferenda.

181 RGSt.28, 285; *Kleinknecht/Meyer*, § 97, Rdn.13; KMR-*Müller*, § 97, Rdn.5; LR-*Schäfer*, § 97, Rdn. 20; *R.Schmidt*, Ausnahme, S.51 f.; einschränkend *Eb.Schmidt*, Nachtr.I, § 97, Rdn.6, der ein Beschlagnahmeverbot befürwortet, wenn der zeugnisverweigerungsberechtigte Empfänger der Mitteilung diese aus sachlich notwendigen Gründen an eine andere zeugnisverweigerungsberechtigte Person weiterreicht.

Orientiert an der ratio des Gewahrsamserfordernisses überzeugt diese Auffassung nicht. Zugangsmöglichkeiten Außenstehender zu der Mitteilung sind nicht gegeben, solange sich die Mitteilung nur im Gewahrsam eines zeugnisverweigerungsberechtigten Angehörigen befindet. Der Wortlaut des § 97 spricht allerdings eher gegen eine solche Auslegung, da sich § 97 II 1 auf § 97 I Nr. 1 bezieht, also der Gewahrsamsinhaber Empfänger oder Absender der Mitteilung sein muß[182]. Das Bundesverfassungsgericht hat aber eine Erweiterung des § 97 II 1 auf den Gewahrsam des Praxisnachfolgers im Wege der verfassungskonformen Auslegung für möglich gehalten[183]. Daher kann de lege lata auch bei Gewahrsamswechsel bei Angehörigen das Beschlagnahmeverbot bestehen bleiben[184].

In einem schutzzweckorientierten System sollte Material aus innerfamiliärer Kommunikation im Gewahrsam von Familienmitgliedern stets beschlagnahmefrei sein, unabhängig davon, ob der Gewahrsamsinhaber Absender oder Adressat der Mitteilung ist. Die Vertraulichkeit innerfamiliärer Kommunikation ist nicht beeinträchtigt, solange sich die Mitteilung im Gewahrsam eines zeugnisverweigerungsberechtigten Familienangehörigen befindet. Zudem ist durch das Zeugnisverweigerungsrecht das innerfamiliäre Vertrauensverhältnis im ganzen und damit Kommunikation unter sämtlichen Familienmitgliedern geschützt.

D. Entwurf einer schutzzweckorientierten gesetzlichen Regelung

Ein System, das die Schutzzwecke des Zeugnisverweigerungsrechts nach § 52 bei den Zwangsmaßnahmen ohne Berücksichtigung etwaiger Gegeninteressen verwirklicht, könnte so aussehen:

Beschlagnahmeverbot

(1) Der Beschlagnahme unterliegen nicht

1. schriftliche Mitteilungen zwischen dem Beschuldigten und den Personen, die nach § 52 das Zeugnis verweigern dürfen, sowie schriftliche Mitteilungen zwischen in § 52 genannten Personen;

---

182 Andernfalls müßte es heißen: im Gewahrsam eines zur Verweigerung des Zeugnisses Berechtigten.

183 BVerfGE 32, 373 (385 ff.).

184 So i.E. auch *Dünkel*, S. 26: würden Mitteilungen im engsten Familienkreis weitergegeben, bestünden gegen die Beschlagnahmefähigkeit solcher Mitteilungen verfassungsrechtliche Bedenken.

2. Aufzeichnungen des Beschuldigten sowie von in § 52 genannten Personen über zwischen diesen Personen geführte Kommunikation.

(2) Diese Beschränkungen gelten nur, wenn sich die Gegenstände im Gewahrsam eines Zeugnisverweigerungsberechtigten, des Beschuldigten oder der Post befinden[185].

(3) Die Beschränkungen der Beschlagnahme gelten nicht, wenn der Beschuldigte oder eine an der Kommunikation beteiligte Person der Beschlagnahme zustimmt.

Verbot der Telefonüberwachung

Gespräche zwischen dem Beschuldigten und Personen, die nach § 52 das Zeugnis verweigern dürfen, sowie Gespräche zwischen in § 52 genannten Personen dürfen nicht überwacht werden.

Untersuchungsverweigerungsrecht

§ 81 c III ist in einem ausschließlich an der Verwirklichung der Schutzzwecke des § 52 orientierten System[186] zu streichen.

E. Teilnahmeverdacht und Deliktsgegenstände

I. Teilnahmeverdacht

Die Beschlagnahmefreiheit bei Angehörigen wird eingeschränkt durch § 97 II 3 1.Hs.. Danach entfällt das Beschlagnahmeverbot, wenn der Angehörige der Teilnahme, Begünstigung, Strafvereitelung oder Hehlerei verdächtig ist.

Im folgenden soll der Frage nachgegangen werden, ob der in § 97 II 3 1.Hs. formulierte Grundsatz eine überzeugende Begrenzung der Beschlagnahmefreiheit darstellt. Diese Frage ist für eine schutzzweckorientierte Konzeption von besonderer Bedeutung, da der Grundsatz des § 97 II 3 1.Hs., sollte er sich als berechtigt herausstellen, möglicherweise auf das in einer solchen Konzeption erforderliche Verbot der Telefonüberwachung übertragbar ist.

---

185 Von einer besonderen Regelung des Falls des Gewahrsamsverlusts durch rechtswidrigen Eingriff Privater wird abgesehen, da dies Teil einer umfassenden Regelung der aus rechtswidrigem Handeln Privater folgenden Beweisverbote sein müßte. Der Fall muß daher nach den oben (2.Teil, C III. 2.b) dargelegten allgemeinen Grundsätzen entschieden werden.

186 Vgl. zu anderen Begründungsmöglichkeiten oben unter 2.Teil, A II.

1. Ratio des Wegfalls des Beschlagnahmeverbots bei Teilnahmeverdacht und deren Konsequenzen in Literatur und Rechtsprechung seit dem 19. Jahrhundert

Zur Feststellung der ratio des § 97 II 3 1.Hs. und den daraus sich ergebenden Konsequenzen für die Auslegung des § 97 II 3 1.Hs., insbesondere für die Frage des Wegfalls des Teilnahmeverdachts bei straflosen Teilnahmehandlungen, ist die Betrachtung der Entstehungsgeschichte dieser Vorschrift und ihre Auslegung durch Literatur und Rechtsprechung vom 19. Jahrhundert bis heute aufschlußreich.

a) "Historische" ratio

Bereits die preußische StPO, die eine der ersten Regelungen der Beschlagnahmefreiheit enthielt, sah vor, daß das Beschlagnahmeverbot bei Verdacht der Mitschuld des Zeugnisverweigerungsberech-tigten entfallen solle[187], und auch die StPO von 1877 enthielt eine dem § 97 II 3 1.Hs. entsprechende Regelung. Der Wegfall der Beschlagnahmefreiheit bei Teilnahmeverdacht war also stets anerkannt.

Maßgeblich für diese Beschränkung des Beschlagnahmeverbotes war zunächst die Erwägung, daß bei dem einer Straftat Verdächtigen uneingeschränkt beschlagnahmt werden können sollte[188]. Man ging davon aus, daß gegen den Teilnahmeverdächtigen ein eigenes Ermittlungsverfahren eingeleitet würde, innerhalb dessen bei diesem die Beschlagnahme wie bei jedem Beschuldigten statthaft sei. So formulierte Abegg, der die Korrespondenz zwischen Familienangehörigen grundsätzlich der Beschlagnahme entziehen wollte[189]: "Sind die Familienmitglieder einer Theilnahme an dem Verbrechen verdächtig, (...[190]), so muß und kann gegen sie, unter Voraussetzung der hergestellten Erfordernisse eines auf sie auszudehnenden Verfahrens, wie gegen den Hauptangeschuldigen gehandelt werden, da sie jetzt selbstständig einer Untersuchung unterworfen werden"[191]. Deutlich wird diese Gleichstellung des Teilnahmeverdächtigen mit einer

---

[187] Preußischer Entwurf 1865, § 101 II; Preußische StPO v. 1866, § 92 II.

[188] Auf dieser Erwägung könnte es auch beruhen, daß de lege lata für Gegenstände im Gewahrsam des Beschuldigten keinerlei Beschlagnahmeverbote vorgesehen sind.

[189] *Abegg*, NArchKrimR 1842, 553 (588 f.).

[190] "was nicht zu verwechseln ist mit der Theilnahme, die sie der Person und dem Schicksal ihres Angehörigen widmen, und welche nur ausnahmsweise bei gewissen Verbrechen selbst auf Berücksichtigung kein Recht haben soll,"

[191] NArchKrimR 1842, 553 (590); ähnlich schon *Mittermaier*, der bereits zu Beginn des 19. Jahrhunderts ein umfassendes Verbot der Beschlagnahme von Papieren bei Nichtverdächtigen forderte: "Kommen aber in den Akten Gründe vor, welche die Dritte Person als Theilsnehmer und Mitschuldigen verdächtig machen, so kann gegen sie nur so verfahren werden, wie es gegen den Inculpaten selbst gestattet ist" (*Mittermaier*, NArchKrimR 1818, 452 (461); vgl. auch ders., NArchKrimR 1821, 306 (315)).

selbst beschuldigten Person auch bei von Hippel: Bei Teilnahmeverdacht seien die betroffenen Personen "nicht mehr Unbeteiligte, sondern Beschuldigte, haben deshalb keine Aussagepflicht und keine Editionspflicht, unterliegen aber der Beschlagnahme und Durchsuchung"[192]. Daß die in einem Verfahren gegen den Zeugnisverweigerungsberechtigten beschlagnahmten Gegenstände auch gegen den Beschuldigten verwertbar seien, erschien dabei wohl selbstverständlich.

b) Konsequenzen der "historischen" ratio für die Auslegung des § 97 II 3 1.Hs.

Als Konsequenz dieser Ansicht zur ratio des Wegfalls des Beschlagnahmeverbots bei Teilnahmeverdacht ergibt sich zunächst, daß eine wie auch immer geartete Beziehung des Beschuldigten zu der Teilnahmehandlung des Angehörigen, etwa in Form der Mitwirkung an der Teilnahmehandlung oder auch nur des Wissens von der Teilnahme, für nicht erforderlich gehalten wurde. Entsprechende Forderungen kamen erst in jüngster Zeit[193] auf.

Weiterhin folgt aus der "historischen" ratio des § 97 II 3 1.Hs., daß das Beschlagnahmeverbot nur bei dem Verdacht einer strafbaren Teilnahme entfallen kann, denn nur dann kann gegen den Zeugnisverweigerungsberechtigten selbst ermittelt werden. Folgerichtig bemängelte von Kries im Jahre 1892 die in Bezug auf den Teilnahmeverdacht zu weite Fassung des § 97. Das Gesetz übersehe, daß das StGB die einem Angehörigen gewidmete persönliche Begünstigung für straflos erkläre[194].

Auch das Reichsgericht ist ersichtlich davon ausgegangen, der Wegfall der Beschlagnahmefreiheit erfordere eine strafbare Teilnahmehandlung. Einer Entscheidung aus dem Jahre 1913 [195] lag eine Verfügung des Untersuchungsrichters zugrunde, in der dieser u.a. die Fortdauer der Beschlagnahme von schriftlichen Mitteilungen zwischen dem Beschuldigten und seiner Ehefrau "wegen ihrer Beziehung zu strafbarer Begünstigung" anordnete. Das Reichsgericht erklärte die Verfügung für rechtmäßig. Es führt aus[196]: "Der Untersuchungsrichter war sich,

---

[192] *V.Hippel*, Strafprozeß, S.459, Fn.1; ZStW 47 (1927), 523 (528); vgl. auch *Henkel*, S.328: bei Teilnahmeverdacht entfalle das Beschlagnahmeverbot, weil die Zeugnisverweigerungsberechtigten selbst als Beschuldigte in Betracht kämen.
Anders nur *Planck*, S.239, der als ratio anführte, es müsse möglich sein zu verhindern, daß die Korrespondenz zu Kollusionen mißbraucht und dadurch der Zweck der Untersuchung vereitelt werde, und der damit bereits den zutreffenden Ansatz für eine Begrenzung der Beschlagnahmefreiheit erkannte (vgl. unten unter E I. 3.).

[193] Vgl. *Welp*, JZ 74, 423 (425); ders., NStZ 86, 294 (296); *R.Schmidt*, Ausnahme, S.60-62; ferner *Klöhn*, S.356; *Bandisch*, NJW 87, 2200 (2204); *Waldowski*, AnwBl.75, 106 (108); OLG Celle, NJW 63, 406 (407); *Wessing*, S.111.

[194] *V.Kries*, S.290.

[195] RGSt.47, 195.

[196] RGSt.47, 195 (198).

wie Nr.1 der Verfügung außer Zweifel stellt[197], der Ausnahme des § 97 sehr wohl bewußt. Er hob bei der angeführten Begünstigung (...) die Strafbarkeit der Begünstigung besonders hervor, und dies erklärt sich dadurch, daß er an die nach § 257 II StGB straflose Begünstigung durch Frau S. gedacht hat; er schied also diese straflose Handlung erkennbar als Grund seiner Verfügung aus."

Der Gedanke, daß auch bei einer straflosen Teilnahmehandlung das Beschlagnahmeverbot entfallen soll, taucht soweit ersichtlich erstmals 1934 auf[198]. Während sich in der Kommentierung von Löwe/Rosenberg bis dahin lediglich die Aussage fand, es sei widersinnig, den Schriftverkehr zwischen Mitbeschuldigten der Beschlagnahme zu entziehen[199], setzt Hartung ohne Begründung[200] hinzu, dies gelte auch bei dem Verdacht einer nach § 257 II straflosen Begünstigung[201]. Erneut aufgegriffen wird diese Begrenzung der Beschlagnahmefreiheit erst wieder 1971 von Dünnebier[202], dessen Begründung der Aufhebung der Beschlagnahmefreiheit bei Teilnahmeverdacht mit der "verbrecherischen Beziehung zwischen der geschützten Person und der Vertrauensperson" den Wegfall des Beschlagnahmeverbots bei straflosen Teilnahmehandlungen allerdings nicht trägt, da bei einer straflosen Teilnahmehandlung von einer "verbrecherischen Beziehung" nicht ohne weiteres gesprochen werden kann. Parallel dazu setzte sich auch in anderen Kommentierungen die Auffassung durch, die Beschlagnahmefreiheit entfalle auch bei straflosen Teilnahmehandlungen[203].

Den vorläufigen Abschluß dieser Entwicklung setzte BGHSt.25, 168. Dort entschied der Bundesgerichtshof unter Berufung auf die vorstehend angeführten Kommentierungen, der Schutzbereich des § 97 ende bei der "objektiven Ver-

---

197 Dort hatte der Untersuchungsrichter verschiedene Mitteilungen freigegeben, weil diese "teils der Beschlagnahme gemäß § 97 entzogen, teils ohne Beziehung auf die erfolgte Verübung einer anderen strafbaren Handlung" waren.

198 Vgl. LR[19.]-*Hartung*, § 97, Nr.5.

199 *Löwe/Rosenberg*, 16. und 18. Auflage, jeweils § 97, Nr.5.

200 Und soweit erkennbar ohne konkrete Veranlassung durch Literatur oder Rechtsprechung

201 In den nächsten Auflagen desselben Kommentars (1958 und 1963) wird diese Begrenzung der Beschlagnahmefreiheit nicht vertreten, vgl. LR[20.]-*Tillmann*, § 97, Nr.7; LR[21.]-*Dünnebier*, Anm.4 b.

202 LR-*Dünnebier*[22.], § 97, Nr.IV 6; so auch LR-*Meyer*[23.], § 97, Rdn.21; Rdn.22: die Teilnahme müsse nicht strafbar sein.

203 Vgl. etwa KMR[6.](1966), § 97, Nr.2 d; *Schwarz/Kleinknecht* [23.](1962): noch keine Erwähnung strafloser Teilnehmehandlungen; *Schwarz/Kleinknecht*[26.](1966), § 97, Rdn.4: durch § 97 II 3 werde der teilnahmeverdächtige Zeugnisverweigerungsberechtigte für die Anwendung des § 97 I dem Beschuldigten gleichgestellt, damit die Beschlagnahme nicht bis zu der Einleitung eines Ermittlungsverfahrens gegen den Zeugnisverweigerungsberechtigten aufgeschoben werden müsse. Diese Gleichstellung soll aber auch dann gelten, wenn gegen den Zeugnisverweigerungsberechtigten etwa wegen eines Verfahrenshindernisses kein Ermittlungsverfahren eingeleitet werden kann.

strickung des Gewahrsamsinhabers"; daher lasse auch der Verdacht einer straflosen Begünstigungshandlung das Beschlagnahmeverbot entfallen[204].

Heute wird als ratio der Beschränkung der Beschlagnahmefreiheit bei Teilnahmeverdacht allgemein ohne Auseinandersetzung mit der "historischen" ratio lediglich angegeben, es könne nicht Aufgabe der Rechtsordnung sein, das zwischen Rechtsbrechern[205] bzw. zwischen Straftätern[206] bestehende Vertrauensverhältnis zu schützen. Das Beschlagnahmeverbot soll, entsprechend der Formulierung "Rechtsbrecher", bereits dann entfallen, wenn der Verdacht einer bloß objektiven Verstrikkung des Angehörigen[207] vorliegt. Einige verlangen, auch dies jedoch ohne nähere Begründung, das Vorliegen einer tatbestandsmäßigen, rechtswidrigen Tat[208].

Eine Begründung der Auffassung, das Beschlagnahmeverbot entfalle auch bei straflosen Teilnahmehandlungen, wird über die Behauptung der fehlenden Schutzwürdigkeit des Vertrauensverhältnisses unter "Rechtsbrechern" hinaus soweit ersichtlich nicht gegeben. Dies erstaunt vor allem deshalb, weil der Wegfall der Beschlagnahmefreiheit bei straflosen Teilnahmehandlungen mit der bis zur Mitte des 20. Jahrhunderts angeführten ratio des § 97 II 3 1.Hs., daß nämlich bei Teilnahmeverdacht auch gegen den Zeugnisverweigerungsberechtigten selbst ermittelt werden könne, und in diesem Ermittlungsverfahren das Kommunikationsmaterial beschlagnahmt werden könnte, nicht zu vereinbaren ist.

Die Auslegung der Bestimmung über Teilnahmeverdacht änderte sich also im Laufe der Zeit, ohne daß die hergebrachte ratio dieser Vorschrift widerlegt oder überzeugende Gründe für den Wegfall der Beschlagnahmefreiheit bei straflosen Teilnahmehandlungen gefunden wurden.

---

204 BGHSt.25, 168 (169); Die Begründung des BGHs, der Zeugnisverweigerungsberechtigte, der den Beschuldigten begünstige, stelle sich und die vorher dem Beschlagnahmeverbot unterliegenden Beweismittel damit außerhalb des durch das Beschlagnahmeverbot gezogenen gesetzlichen Schutzbereichs, kann allerdings weder de lege lata noch de lege ferenda überzeugen, da diese wohl auf dem Gedanken beruht, § 97 I 1. sei vorrangig eine Schutzvorschrift zugunsten des zeugnisverweigerungsberechtigten Angehörigen und dieser "verwirke" bei Teilnahmeverdacht diesen Schutz.

205 LR-*Schäfer*, § 97, Rdn.23; KK-*Laufhütte*, § 97, Rdn.21; AK/StPO-*Amelung*, § 97, Rdn.3, 18.

206 *Fezer*, JuS 78, 765 (768); *Amelung*, DNotZ 84, 195 (211); *Krekeler*, NStZ 87, 199 (202); vgl. zu dieser Erklärung des § 97 II 3 1.Hs. unten Fn. 214.

207 BGHSt.25, 168 (169); LR-*Schäfer*, § 97, Rdn.25; *Schlüchter*, Rdn.293.2.

208 SK/StPO-*Rudolphi*, § 97 Rdn.32; KK-*Laufhütte*, § 97 Rdn.21; AK/StPO-*Amelung*, § 97, Rdn.19; *R.Schmidt*, Ausnahme, S.59; *Kleinknecht/Meyer*, § 97 Rdn.19; für einen Wegfall des Beschlagnahmeverbots nur bei strafbaren Teilnahmehandlungen wohl nur noch *Welp*, JZ 74, 423 (425); Ob die in Fn. 206 Genannten das Beschlagnahmeverbot nur bei strafbaren Teilnahmehandlungen wegfallen lassen wollen, wie ihre Formulierung "Straftäter" anklingen läßt, wird nicht deutlich.

2. *Überprüfung der "historischen" ratio*

Die im 19.Jahrhundert entwickelte ratio des § 97 II 3 1.Hs. kann auf der Grundlage der heute anerkannten Grundsätze über die Verwertung von Beweismitteln nicht mehr anerkannt werden.

Es ist heute unbestritten, daß die Beschlagnahme einer Mitteilung in einem Verfahren gegen den Angehörigen noch nicht bedeutet, daß dieses Beweismittel auch gegen den Beschuldigten verwertet werden kann. Die Frage der Verwertbarkeit von Beweismitteln ist vielmehr für jeden Betroffenen selbständig zu beurteilen[209]. Insbesondere darf ein in einem Verfahren gegen einen Zeugnisverweigerungsberechtigten als Alleinbeschuldigten beschlagnahmtes Beweismittel gegen einen anderen nicht verwertet werden, wenn es im Verfahren gegen diesen nach § 97 beschlagnahmefrei wäre[210]. Der Wegfall der Beschlagnahmefreiheit im Verfahren gegen den Beschuldigten bei Teilnahmeverdacht des Zeugnisverweigerungsberechtigten kann daher nicht damit begründet werden, das betreffende Beweismittel könne im Verfahren gegen den Zeugnisverweigerungsberechtigten ohnehin beschlagnahmt werden.

3. *Begründung des Wegfalls des Beschlagnahmeverbots bei Teilnahmeverdacht*

Diese Erkenntnis muß jedoch nicht unmittelbar bedeuten, daß die Vorschrift des § 97 II 3 1.Hs. nicht zu rechtfertigen ist[211]. Es erscheint möglich, den Wegfall der Beschlagnahmefreiheit in zumindest einem Teil der von § 97 II 3 1.Hs. erfaßten Fälle auch ohne Bruch mit den allgemein anerkannten Grundsätzen über die Verwertung von Beweismitteln zu rechtfertigen. Eine solche Erklärung des Wegfalls des Beschlagnahmeverbots knüpft allerdings nicht an an eine Teilnahmehandlung des Angehörigen, sondern an die Ausnutzung der innerfamiliären Kommunikation zum Zweck der Vorbereitung, Durchführung oder Sicherung der Vorteile von Straftaten durch den Beschuldigten an[212].

---

209 LR-*Schäfer*, § 97, Rdn.109; *R.Schmidt*, Ausnahme, S.77 f.; vgl. auch SK/StPO-*Rudolphi*, § 97, Rdn.66; BGHSt.18, 227; BGH LM, § 97, Nr.1.

210 Vgl. nur LR-*Schäfer*, § 97, Rdn.109; *Kleinknecht/Meyer*, § 97 Rdn.49; *Arndt*, NJW 62, 2000 (2001); *Kohlhaas*, NJW 62, 670 f.; ders., NJW 64, 1162 (1166); *Jescheck*, Generalgutachten 46.DJT, 23; es ist anerkannt, daß das Beschlagnahmeverbot des § 97 auch im Bereich des § 108 gilt (LR-*Schäfer*, § 97, Rdn.109; KK-*Laufhütte*, § 97, Rdn.8).

211 Eine ersatzlose Streichung des § 97 II 3 1.Hs., wie dies z.T. gefordert wird (vgl. Deutscher Juristinnenbund, StV 90, 46 (47); dazu auch unten (3.Teil, fn.62) führt zudem zu der rechtspolitisch kaum vertretbaren Konsequenz der Gewährung eines Freiraums für die Begehung von Straftaten, da dem Beschlagnahmeverbot in einem solchen Fall etwa auch die Korrespondenz zwischen zwei Familienmitgliedern unterläge, in der diese ein Verbrechen planen oder die Verschiebung der Beute aus einem Bankraub ins Ausland besprechen.

212 Ähnlich für Personen nach § 53 I Nr.1 bis 3b, *Spangenberg*, S.168 f.; Vgl. zum Zusammenhang einer solchen Erklärung mit der Aussage, § 97 II 3 1.Hs. beruhe auf der fehlenden Schutzwürdigkeit des Vertrauensverhältnisses zwischen Rechtsbrechern unten Fn. 214.

Im folgenden soll zunächst die hier angesprochene Erklärung für einen Wegfall des Beschlagnahmeverbots dargelegt werden. Daran anschließend wird untersucht, ob es methodisch möglich ist, § 97 II 3 1.Hs. entsprechend einer solchen ratio auszulegen. Schließlich soll eine Neufassung des § 97 II 3 1.Hs. vorgeschlagen werden.

a) Mögliche Erklärung eines Wegfalls des Beschlagnahmeverbots

b) Zurechenbares Verhalten des Beschuldigten

Ausgangspunkt aller auf einen Wegfall des an § 52 anknüpfenden Beschlagnahmeverbots gerichteten Überlegungen muß zunächst die Erkenntnis sein, daß das Beschlagnahmeverbot primär Interessen des Beschuldigten zu dienen bestimmt ist. Dieser soll nicht befürchten müssen, durch Kommunikation mit Familienangehörigen zu seiner eigenen Überführung beizutragen[213]. Da also jeder Wegfall des Beschlagnahmeverbots für den Beschuldigten eine Einbuße an ansonsten rechtlich geschützten Interessen bedeutet, sollte ein Wegfall des Beschlagnahmeverbots in den Verantwortungsbereich des Beschuldigten fallen, d.h. auf einem dem Beschuldigten zurechenbaren Verhalten beruhen. Dieses Verhalten muß die Bewertung rechtfertigen, der Beschuldigte sei bezüglich der in Frage stehenden innerfamiliären Kommunikation nicht schutzwürdig. Als ein solches Verhalten des Beschuldigten kommt die Ausnutzung der innerfamiliären Kommunikation zum Zweck der Vorbereitung, Durchführung oder Sicherung der Vorteile von Straftaten in Betracht.

Das an § 52 anknüpfende Beschlagnahmeverbot soll gewährleisten, daß innerfamiliäre Kommunikation nicht gegen den Beschuldigten verwertet werden kann. Den Familienangehörigen soll ein staatsfreier Raum, ein Zufluchtsort gewährleistet werden, in dem sie Kommunikation ohne Rücksicht auf deren Inhalt frei und ohne Furcht vor staatlichem Zugriff führen können. Grundsätzlich ist also jede innerfamiliäre Kommunikation geschützt.

Besteht nun allerdings der Verdacht, der Beschuldigte habe diese Kommunikation zur Vorbereitung, Durchführung oder Sicherung der Vorteile seiner Straftat ausnutzt oder ausgenutzt (dies kann auf vielfältige Art und Weise, etwa durch die gemeinsame Planung einer Straftat, durch die Bitte um Hilfe oder um Verstecken der Beute geschehen), so bedeutete ein Schutz der sich auf diese Unterstützung der Tat beziehenden Kommunikation, daß die Familie auch als Ort für die Begehung von Straftaten geschützt wird. Mit dem Schutz der Vertraulichkeit innerfamiliärer Kommunikation sollte aber kein Freiraum zur Verfügung gestellt werden, um die ungestörte Vorbereitung und Durchführung von Straftaten zu

---

[213] Siehe oben 2.Teil, A V. 5.a).

ermöglichen[214]. Mißbraucht der Beschuldigte also die Möglichkeiten innerfamiliärer Kommunikation für die Zwecke seiner Straftat, so sollte er sich auf die Schutzwürdigkeit dieser Kommunikation nicht mehr berufen können[215]; auf die Begehung oder Sicherung der Vorteile der Tat gerichtetes Kommunikationsmaterial sollte daher der Beschlagnahme unterliegen. Weiterhin schutzwürdig bleibt dagegen jegliche sonstige Kommunikation des Beschuldigten mit seinen Angehörigen, etwa solche, in der er die Tat innerlich zu verarbeiten sucht[216]. Das gilt auch für Kommunikation mit dem Angehörigen, der an der die Vorbereitung, Durchführung oder Sicherung der Tat betreffenden Kommunikation beteiligt ist.

c) Auf Vereitelung der Strafe gerichtetes Verhalten des Beschuldigten

Soll ein Wegfall des Beschlagnahmeverbots die mißbräuchliche Ausnutzung innerfamiliärer Kommunikation durch den Beschuldigten verhindern, so muß das Beschlagnahmeverbot bestehen bleiben, wenn der Beschuldigte mit der Kommunikation die Vereitelung seiner Strafe bezweckt.

Innerfamiliäre Kommunikation ist dann nicht schutzwürdig, wenn sie der Straftat des Beschuldigten dienen, dieser zugute kommen soll. Die Schutzwürdigkeit entfällt also wegen der Beziehung der Kommunikation zu dem durch die Straftat verwirklichten Unrecht. Nutzt der Beschuldigte die Kommunikation zur Vorbereitung oder Durchführung seiner Tat, so ist die Kommunikation unmittelbar auf die Verwirklichung des Unrechts der Tat des Beschuldigten gerichtet. Will sich der Beschuldigte mittels innerfamiliärer Kommunikation die Vorteile

---

[214] Auf einem solchen Gedanken beruht wohl auch die Aussage, das Vertrauensverhältnis zwischen Straftätern bzw. zwischen Rechtsbrechern sei nicht schutzwürdig (siehe oben Fn.205 u. 206). Als ratio des § 97 II 3 1.Hs. ist eine solche Erklärung aber zu wenig differenziert: da die verschiedenen an dem durch §§ 52, 97 geschützten Vertrauensverhältnis beteiligten Interessen nicht analysiert werden, lassen sich aus ihr Folgerungen, etwa für die Qualität der Teilnahmehandlung, mehr oder weniger beliebig ziehen; daß § 97 II 3 1.Hs. in seiner heutigen Form mit einer solchen ratio nicht vollständig erklärt werden kann (siehe unten unter E I. 4.), wird nicht erkannt.

[215] Ein solcher Wegfall des Beschlagnahmeverbots ließe sich auch als ein Fall der Verwirkung wegen Rechtsmißbrauchs deuten (so auch *Welp*, JZ 74, 423 (425) zu § 97 II 3 1.Hs.; vgl. allgemein zu dieser Rechtsfigur *Krüger*, DVBl.53, 97; *Schmitt Glaeser*, S.133 ff.).

[216] Befindet sich in ein und demselben Schriftstück sowohl geschützte als auch solche Kommunikation, die sich auf die Unterstützung der Tat bezieht, führt der Beschuldigte etwa mit seiner Ehefrau, die die Beute der Tat versteckt hält, einen Schriftverkehr, in dem er die Tat zu verarbeiten sucht, und gibt er dabei gleichzeitig seiner Frau Anweisungen über den Umgang mit der Beute, so wäre, da eine getrennte Beurteilung der Beschlagnahmefähigkeit der verschiedenen Textteile nicht möglich ist, insoweit ein Verwertungsverbot erforderlich. Verwertet werden dürfte Kommunikationsmaterial nur insoweit, als es die Verabredung, Durchführung oder Sicherung der Vorteile der Straftat des Beschuldigten betrifft. Die Durchführung eines solchen Verwertungsverbotes könnte auch hier (vgl. oben 2.Teil, Fn. 167) de lege ferenda dadurch gewährleistet werden, daß die Entscheidung über die Verwertbarkeit einem am Verfahren nicht beteiligtem Richter übertragen wird.

der Tat sichern, so wird dadurch der durch die Vortat geschaffene rechtswidrige Zustand verfestigt und das Unrecht der Vortat vertieft[217].

An einer solchen Beziehung auf das Unrecht der Straftat fehlt es aber, wenn der Beschuldigte sich mittels innerfamiliärer Kommunikation seiner Strafe entziehen will. Solche Kommunikation kommt der Vortat weder unmittelbar noch durch die Sicherung von Tatvorteilen zugute; vielmehr ist der Wille des Beschuldigten allein darauf gerichtet, den ihm durch seine Tat drohenden Nachteilen zu entgehen. Dieser verständlichen Motivation des Beschuldigten[218] trägt auch § 258 StGB Rechnung: wer seine eigene Strafe zu vereiteln sucht, erfüllt nicht den Tatbestand des § 258 StGB, und straflos ist nach § 258 V StGB auch die vom Vortäter vorgenommene Anstiftung eines anderen zur Strafvereitelung[219]. Die von § 258 StGB geschützten Rechtsgüter[220] werden also gegenüber dem Vortäter nicht geschützt: von diesem kann nicht verlangt werden, zur Verwirklichung des staatlichen Strafanspruchs beizutragen.

Aus diesem Grund kann die Ausnutzung innerfamiliärer Kommunikation zum Zweck der Vereitelung der eigenen Strafe nicht als mißbräuchliches Verhalten bewertet werden. Das Beschlagnahmeverbot sollte somit für auf die Vereitelung der eigenen Strafe gerichtete Kommunikation bestehen bleiben.

d) Rechtliche Qualität des Verhaltens des Angehörigen

Innerhalb einer an die mißbräuchliche Ausnutzung der Kommunikation durch den Beschuldigten anknüpfenden Konzeption kann schließlich die rechtliche Qualität der Handlung des an der Kommunikation beteiligten Angehörigen für den Wegfall des Beschlagnahmeverbots nicht entscheidend sein. Selbst ob das Verhalten des Angehörigen den Tatbestand eines Strafgesetzes erfüllt, ist unerheblich[221].

---

[217] Die Straflosigkeit der Selbstbegünstigung beruht auf dem Gedanken der mitbestraften Nachtat (vgl. Sch-Sch-*Stree*, § 257, Rdn.29; *Schröder*, MDR 50, 398) und bedeutet nicht, daß die Rechtsgüter des § 257 StGB dem Vortäter gegenüber nicht schutzwürdig sind.

[218] Vgl. RGSt.63, 236; Sch-Sch-*Stree*, § 258, Rdn.33: Grund für die umfassende Straflosigkeit des Vortäters sei die notstandsähnliche Lage dessen, der sich seiner Strafe zu entziehen sucht.

[219] Vgl. Sch-Sch-*Stree*, § 258, Rdn.38; BayOLG, JR 79, 252; die abweichende Rechtsprechung zum früheren Recht (BGHSt.17, 236) ist angesichts des klaren Wortlauts des § 258 V StGB überholt.

[220] Als Rechtsgut des § 258 StGB wird die staatliche Rechtspflege angeführt, die ihre Aufgabe, den staatlichen Strafanspruch zu verwirklichen, ungehindert erfüllen können soll; außerdem diene § 258 StGB auch der Isolierung des Vortäters: durch die Eindämmung späterer Hilfe solle das Risiko von Straftaten erhöht und so auch die generalpräventive Wirkung des Strafrechts gestärkt werden (i.e. streitig, vgl. Sch-Sch-*Stree*, § 258, Rdn.1; SK-*Samson*, § 258, Rdn.2 m.w.N.).

[221] Eine rechtswidrige Teilnahmehandlung zu verlangen, wie dies einige tun, läßt sich also nicht begründen.

Dies sei an zwei Beispielen verdeutlicht:

- Es soll der Schriftwechsel zwischen dem Beschuldigten und einem Angehörigen beschlagnahmt werden, in dem diese die gemeinsame Begehung einer Straftat verabredet und geplant haben sollen. Für die Schutzwürdigkeit dieses Schriftverkehrs kann es aus Sicht des Beschuldigten nicht darauf ankommen, ob der Angehörige zurechnungsfähig ist oder nicht; der Beschuldigte wird dies häufig nicht einmal wissen.

- Bittet der Beschuldigte einen Angehörigen schriftlich um die Beschaffung einer Leiter, die er zu einem Einbruch verwenden möchte, so ist es aus Sicht des Beschuldigten wertungsmäßig für die Schutzwürdigkeit dieser Kommunikation kein Unterschied, ob der Angehörige die Zweckbestimmung der Leiter kennt oder nicht. Maßgeblich ist allein, daß der Beschuldigte den Angehörigen zur Begehung seiner Straftat einsetzt.

Daß damit allein an die Tat und das Verhalten des Beschuldigten angeknüpft wird, ist gerechtfertigt, weil das Beschlagnahmeverbot primär Interessen des Beschuldigten zu dienen bestimmt ist. Da die Einbeziehung der Angehörigen in den Schutzbereich des § 52 in Bezug auf den Schutz innerfamiliärer Kommunikation nur ein Reflex des Schutzes des Beschuldigten ist[222], müssen sie die Verwertung innerfamiliärer Kommunikation hinnehmen, wenn der Beschuldigte nicht geschützt wird.

e) Ergebnis

Ein Wegfall des Beschlagnahmeverbots läßt sich für solche Fälle begründen, in denen der Beschuldigte die innerfamiliäre Kommunikation zum Zweck der Vorbereitung, Durchführung oder Sicherung der Vorteile seiner Tat ausnutzt.

Eine auf einer solchen ratio beruhende Bestimmung könnte lauten:

Das Beschlagnahmeverbot entfällt, wenn der Verdacht besteht, daß der Beschuldigte die Beziehung zu dem Zeugnisverweigerungsberechtigten zur Vorbereitung, Begehung oder Sicherung der Vorteile seiner Straftat ausnutzt oder ausgenutzt hat und sich das Beweismittel auf die Vorbereitung, Begehung oder Sicherung der Vorteile der Tat bezieht.

4. Auslegung des § 97 II 3 1.Hs. entsprechend einer solchen ratio?

Es fragt sich nun, ob § 97 II 3 1.Hs. entsprechend der hier dargestellten Begründung eines Wegfalls der Beschlagnahmefreiheit ausgelegt werden kann.

---

222 Vgl. oben 2.Teil, A V. 5.c).

Im Hinblick auf den Wortlaut des § 97 II 3 1.Hs. wirft der Versuch einer solchen Auslegung Probleme in drei Punkten auf:

1) Das Gesetz knüpft in § 97 II 3 1.Hs. an eine Teilnahmehandlung des Angehörigen an und setzt eine wie auch immer gertete Beziehung des Beschuldigten zu der Teilnahme des Angehörigen nicht voraus. Das Beschlagnahmeverbot entfällt danach also etwa auch dann, wenn der Angehörige ohne Zutun des Beschuldigten die Beute veräußert oder versteckt.

   Orientiert an der oben skizzierten Erklärung für den Wegfall des Beschlagnahmeverbots muß aber der Wegfall des Beschlagnahmeverbots auf einem zurechenbaren Verhalten des Beschuldigten beruhen. § 97 II 3 1.Hs. müßte also teleologisch reduziert werden auf die Fälle, in denen der Beschuldigte sich, entsprechend der Zurechnung fremden Verhaltens im materiellen Strafrecht, an der Teilnahmehandlung des Angehörigen beteiligt hat, und sich die schriftliche Mitteilung auf diese Beteiligung bezieht[223].

2) Wie oben dargelegt entfällt die Schutzwürdigkeit innerfamiliärer Kommunikation nicht, wenn der Beschuldigte damit die Vereitelung seiner Strafe bezweckt. Insofern § 97 II 3 1.Hs. den Wegfall des Beschlagnahmeverbots auch bei dem Verdacht der Strafvereitelung durch einen Angehörigen bestimmt, dürfte die Vorschrift also, orientiert an der ratio der fehlenden Schutzwürdigkeit des Beschuldigten bei Ausnutzung der Kommunikation, nicht angewendet werden[224].

3) Erscheint eine teleologische Reduktion des § 97 II 3 1.Hs. auf mit Beteiligung des Beschuldigten begangene Teilnahmehandlungen noch vertretbar, eine Weginterpretation der Strafvereitelung schon äußerst problematisch, so erlaubt § 97 II 3 1.Hs. jedoch jedenfalls keine dahingehende Auslegung, daß die rechtliche Qualität der Teilnahmehandlung unerheblich ist. Der Wortlaut des § 97 II 3 1.Hs. legt es nahe, darunter nur strafbare Teilnahme-

---

[223] Eine dahingehende Auslegung des § 97 II 3 1.Hs. ist auch in der Literatur bereits verschiedentlich gefordert worden. Da es der Beschuldigte sei, der in erster Linie die Folgen des Wegfalls des Beschlagnahmeverbots zu tragen habe, könne nur ein in seiner Person liegender Zurechnungsgrund den Verlust des Schutzes des § 97 I bewirken, wolle man nicht § 97 II 3 1.Hs. als archaische Kollektivhaftung mißverstehen. Daher sei § 97 II 3 1.Hs. auf die Fälle beschränkt, in denen der Zeugnisverweigerungsberechtigte einer kollusiven strafrechtlichen Verstrickung verdächtig sei (*Welp*, JZ 74, 423 (425); ders., NStZ 86, 294 (296); *R.Schmidt*, Ausnahme, S.60-62; ferner *Klöhn*, S.356; *Bandisch*, NJW 87, 2200 (2204); *Waldowski*, AnwBl.75, 106 (108); OLG Celle, NJW 63, 406 (407); *Wessing*, S.111; vgl. auch *Planck*, S.239).

[224] Wie oben (2.Teil, E I. 1.b) dargelegt ist der Wegfall der Beschlagnahmefreiheit bei Verdacht der Strafvereitelung durch einen Angehörigen allerdings auch nach der "historischen" ratio nicht zu erklären.

handlungen fallen zu lassen[225], wie dies auch der historischen ratio entspricht. Da § 97 II 3 1.Hs. an das Vorliegen einer Teilnahme, Begünstigung, Strafvereitelung oder Hehlerei anknüpft, ist aber jedenfalls die Erfüllung des objektiven Tatbestandes einer dieser Vorschriften erforderlich.

Schon der Wortlaut des § 97 II 3 1.Hs. läßt also eine Interpretation dahingehend, der Wegfall des Beschlagnahmeverbots solle der Ausnutzung der Kommunikation zum Zwecke der Vorbereitung, Durchführung oder Sicherung der Vorteile der Straftat durch den Beschuldigten begegnen, nicht zu. Dazu kommt, daß eine solche Uminterpretation im Vergleich zu der "historischen" ratio insofern, als auch straflose Teilnahmehandlungen zum Wegfall des Beschlagnahmeverbots führen können, eine Verkürzung des Beschlagnahmeverbots und damit eine im Hinblick auf das für staatliche Eingriffe geltende Analogieverbot[226] problematische Erweiterung staatlicher Eingriffsbefugnisse bedeutete.

Die "historische" ratio mit ihrer Anknüpfung an strafbare Teilnahmehandlungen, wegen der selbständig ermittelt werden kann, beruht letztlich, dies machen auch die oben dargestellten Auslegungsschwierigkeiten deutlich, auf gänzlich anderen Erwägungen als ein Wegfall des Beschlagnahmeverbots bei Ausnutzung des geschützten Kommunikationsverhältnisses. Mit der "historischen" ratio des § 97 II 3 1.Hs. hat ein Wegfall des Beschlagnahmeverbots bei Ausnutzung des Kommunikationsverhältnisses nichts mehr gemein, Überschneidungen mit dem Anwendungsbereich des § 97 II 3 1.Hs. sind eher zufälliger Natur. Ob das Beschlagnahmeverbot bei Ausnutzung des Kommunikationsverhältnisses durch den Beschuldigten entfallen soll, hat daher der Gesetzgeber zu entscheiden.

Aus diesem Grund ist § 97 II 3 1.Hs. de lege lata entsprechend der "historischen" ratio auszulegen. Ein Wegfall des Beschlagnahmeverbots kann nur bei strafbaren Teilnahmehandlungen erfolgen; eine Beziehung des Beschuldigten zu dieser Teilnahmehandlung ist nicht erforderlich. Allerdings sollte wegen der fehlenden Vereinbarkeit auch mit der "historischen" ratio § 97 II 3 1.Hs. bereits de lege lata dahingehend teleologisch reduziert werden, daß der Verdacht der Strafvereitelung eines Angehörigen das Beschlagnahmeverbot nicht entfallen läßt.

Diesem rechtspolitisch insgesamt wenig befriedigenden Zustand kann nur durch eine Entscheidung des Gesetzgebers abgeholfen werden. § 97 II 3 1.Hs.

---

[225] Auch die insoweit gleichlautende Bestimmung des § 60 Nr.2 wird so ausgelegt, daß der Verdacht der strafbaren Mitwirkung eines Zeugen bestehen muß (vgl. *Kleinknecht/Meyer*, § 60, Rdn.13; BGHSt.9, 71 (73)).

[226] Vgl. dazu nur *Krey*, S.241 ff., insb. 244 f.

sollte daher für das (bislang allein thematische) an § 52 anknüpfende Beschlagnahmeverbot ersetzt werden durch eine wie oben vorgeschlagene Bestimmung.

5. Verdachtsgrad

Zu fragen ist weiterhin, wie der Verdacht beschaffen sein muß, der zum Wegfall des Beschlagnahmeverbots führt. Diese Frage stellt sich de lege lata in Bezug auf die Teilnahmehandlung, de lege ferenda auf die Tatsache, daß der Beschuldigte innerfamiliäre Kommnikation zur Begehung seiner Tat ausgenutzt hat.

a) De lege lata

De lege lata muß im Hinblick auf die "historische" ratio des § 97 II 3 1.Hs. das Beschlagnahmeverbot bereits bei einfachem Anfangsverdacht einer (strafbaren) Teilnahmehandlung entfallen, da ein solcher Verdacht genügt, um Ermittlungen gegen den Angehörigen aufzunehmen[227]. Aus rechtspolitischer Sicht begrüßenswerte[228] Bestrebungen, schwererwiegende Verdachtsmomente zu verlangen[229], sind mit der gesetzlichen Konzeption nicht vereinbar[230].

b) De lege ferenda

De lege ferenda ist dies aber anders zu entscheiden. Die Beschlagnahme schriftlicher Mitteilungen aus innerfamiliärer Kommunikation ist ein schwerwiegender Eingriff in das innerfamiliäre Vertrauensverhältnis. Es würde zu einer beträchtlichen Entwertung des Beschlagnahmeverbots bei Angehörigen führen, wenn Mitteilungen schon bei zureichenden tatsächlichen Anhaltspunkten, bei ei-

---

227 So auch ausdrücklich *Schiller*, StV 85, 169; i.E. ebenso die überwiegende Ansicht in Literatur und Rechtsprechung: SK/StPO-*Rudolphi*, § 97 Rdn.31; LR-*Schäfer*, § 97, Rdn.27; KK-*Laufhütte*, § 97, Rdn.19; *Volk*, DStR 89, 338 (343); LG Aachen, MDR 81, 160. - Einschränkungen sind nur in Anwendung des Verhältnismäßigkeitsgrundsatzes im Einzelfall möglich (vgl. dazu *Amelung*, DNotZ 84, 195 (212); *Kleinknecht/Meyer*, § 97 Rdn.20; KK-Laufhütte, § 97 Rdn.21; LR-*Schäfer*, § 97, Rdn.27; vgl. auch BVerfGE 17, 109 (118 f.)).

228 Vgl. dazu im folgenden unter b).

229 So etwa *R.Schmidt*, Ausnahme, S.54 f.; LR-*Schäfer*, § 97, Rdn.27: einfacher Anfangsverdacht könne nur in Ausnahmefällen genügen; *Krekeler*, NJW 77, 1417 (1424) zu Rechtsanwälten; *Krause/Nehring*, § 97, Rd.11 zu Presseangehörigen.

230 Verlangte man de lege lata einen schwererwiegenden Verdacht, so führte dies in Kombination mit § 97 II 1 zudem zu dem eigenartigen Ergebnis, daß Mitteilungen im Gewahrsam des Zeugnisverweigerungsberechtigten gegen diesen stets, gegen den Beschuldigten hingegen nur bei einem schwererwiegenden Verdacht der Teilnahme des Angehörigen beschlagnahmt werden können. Da auch für den teilnahmeverdächtigen Angehörigen § 97 im Verhältnis zu dem Beschuldigten Anwendung findet, würde dies umgekehrt für Mitteilungen im Gewahrsam des Beschuldigten gelten. Ein solches Ergebnis läge allerdings in der Konsequenz des § 97 II 1, der zwischen dem Gewahrsam des Zeugnisverweigerungsberechtigten und des Beschuldigten differenziert; es wird hier erneut die Unstimmigkeit dieser Wertung deutlich.

ner gewissen, wenn auch geringen Wahrscheinlichkeit[231] für eine Ausnutzung der Kommunikation durch den Beschuldigten beschlagnahmbar wären.

Um zu gewährleisten, daß nicht der Wegfall der Beschlagnahmefreiheit bei Angehörigen zur Regel und so die Unbefangenheit schriftlicher innerfamiliärer Kommunikation gefährdet wird, sollte daher de lege ferenda das Beschlagnahmeverbot nur entfallen, wenn der Beschuldigte die Kommunikation mit großer Wahrscheinlichkeit zur Begehung seiner Tat ausgenutzt hat, wenn also (entsprechend § 112) der dringende Verdacht[232] einer Ausnutzung der Kommunikation vorliegt[233].

6. Verwertbarkeit

Innerfamiliäre Kommunikation verliert (auch de lege lata) den Schutz nur soweit, wie der Verdacht reicht. Das wegen Teilnahmeverdachts (bzw. de lege ferenda wegen Verdachts der Ausnutzung der Kommunikation) beschlagnahmte Material darf nur zum Beweis für die Taten verwertet werden, bezüglich welcher der Verdacht besteht; bezüglich anderer Taten ist die Verwertung verboten[234].

Besteht bei der Beschlagnahme einer schriftlichen Mitteilung gem. § 97 I Nr. 1 kein Teilnahmeverdacht i.S.v. § 97 II 3 1.Hs., oder soll der Verdacht erst durch die Beschlagnahme begründet werden, so ist die Beschlagnahme rechtswidrig[235]. Unter Verstoß gegen § 97 gewonnene Beweismittel dürfen grundsätzlich nicht verwertet werden[236].

Ob dies auch gilt, wenn der Teilnahmeverdacht nachträglich entsteht, und welche Konsequenzen ein nachträglicher Wegfall des Teilnahmeverdachts hat, soll im folgenden untersucht werden. Sofern dabei von Teilnahmeverdacht die Rede ist, gilt dies de lege ferenda entsprechend für den Verdacht der Ausnutzung der Kommunikation.

---

[231] So die übliche Charakterisierung des Anfangsverdachts (vgl. LR-*Rieß*, § 152, Rdn.23).

[232] Vgl. zu dem dringenden Tatverdacht in § 112 *Kleinknecht/Meyer*, § 112, Rdn.5; LR-*Wendisch*, § 112, Rdn.22.

[233] Vgl. auch *Schiller*, StV 85, 169 (172), der (allerdings im Zusammenhang mit der Beschlagnahme bei Rechtsanwälten) fordert, de lege ferenda das Beschlagnahmeverbot nur bei dringendem Teilnahmeverdacht entfallen zu lassen.

[234] BGHSt.18, 227; *G.Herdegen*, GA 63, 141 (142); SK/StPO-*Rudolphi*, § 97, Rdn.66; LR-*Schäfer*, § 97, Rdn.108; maßgeblich ist der Tatbegriff des § 264 StPO.

[235] LG Köln, NJW 60, 1874 (1875); *Kleinknecht/Meyer*, § 97, Rdn.20; a.A. bzgl. der zweiten Alt. KMR-*Müller*, § 97, Rdn.22.

[236] Vgl. die Nachweise in 2.Teil, Fn. 150.

a) Verwertbarkeit bei nachträglichem Entstehen des Teilnahmeverdachts

War zwar die Beschlagnahme mangels Teilnahmeverdachts rechtswidrig, ist der Verdacht jedoch nachträglich entstanden, so soll das rechtswidrig beschlagnahmte Beweismittel verwertbar sein. Entscheidend sei, daß der Teilnahmeverdacht im Zeitpunkt der Verwertung vorliege[237].

Diese Ansicht begründet allerdings die Gefahr einer erheblichen Entwertung des Beschlagnahmeverbots. Kann ein rechtswidrig beschlagnahmtes Beweismittel verwertet werden, wenn sich der Teilnahmeverdacht nachträglich ergibt, kann es aus Sicht der Strafverfolgung zweckmäßig erscheinen, zunächst einmal ohne genaue Beachtung der Voraussetzungen des § 97 II 3 1.Hs. (de lege ferenda insbesondere bei einem nicht dringenden Verdacht der Ausnutzung der Kommunikation) zu beschlagnahmen[238], um so in den Besitz des Beweismittels zu kommen.

Diese Gefahr kann durch ein Verwertungsverbot allein aber nicht beseitigt werden. Da das Beweismittel, liegt der Verdacht der Teilnahme im Zeitpunkt der Verwertung vor, zu diesem Zeitpunkt rechtmäßig beschlagnahmt werden kann[239], kann nur ein Verbot auch dieser Beschlagnahme bewirken, daß das ursprünglich rechtswidrig beschlagnahmte Beweismittel im Verfahren nicht mehr verwertet werden kann. Daß ein rechtswidriger Akt der Beweiserlangung unabhängig von der (hypothetischen) Wiederholbarkeit des Beweisgewinnungsaktes einen endgültigen Verlust dieses Beweismittels bewirken soll, wird aber allgemein abgelehnt[240].

Entscheidend muß daher sein, ob das Beweismittel auch bei ordnungsgemäßem Vorgehen erlangt worden wäre[241]. Auf diese Weise läßt sich erreichen, daß

---

[237] BGHSt.25, 168; LR-*Schäfer*, § 97, Rdn.106; KMR-*Müller*, vor § 94, Rdn.25; *Schlüchter*, Rdn.308.

[238] Vgl. zu der Gefahr der voreiligen Annahme des Teilnahmeverdachts *Schiller*, StV 85, 169 (170); LG Köln, NJW 60, 1874 (1875); LG Koblenz, StV 85, 8 (10).

[239] LR-Schäfer, § 97, Rdn.106; KMR-*Müller*, vor § 94, Rdn.25; *Schlücher*, Rdn.308; *R.Schmidt*, Ausnahme, S.67.

[240] Vgl. etwa *Baumann*, GA 59, 33 (39 f.); *Grünwald*, JZ 68, 752 (753 f.); BGH bei *Dallinger*, MDR 72, 199 (alle zu Aussage ohne Belehrung nach § 136 I); *Dencker*, S.82.

[241] *Grünwald*, JZ 66, 489 (495, 499); *Seiler*, FS Peters, 447 (456); *Amelung*, Informationsbeherrschungsrechte, S.42 f., 50-52; *Küpper*, JZ 90, 416 (423); etwas anders, jedoch wenig überzeugend *Dencker*, S.84: abgestellt werden müsse auf die Wiederholbarkeit im Zeitpunkt der Erkenntnis des Verwertungsverbots unter Hinwegdenken der durch den Beweisverbotsverstoß ausgelösten Kausalketten; zu unterschiedlichen Ergebnissen führt dies hier, wenn feststeht, daß die beschlagnahmten Gegenstände zum Zeitpunkt der Erkenntnis des Verwertungsverbotes nicht mehr vorhanden wären. Warum ein Beweismittel nicht verwertet werden soll, das zwar im (mehr oder minder zufälligen) Zeitpunkt der Erkenntnis des Verwertungsverbots nicht mehr erlangt werden könnte, allerdings zu einem früheren Zeitpunkt durchaus rechtmäßig hätte erlangt werden können, ist wenig einsichtig.

das Urteil nicht auf einem prozeßordnungswidrigen Vorgehen gegen den Beschuldigten beruht[242] und außerdem den Strafverfolgungsbehörden der Anreiz zur Anwendung verbotener Ermittlungsmethoden genommen wird[243], ohne daß gleichzeitig das rechtswidrig beschlagnahmte Beweismittel dem Strafverfahren in jedem Fall entzogen wird[244].

In der hier thematischen Situation des nachträglich entstandenen Teilnahmeverdachts hätte das Beweismittel auch rechtmäßig erlangt werden können, wenn der Teilnahmeverdacht durch von der rechtswidrigen Beschlagnahme unabhängige Verdachtsmomente entstanden ist. In diesen Fällen kann der beschlagnahmte Gegenstand also verwertet werden. Ein Verwertungsverbot besteht hingegen, wenn sich der Teilnahmeverdacht unmittelbar aus den beschlagnahmten Gegenständen ergibt, ohne daß sonstige, von der Beschlagnahme unabhängige Verdachtsmomente hinzukommen[245,246].

b) Verwertbarkeit bei nachträglichem Wegfall des Teilnahmeverdachts

Ist der zunächst vorliegende Teilnahmeverdacht zum Zeitpunkt der beabsichtigten Verwertung weggefallen, so ist die Verwertung nach überwiegender Ansicht dennoch möglich; entscheidend sei allein die Rechtmäßigkeit der Beschlagnahme[247].

Dagegen spricht aber, daß sich das Kommunikationsverhältnis zwischen Angehörigem und Beschuldigtem durch den nachträglichen Wegfall des Verdachts eben doch als schutzwürdig erwiesen hat[248], und zudem eine Beschlagnahme zum Zeitpunkt der Verwertung auch nicht mehr möglich wäre[249]. Entfällt der

---

[242] *Seiler*, FS Peters, 447 (456).

[243] Vgl. zu der Diziplinierungfunktion von Beweisverboten *Baumann*, GA 59, 33 (34, 36); *Spendel*, NJW 66, 1102 (1104); *Grünwald*, JZ 66, 489 (499); *Klug*, Referat 46.DJT, F 36; *Seiler*, FS Peters, 447 (451); krit. *Dencker*, S.52 ff.

[244] Dem Verbot der Verwertung von entgegen § 97 beschlagnahmten Beweismitteln kommt also insoweit, als das Beweismittel bei ordnungsgemäßem Vorgehen nicht erlangt worden wäre, Fernwirkung zu.

[245] So i.E. auch AK/StPO-*Amelung*, § 97, Rdn.36; LG Köln, NJW 60, 1874 (1875); LG Koblenz, StV 85, 8 (10).

[246] Ein Verwertungsverbot muß schließlich auch dann bestehen, wenn die Beschlagnahme bewußt rechtswidrig erfolgt ist, um ein auf ordnungsgemäßem Wege nicht erreichbares Beweismittel zu bekommen. Auch dies ist erforderlich, um den Strafverfolgungsbehörden den Anreiz zu rechtswidrigem Verhalten zu nehmen (*Grünwald*, JZ 66, 489 (499)).

[247] BGH NStZ 83, 85; *Kleinknecht/Meyer*, § 97, Rdn.47; KMR-*Müller*, vor § 94, Rdn.25; LR-*Schäfer*, § 97, Rdn.107; *Alsberg/Nüse/Meyer*, S.506.

[248] Vgl. SK/StPO-*Rudolphi*, § 97, Rdn.38.

[249] *Fezer*, JuS 78, 765 (768).

Teilnahmeverdacht nachträglich, so sind die beschlagnahmten Beweismittel daher unverwertbar[250].

c) De lege ferenda: Absicherung des Verwertungsverbots

Hat ein Verdacht der Ausnutzung des Kommunikationsverhältnisses nicht bestanden oder besteht er nicht mehr, so sollte zur Absicherung des dann bestehenden Verwertungsverbots eine Pflicht der Strafverfolgungsbehörden zur Aufhebung der Beschlagnahme und zur unverzüglichen Rückgabe der beschlagnahmten Gegenstände an den Berechtigten gesetzlich bestimmt werden. Dies sollte nach dem oben Gesagten auch dann gelten, wenn sich der Verdacht erst durch den beschlagnahmten Gegenstand ergeben hat. Ergeben sich nachträglich sonstige Verdachtsmomente, so kann die Beschlagnahme wiederholt werden.

Zur Vervollständigung des Schutzes der Betroffenen sollte außerdem jede sonstige Möglichkeit der Beweiserhebung über den betreffenden Gegenstand, etwa durch Vernehmung eines Beamten, der das betreffende Schriftstück gelesen hat, gesetzlich ausgeschlossen werden.

7. Übertragbarkeit auf die Telefonüberwachung

Der einer Neuregelung des § 97 II 3 1.Hs. zugrundeliegende Gedanke, das Kommunikationsverhältnis zwischen Angehörigen sei nicht schutzwürdig, wenn der Beschuldigte die Kommunikation für die Vorbereitung, Durchführung oder Sicherung der Vorteile seiner Straftat ausnutzt, gilt auch für das in einem schutzzweckorientierten System erforderliche Verbot der Überwachung von Telefongesprächen zwischen Familienangehörigen[251]. Da einerseits nicht schutzwürdig nur solche Gespräche sind, die sich auf die Begehung oder Sicherung der Vorteile der Tat beziehen, andererseits sich aber die Art des Gesprächs nur durch die Kenntnisnahme von dessen Inhalt feststellen läßt, muß bei dringendem Verdacht einer Ausnutzung der Kommunikation das Überwachungsverbot im ganzen entfallen. Verwertbar sind aber nur Erkenntnisse aus solchen Gesprächen, die sich auf die Vorbereitung, Begehung oder Sicherung der Vorteile der Tat beziehen[252].

---

[250] So auch SK/StPO-*Rudolphi*, § 97, Rdn.38; *G.Herdegen*, GA 63, 141 (143); *Schlüchter*, Rdn. 308; AK/StPO-*Amelung*, § 97, Rdn.35; *R.Schmidt*, Ausnahme, S.72.

[251] Das Zeugnisverweigerungsrecht nach § 52 sollte dagegen wegen der Konfliktlage des Zeugen uneingeschränkt bestehenbleiben.

[252] Da die Telefonüberwachung im Hinblick auf bereits begangene Taten angeordnet wird, kommt insoweit nur der Verdacht der Sicherung der Vorteile der Tat in Betracht; die Überwachung von auf die Vorbereitung oder Begehung von Straftaten gerichteten Gesprächen kann aber als Zufallsfund (zu der hier nicht thematischen Frage der Verwertbarkeit von Zufallsfunden im Rahmen des § 100 a vgl. LR-*Schäfer*, § 100 a, Rdn.28 ff. m.N.) vorkommen.

Sonstige Kommunikation zwischen Angehörigen bleibt geschützt; Erkenntnisse aus solcher Kommunikation sind unverwertbar. Zur Absicherung dieses Verwertungsverbotes sollten Aufnahmen von Gesprächen, die sich nicht auf die Unterstützung der Tat des Beschuldigten beziehen, de lege ferenda unverzüglich vernichtet werden. Ebenso sind, entsprechend dem oben[253] zu dem Beschlagnahmeverbot Gesagten, solche Aufnahmen zu vernichten, die rechtswidrig angefertigt wurden und durch die der Verdacht erst entsteht. Die Beweisaufnahme über solche Gespräche ist unzulässig.

8. *Ergänzung des Gesetzentwurfs*[254]

Beschlagnahmeverbot

(4) Die Beschränkungen der Beschlagnahme gelten nicht, wenn der Beschuldigte dringend verdächtig ist, die Beziehung zu dem Zeugnisverweigerungsberechtigten zur Vorbereitung, Begehung oder Sicherung der Vorteile seiner Straftat auszunutzen oder ausgenutzt zu haben, und sich das Beweismittel auf die Vorbereitung, Begehung oder Sicherung der Vorteile der Tat bezieht. Die Beschlagnahme von Gegenständen nach § 97 Abs. 1 ist aufzuheben, und die beschlagnahmten Gegenstände sind unverzüglich an den Berechtigten herauszugeben, wenn sich herausstellt, daß die Voraussetzungen des Satzes 1 nicht oder nicht mehr vorliegen. Das gleiche gilt, wenn sich der dringende Verdacht erst durch die beschlagnahmten Gegenstände ergibt. Die Beweisaufnahme über von Satz 2 und 3 umfaßte Gegenstände ist unzulässig.

Verbot der Telefonüberwachung

Die Beschränkungen der Telefonüberwachung gelten nicht, wenn und solange der Beschuldigte dringend verdächtig ist, die Beziehung zu dem Zeugnisverweigerungsberechtigten zur Vorbereitung, Begehung oder Sicherung der Vorteile seiner Straftat auszunutzen oder ausgenutzt zu haben. Verwertbar sind nur Erkenntnisse aus Gesprächen, die sich auf die Vorbereitung, Begehung oder Sicherung der Vorteile der Tat beziehen. Aufnahmen sonstiger Gespräche sind unverzüglich zu vernichten. Ebenso sind Aufnahmen solcher Gespräche zu vernichten, durch die der dringende Verdacht erst entsteht. Die Beweisaufnahme über von S. 3 und 4 umfaßte Gespräche ist unzulässig.

---

[253] E I. 6.c).

[254] Entwurf S. 87 f.

II. Deliktsgegenstände

Zu untersuchen bleibt, ob die uneingeschränkte Beschlagnahmbarkeit von producta und instrumenta sceleris gem. § 97 II 3 2.Hs. gerechtfertigt ist.

Als ratio des § 97 II 3 2.Hs. wird in der Literatur allgemein angeführt, daß Gegenstände, die als Verfalls- oder Einziehungsobjekte ohnehin in das Strafverfahren verstrickt seien, in ihm auch als Beweisobjekte zur Verfügung stehen müßten[255]. Von einer solchen Vorstellung ging wohl auch der Gesetzgeber aus[256]. Dementsprechend entfällt das Beschlagnahmeverbot nach dem Wortlaut des § 97 II 3 2.Hs. unabhängig davon, ob der Gegenstand aus einer Tat des Beschuldigten oder eines Dritten stammt.

Diese Begründung der uneingeschränkten Beschlagnahmbarkeit von Deliktsgegenständen beruht aber auf einem ähnlichen Fehler wie auch die "historische" ratio der Bestimmung über den Wegfall der Beschlagnahmefreiheit bei Teilnahmeverdacht: es wird bei der Frage der Verwertbarkeit nicht nach den Zwecken der verschiedenen Eingriffsermächtigungen differenziert[257]. Der Verfall gem. § 73 StGB soll verhindern, daß der Täter die durch die Tat erlangten Vorteile behalten kann[258]; die Einziehung gem. § 74 StGB hat z.T. strafähnlichen Charakter, z.T dient sie Sicherungszwecken[259]. Nicht vom Regelungszweck dieser Vorschriften umfaßt und nach anderen Kriterien zu entscheiden ist die Frage, unter welchen Umständen ein Gegenstand als Beweismittel gegen den Beschuldigten beschlagnahmt und verwertet werden kann[260]. Daraus, daß ein Gegenstand dem Verfall oder der Einziehung unterliegt, kann also nicht auf die fehlende Schutzwürdigkeit dieses Gegenstandes in anderen Verfahren und damit auf die Beschlagnahmefähigkeit dieses Gegenstandes geschlossen werden[261]. Die für

---

255 *Freund*, NJW 76, 2002 (2003) (mit der Bemerkung, aus den Regelungen der §§ 94 ff. allein sei eine sachliche Herausnahme der instrumenta sceleris aus dem Beschlagnahmeverbot zunächst nicht recht einsichtig); *Amelung*, DNotZ 84, 195 (208); LR-*Schäfer*, § 97, Rdn.28.

256 So vertrat die Bundesregierung im Jahre 1973 die Auffassung, mit der Streichung der Deliktsgegenstände aus § 97 II 3 würden diese nicht beschlagnahmefrei, da sie ja als Verfalls- und Einziehungsgegenstände nach § 111 b ff. beschlagnahmt werden könnten und damit als Beweismittel zur Verfügung ständen (BT-Drucks. 7/2539, S.20); vgl. auch zur Entstehung AK/StPO-*Amelung*, § 97, Rdn.22; - gegen ein Beschlagnahmeverbot für Deliktsgegenstände nach Streichung des § 97 II 3 2.Hs. auch *Haffke*, NJW 75, 808 (811); a.A. *Freund*, NJW 75, 2057).

257 Siehe oben E I. 2..

258 Vgl. LK-*Schäfer*, § 73, Rdn.2.

259 Vgl. LK-*Schäfer*, § 74, Rdn.4-8.

260 Vgl. zu den unterschiedlichen Voraussetzungen der verfahrenssichernden und der vollstreckungssichernden Beschlagnahme *Achenbach*, NJW 76, 1068 ff.

261 So auch *Achenbach*, NJW 76, 1068 (1070); vgl. auch *Amelung*, Informationsbeherrschungsrechte, S.37: wo die Erhebung einer Information erlaubt sei, sei noch nicht die Verwendung zu jedem beliebigen Zweck gestattet;
Dazu kommt, daß sich §§ 73, 74 StGB und § 97 II 3 2.Hs. dem Umfang nach nicht decken: Gegenstände, die zur Vorbereitung einer Straftat gebraucht worden sind, können gem. § 73 StGB

§ 97 II 3 2.Hs. in der Literatur angeführte ratio vermag daher den Wegfall der Beschlagnahmefreiheit für producta und instrumenta sceleris nicht zu rechtfertigen.

Die uneingeschränkte Beschlagnahmbarkeit zumindest von Deliktsgegenständen aus der Tat des Beschuldigten läßt sich aber auf den oben dargelegten Gedanken zurückführen, daß der Beschuldigte nicht durch ein Beschlagnahmeverbot geschützt sein soll, wenn er innerfamiliäre Kommunikation zur Vorbereitung, Durchführung und Sicherung der Vorteile seiner Straftat ausnutzt.

Handelt es sich bei innerfamiliärem Kommunikationsmaterial um Deliktsgegenstände aus einer Tat des Beschuldigten, dient die Kommunikation also der Durchführung von Straftaten oder rührt sie aus einer Straftat her, so bedeutet dies gleichzeitig, daß der Beschuldigte die Kommunikation für seine Straftat ausgenutzt hat, also die oben entwickelten Voraussetzungen für einen Wegfall des Beschlagnahmeverbots vorliegen. Da bezüglich Deliktsgegenständen aus Taten Dritter ein zurechenbares, die Schutzwürdigkeit aufhebendes Verhalten des Beschuldigten nicht vorliegt, ist de lege ferenda eine gesonderte Bestimmung des Wegfalls des Beschlagnahmeverbots bei Deliktsgegenständen überflüssig.

De lege lata würde aus einer solchen ratio für die Auslegung des § 97 II 3 2.Hs. folgen, daß nur Deliktsgegenstände aus einer Straftat des Beschuldigten von § 97 II 3 2.Hs. erfaßt sein dürften[262]. Zwar kommt auch hier, ebensowenig wie bei § 97 II 3 1.Hs., die hier beschriebene ratio in § 97 II 3 2.Hs. zum Ausdruck. Praktisch wird es aber insoweit kaum zu unterschiedlichen Ergebnissen kommen, da Fälle, in denen es sich bei beweiserheblichem innerfamiliärem Kommunikationsmaterial um einen aus der Tat eines Dritten stammenden Deliktsgegenstand handelt, kaum denkbar sind.

zwar eingezogen werden, sind aber von § 97 II 3 2.Hs. nicht umfaßt. Wegen des für staatliche Eingriffsgesetze geltenden Analogieverbots ist eine Einbeziehung dieser Gegenstände in § 97 II 3 2.Hs. entgegen dem Wortlaut nicht möglich (*Amelung*, DNotZ 84, 195 (211; SK/StPO-*Rudolphi*, § 97, Rdn.35; a.A. OLG Hamburg, MDR 81, 603, dem der unterschiedliche Wortlaut gänzlich entgangen ist; LR-*Schäfer*, § 97, Rdn.31; *Volk*, DStR 89, 338 (340)).

262 Ähnlich schon *Eb.Schmidt*, Nachtr.I, § 97, Rdn.14; KMR-*Müller*, § 97, Rdn.15; *Krekeler*, NStZ 87, 199 (202 f.); alle mit Hinweis auf den Zusammenhang zwischen § 97 II 3 1.Hs. und § 97 II 3 2.Hs.; SK/StPO-*Rudolphi*, § 97, Rdn.36 unter Berufung auf die ratio des § 97 II 3, ohne dies näher auszuführen; mit der oben angeführten historischen ratio des § 97 II 3 2.Hs. läßt sich eine solche Beschränkung nicht vereinbaren.

F. Strafverfolgungsinteressen

Eingriffe in vertrauliche innerfamiliäre Kommunikation könnten schließlich auch mit Rücksicht auf das allgemeine Interesse an der effektiven Verfolgung und der umfassenden Aufklärung von Straftaten zugelassen werden, da die Möglichkeiten der Strafverfolgung durch ein Verbot der Beschlagnahme schriftlicher Mitteilungen[263] zwischen Angehörigen und der Telefonüberwachung von Gesprächen Angehöriger unter Umständen nicht unerheblich verkürzt werden[264].

Ob und inwieweit solche Beschränkungen des Schutzes innerfamiliärer Kommunikation erfolgen sollten, ist eine Frage der Abwägung der einander gegenüberstehenden Interessen, also danach zu entscheiden, ob man Belange der Strafverfolgung oder die Grundrechte des Beschuldigten und dessen Familienangehörigen aus Art.2 I i.V.m. 1 I GG sowie Art.5 GG und 6 GG[265], stärker gewichtet[266]. Insoweit sind neben der uneingeschränkten Wahrung der Vertraulichkeit innerfamiliärer Kommunikation[267] verschiedene Lösungsmöglichkeiten denkbar.

1) Die Konfliktlage des Angehörigen könnte durch ein Zeugnisverweigerungsrecht berücksichtigt, zum Schutz innerfamiliärer Kommunikation Einschränkungen der Zwangsmaßnahmen jedoch nicht vorgesehen werden. Das in § 97 I Nr.1 vorgesehene Beschlagnahmeverbot für schriftliche Mit-

---

263 Zu der Bedeutung von Briefen/schriftlichen Aufzeichnungen als Beweismittel *Heinitz*, JR 64, 441 (444 f.); *Dalakouras*, S.223 f.

264 Warum innerfamiliäre Kommunikation de lege lata allein durch ein Beschlagnahmeverbot für schriftliche Mitteilungen im Gewahrsam des Angehörigen, ansonsten jedoch nicht geschützt wird, läßt sich auch mit der Berücksichtigung von Strafverfolgungsinteressen nicht rechtfertigen.

265 Siehe oben 2.Teil, A, insb. V.

266 Zu bedenken ist in diesem Zusammenhang, daß der Schutz innerfamiliärer Kommunikation durch das Zeugnisverweigerungsrecht sowie durch Beschlagnahme- und Telefonüberwachungsverbote zumindest nicht ausschließlich eine Schwächung der Verbrechensbekämpfung bedeutet. Herrscht innerhalb der Familie eine vertrauensvolle Atmosphäre, so können potentielle Täter durch Familienangehörige von (weiteren) Straftaten abgehalten werden, oder ihnen kann durch Familienangehörige die Möglichkeit zu einem neuen Anfang geboten werden.

267 Aus verfassungsrechtlichen Gründen zwingend geboten ist die Berücksichtigung von Strafverfolgungsinteressen hier auch dann nicht, wenn man die "Funktionstüchtigkeit der Strafrechtspflege" als Verfassungsrechtsgut anerkennt (vgl. etwa BVerfGE 19, 342 (347); 20, 45 (49); 33, 367 (383); 34, 238 (248 f.); 38, 312 (321); 77, 65 (76); 80, 367 (375); zustimmend etwa *Niemöller/Schuppert*, AöR 107 (1982), 387 (395 f.); *G.Herdegen*, AG Strafrecht 1988, 103 (106-108); BGH, NJW 88, 1037 (1038); vgl. auch BGHSt.29, 23 (25); dazu kritisch *Grünwald*, JZ 76, 767 (772 f.); ders., StV 87, 453 (457); *Hassemer*, StV 82, 275 ff.; *Schuppert*, AfP 84, 67 (76); *Dahs*, AG Strafrecht 1988, 122 (123, 139 f.)). Auch ein rein schutzzweckorientiertes Modell der Duldungspflichten, das dem hohen, grundrechtlich geschützten Gut der Unbefangenheit und Vertraulichkeit innerfamiliärer Kommunikation Vorrang vor Strafverfolgungsinteressen einräumen würde, läge innerhalb des dem Gesetzgeber insoweit zustehenden Gestaltungsspielraums (vgl. dazu BVerfGE 38, 312 (323); 3, 162 (182); 36, 174 (189)).

teilungen zwischen dem Beschuldigten und seinen Angehörigen wäre dann zu streichen. Gegen eine solche Lösung spricht aber, daß das durch Art.2 I i.V.m. 1 I GG sowie Art.5 und 6 GG geschützte Interesse des einzelnen an unbefangener innerfamiliärer Kommunikation zu gewichtig erscheint, um gänzlich hinter Strafverfolgungsinteressen zurückzutreten und bei den Zwangsmaßnahmen keine Berücksichtigung zu finden[268].

2) Möglich wäre auch, Eingriffe in das innerfamiliäre Vertrauensverhältnis durch Beschlagnahme, Postbeschlagnahme und Telefonüberwachung nur zur Aufklärung schwerer Straftaten (Katalog oder Anknüpfung an Strafrahmen) zuzulassen, oder umgekehrt die Vertraulichkeit innerfamiliärer Kommunikation nur bei der Aufklärung leichter Straftaten zu wahren. So besteht in Schweden und Finnland Beschlagnahmefreiheit nur bei Straftaten, die keine besonders hohe Strafe zur Folge haben[269]. Sieht man davon ab, daß die Telefonüberwachung gem. § 100 a nicht nur bei besonders schweren, sondern auch bei verschiedenen leichteren Taten zulässig ist[270], würde eine solche Konzeption gegenüber dem geltenden Recht lediglich eine Erweiterung des Beschlagnahmeverbots bezüglich innerfamiliären Kommunikationsmaterials erfordern.

Diese Lösung, die auf den ersten Blick die Möglichkeit eines befriedigenden Ausgleichs zwischen Strafverfolgungsinteressen und Persönlichkeitsschutz zu bieten scheint, erweist sich aber bei näherer Betrachtung als nicht überzeugend.

Die Vertraulichkeit innerfamiliärer Kommunikation wird gewährleistet, damit Familienangehörige nicht befürchten müssen, durch innerfamiliäre Kommunikation zur Belastung des Beschuldigten beizutragen und den Angehörigen so ein Freiraum für unbefangene Kommunikation gewährleistet wird. Die Unbefangenheit der Kommunikation wird aber umso mehr beeinträchtigt, je höher die Strafe des Beschuldigten ist, an deren Verhängung mitzuwirken der Beschuldigte und dessen Familienangehörige durch ihre Kommunikation befürchten müssen. Mit der Schwere der Tat steigt also nicht nur das Strafverfolgungsinteresse, sondern auch das Gegeninteresse des Beschuldigten und seiner Familienangehörigen. Die Vertraulichkeit innerfamiliärer Kommunikation ist also gerade in Verfahren wegen schwerer Straftaten besonders schutzbedürftig[271].

---

268 So auch *W.Meier*, S.140, 156; vgl. auch *Arndt*, NJW 66, 869 (870).

269 Vgl. *Andenaes*, Gutachten 46.DJT, S.21.

270 Kritisch dazu insb. *Arzt*, S.75-77; *Welp*, Überwachung, S.65; *Rudolphi*, FS Schaffstein, 433; *Rengier*, Zeugnisverweigerungsrechte, S.95.

271 Zudem kann bei schweren Straftaten das Bedürfnis des Täters zu Kommunikation besonders groß und der positive Einfluß der Familie besonders wichtig sein.

Allgemein läßt sich sagen, daß immer dann, wenn der entscheidende Eingriff durch eine strafprozessuale Zwangsmaßnahme nicht in der Durchführung der Maßnahme, sondern in der Verwertung der durch die Maßnahme erhobenen Beweise liegt oder durch die Verwertung bewirkt wird[272], mit der Schwere der Tat das Interesse des Beschuldigten an Schutz vor dem Eingriff wächst, somit die Zulassung der Zwangsmaßnahme gerade bei schweren Straftaten nicht plausibel erscheint[273]. Liegt dagegen der entscheidende Eingriff in der Durchführung der Zwangsmaßnahme, wie dies etwa bei der körperlichen Untersuchung im Hinblick auf die körperliche Unversehrtheit der Fall ist, so steht einer Differenzierung nach der Schwere der Tat der Gesichtspunkt des wachsenden Gegeninteresses nicht entgegen.

Eine Regelung der Berücksichtigung des Zeugnisverweigerungsrechts nach § 52 bei den auf Beweisgewinnung gerichteten Zwangsmaßnahmen, die die Vertraulichkeit innerfamiliärer Kommunikation im Hinblick auf Strafverfolgungsinteressen bei schweren Straftaten nicht wahrt, ist daher aus rechtspolitischer Sicht nicht zu befürworten[274].

3) Als weitere Möglichkeit kommt schließlich in Betracht, Beschlagnahme und Postbeschlagnahme innerfamiliären Kommnikationsmaterials zu verbieten, die Überwachung von Ferngesprächen mit Beteiligung von Angehörigen dagegen grundsätzlich zuzulassen und insoweit ein Verwertungsverbot vorzusehen. Diese Lösung ist m.E. aus folgenden Gründen vorzugswürdig:

Wegen der großen Bedeutung unbefangener innerfamiliärer Kommunikation sollte deren Vertraulichkeit grundsätzlich umfassend gewahrt bleiben.

---

[272] Dies ist der Fall, wenn die Aussage Angehöriger erzwungen werden soll, und nicht der darin liegende Eingriff in die Unbefangenheit innerfamiliärer Kommunikation, sondern die Konfliktlage des Angehörigen betrachtet wird. Diese Konfliktlage besteht zwar bei der Aussage selbst, also bei der Durchführung der Maßnahme; die Konfliktlage entsteht jedoch dadurch, daß der Angehörige die Verwertung seiner Aussage gegen den Beschuldigten dulden muß und ist desto schwerer, je gravierendere Sanktionen dem Beschuldigten durch die Verwertung der Aussage drohen. Das Zeugnisverweigerungsrecht Angehöriger sollte daher auch bei schweren Straftaten keine Relativierung erfahren (vgl auch *Rengier*, Zeugnisverweigerungsrechte, S.85 ff., 97).

[273] Relevanz hat dies nicht nur für gesetzliche Straftatenkataloge (etwa für den insoweit nicht plausibel erscheinenden Katalog des § 100 a), sondern auch für die Anwendung des Verhältnismäßigkeitsgrundsatzes im Einzelfall; hier ist das steigende Interesse des Beschuldigten bei der Abwägung zu berücksichtigen.

[274] Dagegen läßt sich auch nicht anführen, daß dem Beschuldigten unbefangene Kommunikation eben nicht ermöglicht werden sollte, wenn er eine schwere Straftat begangen hat. Eine solche Form der "Verwirkung" kann nur solche Kommunikation betreffen, die auf die Begehung der Tat gerichtet ist; dies ist der oben zum Wegfall des Beschlagnahmeverbots bei "Teilnahmeverdacht" entwickelte Gedanke. Warum der Beschuldigte aber weniger schutzwürdig sein soll, wenn er im Gespräch mit Familienangehörigen nicht eine leichte, sondern eine schwere Straftat zu verarbeiten sucht, ist nicht ersichtlich.

Bei der Telefonüberwachung besteht aber das Problem, daß die Einhaltung eines Überwachungsverbotes von Gesprächen zwischen Angehörigen aus praktischen Gründen kaum möglich ist. Da als Mittel zur Begrenzung der Telefonüberwachung nur die Nummer des zu überwachenden Anschlusses in Betracht kommt, ist es unvermeidlich, daß der gesamte über diesen Anschluß geführte Telefonverkehr der Überwachung verfällt; davon ex ante bestimmte Gespräche auszunehmen, ist nicht möglich[275]. Ausweg aus diesem Dilemma könnte allerdings ein Verbot der Überwachung des Anschlusses zeugnisverweigerungsberechtigter Angehöriger sein[276]. Ein solches Verbot würde aber die Überwachung auch nicht geschützter beweiserheblicher Gespräche in großem Umfang unmöglich machen, da in beiden Fällen, in denen das Telefon Angehöriger nach § 100 a S.2 2.Alt. überwacht werden darf, d.h. sowohl dann, wenn der Angehörige als Nachrichtenmittler überwacht werden soll, als auch bei dem Verdacht, der Beschuldigte benutze den Anschluß eines Angehörigen, eine Vielzahl der davon umfaßten Gespräche nicht zwischen Angehörigen geführt werden. Die Strafverfolgung würde durch ein solches Verbot daher über das Verbot des Eingriffs in innerfamiliäre Kommunikation hinaus erheblich erschwert[277].

Die Überwachung von Gesprächen Angehöriger untereinander sollte daher auch de lege ferenda zugelassen werden; aus der Überwachung solcher Gespräche gewonnene Informationen sollten allerdings unverwertbar sein[278]. Die strukturelle Bedingung eines von der Verletzung eines Beweiserhebungsverbotes unabhängigen Beweisverwertungsverbotes, nämlich der Fortbestand des prozessual geschützten Interesses nach Vornahme des ursprünglichen Eingriffs[279], liegt hier vor, da die entscheidende Gefahr für die Unbefangenheit innerfamiliärer Kommunikation gerade von der Möglichkeit der Verwertung solcher Kommunikation gegen den Beschuldigten ausgeht, ein isoliertes Verwertungsverbot also sinnvoll ist. Zur Absicherung dieses Verwertungsverbots sollten über solche Gespräche gefertigte Aufnahmen unverzüglich vernichtet und die Beweisaufnahme über solche Gespräche verboten werden.

---

275 Vgl. *Welp*, NStZ 86, 294 (298); *Prittwitz*, StV 84, 302 (303).

276 Dahingehend *R.Hauser*, Zeugenbeweis, S.264.

277 Vgl. *Schumacher*, S.318; *Beulke*, Jura 86, 642 (643).

278 So auch *W.Meier*, S.156, 158; de lege lata würde ein solches Verwertungsverbot der gesetzlichen Wertentscheidung widersprechen, innerfamiliäres Kommunikationsmaterial nur im Gewahrsam des Angehörigen zu schützen, vgl. *Rudolphi*, FS Schaffstein, 433 (446); *Joecks*, JA 83, 59 (63); für Verwertungsverbot bereits de lege lata allerdings *Schumacher*, S.319; *Gross-Spreitzer*, S.160 f.; *Bottke*, JA 80, 748.

279 Vgl. *Welp*, NStZ 86, 294 (298).

Ob es sich bei einem Schriftstück um innerfamiliäres Kommunikationsmaterial handelt, ist dagegen einfacher zu bestimmen; Schwierigkeiten können dadurch vermieden werden, daß die Entscheidung über das Beschlagnahmeverbot einem mit der Sache nicht befaßten Richter überlassen wird. Ein umfassendes Verbot der Beschlagnahme innerfamiliären Kommunikationsmaterials würde daher die Beschlagnahme sonstiger Beweismittel nicht erschweren.

4) Strafverfolgungsinteressen könnten außerdem auch durch Güterabwägungsklauseln (Beispiel: "die Beschlagnahme innerfamiliären Kommunikationsmaterials ist zulässig, wenn das damit verfolgte Interesse das beeinträchtigte wesentlich überwiegt") oder durch Beweisnotklauseln ("die Beschlagnahme ist zulässig, wenn der Nachweis der Tat auf andere Weise aussichtslos oder wesentlich erschwert wäre") berücksichtigt werden[280].

Güterabwägungsklauseln steht aber der gleiche Einwand wie einer an die Schwere der Tat anküpfenden Regelung entgegen: mit dem Interesse an der Strafverfolgung steigt auch das Gegeninteresse des Betroffenen. Zudem beeinträchtigen solche Klauseln wegen ihrer Unbestimmtheit die Rechtssicherheit und begründen die Gefahr einer weitgehenden Entwertung des Schutzes des jeweiligen Beweisverbots (durch Überbewertung von Strafverfolgungsinteressen gegenüber dem Grundrechtsschutz der Betroffenen)[281]. Gegen Beweisnotklauseln spricht, daß sie nur da durchgreifen, wo die vorhandenen Beweise ohnehin ausreichen[282].

5) Angemerkt sei schließlich, daß ein Ausschluß der Gerichtsöffentlichkeit als Ersatzlösung für an § 52 anküpfende Beschränkungen der Zwangsmaßnahmen[283] aufgrund der Tatsache, daß die entscheidende Gefahr für die Unbefangenheit innerfamiliärer Kommunikation gerade von der drohenden Verwertung von Kommunikationsinhalten ausgeht, nicht in Betracht kommt[284].

---

[280] Vgl. dazu insb. *Rengier*, Zeugnisverweigerungsrechte, S.88 ff.

[281] *Rengier*, Zeugnisverweigerungsrechte, S.91; siehe auch *Grünwald*, StV 87, 453 (457); *Pauli*, S.132.

[282] *Rengier*, Zeugnisverweigerungsrechte, S.92; kritisch auch *Pauli*, S.133 f.

[283] Als Ersatz für ein Zeugnisverweigerungsrecht kommt ein Ausschluß der Gerichtsöffentlichkeit schon wegen der Konfliktlage des Zeugen nicht in Betracht.

[284] Vgl. auch *Rengier*, Zeugnisverweigerungsrechte, S.86 f.

G. Entwurf einer gesetzlichen Regelung der Berücksichtigung des Zeugnisverweigerungsrechts der Angehörigen des Beschuldigten (§ 52) bei den auf Beweisgewinnung gerichteten Zwangsmaßnahmen

Abschließend soll der Entwurf einer an den Schutzzwecken des Zeugnisverweigerungsrechts Angehöriger (§ 52) orientierten und Gegeninteressen berücksichtigenden Regelung im ganzen dargestellt werden.

Beschlagnahmeverbot

(1) Der Beschlagnahme unterliegen nicht

1. schriftliche Mitteilungen zwischen dem Beschuldigten und den Personen, die nach § 52 das Zeugnis verweigern dürfen, sowie schriftliche Mitteilungen zwischen in § 52 genannten Personen;
2. Aufzeichnungen des Beschuldigten sowie von in § 52 genannten Personen über zwischen diesen Personen geführte Kommunikation.

(2) Diese Beschränkungen gelten nur, wenn sich die Gegenstände im Gewahrsam eines Zeugnisverweigerungsberechtigten, des Beschuldigten oder der Post befinden.

(3) Die Beschränkungen der Beschlagnahme gelten nicht, wenn der Beschuldigte oder eine an der Kommunikation beteiligte Person der Beschlagnahme zustimmt.

(4) Die Beschränkungen der Beschlagnahme gelten nicht, wenn der Beschuldigte dringend verdächtig ist, die Beziehung zu dem Zeugnisverweigerungsberechtigten zur Vorbereitung, Begehung oder Sicherung der Vorteile seiner Straftat auszunutzen oder ausgenutzt zu haben, und sich das Beweismittel auf die Vorbereitung, Begehung oder Sicherung der Vorteile der Tat bezieht. Die Beschlagnahme von Gegenständen nach § 97 Abs. 1 ist aufzuheben, und die beschlagnahmten Gegenstände sind unverzüglich an den Berechtigten herauszugeben, wenn sich herausstellt, daß die Voraussetzungen des Satzes 1 nicht oder nicht mehr vorliegen. Das gleiche gilt, wenn sich der dringende Verdacht erst durch die beschlagnahmten Gegenstände ergibt. Die Beweisaufnahme über von Satz 2 und 3 umfaßte Gegenstände ist unzulässig.

Verbot der Telefonüberwachung

(1) Aufnahmen von Gesprächen zwischen dem Beschuldigten und Personen, die nach § 52 das Zeugnis verweigern dürfen, sowie von Gesprächen zwischen in § 52 genannten Personen sind unverzüglich zu vernichten. Die Beweisaufnahme über von S. 1 umfaßte Gespräche ist unzulässig.

(2) Die Beschränkungen der Telefonüberwachung gelten nicht, wenn und solange der Beschuldigte dringend verdächtig ist, die Beziehung zu dem Zeugnisverweigerungsberechtigten zur Vorbereitung, Begehung oder Sicherung der Vorteile seiner Straftat auszunutzen oder ausgenutzt zu haben, und sich das Gespräch auf die Vorbereitung, Begehung oder Sicherung der Vorteile der Tat bezieht.

(3) Entsteht der dringende Verdacht erst durch das überwachte Gespräch, so gelten die Bestimmungen des Abs. 1.

Untersuchungsverweigerungsrecht

§ 81 c III ist in einem ausschließlich an der Verwirklichung der Schutzzwecke des § 52 orientierten System[285] zu streichen.

285 Vgl. zu anderen Begründungsmöglichkeiten oben 2.Teil, A II.

3. TEIL

Die Berücksichtigung des Zeugnisverweigerungsrechts der Angehörigen der Heil- und Beratungsberufe (§ 53 I Nr.1 bis 3 b [1]) bei den auf Beweisgewinnung gerichteten Zwangsmaßnahmen

A. Schutzzwecke des § 53 I Nr.1 bis 3 b und deren Konsequenzen für die Zwangsmaßnahmen

I. Ausgangslage

§ 53 I Nr.1 bis 3 b gibt den dort genannten Angehörigen von Heil- und Beratungsberufen ein umfassendes Zeugnisverweigerungsrecht über alles, was ihnen in ihrer beruflichen Eigenschaft anvertraut worden oder bekanntgeworden ist. Das Zeugnisverweigerungsrecht besteht also unabhängig von der Verfahrensstellung, in der sich der Klient des Zeugnisverweigerungsberechtigten befindet[2].

---

[1] Da den Personen nach § 53 I Nr.1 bis 3 b durch § 53 a deren Berufshelfer gleichgestellt werden (mit der Besonderheit, daß es sich lediglich um ein abgeleitetes Zeugnisverweigerungsrecht handelt (BGHSt.9, 59 (61)), also nach § 53 a I S.2 der Hauptberufsträger über die Ausübung des Zeugnisverweigerungsrechts entscheidet), und durch § 97 IV diese Gleichstellung auch auf das Beschlagnahmeverbot ausgedehnt wird, gelten die folgenden Ausführungen auch für die Berufshelfer der Zeugnisverweigerungsberechtigten nach § 53 I Nr.1 bis 3 b.
Auf die Sonderstellung der Beziehung zwischen Verteidiger und Beschuldigtem wird unten (3.Teil H) eingegangen.

[2] Vgl. BGHSt.33, 148 (152); LG Hamburg, StV 89, 385.
Für das Zeugnisverweigerungsrecht des Berufshelfers nach § 53 a folgt daraus, daß das Zeugnisverweigerungsrecht nach § 53 I Nr.1 bis 3 b nichtbeschuldigte Klienten vor Offenbarung des einem Berufshelfer Anvertrauten schützt, daß dieses Recht auch im Verfahren gegen den Hauptberufsträger bestehen muß, soweit die Aussage des Berufshelfers sich auf Klienten betreffende Tatsachen erstrecken soll (so zutreffend LG Hamburg, StV 89, 385 f.; *Schliwienski*, NJW 88, 1507 (1508); a.A. *Kleinknecht/Meyer*, § 53 a, Rdn.9; LR-*Dahs*, § 53 a, Rdn.11; KK *Pelchen*, § 53 a, Rdn.9).

Das Beschlagnahmeverbot nach § 97 I Nr. 1 und 2 dagegen umfaßt seinem klaren Wortlaut nach nur solche Gegenstände, die aus dem Verhältnis des Zeugnisverweigerungsberechtigten zu dem Beschuldigten stammen, schützt also nur einen Teil der von § 53 I Nr. 1 bis 3 b erfaßten Beziehungen. Ob das auch für § 97 I Nr. 3 gilt, oder ob diese Vorschrift auch Gegenstände aus der Beziehung des Zeugnisverweigerungsberechtigten zu nichtbeschuldigten Klienten umfaßt, Beschlagnahmeverbot und Zeugnisverweigerungsrecht sich also insoweit entsprechen, ist umstritten[3].

Für die Ansicht, § 97 I Nr. 3 sei ein umfassender Auffangtatbestand und umfasse auch Gegenstände aus dem Verhältnis zwischen Zeugnisverweigerungsberechtigten und Dritten, hat sich insbesondere Amelung ausgesprochen. Er führt an, die Gegenansicht werde vom Wortlaut des § 97 I Nr. 3 nicht getragen. Dieser erwähne den Beschuldigten, anders als die Nrn. 1 und 2, gerade nicht, und zudem gehe auch aus § 97 Nr. 2 nicht eindeutig hervor, daß sich die beschlagnahmefreien Aufzeichnungen des Zeugnisverweigerungsberechtigten nur auf Mitteilungen des Beschuldigten bezögen. Eine Einschränkung der Beschlagnahmefreiheit auf Gegenstände aus der Beziehung zum Beschuldigten könne sich daher nur aus Sinn und Zweck des § 97 I ergeben. Da dieser darin bestehe, die Umgehung der Zeugnisverweigerungsrechte zu verhindern, die Zeugnisverweigerungsrechte nach § 53 I Nr. 1 bis 3 b jedoch auch Beziehungen zu Dritten unabhängig davon umfaßten, ob diese Beschuldigte, Zeugen oder Unbeteiligte seien, sei aus teleologischer Sicht eine solche Einschränkung nicht zu begründen[4]. Auch wenn der Dritte selbst zeugnispflichtig sei, könne er doch ein Interesse an Zurückhaltung der dem Arzt/Anwalt/Notar etc. zugänglich gemachten Informationen haben[5].

Entgegen dieser Ansicht ergibt sich aber bei systematischer, nicht den Wortlaut des § 97 I Nr. 3 isoliert betrachtender Interpretation des § 97 I, daß von § 97 I Nr. 3 nur Gegenstände aus dem Verhältnis zu dem Beschuldigten umfaßt sind. § 97 I Nr. 1 betrifft nur Mitteilungen zwischen Zeugnisverweigerungsberechtigten und dem Beschuldigten, und auch § 97 Nr. 2 hebt das Verhältnis zum

---

[3] Für eine Begrenzung auf Gegenstände aus dem Verhältnis des Zeugnisverweigerungsberechtigten zu dem Beschuldigten: LR-*Schäfer*, § 97 Rdn. 50; SK/StPO-*Rudolphi*, § 97 Rdn. 5; *Schlüchter*, Rdnrn. 300.3, 300.4; *Kleinknecht/Meyer*, § 97, Rdn. 10; *Gülzow*, NJW 81, 265 (266); *Welp*, JZ 74, 423; ders., NStZ 86, 294 (297); *Bartsch*, S. 69; *Tschacksch*, S. 155; LG Koblenz, MDR 83, 779 = AnwBl. 83, 328 f.; LG Hildesheim, NStZ 82, 394; OLG Celle, NJW 63, 406; JR 65, 107; LG Hamburg, NJW 90, 780 f.; LG Fulda, NJW 90, 2946;
a.A. *Kohlhaas*, JR 65, 109 (110); *Amelung*, DNotZ 84, 195 (206 f.); *Krekeler*, NStZ 87, 199 (201); *Muschallik*, S. 141.

[4] Ähnliche Argumentation bei *Kohlhaas*, JR 65, 109 (110).

[5] *Amelung*, DNotZ 84, 195 (207); AK/StPO-*Amelung*, § 97, Rdn. 14 f.; ihm folgend *Krekeler*, NStZ 87, 199 (201).

Beschuldigten besonders hervor[6]. Wie auch die Entstehungsgeschichte belegt, soll § 97 I Nr.3 als Auffangtatbestand zu Nr.2 jene Unterlagen Zeugnisverweigerungsberechtigter erfassen, die nicht Aufzeichnungen oder schriftliche Mitteilungen darstellen[7]; die besondere Hervorhebung der ärztlichen Untersuchungsbefunde verdeutlicht dies. An eine bis dahin unbekannte Erweiterung der Beschlagnahmefreiheit auf Gegenstände aus der Beziehung zu Dritten war nicht gedacht. Dafür spricht auch, daß die Einbeziehung von Gegenständen aus dem Verhältnis des Zeugnisverweigerungsberechtigten zu nichtbeschuldigten Dritten in § 97 I Nr.3 die Nrn.1 und 2 überflüssig machen würde[8]. Das Beschlagnahmeverbot des § 97 I Nr.3 kann also in Bezug auf den geschützten Personenkreis nicht weiterreichen als die Nrn. 1 und 2. Auch § 97 I Nr.3 umfaßt somit nur Gegenstände aus dem Verhältnis des Zeugnisverweigerungsberechtigten zu dem Beschuldigten[9].

Bei der Telefonüberwachung schließlich hat das Zeugnisverweigerungsrecht nach § 53 I Nr.1 bis 3 b ebensowenig wie das der Angehörigen des Beschuldigten Berücksichtigung gefunden.

Die folgende Untersuchung hat sich also insbesondere mit der Frage zu beschäftigen, ob sich ein Grund für die unterschiedliche Reichweite von Zeugnisverweigerungsrecht und Beschlagnahmeverbot in Bezug auf den nichtbeschuldigten Dritten finden läßt; sollte dies nicht der Fall sein, so gilt es herauszufinden, ob es rechtspolitisch gerechtfertigt ist, die Beziehungen von Zeugnisverweigerungsberechtigten nach § 53 I Nr.1 bis 3 b zu nichtbeschuldigten Dritten zu schützen (dann muß diese Beziehung auch bei den Duldungspflichten berücksichtigt werden), oder ob schon das Zeugnisverweigerungsrecht mit der Einbeziehung der nichtbeschuldigten Dritten aus rechtspolitischer Sicht zu weitgehend ist.

Außerdem ist nach einer Begründung für die fehlende Berücksichtigung des Zeugnisverweigerungsrechts nach § 53 I Nr.1 bis 3 b bei der Telefonüberwachung zu fragen.

---

[6] LG Hildesheim, NStZ 82, 394 (395); *Tschacksch*, S.156.

[7] Vgl. BT-Drucks. 3713 (1.WP), S.49; so auch OLG Celle, JR 65, 107 (108) = MDR 65, 225 = NJW 65, 362; LG Hildesheim, NStZ 82, 394 (395).

[8] LR-*Schäfer*, § 97 Rdn.50; *Moosburger*, wistra 89, 252 (253).

[9] Davon erfaßt sind auch solche Gegenstände, die der Zeugnisverweigerungsberechtigte durch Dritte bedingt durch das Vertrauensverhältnis zu dem Beschuldigten erlangt hat; *Welp*, JZ 74, 423 (424) will insoweit § 97 I analog anwenden, m.E. liegt aber eine dahingehende Auslegung des § 97 I Nr.3 durchaus innerhalb des Wortlauts des § 97 I, da es sich um durch das Verhältnis zu dem Beschuldigten erlangte Gegenstände handelt (vgl. auch OLG Frankfurt, StV 82, 64 (65); LR-*Schäfer*, § 97, Rdn.49; KMR-*Müller*, § 97, Rdn.13; SK/StPO-*Rudolphi*, § 97, Rdn.47; *Krekeler*, Festgabe Koch, 165 (176)).

II. Berücksichtigung eines Gewissenskonflikts?

Als ratio des Zeugnisverweigerungsrechts nach § 53 I Nr. 1 bis 3 b wird in Rechtsprechung und Literatur vielfach angeführt, dieses trage einem Pflichtenwiderstreit des Zeugen Rechnung. Da das Schweigen der Zeugen strafrechtlich bzw. durch religiöse oder berufsethische Grundsätze sanktioniert sei, würde eine Zeugnispflicht die Angehörigen der Heil- und Beratungsberufe dazu zwingen, gegen diese Schweigepflichten zu verstoßen und das in sie gesetzte Vertrauen zu enttäuschen[10]. § 53 I Nr. 1 bis 3 b diente damit unmittelbar Interessen des Zeugen selbst.

1. Präzisierung und Bedeutung des Schutzzwecks

Bezogen auf gesetzliche Schweigepflichten macht eine solche Begründung des Zeugnisverweigerungsrechts aber keinen Sinn[11]: Gesetzliche Schweigepflichten, hier die des § 203 StGB, werden durch die Zeugnispflicht gerade aufgehoben[12]. Ein Pflichtenwiderstreit kann dem Zeugnisverweigerungsrecht nach § 53 I Nr. 1 bis 3 b daher nur in der Weise zugrundeliegen, daß die rechtlich allein bestehende Zeugnispflicht einer von dem Zeugen innerlich als verpflichtend empfundenen ethischen Schweigepflicht widerstreitet. Ein solcher Pflichtenwiderstreit wäre nicht objektiver, sondern subjektiver Art; der Zeuge befände sich bei der Aussage aufgrund seiner ethischen oder religiösen Schweigepflicht in einem Gewissenskonflikt[13]. Besser als von einem "Pflichtenwiderstreit" sollte daher von einem Gewissenskonflikt des Zeugen als möglicher Grundlage des Zeugnisverweigerungsrechts nach § 53 I Nr. 1 bis 3 b gesprochen werden.

Einschränkungen der Duldungspflichten erforderte ein solcher Schutzzweck nicht, da einen Gewissenskonflikt nicht erleidet, wer nur eine Zwangsmaßnahme dulden soll. Die Tatsache, daß das Zeugnisverweigerungsrecht nach § 53 I Nr. 1 bis 3 b sich anders als die daran anküpfenden Beschlagnahmeverbote auch auf die Beziehung des Berufsträgers zu nichtbeschuldigten Klienten erstreckt, könnte

---

[10] BGHSt. 9, 59 (61); BGH, StV 90, 435 (436); *Birkmeyer*, S. 429; *Rengier*, Zeugnisverweigerungsrechte, S. 13, 26; *Gross-Spreitzer*, S. 92; LR-*Dahs*, § 53, Rdn. 1; KK-*Pelchen*, § 53, Rdn. 1; *Lichtenberg/Schücking*, ZRP 89, 243 (244); *Spangenberg*, S. 49 f.

[11] So auch *Eb. Schmidt*, NJW 62, 1745 (1749); *Klose*, S. 52.

[12] Vgl. nur Sch-Sch-*Lenckner*, § 203, Rdn. 29 m.N.; die Ansicht *Foths* (JR 76, 7 (9); so auch *Gössel*, Strafverfahrensrecht, S. 216), der alle nach § 203 StGB Schweigepflichtigen von der Zeugnispflicht befreit sehen will, findet, wie *Foth* (JR 76, 7 (9 a.E.)) selbst zugibt, im Gesetz keine Stütze (so auch *Rengier*, Zeugnisverweigerungsrechte, S. 174; *Endriß*, ZRP 89, 45, Fn. 7).

[13] Vgl. auch *Creifels*, GA 60, 65; *Bartsch*, S. 55 und *Rengier*, S. 13: persönliche Konfliktsituation.

daher darauf beruhen, daß das Zeugnisverweigerungsrecht neben dem Schutz von Interessen des Beschuldigten[14] der Bewahrung des Zeugen vor einem Gewissenskonflikt dienen soll.

2. *Bewahrung vor Gewissenskonflikt als ratio des § 53 I Nr.2 bis 3 b?*

Die Pflicht, als Zeuge im Strafverfahren auszusagen, kann den Zeugen in verschiedenster Weise in Gewissenskonflikte bringen, etwa wenn der Zeuge die angeklagte Tat aus politischen oder ethischen Gründen für nicht strafwürdig hält, oder der Zeuge dem Angeklagten oder auch einem Dritten versprochen hat, über die fragliche Tatsache Stillschweigen zu bewahren. Gewissenskonflikte dieser Art, die für den Zeugen durchaus belastend sein können, werden jedoch in der StPO nicht berücksichtigt[15]; die Zeugnispflicht besteht auch dann, wenn der Zeuge sich in einem solchen Konflikt befindet[16]. Das Zeugnisverweigerungsrecht nach § 53 I Nr.2 bis 3 b könnte daher allenfalls dann der Bewahrung des Zeugen vor einem Gewissenskonflikt zu dienen bestimmt sein, wenn der Konflikt, in dem sich der Zeuge aufgrund seiner berufsethischen Schweigepflicht befindet, typischerweise von grundsätzlich anderer, schwerwiegenderer Qualität als die oben beschriebenen Konflikte wäre. Das wäre dann der Fall, wenn der Zeuge eine gravierende Persönlichkeitsbeeinträchtigung, einen Identitätsverlust erleiden würde, wenn er seiner Überzeugung nicht folgen könnte, also aussagen müßte[17].

Einem Gewissenskonflikt diesen Ausmaßes werden Angehörige der von § 53 I Nr.2 bis 3 b umfaßten Berufsgruppen aber jedenfalls nicht typischerweise unterliegen. Kaum denkbar erscheint ein solcher Gewissenskonflikt bei den zeugnisverweigerungsberechtigten Angehörigen neuerer Berufe, etwa des Steuerberaters

---

[14] Siehe dazu unten unter V.

[15] Da allgemeingültige Rechtsnormen als solche nicht denkbar sind, wenn sie unter den Vorbehalt des Gewissens des einzelnen gestellt wären (vgl. dazu *Rudolphi*, FS Welzel, 605 (611 f.)), ist die Berücksichtigung eines jeden Gewissenskonflikts durch die Rechtsordnung auch gar nicht möglich. Besonders schwerwiegende Gewissenskonflikte können im Einzelfall direkt nach Art.4 GG berücksichtigt werden.

[16] Klargestellt sei, daß die innere Konfliktlage, die dem Zeugnisverweigerungsrecht nach § 52 zugrundeliegt, sich von solchen Gewissenskonflikten grundlegend unterscheidet. Die Berücksichtigung dieser Konfliktlage beruht auf dem gleichen Rechtsgedanken wie der nemo-tenetur-Grundsatz: die Rechtsordnung mutet dem einzelnen in diesen Fällen die Preisgabe eigener oder wegen des typischerweise bestehenden Vertrauensverhältnisses zwischen Angehörigen als eigen empfundener existenzieller Interessen nicht zu (vgl. oben 2.Teil A I.).

[17] Auch im materiellen Strafrecht werden nur mit der Gefahr eines Identitätsverlustes, einer Persönlichkeitszerstörung verbundene Gewissenskonflikte als mögliche Grundlage für Straflosigkeit diskutiert (vgl. etwa Sch-Sch-*Lenckner*, Vorbem, §§ 32 ff., 119, 120; *Jakobs*, 20.Abschnitt, Rdn.22; *Rudolphi*, FS Welzel, 605 (608 f.); *M.Herdegen*, GA 86, 97 (114); BVerfGE 32, 98 (109): "Grenzsituation";). - Vgl. auch *Luhmann*, AöR 90 (1965), 257 (284), der überhaupt nur in diesen Fällen von einer Gewissensentscheidung spricht.

oder des Wirtschaftsprüfers, bei denen eine Berufsethik kaum feststellbar ist, aber auch Angehörige der Berufsgruppen, deren berufsethische Schweigepflichten besonders ausgeprägt sind[18], etwa Ärzte oder Rechtsanwälte, wird ein Zwang zur Aussage in den seltensten Fällen in einen Gewissenskonflikt bringen, der eine gravierende Beeinträchtigung oder gar eine Zerstörung der Persönlichkeit der Zeugen zur Folge hat[19]. Deshalb kann die ratio des § 53 I Nr.2 bis 3 b heute nicht mehr[20] in dem Schutz der Zeugen vor Gewissenskonflikten gesehen werden[21].

Die unterschiedliche Reichweite von Zeugnisverweigerungsrecht und Beschlagnahmeverbot bei den Personen nach § 53 I Nr.2 bis 3 b kann somit nicht nicht mit der Berücksichtigung eines Gewissenskonflikts des Zeugen erklärt werden.

3. Bewahrung vor Gewissenskonflikt als ratio des § 53 I Nr.1

Eine andere Situation besteht hingegen bei den Geistlichen. Wären diese gezwungen, gegen ihre religiöse Schweigepflicht[22] zu verstoßen, so bedeutete dies wegen der großen religiösen Bedeutung dieser Pflicht typischerweise eine gravierende Beeinträchtigung ihrer Persönlichkeit; das Interesse der Geistlichen, nicht gegen ihre religiöse Schweigepflicht verstoßen zu müssen, ist als Teil der von Art.4 I und II GG garantierten Religionsfreiheit[23] geschützt. Das Zeugnisverweigerungsrecht der Geistlichen ist daher der Bewahrung der Zeugen vor einem Gewissenskonflikt zu dienen bestimmt.

Die Regelung des § 97 I wäre daher im Hinblick auf das Zeugnisverweigerungsrecht nach § 53 I Nr. 1 konsequent, wenn dem Beschlagnahmeverbot ein Schutzzweck zugrundeläge, der nur den beschuldigten Klienten umfaßte[24].

---

[18] Vgl. zur Verschwiegenheitspflicht des Arztes nur *Lenckner*, Arzt und Recht 1966, 159 ff.; zu der des Rechtsanwalts *Ackermann*, FS DJT, 479 ff.

[19] Liegt ein solcher Gewissenskonflikt im Einzelfall vor, so kommt ebenso wie bei nicht von § 53 I Nr.2 bis 3 b umfaßten Personen ein Zeugnisverweigerungsrecht direkt aus Art.4 I GG in Betracht (siehe auch oben Fn. 15).

[20] Bei der Diskussion um die Einführung des Zeugnisverweigerungsrechts des Arztes durch die StPO von 1877 wurde auch der von dem Arzt geleistete hippokratische Eid als Argument für ein Zeugnisverweigerungsrecht angeführt (vgl. *Hahn*, S.582 (Abg.Zinn)).

[21] So auch *Klöhn*, S.331, Fn.1: dem Zeugnisverweigerungsrecht nach § 53 I Nr.1 bis 3 b liege, anders als dem Zeugnisverweigerungsrecht der Angehörigen, kein personenbezogener Interessenkonflikt zugrunde; in die gleiche Richtung auch *Welp*, FS Gallas, 391 (399): es könne nicht Aufgabe des materiellen und prozessualen Strafrechts sein, berufsständische Interessen als solche zu sanktionieren oder zu privilegieren; Schweigerecht und Schweigepflicht könnten daher nur Konsequenz aus der Schutzbedürftigkeit der wahrgenommenen Funktion sein.

[22] Vgl. dazu *Mittermaier*, Lehre vom Beweise, S.311-313.

[23] vgl. auch *Rengier*, Zeugnisverweigerungsrechte, S.14; 257 f.; *Gross-Spreitzer*, S.92, 95 f.

[24] Siehe dazu unten unter V., insb. V. 3.c).

III. Schutz der Wahrheitsfindung

Auch für die Zeugnisverweigerungsrechte nach § 53 I Nr. 1 bis 3 b wird vereinzelt die Ansicht vertreten, diese dienten dem Schutz der Wahrheitsfindung[25].

Wie auch bei dem Zeugnisverweigerungsrecht nach § 52 erforderte auch hier ein solcher Schutzzweck lediglich eine Begrenzung des Zeugniszwangs, da sich ein Gewissenskonflikt allein bei einer Aussage, nicht jedoch bei Beschlagnahme oder Telefonüberwachung auswirken könnte. Der Frage, ob § 53 I Nr. 1 bis 3 b der Zuverlässigkeit der Wahrheitsfindung dient, kommt daher im Rahmen dieser Untersuchung keine Bedeutung zu.

IV. Selbstbezichtigungsfreiheit

Petry vertritt auch für die Zeugnisverweigerungsrechte nach § 53 I Nr. 1 bis 3 b die Auffassung, diese schützten die Selbstbezichtigungsfreiheit des Beschuldigten. Da der Beschuldigte gezwungen sei, sich Personen nach § 53 I Nr. 1 bis 3 b, insbesondere seinem Verteidiger anzuvertrauen, verletze ein zwangsweiser Zugriff zu Strafverfolgungszwecken auf die dem Geheimnisträger anvertrauten Informationen mit der Ausnutzung des menschlichen Kommunikationsbedürfnisses das passive Verteidigungsrecht des Beschuldigten[26].

Das Zeugnisverweigerungsrecht nach § 53 I Nr. 1 bis 3 b kann mit dem Schutz der Selbstbezichtigungsfreiheit nur insoweit erklärt werden, als der Beschuldigte und nicht irgendein Dritter Klient des Zeugnisverweigerungsberechtigten ist[27]. Dagegen entspricht der Umfang der Beschlagnahmefreiheit nach § 97 I einem solchen Schutzzweck, da von § 97 I ohnehin nur Gegenstände aus der Beziehung des Zeugnisverweigerungsberechtigten zu dem Beschuldigten erfaßt sind[28]. De lege ferenda würde die Berücksichtigung eines solchen Schutzzwecks den Wegfall des Gewahrsamserfordernisses[29] und ein Verbot der Telefonüberwa-

---

[25] *Niese*, JZ 53, 223; *Eb.Schmidt*, Nachtr.I, Vorbem. 4 vor §§ 52-56; - Diese Auffassung kann nur auf dem Gedanken beruhen, die Zeugnisverweigerungsberechtigten nach § 53 I Nr. 1 bis 3 b befänden sich bei der Aussage in einem Gewissenskonflikt, in dem sie, um nicht Geheimnisse ihrer Klienten offenbaren zu müssen, die Unwahrheit sagen könnten.

[26] *Petry*, S.45 f.; so auch *Widmaier*, AG Strafrecht 1988, 29 (36); *Schünemann*, ZStW 90 (1978), 11 (62); *Klöhn*, S.330; *Welp*, FS Gallas, 391 (405) und *R.Schmidt*, Ausnahme, S.158 ff. für Beziehung Beschuldigter-Verteidiger; dag.: *Rengier*, Zeugnisverweigerungsrechte, S.23; *Weinmann*, FS Dünnebier, 199 (208).

[27] Vgl. *Petry*, S.46.

[28] Das de lege lata bestehende Verhältnis der Zeugnisverweigerungsrechte nach § 53 I Nr. 1 bis 3 b zu den Beschlagnahmeverboten ließe sich daher ausgehend von der Bewahrung des Zeugen vor einem Gewissenskonflikt und dem Schutz der Selbstbezichtigungsfreiheit des Klienten als ratio des § 53 I Nr. 1 bis 3 b schlüssig erklären.

[29] *Petry*, S.52 f. will de lege ferenda Beschlagnahmefreiheit zumindest für die Gegenstände des § 97 I im Gewahrsam des Beschuldigten vorsehen. Kommunikation nur in der Sphäre der Kommu-

chung von Gesprächen zwischen Zeugnisverweigerungsberechtigten nach § 53 I Nr. 1 bis 3 b und dem Beschuldigten erforderlich machen.

Nutzen staatliche Stellen den Zwang, sich Personen nach § 53 I Nr. 1 bis 3 b anzuvertrauen, dazu aus, Beweise zu erlangen, so kann dies in der Wirkung für den Beschuldigten durchaus einer Verletzung des nemo-tenetur-Grundsatzes nahe kommen. Diese Nähe bedeutet allerdings nicht, daß das Zeugnisverweigerungsrecht der Personen nach § 53 I Nr. 1 bis 3 b unmittelbar aus dem nemo-tenetur-Grundsatz abzuleiten wäre. Zur Kritik an einer solchen Konzeption kann auf das oben[30] zu dem Schutz der Selbstbezichtigungsfreiheit durch das Zeugnisverweigerungsrecht der Angehörigen Gesagte verwiesen werden. Die Heranziehung des Grundsatzes der Selbstbezichtigungsfreiheit zur Erklärung des Zeugnisverweigerungsrechts nach § 53 I Nr. 1 bis 3 b als Schutzzvorschrifr für den Beschuldigten ist zudem auch nicht erforderlich. Auch ohne die Heranziehung des nemo-tenetur-Grundsatzes läßt sich begründen, daß staatliche Stellen die Notwendigkeit, sich Angehörigen der Heil- und Beratungsberufe anzuvertrauen, nicht zur Informationsgewinnung ausnutzen sollten. Mit dem allgemeinen Persönlichkeitsrecht und damit Art. 2 I i. V. m. Art. 1 I GG, auf das der Schutz des menschlichen Kommunikationsbedürfnisses zurückzuführen ist, erkennt Petry selbst den zutreffenden Ansatzpunkt einer solchen Begründung[31].

V. Ermöglichung unbefangener Inanspruchnahme von Angehörigen der Heil- und Beratungsberufe/ Art. 2 I i. V. m. 1 I GG

Wesentlicher Schutzzweck des § 53 I Nr. 1 bis 3 b soll sein, daß die Personen, die bei Angehörigen der dort genannten Berufe Rat oder Hilfe suchten, mit Verschwiegenheit rechnen können müßten, da sie, um effektiv Rat oder Hilfe zu bekommen, oftmals tiefe Einblicke in ihr Privat- und Intimleben gewähren müßten. § 53 I Nr. 1 bis 3 b diene daher privaten Geheimhaltungsinteressen der Klienten der Zeugnisverweigerungsberechtigten. Mit dem Schutz des Vertrauensverhältnisses zwischen Zeugnisverweigerungsberechtigtem und Mandant/Patient werde das Grundrecht dieser Personen aus Art. 2 I i. V. m. 1 I GG auf private Lebensgestaltung und informationelle Selbstbestimmung verwirklicht[32].

---

nikationspartner zu schützen, wie es Petry offenbar vorschwebt, erscheint im Hinblick auf einen wie von *Petry* vertretenen Schutz der Selbstbezichtigungsfreiheit aber nicht weitgehend genug (siehe oben 2. Teil Fn. 31).

[30] 2. Teil A IV.

[31] Vgl. *Petry*, S. 47; siehe dazu im folgenden unter V.

[32] *Rengier*, Zeugnisverweigerungsrechte, S. 14 f.; *Lenckner*, NJW 65, 321 f.; *Laufs*, NJW 75, 1433 (1434); *Bandisch*, NJW 87, 2200 (2203); *Goedel*, S. 23 ff., 32; *Klöhn*, S. 330 ff.; *Rupp*, Gutachten 46. DJT, 199 f.; *Müller-Dietz*, S. 86 ff.; *Grünwald*, JZ 66, 489 (498); *Haffke*, NJW 75, 808 (809); *Würtenberger*, GS Peters, 923 (926 f.); *Rudolphi*, MDR 70, 93 (96); *Lichtenberg/Schücking*, ZRP 89, 243 (244); *Spangenberg*, S. 57 ff.; *Amelung*, Informationsbeherrschungsrechte, S. 36; BVerfGE 32, 373 (ärztliche Krankendateien); 33, 367 (Zeugnisverweigerungsrecht für Sozialarbei-

Um die Konsequenzen eines solchen Schutzzwecks für die Zwangsmaßnahmen bestimmen zu können, ist zuvor dessen Präzisierung erforderlich; damit soll die Überprüfung der Berechtigung dieses Schutzzwecks verbunden werden.

1. Materieller Geheimnisschutz oder Gewährleistung vertraulicher Kommunikation?

Soll § 53 I Nr. 1 bis 3 b private Geheimhaltungsinteressen der Klienten der Zeugnisverweigerungsberechtigten schützen, so kann dies auf zweierlei Weise verstanden werden: als Schutz der Tatsachen, auf die sich die Kommunikation zwischen Zeugnisverweigerungsberechtigtem und Klient bezieht, also etwa im Falle des Arztes des Gesundheitszustandes des Patienten, im Falle des Steuerberaters dessen Vermögensverhältnisse, oder als Schutz eines Kommunikationsverhältnisses, also der Unbefangenheit und Vertraulichkeit der Beziehung zwischen Zeugnisverweigerungsberechtigten und deren Klienten[33].

Diese verschiedenen möglichen Schutzrichtungen werden in Rechtsprechung und Literatur nicht immer klar genug unterschieden; zur Folge hat dies Schwierigkeiten und Unstimmigkeiten bei der Beurteilung von mit dem Zeugnisverweigerungsrecht zusammenhängenden Fragen, etwa der Beurteilung der Berechtigung zur Schweigepflichtentbindung[34] und des Umfangs der zur Verwirklichung des Zeugnisverweigerungsrechts erforderlichen Beschränkungen der Zwangsmaßnahmen, die bei einer präzisen Bestimmung des Schutzzwecks des § 53 I Nr. 1 bis 3 b vermieden werden. Ob § 53 I Nr. 1 bis 3 b materielle Geheimhaltungsinteressen oder ein Kommunikationsverhältnis schützt, soll daher im folgenden untersucht werden.

Die StPO kennt keinen Grundsatz, nach dem Tatsachen aus dem Privatbereich von Beschuldigten oder sonstigen Verfahrensbeteiligten nicht zum Gegenstand der Beweisaufnahme gemacht werden dürften. Vielmehr dürfen im Rahmen des Verhältnismäßigkeitsprinzips grundsätzlich auch Privatgeheimnisse ermittelt werden, etwa durch Maßnahmen nach §§ 81, 81 a und 81 c, aber auch durch die Vernehmung von Zeugen, Beschlagnahme und Telefonüberwachung. Absolute Grenze ist nur der durch Art. 2 I i.V.m. Art. 1 I GG gewährleistete Kernbereich der Privatsphäre[35], in den auch durch eine Beweiserhebung nicht eingedrungen werden darf. Die Tatsachen, über die Angehörige der Heil- und Beratungsberufe

---

ter); 38, 312 (Zeugnisverweigerungsrecht für Tierarzt); 44, 353 (Beschlagnahme bei Suchtkrankenberatungsstelle); so ohne Bezug auf Grundrechte in der Sache schon *Beling*, Beweisverbote, S. 19 f. und *Gerland*, S. 204.

[33] Vgl. etwa *Maetzel*, DVBl. 66, 665 (667): die Zeugnisverweigerungsrechte schützten das Vertrauensverhältnis als solches, andererseits aber auch das anvertraute Geheimnis.

[34] Vgl. dazu unten 3. Teil B I.

[35] Vgl. BVerfGE 6, 32 (41); 10, 55 (59); 27, 1 (6); 32, 54 (75); 33, 367 (376 f.); 34, 238 (245); 35, 202 (220).

das Zeugnis verweigern können, fallen jedoch in den wenigsten Fällen in diesen Kernbereich[36].

Daß gerade Angehörige der Heil- und Beratungsberufe nicht über das aussagen müssen, was sie bei Ausübung ihres Berufes erfahren haben, kann also nicht mit dem Schutz materieller Geheimnisse erklärt werden.

§ 53 I Nr. 1 bis 3 b soll vielmehr bewirken, daß Hilfsbedürftige sich Angehörigen der Heil- und Beratungsberufe unbefangen anvertrauen können. Allen von § 53 I Nr. 1 bis 3 b umfaßten Berufsgruppen ist gemeinsam, daß Menschen dazu gezwungen sein können, deren Rat oder Hilfe in Anspruch zu nehmen, weil sie sich in einer Not- oder Konfliktsituation befinden, die aus eigener Kraft nicht lösbar ist oder erscheint[37]. Dem einzelnen sollen daher Fachleute zur Verfügung gestellt werden, denen er sich in allen Lebenslagen bei persönlichen, gesundheitlichen, rechtlichen, wirtschaftlichen und finanziellen Angelegenheiten soll anvertrauen können, um jederzeit die benötigte Hilfe und Heilung zu erlangen[38]. Diese Möglichkeit der unbefangenen Inanspruchnahme professioneller Hilfe ist zum einen Bestandteil des Rechts auf freie Entfaltung der Persönlichkeit (Art. 2 I i.V.m. 1 I GG). Zum anderen wird dem einzelnen die Verwirklichung der Interessen ermöglicht, zu deren Wahrung er die Hilfe des Zeugnisverweigerungsberechtigten in Anspruch nimmt, z.B. die Wiederherstellung der körperlichen Unversehrtheit, das Interesse an seelischem Beistand oder die Durchsetzung von Rechtsansprüchen[39].

Soll die Hilfeleistung effektiv sein, muß sich der Hilfsbedürftige der Hilfsperson "frei, offen und rückhaltlos"[40] offenbaren und ihr ungehemmt seine Sorgen und Nöte anvertrauen. Ohne eine dermaßen bedingungslose Offenbarung könnte der Berufsangehörige dem Hilfesuchenden häufig nicht die bestmögliche Beratung und Hilfe zuteil werden lassen[41]. Der Hilfsbedürftige wird sich aber nur dann unbefangen einer Hilfsperson anvertrauen, wenn er dadurch keinen Nachteil zu befürchten hat. Ein solcher Nachteil besteht darin, in der Person der Hilfsperson einen Mitwisser, im Falle des beschuldigten Klienten einen potentiellen

---

[36] Vgl. *Rohlf*, S. 105; *Dalakouras*, S. 55 zu Gesundheitsdaten; auch das Bundesverfassungsgericht sieht durch die Beschlagnahme ärztlicher Aufzeichnungen oder Drogenhilfekarteien nicht den Kernbereich betroffen (BVerfGE 32, 373 (379); 44, 353 (372); vgl. auch BVerfGE 33, 367 (377)).

[37] Vgl. umfassend *Sauter*, S. 40 ff.; *Rohlf*, S. 107 f.; *Steinberg-Copek*, S. 14; *R. Hauser*, Zeugenbeweis, S. 201, 203 ff.; der Zwang zur Inanspruchnahme dieser Personen kann auch rechtlicher Art sein (etwa Anwaltszwang im Zivilprozeß, obligatorische Beratung nach § 218 b StGB).

[38] *Rengier*, Zeugnisverweigerungsrechte, S. 16.

[39] So auch *Dencker*, S. 131; vgl. auch *Haß*, SchlHA 73, 164 (165).

[40] Vgl. BVerfGE 38, 312 (323).

[41] *Rengier*, Zeugnisverweigerungsrechte, S. 14 m.w.N.; *Lenckner*, Arzt und Recht 1966, 159; *Laufs*, NJW 75, 1433 (1433 f.); ders., Arztrecht, S. 136; (161); *Goedel*, S. 19- 22; *Sauter*, S. 45; LG Köln, NJW 59, 1598 (1599); LG Köln, NJW 59, 1598 (1599).

Belastungszeugen zu schaffen[42]. Soll der Hilfsbedürftige vor diesem Nachteil bewahrt werden, so setzt dies voraus, daß die Hilfsperson über die Kommunikation mit ihren Klienten sowie über die Tatsachen, die sie durch die Beziehung zu Klienten erfahren hat, nicht aussagen muß. Dies wird durch das Zeugnisverweigerungsrecht nach § 53 I Nr. 1 bis 3 b bewirkt[43].

Daß die Tatsachen, auf die sich die Kommunikation zwischen der Hilfsperson und dem Klient bezieht, durchaus anderweitig ermittelt werden dürfen, ist für den Schutz der Beziehung zwischen Hilfsperson und Klient dagegen unerheblich. Die Möglichkeiten der Ermittlung dieser Tatsachen bestehen völlig unabhängig davon, ob und inwieweit sich jemand einem Angehörigen eines Heil- oder Beratungsberufes anvertraut hat. Die Unbefangenheit der Beziehung zwischen Hilfsperson und Klient wird durch die Möglichkeit der Ermittlung der Tatsachen, auf die sich die Kommunikation bezieht, in keiner Weise beeinträchtigt.

§ 53 I Nr. 1 bis 3 b dient also nicht materiellen Geheimhaltungsinteressen des Klienten; die Zeugnisverweigerungsrechte dienen vielmehr der Wahrung der Vertraulichkeit der Kommunikation zwischen Angehörigen der Heil- und Beratungsberufe und deren Klienten, um Hilfsbedürftigen die unbefangene Inanspruchnahme professioneller Hilfe zu ermöglichen[44]. Die Tatsache, daß nicht das sachliche Geheimnis selbst geschützt wird, sondern nur das dem jeweiligen Berufsträger gegenüber Geäußerte, muß also nicht, wie Lenckner dies für erforderlich hält[45], mit den hinter § 53 I Nr. 1 bis 3 b stehenden Allgemeininteressen erklärt werden, sondern ergibt sich ohne weiteres aus den Erfordernissen des Schutzes der Unbefangenheit der Kommunikation zwischen Zeugnisverweigerungsberechtigtem und Klient.

2. *Eingriff auch durch drohende Offenbarung oder nur durch Verwertung?*

Der durch die Inanspruchnahme eines Angehörigen eines Heil- und Beratungsberufes dem Klienten entstehende Nachteil ist nun aber unterschiedlicher Art, je nach dem, ob die Offenbarung der Kommunikation in einem Verfahren

---

[42] Vgl. schon *Hahn*, Motive, S. 1213 (Abg. Reichensperger): ein bei der Ausübung einer strafbaren Handlung Verwundeter müsse zum Arzt gehen können, ohne befürchten zu müssen, damit einen Belastungszeugen zu schaffen; so auch *Sauter* S. 39 f., 44 f.; *Roth*, JW 1911, 130 (131); *Müller-Dietz*, S. 52 f.; *Amelung*, DNotZ 84, 195 (202).

[43] Materiellrechtlich wird der Schutz des Klienten durch § 203 StGB komplettiert.

[44] Insoweit besteht eine Parallele zu dem Schutz der Vertraulichkeit innerfamiliärer Kommunikation durch § 52: auch dort wird die Geheimhaltung der Kommunikation gegen Zugriff auf die Kommunikationspartner, nicht jedoch die Geheimhaltung der Tatsachen, über die gesprochen wird, geschützt.

[45] Vgl. *Lenckner*, NJW 65, 321 (322); in diese Richtung auch *Dencker*, S. 115; *Mayer*, SchlHA 55, 348.

gegen den Klienten als Beschuldigten erfolgen soll, oder ob der betroffene Klient nichtbeschuldigter Dritter ist.

a) Beschuldigter Klient

Der Zugriff auf die Hilfsperson bedeutet für den Beschuldigten, daß die so erhobenen Beweise gegen ihn im Strafverfahren verwertet werden können; die maßgebliche Gefahr für die Unbefangenheit der Beziehung zwischen Beschuldigtem und Hilfsperson geht daher von der drohenden Verwertung aus. Der Schutz der Beziehung zwischen Hilfsperson und beschuldigtem Klient kann daher durchaus als "Ausstrahlungswirkung" des nemo-tenetur-Grundsatzes verstanden werden[46]. Dies wird besonders deutlich, betrachtet man das Verhältnis des Beschuldigten zu seinem Verteidiger. Will sich der Beschuldigte effektiv verteidigen, so ist er dem "indirekten prozessualen Zwang"[47] ausgesetzt, sich dem Verteidiger rückhaltlos anzuvertrauen. Könnte die Aussage des Verteidigers über ihm durch seine Beziehung zu dem Beschuldigten bekanntgewordene Tatsachen erzwungen werden, so würde angesichts der Abhängigkeit des Beschuldigten vom Beistand eines Verteidigers das Recht des Beschuldigten, frei zu entscheiden, ob und inwieweit er zur Aufklärung des Verdachts gegen ihn beitragen will, unterlaufen[48].

b) Nichtbeschuldigter Klient

Der nichtbeschuldigte Dritte dagegen muß lediglich die Offenbarung der der Hilfsperson anvertrauten oder bekanntgewordenen Tatsachen hinnehmen. Die Einbeziehung des Dritten in den Schutzbereich des § 53 I Nr. 1 bis 3 b setzt also aus rechtspolitischer Sicht voraus, daß nicht nur die mit der Schaffung eines Mitwissers drohende Gefahr der Verwertung, sondern bereits die Gefahr der Offenbarung von Tatsachen aus der Beziehung zwischen Hilfsperson und Klient ein berücksichtigenswerter Nachteil ist.

Die Tatsachen, die den Personen nach § 53 I Nr. 1 bis 3 b anvertraut werden, betreffen überwiegend den Privatbereich der Klienten, dessen Geheimhaltung vor der Öffentlichkeit ein elementares menschliches Bedürfnis ist[49]; die Offenbarung solcher Daten ist ein Eingiff die durch Art. 2 I i.V.m. Art. 1 I GG geschützte

---

[46] Vgl. auch oben 2. Teil V. 5.a) a.E.

[47] *Welp*, FS Gallas, 391 (393); *R. Schmidt*, Ausnahme, S. 158; da der Zwang, sich anderen Personen nach § 53 I Nr. 1 bis 3 b anzuvertrauen, auf außerprozessualen Notwendigkeiten beruht, ist dort die Nähe zum nemo-tenetur-Grundsatz weniger ausgeprägt.

[48] Vgl. *Welp*, FS Gallas, 391 (405); *Rengier*, Zeugnisverweigerungsrecht, S. 23.

[49] Vgl. *Sauter*, S. 39.

Privatsphäre[50]. Auch wenn Hilfsbedürftige die schlichte Offenbarung von einer Person nach § 53 I Nr. 1 bis 3 b anvertrauten Tatsachen befürchten müssen, kann dies daher dazu führen, daß sie sich solchen Personen nicht mehr unbefangen anvertrauen[51]. Dies berücksichtigt auch § 203 StGB, der das allgemeine Interesse an Geheimhaltung des einem Angehörigen der Heil- und Beratungsberufe Anvertrauten schützt. Die Einbeziehung nichtbeschuldigter Klienten in den Schutzbereich des Zeugnisverweigerungsrechts nach § 53 I Nr. 1 bis 3 b läßt sich somit mit der diesen drohenden Gefahr der schlichten Offenbarung von Kommunikation mit Angehörigen der Heil- und Beratungsberufe rechtfertigen[52].

c) Beeinträchtigung von Interessen des beschuldigten Klienten durch Offenbarung

Hingewiesen sei hier darauf, daß die Einbeziehung nichtbeschuldigter Klienten in den Schutzbereich des Zeugnisverweigerungsrechts und der daran anknüpfenden Beschränkungen der Duldungspflichten dann, wenn die Daten des Dritten strafrechtliche Relevanz haben, mittelbar auch einen Schutz dieser Personen vor Strafverfolgung bewirkt, also der Klient insoweit auch in der Stellung als (potentieller) Beschuldigter geschützt wird. Ist die Offenbarung von Daten des Klienten zulässig, wenn dieser in dem Verfahren nicht beschuldigt ist, so dürfen die so gewonnenen Beweise zwar nicht gegen den Klienten verwertet werden. Solche Verwertungsverbote sind in der Praxis allerdings nur schwer durchzuhalten, ihre Einhaltung schwer zu überprüfen. Wird etwa ein Telefongespräch zwischen Arzt und Patient in einem Verfahren gegen den Arzt als Beschuldigtem einer Katalogtat überwacht, so ist es kaum möglich auszuschließen, daß aufgrund eines solchen Gespräches gewonnene Erkenntnisse nicht auch direkt oder durch die Einleitung weiterer Ermittlungen aufgrund der Erkenntnisse gegen den Patienten verwandt werden. Dies muß nicht stets auf einem bewußten Mißbrauch der gewonnenen Erkenntnisse durch die Strafverfolgungsbehörden

---

[50] *Rengier*, Zeugnisverweigerungsrechte, S. 14 f.; *Lenckner*, Arzt und Recht 1966, 159 (196); *Laufs*, NJW 75, 1433 (1434); *Schliwienski*, NJW 88, 1508 (1509); *Weyand*, wistra 90, 4 (6, 8); siehe schon *Sauter*, S. 38 ff., 45; BVerfGE 32, 373 (380); 33, 367 (377); 44, 353 (376); OLG Celle, JR 65, 107 (109); LG Dortmund, NJW 72, 1533; AG Landau, StV 89, 536 (537); LG Hamburg, NJW 90, 780 f.; ob die Offenbarung den Betroffenen mit dem Verdacht einer Straftat belastet, ihm in anderer Hinsicht peinlich oder seiner sozialen Geltung abträglich ist, ist dabei unerheblich (so ausdrücklich BVerfGE 32, 373 (378 ff., 380) (ärztliche Krankendateien); BGHZ 24, 72 (81) (ärztliche Gesundheitszeugnisse).

[51] Vgl. auch *Amelung*, DNotZ 84, 195 (202): selbst dort, wo der Klient des Zeugnisverweigerungsberechtigten nicht als Beschuldigter vor Gericht stehe, verhindere das Zeugnisverweigerungsrecht, daß die in § 53 I aufgezählten Berufe als eine Art Informationsverstärker erschienen, mit deren Hilfe mehr oder minder gerüchteweise bekannte Tatsachen in gerichtlich besiegelte Wahrheiten umgewandelt würden.

[52] Vgl. auch *Muschallik*, S. 137 f., der de lege ferenda eine explizite Einbeziehung nichtbeschuldigter Klienten in § 97 fordert.

beruhen; vielmehr ist es das Problem der Durchsetzbarkeit nahezu aller Verwertungsverbote, daß es aus psychologischer Sicht unmöglich ist, einmal erlangte Kenntnisse sozusagen wieder zu vergessen und als Grundlage für Entscheidungen auszuschließen[53]. Nur wenn also die Ermittlung und Offenbarung von Daten aus dem Verhältnis zwischen Hilfspersonen und deren Klienten uneingeschränkt verboten ist, ist auch die faktische Gefahr vollständig beseitigt, daß dem beschuldigten Klienten Nachteile aus der Inanspruchnahme professioneller Hilfe entstehen[54].

3. *Konsequenzen für die Duldungspflichten*

Schützt § 53 I Nr. 1 bis 3 b die Vertraulichkeit der Beziehung zwischen dem Zeugnisverweigerungsberechtigten und seinem Klienten, damit Hilfsbedürftige sich Angehörigen von Heil- und Beratungsberufen unbefangen anvertrauen können, so erfordert die Verwirklichung dieses Schutzzwecks die umfassende Wahrung der Vertraulichkeit dieser Beziehung auch bei Beschlagnahme und Telefonüberwachung[55].

a) Konsequenzen für beschuldigten Klienten

Bezogen auf beschuldigte Klienten bedeutet dies, daß über § 97 II 1 hinaus ein Beschlagnahmeverbot im Gewahrsam des Klienten[56] sowie auf der Post bestehen müßte. Außerhalb dieser geschützten Sphären ist Kommunikationsmaterial aus der Beziehung zwischen Zeugnisverweigerungsberechtigten nach § 53 I Nr. 1 bis 3 b und deren Klienten grundsätzlich ebensowenig schutzwürdig wie solches aus der Beziehung zwischen Familienangehörigen[57]. Außerdem müßte die Überwachung von Gesprächen der Zeugnisverweigerungsberechtigten nach

---

[53] Vgl. *Grünwald*, JZ 66, 489 (500 f.); *Dencker*, S. 143; *Amelung*, Informationsbeherrschungsrechte, S. 47; der Frage, inwieweit die institutionelle Absicherung von Verwertungsverboten möglich ist, kann hier nicht nachgegangen werden; in der StPO bestehen entsprechende Regelungen, die schon im Ermittlungsverfahren eingreifen müßten, in den hier interessierenden Fällen nicht.

[54] So auch *Rupp*, Gutachten 46. DJT, 181.

[55] Eine entsprechende Regelung sah Art. 14 III des Verfassungsentwurfs des "Runden Tisches" vom 4.4.1990 vor: "Für die Angehörigen von Heilberufen, rechtsberatender Berufe, sozialer Dienste sowie für Seelsorger ist ein Zeugnisverweigerungsrecht vorzusehen. In die hierdurch geschützte Vertraulichkeit von Informationen darf in keiner Weise eingegriffen werden." (zit. nach Blätter für deutsche und internationale Politik 1990, S. 731 ff., S. 734).

[56] Auch im schwedischen und finnischen Recht ist die Beschlagnahme ausgeschlossen nicht nur bei demjenigen, der schweigepflichtig ist, sondern auch bei demjenigen, der Anspruch auf Geheimhaltung hat. (*Andenaes*, Gutachten 46. DJT, S. 20).

[57] Insoweit kann auf die Ausführungen im 2. Teil, C III. 2. verwiesen werden. Besonderheiten ergeben sich dadurch, daß die Verfügungsbefugnis über die an § 53 I Nr. 2 bis 3 b anknüpfenden Eingriffsverbote anders zu beurteilen ist als bei § 52. Darauf wird unter 3. Teil C III. zurückzukommen sein.

§ 53 I Nr. 1 bis 3 b, auf die sich deren die Beziehung zu dem Beschuldigten betreffendes Zeugnisverweigerungsrecht bezieht, verboten sein.

Der beschuldigte Klient wird also bereits de lege lata mit Ausnahme der auf auf § 97 II 3 und auf dem Gewahrsamserfordernis, also auf der Erwägung, die Kommunikation nur in der Sphäre des Zeugnisverweigerungsberechtigten zu schützen[58], beruhenden Einschränkungen (dazu gehört auch die uneingeschränkte Zulässigkeit der Telefonüberwachung) umfassend geschützt.

b) Konsequenzen für nichtbeschuldigten Klienten

Anders ist dies bei nichtbeschuldigten Dritten, die de lege lata nur in das Zeugnisverweigerungsrecht einbezogen sind.

Eine Konzeption, die auch den nichtbeschuldigten Klienten schützt, den Klienten also auch vor der drohenden Offenbarung der anvertrauten Tatsachen bewahrt, müßte zunächst über die geltende Regelung hinaus ein Beschlagnahmeverbot für Gegenstände aus der Beziehung Zeugnisverweigerungsberechtigter zu nichtbeschuldigten Klienten (im Gewahrsam des Zeugnisverweigerungsberechtigten, des Klienten und der Post) vorsehen.

Ein solches Beschlagnahmeverbot müßte auch im Verfahren gegen den Zeugnisverweigerungsberechtigten als Beschuldigten bestehen. De lege lata findet im Verfahren gegen den Zeugnisverweigerungsberechtigten als Beschuldigten § 97 insgesamt keine Anwendung[59]. Dies folgt daraus, daß § 97 ein Beschlagnahmeverbot nur für Gegenstände aus dem Verhältnis des Zeugnisverweigerungsberechtigten zu dem Beschuldigten vorsieht und damit zum Ausdruck bringt, daß der Klient nur vor der Beschlagnahme zum Zweck der Verwertung in einem Verfahren gegen ihn, nicht dagegen vor der schlichten Offenbarung, um die allein es für ihn im Verfahren gegen den Zeugnisverweigerungsberechtigten als Beschuldigten geht, geschützt werden soll[60]. Ist also etwa ein Arzt der Steuer-

---

[58] Siehe dazu unten unter 3.Teil C I.

[59] LR-*Schäfer*, § 97 Rdn.14; KK-*Laufhütte*, § 97 Rdn.6; *Kleinknecht/Meyer*, § 97 Rdn.4; *Schlüchter*, Rdn.302.1; *Bartsch*, S.67 f.; *Krekeler*, NStZ 87, 199 (201); *Weyand*, wistra 90, 4 (5); BGH NJW 67, 687; NJW 92, 763; OLG Celle, NJW 65, 107; a.A. wohl *Bandisch*, NJW 87, 2200 (2204) dessen Begündung, die analoge Anwendung des § 97 II 3 auf Verfahren, die sich gegen den Zeugnisverweigerungsberechtigten als Alleinbeschuldigten richten, sei unzulässig, übersieht, daß § 97 schon seinem Anwendungsbereich nach in Verfahren gegen den Zeugnisverweigerungsberechtigten nicht gilt, mithin keine Analogie erforderlich ist.

[60] Die in der Literatur für die Nichtanwendbarkeit des § 97 im Verfahren gegen den Zeugnisverweigerungsberechtigten angeführten Argumente gehen dagegen fehl. Daß der Zweck des § 97, das Vertrauensverhältnis zwischen Zeugnisverweigerungsberechtigtem und Drittem zu schützen, bei Ermittlungen gegen den Zeugnisverweigerungsberechtigten nicht betroffen sei (so *Schlüchter*, Rdn.302.1; *Krekeler*, NStZ 87, 199 (201)), ist unzutreffend, da das Vertrauensverhältnis auch durch die Offenbarung anvertrauter Daten im Verfahren gegen den Berufsträger berührt ist. Auch die

hinterziehung verdächtig, so können Krankendateien in diesem Verfahren de lege lata grundsätzlich uneingeschränkt beschlagnahmt werden[61], wobei Rechte der Patienten auf Wahrung ihrer Privat- und Intimsphäre aus Art.2 I i.V.m. Art.1 I GG im Einzelfall mit Strafverfolgungsinteressen abzuwägen sind[62]. Da es aus Sicht des Klienten unerheblich ist, ob seine Daten im Verfahren gegen die Hilfsperson oder gegen einen Dritten offenbart werden, setzt die Einbeziehung des nichtbeschuldigten Klienten ein Beschlagnahmeverbot auch im Verfahren gegen den Zeugnisverweigerungsberechtigten als Beschuldigten voraus.

Vollständig ist der Schutz des nichtbeschuldigten Klienten außerdem nur dann, wenn den Klienten selbst auch keine Aussagepflicht über seine Kommunikation mit Zeugnisverweigerungsberechtigten nach § 53 I Nr. 1 bis 3 b trifft[63]. Die de lege lata bestehende Situation, in der zwar die Hilfsperson insoweit nicht aussagen muß, der Klient aber umfassend zeugnispflichtig ist, er also etwa aussagen muß, was er von seinem Arzt über seinen Gesundheitszustand erfahren hat, ist im Hinblick auf den Schutz des Klienten widersprüchlich[64]. Auch mit der Verwirklichung von Allgemeininteressen durch das Zeugnisver-

---

Argumentation *Schäfers* (LR, § 97 Rdn.14; ähnlich *Bartsch*, S.67 f.; *Welp*, JZ 74, 423 (425)), § 97 wolle das Zeugnisverweigerungsrecht im gegenständlichen Bereich absichern und ergänzen, nicht aber Beschuldigte, die zum Kreis der zeugnisverweigerungsberechtigten Personen gehören, dadurch begünstigen, daß Schriftstücke und Gegenstände, auf die sich ihr Zeugnisverweigerungsrecht erstrecken würde, wenn sie nicht Beschuldigte, sondern Zeugen wären, bei ihnen nicht beschlagnahmt werden dürfen, geht am entscheidenden Punkt, der fehlenden Einbeziehung nichtbeschuldigter Klienten in § 97, vorbei. Daß die Beschlagnahme im Verfahren gegen den Klienten bei Teilnahmeverdacht des Zeugnisverweigerungsberechtigten zulässig ist (dies führt *Kleinknecht/ Meyer*, § 97 Rdn.4 an), besagt schließlich noch nichts für den Schutz des Klienten im Verfahren gegen den Berufsträger.

[61] Die Verwertung der so beschlagnahmten Unterlagen gegen Klienten der Zeugnisverweigerungsberechtigten ist allerdings nur unter Beachtung der Grenzen des § 97, also insbesondere bei Teilnahmeverdacht möglich (vgl. nur LR-*Schäfer*, § 97, Rdn.14, 109; *Arndt*, NJW 62, 2000 (2001); *Kohlhaas*, NJW 62, 670 f.; ders., NJW 64, 1162 (1166); *Krekeler*, NStZ 87, 199 (200, 202)).

[62] Vgl. etwa AG Landau, StV 89, 536; LG Hildesheim, NStZ 82, 394; LG Dortmund, NJW 72, 1533; LG Fulda, NJW 90, 2946; ein generelles Beschlagnahmeverbot für ärztliche Krankendateien in Verfahren gegen Ärzte wegen Verstößen gegen §§ 218 ff. StGB, wie dies der Deutsche Juristinnenbund wegen des mit der Beschlagnahme verbundenen Eingriffs in den Privat- und Intimbereich einer Vielzahl von Patientinnen fordert (vgl. StV 90, 46 (47)), besteht also de lege lata nicht (insoweit zutreffend daher BGH, NJW 92, 763 ("Memmingen")); auch hier ist ein Beschlagnahmeverbot eine Frage des Anwendungsbereichs des Art.2 I i.V.m. Art.1 I GG und der Verhältnismäßigkeit. Inwieweit ein solches Beschlagnahmeverbot de lege ferenda bestehen sollte, wird unten 3.Teil F II. abschließend zu erörtern sein.

[63] Darauf weist auch *Vultejus*, S.7 (25) hin.

[64] Kein Widerspruch liegt dagegen insoweit vor, als der Klient über die Tatsachen, über die die Kommunikation geführt wurde, also etwa bezüglich seines Gesundheitszustandes, aussagepflichtig ist, da § 53 I Nr. 1 bis 3 b nur die Vertraulichkeit der Kommunikation und nicht materielle Geheimhaltungsinteressen schützt (siehe oben unter 3.Teil A V. 1.; mißverständlich insoweit Lenckner, NJW 65, 321 (321 f.)).

weigerungsrecht nach § 53 I Nr. 1 bis 3 b läßt sich dieser Widerspruch nicht erklären[65].

Schließlich müßte ebenso wie bei dem beschuldigten Klienten die Überwachung von Telefongesprächen des Zeugnisverweigerungsberechtigten, auf die sich dessen Zeugnisverweigerungsrecht bezieht, verboten sein.

Ein umfassender Schutz der Interessen nichtbeschuldigter Dritter erforderte also weitgehende Einschränkungen der zur Duldung verpflichtenden Zwangsmaßnahmen und zudem eine Begrenzung der Aussagepflicht des Dritten. Angesichts dessen, daß nichtbeschuldigte Dritte de lege lata nur durch das Zeugnisverweigerungsrecht geschützt werden, erscheint es daher fraglich, ob der geltenden gesetzlichen Konzeption der Schutz Dritter zugrundeliegt.

c) "Historische" Erklärung der bestehenden Regelung

Verdeutlicht man sich zudem, daß der historische Gesetzgeber wohl davon ausging, die Zeugnisverweigerungsrechte der Angehörigen der Heil- und Beratungsberufe seien auch um der Berücksichtigung ethischer Schweigepflichten und einem daraus resultierenden Gewissenskonflikt bei dem Zeugnisverweigerungsberechtigten willen nötig[66], und daß ein solcher Gewissenskonflikt ein umfassendes, auch nichtbeschuldigte Klienten einbeziehendes Zeugnisverweigerungsrecht erforderte, so scheint der Gesetzgeber davon ausgegangen zu sein, das Interesse des Dritten selbst rechtfertige keine Beschränkungen der Zwangsmaßnahmen. Aus dieser Sicht ist das bestehende System konsequent.

Von heute her gesehen kann so aber nur das Verhältnis des Zeugnisverweigerungsrechts des Geistlichen zu § 97 erklärt werden, da nur dieses der Bewahrung des Zeugen vor einem Gewissenskonflikt zu dienen bestimmt ist; darüber hinaus ist die geltende Regelung nicht schlüssig.

---

65 So aber *Lenckner*, NJW 65, 321 (322).

66 Vgl. oben 3. Teil Fn. 20.

VI. Berufsausübungsfreiheit der Zeugnisverweigerungsberechtigten nach § 53 I Nr.1 bis 3 b (Art.12 GG)

Der Schutz des Berufsgeheimnisses im Strafprozeß liegt nicht nur im Interesse der Klienten der Personen nach § 53 I Nr.1 bis 3 b, sondern auch im Interesse der Zeugen selbst. Da sich Heil- und Beratungsberufe nur ungestört und effektiv ausüben lassen, wenn die Hilfesuchenden sich umfassend anvertrauen und so eine ausreichende Tatsachengrundlage für Beratung, Hilfe, Heilbehandlung oder Verteidigung schaffen, würde die Versagung eines Zeugnisverweigerungsrechts für Angehörige der Heil- und Beratungsberufe deren Berufsausübungsfreiheit beeinträchtigen und damit einen Eingriff in das Grundrecht dieser Personen aus Art. 12 GG bedeuten[67].

Dieser Schutzzweck ist die Kehrseite des oben beschriebenen Grundrechtsschutzes der Rat- und Hilfesuchenden[68] und hat daher für die Reichweite der erforderlichen Einschränkungen der Duldungspflichten keine eigenständige Bedeutung: Die ungestörte Berufsausübung der Personen nach § 53 I Nr.1 bis 3 b ist gewährleistet, wenn sich deren Klienten unbefangen anvertrauen können; erforderlich sind insoweit die oben unter V. 3. angeführten Beschränkungen von Beschlagnahme und Telefonüberwachung[69]. Ist der Klient nicht schutzbedürftig oder schutzwürdig, so bedarf auch der Berufsträger keines Schutzes.

VII. Öffentliches Interesse

Schließlich werden mit den Zeugnisverweigerungsrechten nach § 53 I Nr.1 bis 3 b nicht nur individuelle Interessen der Zeugnisverweigerungsberechtigten

---

67 *Rengier*, Zeugnisverweigerungsrechte, S. 14; *Müller-Dietz*, S. 85; *Petry*, S. 184; *Klöhn*, S. 330 f.; *Jescheck*, Generalgutachten 46. DJT, 21 f.; *Rupp*, Gutachten 46. DJT, 179; *Krämer*, BB 75, 1225 (1227); *Amelung*, Informationsbeherrschungsrechte, S. 36; *Zuck*, NJW 69, 911 (911 f.) und *Rudolphi*, FS Schaffstein, 433 (443) führen an, durch Maßnahmen nach § 100 a könne die Berufsfreiheit beeinträchtigt sein; ablehnend *Krekeler*, NJW 77, 1417 (1418): das Zeugnisverweigerungsrecht nach § 53 I Nr. 1 bis 3 b gelte nicht einem individuellen Interesse des Berufsträgers.

68 Vgl. *Freund*, NJW 75, 2057 (2058); *Steinberg-Copek*, S. 16; *Welp*, NStZ 86, 294 (297).

69 Werden zur Begründung weitergehender Beschränkungen der Beschlagnahme die Belastungen angeführt, die dadurch entstehen, daß das Vertrauen der Klienten durch das Miterleben von Beschlagnahmungen erschüttert wird und der Arbeitsablauf während der Durchsuchung gestört wird (vgl. *Krekeler*, NJW 77, 1417 (1421 f.)), so betrifft dies das Verfahren von Durchsuchung und Beschlagnahme und nicht den hier thematischen Umfang der Beschlagnahmefreiheit. Allerdings ließen sich solche Belastungen auch dadurch vermeiden, daß die Durchsuchung und Beschlagnahme in den Büros und Arbeitsräumen von Personen nach § 53 I Nr. 1 bis 3 b generell verboten wird. Eine solche, rechtspolitisch kaum vertretbare Ausgestaltung der Beschlagnahmefreiheit bei Personen nach § 53 I Nr. 1 bis 3 b würde sich aber nicht als eine Konsequenz des Zeugnisverweigerungsrechts dieser Personen darstellen.

und deren Klienten, sondern auch gewichtige öffentliche Interessen verfolgt[70]. So dient das Zeugnisverweigerungsrecht der Heilberufe dem staatlichen Interesse an einer wirksamen Gesundheitspflege[71]; Angehörige der rechtsberatenden Berufe sollen in Anspruch genommen werden, weil sie dem Bürger die Vertretung ihrer rechtlichen Interessen und Ansprüche ermöglichen, ihm gleichzeitig jedoch auch die Grenzen seiner Befugnisse aufzeigen sollen und so Garanten einer ordnungsgemäßen Rechtspflege sind[72]. Bei den wirtschafts- und steuerberatenden Berufen besteht das öffentliche Interesse an deren Zeugnisverweigerungsrecht in der Ausbildung von ordnungsgemäßem Geschäftsgebaren im wirtschaftlichen Verkehr[73]. Schließlich wird es in vielen Fällen zu der friedlichen Lösung sozialer Konflikte beitragen, wenn der einzelne bei Geistlichen vertrauensvoll Rat und Hilfe suchen kann.

Dem Schutz von Allgemeininteressen durch die Zeugnisverweigerungsrechte nach § 53 I Nr. 1 bis 3 b steht die Regelung des § 53 II, wonach das Zeugnisverweigerungsrecht mit der Entbindung von der Schweigepflicht entfällt, nicht entgegen. Es ließe sich argumentieren, daß § 53 II nur dann erklärlich sei, wenn § 53 ausschließlich Individualinteressen des Klienten schütze, da dieser nur über solche Interessen verfügen könne. Dagegen spricht jedoch, daß das allgemeine Vertrauen, auf das die Berufe des § 53 I Nr. 1 bis 3 b zur Ausübung ihrer im Interesse aller liegenden Tätigkeit angewiesen sind, nur verlangt, daß der Geheimnisträger nicht ohne oder gegen den Willen desjenigen aussagen muß, um dessen Geheimnis es geht. Dieses Vertrauen und damit auch öffentliche Interessen werden nicht berührt, wenn z.B. der Arzt ein Geheimnis des Patienten mit dessen Zustimmung offenbart[74].

Bedeutung kommt der Tatsache, daß § 53 I Nr. 1 bis 3 b öffentlichen Interessen dient, nur für die Abwägung der von § 53 I Nr. 1 bis 3 b geschützten Interessen mit Strafverfolgungsinteressen zu. Für die Einschränkungen der Duldungspflichten im einzelnen ist dagegen entscheidend, welchen Schutzes die von § 53 I Nr. 1 bis 3 b umfaßten Vertrauensverhältnisse bedürfen.

---

[70] LR-*Dahs*, § 53, Rdn. 3; *Eb. Schmidt*, NJW 62, 1745 (1747 f.); *R. Hauser*, Zeugenbeweis, S. 205; *Endriß*, ZRP 89, 45; *Haffke*, GA 73, 65 (67); *Jung*, MschrKrim 74, 258 (259); *Würtenberger*, GS Peters, 923 (926).

[71] *Müller-Dietz*, S. 84 f.; *Lenckner*, Arzt und Recht 1966, 159 (161); *Göppinger*, NJW 58, 278 (279); *Laufs*, Arztrecht, S. 136; *Goedel*, S. 28; *Haß*, SchlHA 73, 42; BVerfGE 32, 373 (380); 44, 353 (357).

[72] *Rengier*, Zeugnisverweigerungsrechte, S. 23.

[73] *Rengier*, Zeugnisverweigerungsrechte, S. 22 (m.w.N.).

[74] *Eb. Schmidt*, NJW 62, 1745 (1747); *Lenckner*, NJW 65, 321 (323); *Rengier*, Zeugnisverweigerungsrechte, S. 260 f.; daher geht die Argumentation Arthur Kaufmanns (NJW 58, 272), das Berufsgeheimnis solle von der Entscheidung der geschützten Person unabhängig gemacht werden, da sonst das im Allgemeininteresse liegende uneingeschränkte Vertrauen in die betroffenen Berufsgruppen gefährdet sei, fehl.

VIII. Zusammenfassung/Resümee

1. Schutzzwecke des § 53 I Nr. 1 bis 3 b

Die Zeugnisverweigerungsrechte nach § 53 I Nr. 1 bis 3 b dienen verschiedenen individualbezogenen und gewichtigen öffentlichen Interessen[75]. Die individualbezogenen Interessen lassen sich einander ähnlich wie die Schutzzwecke des § 52 [76] zuordnen:

Schutzzweck des § 53 I Nr. 1 bis 3 b soll zunächst die Bewahrung der Zeugen vor einem Gewissenskonflikt sein; darauf beruht auch die Ansicht, § 53 I Nr. 1 bis 3 b schütze die Wahrheitsfindung.

Wie oben[77] gezeigt berücksichtigt aber nur das Zeugnisverweigerungsrecht des Geistlichen einen Gewissenskonflikt; nur § 53 I Nr. 1 dient damit unmittelbar Interessen des Zeugen.

Im Mittelpunkt der sonstigen individualbezogenen Schutzzwecke des § 53 I Nr. 1 bis 3 b steht der Schutz der Klienten der Zeugnisverweigerungsberechtigten. Mit der Gewährleistung der Vertraulichkeit der Beziehung zwischen Zeugnisverweigerungsberechtigtem und Klient wird dieser vor Nachteilen durch die Inanspruchnahme des Zeugnisverweigerungsberechtigten bewahrt und es ihm ermöglicht, sich Angehörigen der Heil- und Beratungsberufe unbefangen anzuvertrauen[78]; dadurch wird das Grundrecht der Klienten aus Art. 2 I i.V.m. Art. 1 I GG verwirklicht und dem jeweiligen Interesse Rechnung getragen, dessen Wahrung die Inanspruchnahme des Zeugnisverweigerungsberechtigten dienen soll. Die (nicht überzeugende) Auffassung Petrys, soweit der Klient Beschuldigter sei, schütze § 53 I Nr. 1 bis 3 b die Selbstbezichtigungsfreiheit, läßt sich auf denselben Gedanken zurückführen. Schließlich bewirkt dieser Schutz des Klienten, daß der Berufsträger seinen Beruf ungestört ausüben kann.
Diese am Klientenschutz orientierten Erwägungen treffen auf alle Zeugnisverweigerungsrechte des § 53 I Nr. 1 bis 3 b zu.

Einschränkungen der Duldungspflichten erfordern allein die zuletzt genannten Schutzzwecke; damit beruhen ebenso wie bei dem Zeugnisverweigerungsrecht der Angehörigen auch die zur Berücksichtigung des Zeugnisverweigerungsrechts

---

75 Zu der hier nicht weiterführenden Frage eines Rangverhältnisses der verschiedenen Schutzzwecke vgl. etwa *Goedel*, S. 25; *Beling*, Beweisverbote, S. 19; BVerfGE 32, 378 ff; 33, 374 ff., die den Schutz von Individualinteressen besonders herausstellen; *Jung*, MSchrKrim 1974, 259; *Krekeler*, NJW 77, 1417 (1418); *Eb. Schmidt*, NJW 62, 1745 (1747 f.) heben Allgemeininteressen hervor; zusammenfassend Rengier, Zeugnisverweigerungsrechte, S. 23 ff.

76 Vgl. dazu oben 2. Teil A VI.

77 3. Teil A II.

78 Dem entspricht bei § 52 der Schutz der Vertraulichkeit und damit der Unbefangenheit innerfamiliärer Kommunikation.

nach § 53 I Nr. 1 bis 3 b erforderlichen Einschränkungen der Duldungspflichten nicht auf Interessen der Zeugen, sondern primär auf Interessen des Beschuldigten (bzw. hier auch nichtbeschuldigter Klienten).

2. Zu Umgehung des Zeugnisverweigerungsrechts als ratio des § 97

Feststellen läßt sich auch hier, daß mit dem Schutz vor Umgehung der Zeugnisverweigerungsrechte nach § 53 I Nr. 1 bis 3 b[79] die an diese Zeugnisverweigerungsrechte anknüpfenden Beschränkungen der Duldungspflichten nicht erklärt werden können. Die Situation ist vielmehr die gleiche wie bei der Berücksichtigung des Zeugnisverweigerungsrechts Angehöriger, daß nämlich eine schlüssige Konzeption der Berücksichtigung der Zeugnisverweigerungsrechte nach § 53 I Nr. 1 bis 3 b bei den Duldungspflichten nur unter Rückgriff auf die einzelnen Schutzzwecke der Zeugnisverweigerungsrechte entwickelt werden kann. Eine isolierte Argumentation mit der Umgehung des Zeugnisverweigerungsrechts führt wegen der verschiedenen Konsequenzen der einzelnen Schutzzwecke für die Duldungspflichten nicht weiter.

3. Die Einbeziehung nichtbeschuldigter Dritter

Die Einbeziehung der nichtbeschuldigten Dritten allein in das Zeugnisverweigerungsrecht läßt sich historisch mit der Berücksichtigung eines aus ethischen Schweigepflichten des Zeugen resultierenden Gewissenskonflikt des Zeugen erklären[80]. Ein Gewissenskonflikt liegt aber aus heutiger Sicht nur dem Zeugnisverweigerungsrecht des Geistlichen nach § 53 I Nr. 1 zugrunde; hier kann also die unterschiedliche Reichweite von Zeugnisverweigerungsrecht und Beschlagnahmeverbot darauf beruhen, daß bei der Beschlagnahme allein Interessen des Beschuldigten berücksichtigt werden sollen.

Für das Verhältnis nichtbeschuldigter Klienten zu den anderen Zeugnisverweigerungsberechtigten muß dagegen eine einheitliche Lösung gefunden werden, d.h. die Interessen Dritter müssen de lege ferenda entweder bei allen auf Beweisgewinnung gerichteten Zwangsmaßnahmen Berücksichtigung finden, oder aber es muß auch das Zeugnisverweigerungsrecht des § 53 I Nr.2 bis 3 b auf das Verhältnis der Zeugen zu beschuldigten Klienten beschränkt werden. Die gel-

---

[79] Der Schutz vor Umgehung wird allgemein als ratio der Beschlagnahmefreiheit bei den Personen nach § 53 I Nr. 1 bis 3 b angeführt (vgl. *Gülzow*, NJW 81, 265; *Tschacksch*, S. 159; *Amelung*, DNotZ 84, 195 (198); LR-*Schäfer*, § 97, Rdn. 1; *Welp*, FS Gallas, 391 (410); *Volk*, DStR 89, 338 (340); *R. Schmidt*, Ausnahme, S. 19; *Müller-Dietz*, S. 29; *Alsberg/Nüse/Meyer*, S. 506; BVerfGE 20, 162 (188); 32, 373 (385); OLG Frankfurt, StV 82, 64).

[80] Siehe oben 3. Teil A V. 3.c).

tende Regelung, die den nichtbeschuldigten Klienten allein durch das Zeugnisverweigerungsrecht nach § 53 I Nr.2 bis 3 b schützt, ist inkonsequent[81].

Die Entscheidung über die Einbeziehung nichtbeschuldigter Klienten in den Schutzbereich der Zeugnisverweigerungsrechte und der daran anküpfenden Eingriffsverbote hängt maßgeblich von der Bewertung des Interesses der Dritten im Vergleich zu Gegeninteressen, insbesondere Strafverfolgungsinteressen ab und kann daher engültig erst nach deren Erörterung (siehe unter 3.Teil F II.) getroffen werden. Um die Konsequenzen der umfassenden Wahrung der Vertraulichkeit der Beziehung Nichtbeschuldigter zu Angehörigen der Heil- und Beratungsberufe aufzuzeigen, wird aber schon im folgenden von dem Schutz auch nichtbeschuldigter Klienten ausgegangen.

IX. Beschlagnahmeverbot für Gegenstände, die nicht innerhalb des Vertrauensverhältnisses entstanden sind?

Bis in jüngste Zeit in Literatur und Rechtsprechung kontrovers diskutiert ist das Problem, ob sich das Beschlagnahmeverbot des § 97 I Nr.3 auch auf Gegenstände erstreckt, die nicht innerhalb des Verhältnisses zwischen Hilfsperson und Klient entstanden sind[82]. Relevant wird diese Frage meist bei Buchführungs- und sonstigen Geschäftsunterlagen, die dem Steuerberater, Wirtschaftsprüfer oder Anwalt übergeben wurden[83]. Auftreten kann dieses Problem aber auch in

---

[81] So auch OLG Celle, JR 65, 107 (108); LG Hildesheim, NStZ 82, 394 (395); LG Koblenz, AnwBl.83, 328 (329); Gegen einen unterschiedlichen Umfang von Zeugnisverweigerungsrecht und Beschlagnahmeverbot hat sich schon Beling ausgesprochen. Es läge eine Unlogik darin, "wollte man dem Zeugen zwar zartfühlend die eigene Preisgabe des Geheimnisses erlassen, ihm aber rücksichtslos das Geheimnis entreißen, indem man ihn vergewaltigt". Es sei dies die gleiche Logik, "mit der etwa der Bandit großmütig auf Erpressung verzichtete, sich aber kurzer Hand durch Raub die Börse verschaffte" (*Beling*, Beweisverbote, S.22, zu Beschlagnahme von Aufzeichnungen).

[82] Innerhalb des Vertrauensverhältnisses entstanden sind alle Gegenstände, die ohne die Beziehung des Klienten zu dem Zeugnisverweigerungsberechtigten nicht entstanden wären, also etwa auch Aufzeichnungen des Arztes über den Klienten betreffende Mitteilungen Dritter.

[83] Das vieldiskutierte Problem der Beschlagnahmefreiheit von Buchführungs- und sonstigen Geschäftsunterlagen im Gewahrsam von Zeugnisverweigerungsberechtigten (vgl. dazu umfassend *Spangenberg*, S. 116 ff.) wirft einige Sonderprobleme auf, die hier kurz angesprochen sein sollen.
So wird gegen ein Beschlagnahmeverbot argumentiert, bei der Buchführung handele es sich nicht um eine originäre, besonderes Vertrauen erfordernde Tätigkeit des Steuerberaters. Da die Buchführung vielmehr auch von dem Buchhalter einer Firma erledigt werden könne, diesem jedoch kein Zeugnisverweigerungsrecht zustehe, könne auch der Steuerberater insoweit kein Zeugnisverweigerungsrecht haben und das Beschlagnahmeverbot sich nicht auf Buchführungsunterlagen erstrecken (so *Stypmann*, wistra 82, 11 (13); LG Stuttgart, wistra 85, 41; LG Hildesheim, wistra 88, 337; *Zecher*, S.102 ff.; *Kleinknecht/Meyer*, § 97, Rdn.40). Dagegen spricht, daß für das Beschlagnahmeverbot allein entscheidend ist, daß der Berater den Gegenstand bei der Ausübung eines von § 53 I Nr.1 bis 3 b Berufes erlangt hat; die Art der Tätigkeit innerhalb dieser Berufsausübung ist dagegen nach dem klaren Wortlaut des § 53 I Nr.1 bis 3 b für das Zeugnisverweigerungsrecht und damit auch für das Beschlagnahmeverbot irrelevant (*Volk*, DStR 89, 338 (340)).

anderen Fallgestaltungen. So hatte etwa das LG Kiel einen Fall zu entscheiden, der die Korrespondenz zwischen zwei Mitbeschuldigten im Gewahrsam des Verteidigers eines der Beschuldigten betraf[84]. Nicht innerhalb des Vertrauensverhältnisses entstanden ist auch etwa die blutbefleckte Kleidung des Täters, die dieser nach einer Behandlung beim Arzt zurückläßt[85].

Ausgehend von der Erkenntnis, daß § 53 I Nr. 1 bis 3 b keine materiellen Geheimhaltungsinteressen, sondern die Unbefangenheit von Kommunikation innerhalb eines Vertrauensverhältnisses schützt[86], ergeben sich die maßgeblichen teleologischen Gesichtspunkte für die Entscheidung dieses Problems ohne weiteres.

1. De lege lata

De lege lata ist allerdings für eine auf teleologische Erwägungen gestützte Interpretation des § 97 I insoweit kein Raum[87]. Wegen des eindeutigen Wortlauts des § 97 I ist de lege lata ein Beschlagnahmeverbot auch für außerhalb des Vertrauensverhältnisses entstandene und einem Zeugnisverweigerungsberechtigten übergebene Gegenstände zu bejahen[88]. Das Zeugnisverweigerungsrecht bezieht

---

Gegen ein Beschlagnahmeverbot von Buchführungsunterlagen wird außerdem angeführt, daß es ein Beschlagnahmeverbot an Gegenständen, bezüglich derer gesetzliche Vorlage- und Aufbewahrungspflichten (z.B. nach §§ 38, 44 ff. HGB, 41 GmbHG, 97, 140 ff. AO) beständen, nicht geben könne. Dies folge aus dem Zweck solcher Pflichten, den öffentlichen Organen die Kontrolle des Aufbewahrungspflichtigen zu ermöglichen. Wo der Gesetzgeber, insbesondere im Steuer- und Wirtschaftsrecht, die Vertraulichkeit bestimmter Unterlagen nicht anerkenne, könne sie auch über das strafprozessuale Beschlagnahmeprivileg eines Zeugnisverweigerungsberechtigten nicht erlangt werden (so *Amelung*, DNotZ 84, 195 (204); AK/StPO-*Amelung*, § 97, Rdn.9, 40; *Stypmann*, wistra 82, 11 (13); *Weinmann*, FS Dünnebier, 199 (209 ff.); LG Stuttgart, wistra 85, 41; LG München I, wistra 85, 41 (42); dagegen *Volk*, DStR 89, 338 (340): von "Vorlagepflichten" eines Beschuldigten könne keine Rede sein). Entscheidend gegen die Heranziehung von Aufbewahrungs- und Vorlagepflichten bei der Feststellung eines Beschlagnahmeverbots von Buchführungsunterlagen spricht, daß eine solche Argumentation nicht zwischen den verschiedenen Verfahren differenziert, in denen die relevanten Pflichten existieren: Trifft jemanden eine Vorlagepflicht in einem bestimmten Verfahren, so kann daraus nur folgen, daß er sich dieser Pflicht nicht durch Übergabe der betreffenden Unterlagen an einen Steuerberater etc. entledigen kann; darüber, inwieweit die Beschlagnahme solcher Unterlagen in einem Strafverfahren geduldet werden muß, besagen außerprozessuale Pflichten dagegen nichts.

[84] LG Kiel, SchlHA 55, 368.

[85] Dieses Beispiel führt *Mayer*, SchlHA 55, 348 (349) an (er hält diese für selbstverständlich beschlagnahmefrei).

[86] Siehe oben 3.Teil A V. 1.

[87] Da § 97 I staatliche Zwangsbefugnisse begrenzt, kann er nicht entgegen seinem Wortlaut teleologisch reduziert werden (vgl. *Krey*, S.241 ff., insb. 244 f.).

[88] LR-*Schäfer*, § 97, Rdn.48; LG Aachen, MDR 81, 160; LG Koblenz, StV 85, 8; LG Stade, wistra 86, 41; OLG Frankfurt, StV 82, 65; LG München, NJW 84, 1192; KMR-*Müller*, § 97, Rdn.12; KK-*Laufhütte*, § 97, Rdn.11; AK/StPO-*Amelung*, § 97, Rdn.9; *Kunert*, MDR 73, 179; *Haffke*, NJW 75, 808; *Gülzow*, NJW 81, 265 (265 f.); LG Kiel, SchlHA 55, 368 mit zust. Anm.

sich auf sämtliche Informationen, die den dort genannten Personen in ihrer beruflichen Eigenschaft anvertraut oder bekannt geworden sind, also auch auf Informationen über außerhalb des Vertrauensverhältnisses entstandene Unterlagen. Da § 97 I auf das Zeugnisverweigerungsrecht verweist, muß auch das Beschlagnahmeverbot so weit gehen[89]. Zudem wurden auch bei Schaffung des § 97 I Nr.3 die dem Anwalt übergebenen Dokumente und Fremdkörper, die der Arzt aus dem Körper des Beschuldigten entfernt hat, ausdrücklich als beschlagnahmefreie Gegenstände genannt[90].

Demgegenüber können die an die Systematik des § 97 I anknüpfenden Argumente der Gegenansicht nicht überzeugen. Insoweit wird angeführt, da in § 97 I Nr.1 und 2 nur innerhalb des Vertrauensverhältnisses entstandene Gegenstände genannt würden und Nr.3 an Nr.1 und 2 sprachlich anknüpfe, müsse diese Begrenzung auch für Nr.3 gelten[91]. § 97 I Nr.3 umfasse daher nur eigene Wahrnehmungen des Zeugen in vergegenständlichter Form[92]. Dafür spreche auch der Hinweis in Nr.3 auf Untersuchungsbefunde[93]. Bei einer solchen Interpretation kann aber § 97 I Nr.3 seine Funktion als Auffangtatbestand, die ihm sowohl dem Wortlaut als auch dem gesetzgeberischen Willen nach zukommen soll, nicht erfüllen. Für Nr.3 blieben nur solche Beweismittel übrig, die nicht auf Papier o.ä. festgehalten sind[94].

Das Beschlagnahmeverbot an außerhalb des Vertrauensverhältnisses entstandenen Gegenständen entfällt de lege lata auch nicht deshalb, weil der Beschuldigte bezüglich solcher Gegenstände oftmals einen Herausgabeanspuch gegen den Zeugnisverweigerungsberechtigten hat, der Mitgewahrsam und damit den Wegfall des Beschlagnahmeverbots begründen solle[95]. Zum einen besteht auch bei Mitgewahrsam des Beschuldigten ein Beschlagnahmeverbot[96]. Zum anderen vermag ein Herausgabeanspruch aber Mitgewahrsam ohnehin nicht zu begründen. Gewahrsam ist ein tatsächliches Herrschaftsverhältnis. Befinden sich Unterlagen in den Büroräumen oder der Wohnung des Zeugnisverweigerungsbe-

---

Mayer, SchlHA 55, 348; *Schlüchter*, Rdn.297.1; *Volk*, DStR 89, 338 (343); *Creifels*, GA 60, 65 (68); *Müller-Dietz*, S.38 f.; *R.Schmidt*, Ausnahme, S.35 ff.;
a.A. LG Braunschweig, NJW 78, 2108; LG Stuttgart, wistra 85, 41; LG Darmstadt, NStZ 88, 286; *Moosburger*, wistra 89, 252 (253).

[89] LG Koblenz, StV 85, 8 (9); LG Kiel, SchlHA 55, 368; *Volk*, DStR 89, 338 (339); *Mayer*, SchlHA 55, 348; *R.Schmidt*, Ausnahme, S.36; *Gülzow*, NJW 81, 265 (266).

[90] Vgl. Begr. zum Regierungsentwurf BT-Drucksache I 3713, S.49; vgl. auch *Dallinger*, JZ 53, 432 (437); darauf weisen u.a. *Haffke*, NJW 75, 808 sowie LR-*Schäfer*, § 97, Rdn.48 hin.

[91] LG Stuttgart, wistra 85, 41; LG Braunschweig, NJW 78, 2108.

[92] LG Braunschweig, NJW 78, 2108.

[93] *Weinmann*, FS Dünnebier, 199 (207).

[94] *Gülzow*, NJW 81, 265 (266); *R.Schmidt*, Ausnahme, S.35.

[95] So aber *Birmanns*, MDR 81, 102 (103); LG Aachen, NJW 85, 338; MDR 81, 603; ähnlich LG Stuttgart, wistra 90, 282.

[96] Siehe oben 2.Teil C VI. 2. und unten 3.Teil C II.

rechtigten, so übt dieser darüber die alleinige tatsächliche Verfügungsgewalt aus; dagegen hat der Beschuldigte keine tatsächliche Herrschaftsbeziehung zu dem Gegenstand, mithin auch keinen Mitgewahrsam[97].

Angemerkt sei schließlich, daß auch de lege lata Gegenstände, die nur zum Zwecke des Versteckens übergeben worden sind, also ohne daß der Berufsträger in seiner Eigenschaft als Rechtsanwalt etc. in Anspruch genommen wird, beschlagnahmbar sind[98]. Dies wird sich allerdings kaum einmal nachweisen lassen[99]; ist das Verstecken nämlich nur ein Nebenzweck, nur willkommene Folge der Beratung, besteht ein Bezug zu dem Vertrauensverhältnis und das Beschlagnahmeverbot besteht[100].

2. *De lege ferenda*

In einem an den Schutzzwecken des Zeugnisverweigerungsrechts nach § 53 I Nr. 1 bis 3 b orientierten System sollte dagegen ein Beschlagnahmeverbot nur an innerhalb des Vertrauensverhältnisses entstandenen Gegenständen bestehen, es sei denn, außerhalb des Vertrauensverhältnisses entstandene Gegenstände sollen zum Zweck der Feststellung der Identität des Klienten beschlagnahmt werden.

Das Zeugnisverweigerungsrecht nach § 53 I Nr. 1 bis 3 b soll Hilfsbedürftigen die unbefangene Inanspruchnahme von Angehörigen von Heil- und Beratungsberufen ermöglichen, indem es den Klienten der zeugnisverweigerungsberechtigten Hilfsperson vor Nachteilen durch dessen Inanspruchnahme bewahrt[101]. Ein solcher Nachteil liegt zunächst dann vor, wenn durch die Beratung oder die Hilfe Gegenstände entstehen, die ohne die Inanspruchnahme des Zeugnisverweigerungsberechtigten nicht entstanden wären, auf die die Strafverfolgungsorgane also gerade wegen der Inanspruchnahme des Zeugnisverweigerungsberechtigten zugreifen können. Dies ist aber nur der Fall bei innerhalb des Vertrauensverhältnisses entstandenen Gegenständen. Dagegen können die Strafverfolgungsorgane auf außerhalb des Vertrauensverhältnisses entstandene

---

97 So auch *Amelung*, DNotZ 84, 195 (198); AK/StPO-*Amelung*, § 97, Rdn. 10; *Höser*, MDR 82, 535 (536 f.) ; *Volk*, DStR 89, 338 (340).

98 Vgl. LG Köln, BB 74, 1548 f.; *Kunert*, MDR 73, 179 (180); LR[23.]-*Meyer*, § 97, Rdn. 38.

99 Vgl. LG Braunschweig, NJW 78, 2108 (2109).

100 So auch *Müller-Dietz*, S. 38.

101 Die Argumentation *Amelungs* (DNotZ 84, 195 (205)) zur Begründung eines Beschlagnahmeverbots von außerhalb des Vertrauensverhältnisses entstandenen Gegenständen, ratio des Zeugnisverweigerungsrechts und des Beschlagnahmeverbots sei es, Informationen, die der Klient dem Zeugnisverweigerungsberechtigten anvertraut hat, nicht zur Kenntnis der Justiz gelangen zu lassen, beruht daher auf einer unzutreffenden Prämisse, sofern damit gemeint ist, durch § 53 I Nr. 1 bis 3 b sollten Tatsachen aus der Privatsphäre des Klienten im Sinne eines materiellen Geheimnisschutzes generell der Ermittlung entzogen werden.

Gegenstände ohnehin zugreifen; insoweit liegt grundsätzlich kein Nachteil durch die Inanspruchnahme eines Zeugnisverweigerungsberechtigten vor[102]; die Unbefangenheit der Kommunikation wird durch die Möglichkeit der Beschlagnahme solcher Gegenstände nicht beeinträchtigt.

Durch die Beschlagnahme von außerhalb des Vertrauensverhältnisses entstandenen Gegenständen kann der Klient einen durch die Inanspruchnahme des Zeugnisverweigerungsberechtigten herbeigeführten Nachteil nur insoweit erleiden, als durch die Beschlagnahme der Gegenstände eine Beziehung des Klienten zu dem Zeugnisverweigerungsberechtigten erst festgestellt wird. Befinden sich etwa Unterlagen einer Person bei einem Steuerberater oder auf dem Postweg dorthin, so kann mittels der Beschlagnahme dieser Unterlagen festgestellt werden, daß die Person einen Steuerberater in Anspruch genommen hat. Bereits die Offenbarung der Tatsache, einen Angehörigen eines Heil- oder Beratungsberufes aufgesucht zu haben, kann aber für den Klienten einen berücksichtigenswerten Nachteil bedeuten; dementsprechend bezieht sich das Zeugnisverweigerungsrecht nach § 53 I Nr. 1 bis 3 b auch auf die Identität des Klienten[103]. Ein Beschlagnahmeverbot an außerhalb des Vertrauensverhältnisses entstandenen Gegenständen muß also de lege ferenda insoweit bestehen, als die Beschlagnahme dem Zweck dienen soll, festzustellen, ob eine Person Klient des Zeugnisverweigerungsberechtigten war oder ist[104].

De lege ferenda ist also das Beschlagnahmeverbot mit der hier dargestellten Ausnahme auf innerhalb des Vertrauensverhältnisses entstandene Gegenstände zu begrenzen[105]. Die Vorstellung, auch außerhalb des Vertrauensverhältnisses entstandene Gegenstände im Gewahrsam des Zeugnisverweigerungsberechtigten müßten beschlagnahmefrei sein, beruht letztlich wohl auf dem unzutreffenden Gedanken, § 53 I Nr. 1 bis 3 b diene materiellen Geheimhaltungsinteressen[106].

Klargestellt sei, daß diese Überlegungen das Zeugnisverweigerungsrecht nicht berühren. Hat der Zeugnisverweigerungsberechtigte im Zusammenhang mit seiner Berufsausübung Wissen über außerhalb des Vertrauensverhältnisses ent-

---

[102] So auch AK Verteidigung, Begründung zu § 13, S.110; - Insofern ist es entgegen *Schäfer* (LR, § 97, Rdn.48) eben doch ein Unterschied, ob der Klient seinem Berater einen Vertrag mündlich mitteilt und dieser sich Aufzeichnungen macht, oder ob er ihm den Vertrag übergibt.

[103] BGHSt.33, 148 (151); LG Köln, NJW 59, 1598; OLG Hamburg, NJW 69, 689 (691); LG Itzehoe, DSB 88, 7; *Becker*, MDR 74, 888 (891).

[104] Werden solche Gegenstände zu einem anderen Zweck beschlagnahmt, so muß bezüglich der Feststellung der Identität des Klienten ein Verwertungsverbot bestehen.

[105] Auf diese Weise wird auch dem rechtspolitischen Bedenken Rechnung getragen, ein Beschlagnahmeverbot an außerhalb des Vertrauensverhältnisses entstandenen Gegenständen bedeute ein "Asylrecht" für die Beiseiteschaffung von Beweismitteln (LG Stuttgart, wistra 85, 41; davor wurde schon 1910 gewarnt, vgl. *Weinmann*, FS Dünnebier, 199 (201 f.)).

[106] Vgl. etwa die Argumentation *Amelungs* (oben Fn. 101).

standene Gegenstände erlangt, so bedeutet die Mitwisserschaft einen Nachteil, den das das Zeugnisverweigerungsrecht ausgleicht.

X. Herausgabeverweigerungsrecht (§ 95 II 2)

Zu untersuchen bleibt, welche Konsequenzen sich aus den hier dargestellten Schutzzwecken des Zeugnisverweigerungsrechts nach § 53 I Nr. 1 bis 3 b für die Herausgabepflicht ergeben.

Nach § 95 II 2 ist auch bei Zeugnisverweigerungsberechtigten nach § 53 I Nr. 1 bis 3 b die Erzwingung der Herausgabe von Beweismitteln nicht zulässig. Entsprechend dem Zeugnisverweigerungsrecht ist das Herausgabeverweigerungsrecht auf die Gegenstände beschränkt, deren Erlangung oder Entstehung auf der beruflichen Tätigkeit des Zeugnisverweigerungsberechtigten beruht[107].

Da § 95 II 2 auf das Zeugnisverweigerungsrecht zurückverweist, entspricht der Umfang des Herausgabeverweigerungsrechtes dem des § 53 I Nr. 1 bis 3 b und nicht dem des § 97 I[108]. Der Herausgabepflicht unterliegen also auch nicht Gegenstände aus dem Verhältnis des Zeugnisverweigerungsberechtigten zu nichtbeschuldigten Klienten.

1. Gewissenskonflikt

Geht man davon aus, die Angehörigen der Heil- und Beratungsberufe würden durch einen Zeugniszwang in einen Gewissenskonflikt gebracht, so erforderte ein solcher Gewissenskonflikt auch eine Begrenzung der Herausgabepflicht dieser Personen. Da die gesetzliche Konzeption wohl auf dem Bestehen eines Gewissenskonflikts beruht, ist die Zubilligung eines umfassenden, nicht auf die Gegenstände des § 97 I beschränkten Herausgabeverweigerungsrechts für Personen nach § 53 I Nr. 1 bis 3 b konsequent.

Aus heutiger Sicht kann aber die Regelung des § 95 II 2 nur für die Geistlichen mit der Berücksichtigung eines Gewissenskonflikts erklärt werden[109].

---

107 *Eb. Schmidt*, Nachtr. I, § 95, Rdn. 6; SK/StPO-*Rudolphi*, § 95, Rdn. 10; KK-*Laufhütte*, § 95, Rdn. 5; *Beling*, Beweisverbote, S. 21; mißverständlich dagegen die Formulierung bei *Kleinknecht/Meyer*, § 95, Rdn. 10; LR-Schäfer, § 95, Rdn. 12; AK/StPO-*Amelung*, § 95, Rdn. 11: die Herausgabepflicht bestehe nicht für Gegenstände, "die dem Gewahrsamsinhaber in der dort bezeichneten Eigenschaft übergeben worden sind". Danach bestände eine Herausgabepflicht für eigene Aufzeichungen des Zeugnisverweigerungsberechtigten, Untersuchungsbefunde etc.

108 KK-*Laufhütte*, § 95, Rdn. 5; *Tschacksch*, S. 156.

109 Siehe oben 3. Teil A II.

2. Schutz der Wahrheitsfindung

Der Schutz der Wahrheitsfindung kann allenfalls zu einer Begrenzung des Aussagezwangs, nicht hingegen zu einer Einschränkung der Herausgabepflicht führen.

3. Selbstbezichtigungsfreiheit

Orientiert an einem wie von Petry vertretenen Schutz der Selbstbezichtigungsfreiheit des Beschuldigten müßte ein Herausgabeverweigerungsrecht nur für solche Gegenstände bestehen, die sich aufgrund des Verhältnisses des Zeugnisverweigerungsberechtigten zu dem Beschuldigten im Gewahrsam des Zeugnisverweigerungsberechtigten befinden.

4. Schutz des Klienten/ Art.2 I i.V.m. 1 I GG

Dem umfassenden Herausgabeverweigerungsrecht liegen damit ebenso wie dem Zeugnisverweigerungsrecht Interessen der Klienten der Zeugnisverweigerungsberechtigten zugrunde. Ein vollständiger Schutz der Klienten vor Nachteilen durch die Inanspruchnahme professioneller Hilfe setzt nicht nur ein umfassendes Beschlagnahmeverbot für Gegenstände aus dem Vertrauensverhältnis voraus; vielmehr darf die Hilfsperson, soll das Beschlagnahmeverbot nicht leerlaufen, auch nicht gezwungen sein, solche Gegenstände herauszugeben.

Da in einer schutzzweckorientierten Konzeption ein Beschlagnahmeverbot auch im Gewahrsam der Klienten besteht, muß de lege ferenda auch diesen ein Herausgabeverweigerungsrecht zustehen. Eine Neuregelung wäre insoweit nur für den nichtbeschuldigten Klienten erforderlich; den Beschuldigten trifft ohnehin keine Pflicht, aktiv an seiner Überführung mitzuwirken.

5. Berufsausübungsfreiheit der Zeugnisverweigerungsberechtigten nach § 53 I Nr.1 bis 3 b (Art.12 GG)

Aus Art.12 GG schließlich ergeben sich auch für das Herausgabeverweigerungsrecht keine über den Schutz der Interessen der Klienten hinausgehenden Konsequenzen.

B. Verfügungsbefugnis

I. Zeugnisverweigerungsrecht[110]

1. Geistlicher (§ 53 I Nr. 1)

Ob der Geistliche von seinem Zeugnisverweigerungsrecht Gebrauch macht oder nicht, ist de lege lata allein von dessen Willen abhängig. Er unterliegt weder einer gesetzlichen Schweigepflicht noch kann er durch eine Schweigepflichtentbindung zur Aussage gezwungen werden (§ 53 I Nr. 1 ist in § 53 II nicht genannt).

Auch aus an den Schutzzwecken des § 53 I Nr. 1 orientierter Sicht ist es konsequent, daß der Klient des Geistlichen keine Verfügungsbefugnis über dessen Aussage hat. Zwar schützt auch das Zeugnisverweigerungsrecht der Geistlichen deren Klienten. Wegen des religiösen Charakters der Schweigepflicht und dem Gewissenskonflikt, in dem sich der Geistliche bei einer Zeugnispflicht befände, kann es eine Entbindung des Geistlichen von der Schweigepflicht nicht geben; dies ist wohl auch ein Gebot des Art. 4 GG[111]. Ebensowenig ist eine gesetzliche Schweigepflicht des Geistlichen geboten: zwar muß der Staat nach der Wertung des Grundgesetzes die Religionsausübung respektieren; er muß diese jedoch nicht durch staatliche Pflichten staatsrechtlich absichern[112]. Die Verschwiegenheit des Geistlichen ist damit das Risiko dessen, der sich dem Geistlichen anvertraut; wahrt dieser das Vertrauen nicht, so genießt der Anvertrauende keinen Schutz.

2. Personen nach § 53 I Nr. 2 bis 3 b

a) Berechtigung zur Schweigepflichtentbindung

Die nach § 53 I Nr. 2 bis 3 b Zeugnisverweigerungsberechtigten sind gem. § 53 II zum Zeugnis verpflichtet, wenn sie von der Verpflichtung zur Verschwiegenheit befreit sind. Berechtigt zur Entbindung von der Schweigepflicht ist derjenige, zu dessen Gunsten die Schweigepflicht begründet ist[113];

---

[110] Die Ausführungen zu dem Zeugnisverweigerungsrecht gelten auch für das Herausgabeverweigerungsrecht nach § 95 II 2; vgl. auch LR-*Schäfer*, § 95, Rdn. 12; SK/StPO-*Rudolphi*, § 95, Rdn. 10.

[111] *Rengier*, Zeugnisverweigerungsrechte, S. 257 f.; a.A. *Beling*, Beweisverbote, S. 19, der allein den Anvertrauenden durch das Zeugnisverweigerungsrecht nach § 53 als geschützt ansah und dafür eintrat, auch das Zeugnisverweigerungsrecht der Geistlichen durch eine Schweigepflichtentbindung entfallen zu lassen.

[112] Vgl. *Dencker*, S. 121.

[113] LR-*Dahs*, § 53, Rdn. 61; *Kleinknecht/Meyer*, § 53, Rdn. 46.

maßgeblich für die Bestimmung des Verfügungsbefugten muß also die Erwägung sein, daß § 53 I Nr. 1 bis 3 b den Klienten des Berufsträgers durch die Gewährleistung der Vertraulichkeit der Kommunikation zwischen Hilfsperson und Klient davor bewahren soll, durch die Inanspruchnahme der Hilfe einen Nachteil zu erleiden. Der Klient selbst ist also berechtigt zur Schweigepflichtentbindung über alle Tatsachen, die der Zeugnisverweigerungsberechtigte durch die Beziehung zu ihm erfahren hat. Das bedeutet, daß der Klient auch verfügungsbefugt ist über Geheimnisse Dritter, die er einem Angehörigen eines Heil- und Beratungsberufes anvertraut hat[114]. Da die Offenbarung des Geheimnisses durch den Berufsträger für den Dritten kein Nachteil ist, der ihm durch die Inanspruchnahme professioneller Hilfe entsteht, kann der Einwilligung des Dritten keine Bedeutung zukommen. Die Ansicht, es sei (auch oder allein) derjenige verfügungsbefugt, dessen Geheimnis betroffen sei[115], ist also mit der ratio des § 53 I Nr. 1 bis 3 b nicht vereinbar; sie beruht wohl auf der falschen Vorstellung, § 53 I Nr. 1 bis 3 b schütze absolute Geheimhaltungsinteressen, also etwa das Interesse an der Geheimhaltung von Gesundheitsdaten oder Vermögensverhältnissen.

Nicht verfügungsbefugt kann der Anvertrauende nur dann sein, wenn der, dessen Geheimnis betroffen ist, selbst Klient ist und die diesen betreffenden Umstände im Hinblick auf dessen Klientenstellung anvertraut wurden (z.B. gibt die Ehefrau des Patienten dem Arzt Auskunft über Krankheiten ihres Mannes). In einem solchen Fall ist die Tatsache, daß der Berufsträger das Geheimnis des Klienten erfahren hat, auf die Inanspruchnahme des Berufsträgers durch den Klienten zurückzuführen; die Preisgabe des Geheimnisses durch den Berufsträger würde also für den Klienten einen durch die Inanspruchnahme der Hilfsperson entstehenden Nachteil bedeuten und die Unbefangenheit der Kommunikation des Klienten mit dem Berufsträger beeinträchtigen. Die Schweigepflichtentbindung muß also in einem solchen Fall durch den Klienten erfolgen; diese ist dann ausreichend, eine Entbindung durch den Anvertrauenden mithin nicht erforderlich[116].

---

114 So i.E. auch *Kohlhaas*, GA 58, 65 (73); ders., JR 58, 328; OLG Köln, NStZ 83, 412; *Kleinknecht/Meyer*, § 53, Rdn.46; SK/StPO-*Rudolphi*, § 97, Rdn.24 und LR-*Dahs*, § 53, Rdn.62, deren Erwägung, der Anvertrauende könne ja auch selbst über die Drittgeheimnisse aussagen, allerdings nicht den entscheidenden Punkt trifft. Dies zeigt sich bei Dahs selbst, der eine Verfügungsbefugnis des Anvertrauenden (i.E. zu Recht, siehe im folgenden verneint, wenn der Dritte selbst Klient ist. Maßgeblich ist allein ist, ob der Betroffene durch die Offenbarung der jeweiligen Tatsache einen durch die Inanspruchnahme professioneller Hilfe entstehenden Nachteil erleidet.

115 So *Eb.Schmidt*, Arzt im Strafrecht, S.68; OLG Hamburg, NJW 62, 689 (691); *Lenckner*, Arzt und Recht 1966, 159 (178, 198); *Dünkel*, S.22; *Hackel*, NJW 69, 2257 (2259); *Frey*, FS Pfenninger, 41 (49, Fn.21); *Rogall*, NStZ 83, 413 (414); *Spangenberg*, S. 67.

116 So im Ergebnis auch *Hackel*, NJW 69, 2257; LR-*Dahs*, § 53, Rdn.62.

b) Aussagebefugnis bei fehlender Schweigepflichtentbindung?

Orientiert an dem Schutz der Interessen der Klienten der Zeugnisverweigerungsberechtigten als maßgeblicher ratio des Zeugnisverweigerungsrechts der Personen nach § 53 I Nr. 1 bis 3 b scheint auch der umgekehrte Fall, die Frage der Aussagebefugnis bei fehlender Schweigepflichtentbindung, klar zu sein: Wenn es primär Interessen der Klienten sind, die von § 53 I Nr.2 bis 3 b geschützt werden, und die Wahrung der Interessen der Klienten die unbedingte Verschwiegenheit der Angehörigen der Heil- und Beratungsberufe voraussetzt, so können die Zeugnisverweigerungsberechtigten nicht über diese Interessen verfügen[117]. Materiellrechtlich wird dies durch § 203 StGB bestimmt. Daraus würde folgen, daß die Personen nach § 53 I Nr.2 bis 3 b zur Zeugnisverweigerung verpflichtet sind, wenn sie nicht von der Verschwiegenheitspflicht entbunden werden. Das Gericht dürfte konsequenterweise eine wegen fehlender Schweigepflichtentbindung gegen § 203 StGB verstoßende Aussage nicht entgegennehmen, sofern nicht die Verfügungsbefugnis des Zeugnisverweigerungsberechtigten aus dem Vorliegen eines Rechtfertigungsgrundes, etwa Notstands nach § 34 StGB, folgt[118].

Die Rechtsprechung und die überwiegende Literatur vertritt demgegenüber aber die Auffassung, das Gericht dürfe auch eine gegen § 203 StGB verstoßende Aussage entgegennehmen und verwerten[119]. Der Zeugnisverweigerungsberechtigte soll also ohne bzw. gegen den Willen des Klienten auf sein Zeugnisverweigerungsrecht verzichten können[120]; er wird insoweit prozessual selbst für verfügungsbefugt gehalten.

Diese Ansicht beruht auf der Lehre von den doppelfunktionellen Prozeßhandlungen, die zwischen dem "Gang eines auf Gewinnung eines Urteils hinstrebenden gerichtlichen Verfahrens"[121], auf dessen Funktion die prozessualen

---

[117] So auch *Dencker*, S.120.

[118] So auch *Lenckner*, NJW 65, 321 (325 f.); *Welp*, FS Gallas, 391 (406); *Rengier*, Zeugnisverweigerungsrechte, S.328 ff., 336; *Haffke*, GA 73, 65, (71ff, 75); Klöhn, S.347 ff.; *Gössel*, Strafverfahrensrecht, S.216 f.; *R.Schmidt*, Ausnahme, S.27; Schuldausschließungs-, Entschuldigungs- und Strafausschließungsgründe haben auf die Frage der Verfügungsbefugnis keinen Einfluß.

[119] RGSt.19, 364 (365); 57, 63; 71, 21; BGHSt.9, 59 (61); 15, 200 (202); 18, 146 (147); *Simonson*, DJZ 1904, 1014 (1016); *Eb.Schmidt*, Lehrk, Teil II, § 53, Erl.26; ders., Arzt im Strafrecht, S.62, 64; *Bringewat*, NJW 74, 1740 (1742); *Nüse*, JR 66, 281 (286); *Kleinknecht*, NJW 66, 1537 (1541 f.); *Sendler*, S.75; *Petry*, S.185; KMR-*Müller*, § 53, Anm.4; *Ackermann*, FS DJT, 479 (485, 499); *Frey*, FS Pfenninger, 41 (44, Fn.7); *Peters*, Gutachten 46.DJT, 122, 127; *Jähnke*, AG Strafrecht 1988, 69 (77).

[120] Vgl. *Kleinknecht/Meyer*, § 97, Rdn.5; KK-*Laufhütte*, § 97, Rdn.4; LR-*Schäfer*, § 97, Rdn.34; insofern die Vertreter dieser Ansicht sich auf BGHSt. 18, 227 (230) berufen, geht dies allerdings fehl, da diese Entscheidung den Fall eines Zeugnisverweigerungsberechtigten nach § 52, also eines nicht materiell schweigepflichtigen Zeugen betrifft.

[121] *Eb.Schmidt*, Arzt im Strafrecht, S.55.

Wertungen bezogen seien, und dem materiellen Recht, das sich auf die außerprozessuale "soziale Lebenswirklichkeit"[122] beziehe, trennt[123]: nur wenn das Prozeßrecht selbst eine Schranke hinsichtlich eines Beweismittels setze, bestehe ein Beweisverbot; ein Verstoß gegen die materiellrechtliche Bestimmung des § 203 StGB sei daher unbeachtlich[124]. Für die daraus resultierende Unterscheidung der Verfügungsbefugnis nach materiellem und nach prozessualem Recht wird zudem angeführt, daß der Zeuge nach dem Wortlaut des § 53 I Nr.2 bis 3 b lediglich berechtigt, nicht jedoch verpflichtet zur Zeugnisverweigerung sei; er könne daher nach pflichtgemäßem Ermessen[125] entscheiden, ob und inwieweit er aussagen wolle[126]. Der Richter dürfe nicht seine an Stelle dieser Entscheidung setzen[127].

Die der Lehre von den doppelfunktionellen Prozeßhandlungen zugrundeliegende Vorstellung von der strengen Unterscheidbarkeit von materiellem und prozessualem Recht ist aber unzutreffend[128]. Das Prozeßrecht dient auch und gerade der Verwirklichung materieller Rechte, etwa dadurch, daß es strafprozessuale Zwangsmaßnahmen, die in außerprozessuale Rechtsgüter eingreifen, an bestimmte Voraussetzungen knüpft[129]. Auch § 53 I Nr. 1 bis 3 b besteht mit der Ermöglichung unbefangener Inanspruchnahme professioneller Hilfe in einem materiellen Interesse der Betroffenen. Für eine doppelfunktionelle Betrachtungsweise läßt zudem die Rechtsprechung des Bundesverfassungsgerichts keinen Raum[130]. Wenn etwa rechtswidrig (von Privaten) aufgenommene Tonbänder wegen des in der Aufnahme und der Verwertung liegenden Verstoßes gegen Art.2 I i.V.m. 1 I GG grundsätzlich im Prozeß nicht verwertet werden dürfen[131], kann

---

122 *Eb.Schmidt*, Arzt im Strafrecht, S.55.

123 Siehe dazu *Niese*, Doppelfunktionelle Prozeßhandlungen, S.145-147; *Eb.Schmidt*, Arzt im Strafrecht, S.54 ff.; *Werner*, NJW 88, 993 (999).

124 *Niese*, Doppelfunktionelle Prozeßhandlungen, S.145; *Creifels*, GA 60, 65 (73); *Petry*, S.185 f.; *Endriß*, ZRP 89, 45; vgl. auch *Werner*, NJW 88, 993 (999).

125 So RGSt.19, 366; *Eb.Schmidt*, Lehrk., Teil II, § 53, Erl. 26; *Bringewat*, NJW 74, 1740 (1742).

126 *Nüse*, JR 66, 281 (286); *Kleinknecht*, NJW 66, 1537 (1541 f.); *Sendler*, S.75; *Petry*, S.185; KMR-*Müller*, § 53, Anm.4; *Ebermayer*, DJZ 1910, 1219; -Dies hält auch *Beling*, Beweisverbote, S.20 für die gesetzliche Regelung, deren rechtspolitische Berechtigung er allerdings heftig kritisiert: da das Beweisverbot, welches das berufsbezogene Zeugnisverweigerungsrecht begründe, nicht dem Schutz des Geheimnisempfängers, also des Zeugnisverweigerungsberechtigten, sondern des Geheimnisgebers diene, sei es nicht einzusehen, warum der Vertrauensmann über die Wahrung des Geheimnisses entscheiden solle. Erscheine dem Staate das Vertrauensverhältnis als schutzwürdig, dann dürfe er es nicht durch den Vertrauensmann nach Lust und Belieben verletzen lassen.

127 *Eb.Schmidt*, Lehrk., Teil II, § 53, Rdn.26; ders., NJW 62, 1745 (1749, 1750).

128 *Klöhn*, S.343 ("Fiktion").

129 *Rengier*, Zeugnisverweigerungsrechte, S.331.

130 *Rengier*, Zeugnisverweigerungsrechte, S.333 f.

131 Vgl. etwa BVerfGE 34, 238 ff.; BGHSt.14, 358 ff.; BayObLG, NJW 90, 197.

auch ein Verstoß gegen die ebenfalls die Privatsphäre des Beschuldigten schützende Vorschrift des § 203 StGB nicht prozessual unbeachtlich sein[132].

Daß § 53 I Nr. 1 bis 3 b nur von einer Berechtigung und nicht von einer Verpflichtung zur Zeugnisverweigerung spricht, erklärt sich damit, daß nicht alle in § 53 Genannten einer materiellen Schweigepflicht unterliegen[133]. Die Aussage, der Zeuge solle nicht nach Belieben, sondern nach pflichtgemäßem Ermessen über die Zeugnisverweigerung entscheiden, ist zudem nicht plausibel, da eine zu strafbarem Handeln führende Ermessensausübung nicht pflichtgemäß sein kann[134].

Ein Vernehmungsverbot scheitert auch nicht, wie dies der Bundesgerichtshof anführt[135], an fehlender Praktikabilität. Ob die Voraussetzungen eines Rechtfertigungsgrundes für die Geheimnisoffenbarung vorliegen, ist anhand einer Güter- und Interessenabwägung zu entscheiden. Dabei handelt es sich um eine an rechtlichen, nicht an standesethischen[136] Maßstäben orientierte Entscheidung, so daß nicht ersichtlich ist, warum der Zeugnisverweigerungsberechtigte und nicht der Richter über das Vorliegen eines Rechtfertigungsgrundes für eine Geheimnisoffenbarung befinden soll[137]. Auch der Zivilrichter muß gem. § 383 III ZPO eine entsprechende materiellrechtliche Prüfung vornehmen[138]. Nach richtiger Ansicht reduziert sich zudem die Prüfung, ob ein Rechtfertigungsgrund für die Geheimnisoffenbarung vorliegt, auf präventive Zwecke, also darauf, ob durch die Aussage eine drohende Beeinträchtigung von Rechtsgütern Dritter verhindert werden soll. Da der Gesetzgeber mit der Zubilligung des Zeugnisverweigerungsrechts zum Ausdruck gebracht hat, daß er das Interesse an der Wahrung des Berufsgeheimnisses höher wertet als Interessen der Strafverfolgung[139], kann das Strafverfolgungsinteresse als solches die Durchbrechung der Schweigepflicht nicht rechtfertigen[140]. Ob die Geheimnisoffenbarung zur Verhütung weiteren

---

[132] Vgl. *Dencker*, S. 131; *R. Schmidt*, Ausnahme, S. 26 f.; - Die Entgegennahme und Verwertung von gegen § 203 StGB verstoßende Aussagen kommt zudem, sofern Geheimnisse des Beschuldigten betroffen sind, einer Verletzung des nemo-tenetur-Grundsatzes nahe (vgl. auch *Welp*, FS Gallas, 391 (403 ff.)).

[133] *Welp*, FS Gallas, 391 (401); *R. Schmidt*, Ausnahme, S. 23.

[134] *Rengier*, Zeugnisverweigerungsrechte, S. 336.

[135] BGHSt. 9, 59 (62): ein Vernehmungsverbot sei nicht durchführbar, da der Richter gar nicht erkennen könne, ob eine Aussage gegen § 203 StGB verstoße oder nicht; er könne daher nicht sicher und rasch genug über die Entgegennahme der Aussage entscheiden.

[136] In diese Richtung aber Flor, JR 53, 368 (370 f.); *Eb. Schmidt*, NJW 62, 1745 (1750).

[137] *Haffke*, GA 73, 65 (73 f.); *Rengier*, Zeugnisverweigerungsrechte, S. 339; *Klöhn*, S. 344; *R. Schmidt*, Ausnahme, S. 25.

[138] Darauf weisen u.a. *Haffke*, GA 73, 65 (72 f.) und *Rengier*, Zeugnisverweigerungsrechte, S. 339 hin.

[139] *Frey*, FS Pfenninger, 41 (43); *Klöhn*, S. 344 f.

[140] *Haffke*, GA 73, 65 (69); *Sydow*, S. 114 f.; ausführlich *Rengier*, Zeugnisverweigerungsrechte, S. 339 ff.; *Steinberg-Copek*, S. 60 f.; SK-Samson, § 203, Rdn. 45; *Schilling*, JZ 76, 617 (620); *Kra-*

Unheils erforderlich ist, läßt sich aber durchaus ohne größere Schwierigkeiten feststellen[141]. Praktikabilitätserwägungen können zudem ohnehin nur durchgreifen, wenn sie auch rechtlich legitimiert sind[142].

Gegen die Lehre von den doppelfunktionellen Prozeßhandlungen spricht schließlich, daß in einem auf Wahrheit und Gerechtigkeit ausgerichteten Strafverfahren[143] der Staat nicht zur Erkenntnisgewinnung eine strafbare Handlung dulden, unterstützen oder gar zu ihr anstiften darf[144]. Da, wie dies heute unstreitig ist, die allgemeine Zeugnispflicht keine Rechtfertigung für die Offenbarung bedeutet[145], ist es nicht einsichtig, daß es ausgerechnet staatlichen Organen gestattet sein soll, durch die Vernehmung des Zeugen diesen zum Geheimnisbruch aufzufordern und sich selbst zum Teilnehmer an der Verletzung eines strafrechtlich geschützten Rechtsgutes zu machen[146].

Die Ansicht, die die Verfügungsbefugnis nach materiellem und prozessualem Recht trennt, dem Berufsträger so die Verfügungsbefugnis über die Aussage zuspricht und ein Vernehmungsverbot bei Verstoß des Zeugen gegen § 203 StGB verneint, erweist sich nach alledem als unzutreffend. Der Zeugnisverweigerungsberechtigte kann also nicht ohne oder gegen den Willen des Beschuldigten

---

mer, NJW 90, 1760 (1763); vgl. auch BGHSt.34, 39 (51): Notstandsgrundsätze erlaubten selbst in Fällen schwerer Kriminalität grundsätzlich nicht, zur Erleichterung der Beweisführung Befugnisse in Anspruch zu nehmen, deren Verbot sich entweder ausdrücklich aus Vorschriften der Strafprozeßordnung oder konkludent aus den sie tragenden Gesichtspunkten ergibt; a.A. *Lenckner*, Arzt und Recht 1966, 159 (183 f.); *Klöhn*, S.341; *Goedel*, S.331 ff.

141 *Rengier*, Zeugnisverweigerungsrechte, S.342.

142 *Lenckner*, NJW 65, 321 (325).

143 Vgl. *Jescheck*, JZ 70, 201 (204); *Rudolphi*, ZRP 76, 165 (166); *Rengier*, Zeugnisverweigerungsrechte, S.331.

144 *Haffke*, GA 73, 65 (72); *Rengier*, Zeugnisverweigerungsrechte, S.331 f.; *Kühne*, JZ 81, 647 (652); *Klug*, Referat 46.DJT, F 52; zur Wahrung der Legitimation zum Strafen als Grund für Beweisverbote vgl. auch *Amelung*, Informationsbeherrschungsrechte. S.20 ff.; - Für ein Vernehmungsverbot in den hier thematischen Fällen sprechen zudem die gleichen Argumente, die für ein Verwertungsverbot von durch rechtswidriges Handeln Privater erlangten Beweismitteln sprechen (vgl. *Sydow*, S.112; zu den Argumenten oben 2.Teil C III. 2.b).

145 Vgl. schon *Simonson*, DJZ 1904, 1014 ff.; BGHSt.9, 59 (61 f.); *Woesner*, NJW 57, 692 (694); *Kohlhaas*, GA 58, 65 (72); *Lenckner*, NJW 65, 321 (324 f.); *Steinberg-Copek*, S.59 f.; *Welp*, FS Gallas, 391 (398); *Rengier*, Zeugnisverweigerungsrechte, S.332.

146 *Lenckner*, NJW 65, 321 (326); *Klöhn*, S.347; Die Gegenansicht hätte zudem die befremdliche Konsequenz, daß der im Gericht anwesende Klient des Zeugnisverweigerungsberechtigten, dessen Geheimnisse rechtswidrig offenbart werden, der Geheimnisoffenbarung im Wege der Notwehr (§ 32 StGB) entgegentreten und ihn an der Aussage hindern könnte. Das Gericht könnte dagegen nicht einschreiten, sondern hätte gem. § 183 GVG den Tatbestand der Geheimnisoffenbarung festzustellen und sogar gegebenenfalls den Zeugnisverweigerungsberechtigten vorläufig festzunehmen. (vgl. *Lenckner*, NJW 65, 321 (326); *Rengier*, Zeugnisverweigerungsrechte, S.331 f., 335; *Kühne*, JZ 81, 647 (652); *Klöhn*, S.348 f.; *R.Schmidt*, Ausnahme, S.24).

auf das Zeugnisverweigerungsrecht verzichten; verfügungsbefugt ist vielmehr allein der Klient.

Dies gilt auch für ein schutzzweckorientiertes System.

II. Beschlagnahme

1. Geistlicher (§ 53 Nr.1)

Ebenso wie es dem Geistlichen freisteht, auszusagen oder nicht, steht es ihm auch frei, die Vertraulichkeit anvertrauter schriftlicher Mitteilungen oder sonstiger Gegenstände zu wahren. Das Beschlagnahmeverbot entfällt daher, wenn der Geistliche der Beschlagnahme zustimmt. Da die Beschlagnahme den Geistlichen in keinen Gewissenskonflikt bringt, also bei der Beschlagnahme nur Rechte der Klienten betroffen sind, muß das Beschlagnahmeverbot auch bei Zustimmung des Klienten entfallen.

2. Personen nach § 53 I Nr.2 bis 3 b

Für die Verfügungsbefugnis über das Beschlagnahmeverbot bei den Personen nach § 53 I Nr.2 bis 3 b kann, da dies den gleichen Schutzzwecken wie das Zeugnisverweigerungsrecht dient, nichts anderes gelten als für das Zeugnisverweigerungsrecht[147]: verfügungsbefugt ist allein der Klient. Willigt er in die Beschlagnahme ein, so entfällt das Beschlagnahmeverbot[148]. Eine Einwilligung des Zeugnisverweigerungsberechtigten ist dagegen rechtlich irrelevant: die Beschlagnahme ist trotz der Einwilligung des Zeugnisverweigerungsberechtigten rechtswidrig, freiwillig von der Hilfsperson herausgegebene Gegenstände dürfen die Strafverfolgungsorgane nicht entgegennehmen.

Die Verfügungsbefugnis des Klienten über das Beschlagnahmeverbot wird allerdings von einigen bestritten.

Da die Beschlagnahmeverbote nicht[149] oder jedenfalls nicht ausschließlich[150] im Interesse des Beschuldigten, sondern in einem auf Sozialwertebene liegenden überindividuellen Interesse an der Erhaltung der mit bestimmten Berufen notwendig verbundenen Vertrauenswürdigkeit beständen, könne der Beschuldigte

---

147 Vgl. auch *Welp*, FS Gallas, 391 (408 f.); *Beulke*, Verteidiger, S.209 f.; *R.Schmidt*, Ausnahme, S.27 f.

148 So auch OLG Nürnberg, NJW 58, 272; OLG Hamburg, NJW 62, 689; KK-*Laufhütte*, § 97 Rdn.5; KMR-*Müller*, § 97 Rdn.23; LR-*Schäfer*, § 97 Rdn.75; SK/StPO-*Rudolphi*, § 97 Rdn.22; ; *Peters*, Strafprozeß, S.444; *Roxin*, Strafverfahrensrecht, S.225; AK/StPO-*Amelung*, § 97, Rdn.26 f.; *Becker*, MDR 74, 888 (890); *Schlüchter*, Rdn.299; *Kohlhaas*, GA 58, 65 (73); ders., JR 58, 328.

149 *Eb.Schmidt*, Nachtr.I, § 97 Rdn.12.

150 *Arth.Kaufmann*, NJW 58, 272.

nicht allein über sie verfügen[151]. Zudem sehe § 97 eine Regelung entsprechend § 53 II nicht vor, und dies sei auch nicht erforderlich, da ja ein Zeuge zur Verfügung stehe[152]. Insbesondere auf den Arzt bezogen wird angeführt, daß, da eine Identität zwischen den Geheimnissen, über die der Patient verfügen könne, mit dem Inhalt und Umfang ärztlicher Unterlagen nicht bestehe, der Arzt entscheiden müsse, welche Aufzeichnungen und sonstige Unterlagen er herausgebe[153]. Auch müsse der Arzt im Interesse des Patienten befugt sein, Informationen, etwa über das Ausmaß einer Krankheit, zurückzuhalten[154].

Wenn aber die zeugnisverweigerungsberechtigten Personen nach der Entbindung von der Schweigepflicht verpflichtet sind, über den Inhalt der in ihrem Gewahrsam befindlichen Beweismittel als Zeugen auszusagen, dann ist nicht einzusehen, warum eine wirksame Einwilligung des Klienten in die Beschlagnahme nicht möglich sein soll[155]. § 97 I dient ebenso wie § 53 I Nr.1 bis 3 b primär dem Interesse der Klienten; eine mit deren Einwilligung vorgenommene Beschlagnahme beeinträchtigt Interesen der Klienten nicht. Auch Allgemeininteressen sind nur dann berührt, wenn Tatsachen aus dem Vertrauensverhältnis zwischen Angehörigen eines Heil- und Beratungsberufes und deren Klienten gegen den Willen des Klienten offenbart werden[156]; mit Allgemeininteressen läßt sich daher ein Fortbestand des Beschlagnahmeverbots nach Entbindung von der Schweigepflicht nicht begründen. Die Bedenken, durch eine aufgrund einer Einwilligung des Klienten erfolgte Beschlagnahme könnten Geheimnisse Dritter offenbart werden, über die der Klient nicht verfügungsbefugt sei, können ebenfalls nicht durchgreifen, da die Einwilligung nur wirksam ist, wenn sie durch einen Verfügungsbefugten erfolgt, und das Beschlagnahmeverbot nicht weiter entfällt, als die Verfügungsbefugnis reicht[157]. Erfährt schließlich der Klient durch

---

[151] *Eb.Schmidt*, Nachtr.I, § 97 Rdn.11 f.; *Arth. Kaufmann*, NJW 58, 272; *Göppinger*, NJW 58, 241 (244 f.); *Bringewat*, NJW 74, 1740 (1742 f.); *Gülzow*, NJW 81, 265 (267); *Müller-Dietz*, S.93 ff.

[152] *Eb.Schmidt*, Nachtr.I, § 97 Rdn.11.

[153] *Göppinger*, NJW 58, 241 (244 f.); *Eb.Schmidt*, Nachtr.I, § 97 Rdn.11; *R.Schmidt*, Ausnahme, S.30 f.; differenzierend *Dünkel*, S.22: beschlagnahmt werden dürften Mitteilungen, die der Beschuldigte selbst dem Zeugnisverweigerungsberechtigten gemacht habe. Aufzeichnungen über Mitteilungen Dritter seien hingegen auch bei Schweigepflichtentbindung beschlagnahmefrei. Das gleiche gelte, wenn Geheimnisse des Beschuldigten untrennbar mit anderen Wahrnehmungen des Zeugnisverweigerungsberechtigten vermischt seien.

[154] *Göppinger*, NJW 58, 241 (241 f.).

[155] LR-*Schäfer*, § 97 Rdn.75.

[156] *Kohlhaas*, JR 58, 328 (329); *Rengier*, Zeugnisverweigerungsrechte, S.260 f.; siehe auch oben 3.Teil A VII.

[157] Die bei Beschlagnahmeverboten stets bestehende praktische Schwierigkeit, beschlagnahmefreie Unterlagen von beschlagnahmbaren zu trennen, kann keine unterschiedliche Reichweite der Verfügungsbefugnis über Zeugnisverweigerungsrecht und Beschlagnahmeverbot begründen.

die mit seiner Einwilligung erfolgte Beschlagnahme seiner Unterlagen Tatsachen, deren Kenntnis ihm nicht willkommen ist, so ist dies sein eigenes Risiko[158].

Willigt der Klienten in die Beschlagnahme ein, so entfällt daher das Beschlagnahmeverbot.

3. Beschlagnahme von Unterlagen Nichtbeschuldigter zur Entlastung des Beschuldigten?

Verfügungsbefugt über Zeugnisverweigerungsrecht und Beschlagnahmeverbot ist also stets derjenige, durch dessen Beziehung zu dem Zeugnisverweigerungsberechtigten dieser die fragliche Tatsache erfahren hat bzw. der fragliche Gegenstand entstanden ist. Geht es um den Schutz des Geheimbereichs nichtbeschuldigter Dritter, ist daher allein der Dritte, nicht der Beschuldigte verfügungsbefugt.

Dies kann nun aber problematisch sein, wenn Geheimnisse Dritter zum Zweck der Entlastung des Beschuldigten offenbart werden sollen und der Dritte der Beschlagnahme nicht zustimmt oder, etwa weil er verstorben ist, der Beschlagnahme nicht mehr zustimmen kann.

Ein solcher Fall lag dem OLG Celle im Jahre 1964[159] und jüngst dem LG Fulda[160] vor. In beiden Fällen berief sich der Angeklagte darauf, der Tod des Opfers sei nicht oder jedenfalls nicht allein durch seine Handlung, sondern durch im Verantwortungsbereich der behandelnden Ärzte liegende Umstände eingetreten. Die zum Beweis dieser Tatsache herangezogenen Ärzte beriefen sich auf ihr Zeugnisverweigerungsrecht. Auf Antrag der Verteidigung ordneten die Gerichte daraufhin die Beschlagnahme der Krankenunterlagen des Opfers an. Von § 97 I seien Unterlagen aus dem Verhältnis zu Nichtbeschuldigten nicht umfaßt, daher bestehe kein einfachgesetzliches Beschlagnahmeverbot[161]. Aus den verfassungsrechtlichen Grundsätzen der Menschenwürde (Art.1 GG) und des allgemeinen Persönlichkeitsrechts (Art.2 GG) folge zwar grundsätzlich die Beschlagnahmefreiheit von Krankenunterlagen auch dann, wenn der Patient nicht Beschuldigter sei; die Interessen des verstorbenen Patienten müßten jedoch hier hinter dem Interesse des Staates an Verbrechensaufklärung und hinter dem Interesse des An-

---

[158] *Kohlhaas*, JR 58, 328; *Rengier*, Zeugnisverweigerungsrechte, S.259; - Wollte man den Klienten davor schützen, müßte man konsequenterweise den Zeugnisverweigerungsberechtigten zu unvollständigen oder sogar zu wahrheitswidrigen Aussagen berechtigt halten, da der Zeugnisverweigerungsberechtigte die Kenntnis bestimmter Umstände verschweigen oder auch leugnen können muß, um sie dem Klienten vorzuenthalten.

[159] OLG Celle, JR 65, 107.

[160] LG Fulda, NJW 90, 2946.

[161] OLG Celle, JR 65, 107 (108); LG Fulda, NJW 90, 2946.

geklagten, nicht unschuldig verurteilt bzw. nicht schärfer als angemessen bestraft zu werden, zurücktreten[162].

De lege lata bereitet die Wahrung der Interessen des seine Entlastung anstrebenden Beschuldigten also kein Problem.

Dehnt man aber im Rahmen eines schutzzweckorientierten Systems das Beschlagnahmeverbot auf Gegenstände aus dem Verhältnis zu Nichtbeschuldigten aus, so wären die ärztlichen Unterlagen in Fällen wie den oben dargestellten der Beschlagnahme entzogen und dem Beschuldigten damit eine Möglichkeit des Entlastungsbeweises abgeschnitten. Rechtspolitisch vertretbar wäre dieses Ergebnis nur dann, wenn das Interesse des Dritten das Interesse des Beschuldigten überwiegen würde.

Läßt man die der Entlastung dienende Beschlagnahme zu, so bedeutet dies für den nichtbeschuldigten Klienten, daß er bei der Inanspruchnahme eines Angehörigen eines Heil- und Beratungsberufes damit rechnen muß, daß dort offenbarte Tatsachen durch Zugriff auf den Zeugnisverweigerungsberechtigten an die Öffentlichkeit kommen. Allerdings wird die Wahrscheinlichkeit eines solchen Zugriffs eher gering sein. Zudem kann der Eingriff in Rechte des Dritten durch einen Ausschluß der Öffentlichkeit nach §§ 171 b oder 172 Nr.3 GVG zumindest abgemildert werden[163].

Demgegenüber ist das Interesse des Beschuldigten, ihn entlastendes Beweismaterial umfassend im Prozeß heranziehen zu können, höher zu veranschlagen. Mit einer unberechtigten Strafe belegt zu werden, bedeutet einen erheblich größeren Rechtsverlust, eine erheblich gravierendere Belastung als die von der Möglichkeit des Zugriffs auf den Zeugnisverweigerungsberechtigten und die dadurch bewirkte Offenbarung persönlicher Daten ausgehende Freiheitseinbuße. Die Notwendigkeit einer Beschlagnahmemöglichkeit entfällt auch nicht dadurch, daß der Richter, wenn er bei dem Zeugnisverweigerungsberechtigten entlastendes Material vermutet, die entlastenden Tatsachen zugunsten des Angeklagten nach dem Grundsatz "in dubio pro reo" als wahr zu unterstellen und gegebenenfalls auf Freispruch zu erkennen hat[164], da die bloße Behauptung des Beschuldigten, bei einem Zeugnisverweigerungsberechtigten befinde sich entlastendes Material, den Richter nach dem Grundsatz der freien Beweiswürdigung noch nicht zu einer Wahrunterstellung nötigt.

---

[162] OLG Celle, JR 65, 107 (109); LG Fulda, NJW 90, 2946 (2947); zustimmend zum Ergebnis des OLG Celle Kohlhaas, JR 65, 109 f.

[163] Der Schutz des Klienten könnte verbessert werden, indem § 172 Nr.3 GVG dahingehend ergänzt würde, daß die Öffentlichkeit auf Antrag des Klienten (der benachrichtigt werden müßte), auszuschließen ist (vgl. auch *Rengier*, Zeugnisverweigerungsrechte, S.87 f.).

[164] Vgl. auch *Rengier*, Zeugnisverweigerungsrechte, S.93 zu dem entsprechenden Problem bei § 52.

Von einem Beschlagnahmeverbot für Unterlagen nichtbeschuldigter Klienten eines Zeugnisverweigerungsberechtigten nach § 53 I Nr. 1 bis 3 b muß daher eine Ausnahme gemacht werden, wenn diese der Entlastung des Beschuldigten dienen soll.

Ob die Erhebung eines Beweises zu einer Be- oder einer Entlastung führt, wird allerdings vor der Beweisaufnahme meist ungewiß sein[165]. Könnten Staatsanwaltschaft und Gericht die Beschlagnahme ansonsten beschlagnahmefreien Materials zur Entlastung des Beschuldigten herbeiführen, so könnte dies zu einem weitgehenden Leerlauf des Beschlagnahmeverbots führen[166]. Um die Fälle einer Offenbarung von Daten nichtbeschuldigter Klienten möglichst gering zu halten, gleichzeitig aber dem Beschuldigten nicht die Möglichkeit eines Entlastungsbeweises abzuschneiden, sollte daher das Beschlagnahmeverbot entfallen, wenn der Beschuldigte dies beantragt.

Das gleiche sollte auch für die Zeugnisverweigerungsrechte nach § 53 I Nr. 2 bis 3 b gelten. Ebenso wie Interessen der Klienten muß auch das durch eine Zeugnispflicht möglicherweise tangierte Interesse des Zeugen an ungestörter Berufsausübung hinter dem Recht des Beschuldigten auf Entlastung zurücktreten; ein Gewissenskonflikt des Zeugen, der hier allein noch ein Zeugnisverweigerungsrecht rechtfertigen kann, liegt nur dem Zeugnisverweigerungsrecht des Geistlichen zugrunde[167].

De lege ferenda wäre in den dem OLG Celle bzw. dem LG Fulda vorliegenden Fällen also ebenfalls eine Beschlagnahmeanordnung zulässig. Darüber hinaus träfe die behandelnden Ärzte eine Zeugnispflicht[168].

III. Telefonüberwachung

Bezüglich der Verfügungsbefugnis über das Verbot der Telefonüberwachung kann auf die Ausführungen zum Schutz innerfamiliärer Kommunikation verwiesen werden[169]; auch hier ist wegen der in § 201 StGB zum Ausdruck kommenden Bewertung, die "Vergänglichkeit" mündlicher Kommunikation zu gewährleisten, keine wirksame einseitige Einwilligung des Klienten in die Telefonüberwachung möglich.

---

[165] Darauf weist auch OLG Frankfurt, StV 82, 64 (65) hin.

[166] Ein Verwertungsverbot für den Fall, daß sich das Material als belastend herausstellt, bietet wegen der stets bei Verwertungsverboten bestehenden Schwierigkeit, einmal bekanntgewordene belastende Tatsachen tatsächlich aus dem Verfahren herauszuhalten, keine Abhilfe; vgl. auch *Ameiung*, NJW 90, 1753 (1758).

[167] Vgl. oben 3. Teil A II.

[168] Von einer Aussage konnte allerdings in den vorliegenden Fällen angesichts der von dem Beschuldigten gegen die Ärzte erhobenen Vorwürfe wegen § 55 keine Aufschlüsse erwartet werden.

[169] Siehe oben 2. Teil B III.

C. Das Gewahrsamserfordernis/Die Abstufung des Schutzes von Kommunikation nach Sphären

Die Beschlagnahmefreiheit bei Personen nach § 53 I Nr. 1 bis 3 b wird durch das Gewahrsamserfordernis (§ 97 II 1 u. 2) begrenzt. Nach § 97 II 1 sind die Gegenstände des § 97 I nur beschlagnahmefrei, wenn sie sich im Gewahrsam der Zeugnisverweigerungsberechtigten befinden. In Abweichung dieses Grundsatzes gewährt § 97 II 2 Beschlagnahmefreiheit für Gegenstände, auf die sich das Zeugnisverweigerungsrecht der Angehörigen der Heilberufe bezieht, wenn sich diese im Gewahrsam einer Krankenanstalt befinden. Gegenstände aus dem Vertrauensverhältnis zwischen dem Beschuldigten und Personen nach § 53 I Nr. 3 a und b sind auch im Gewahrsam der Beratungsstellen beschlagnahmefrei. Gem. §§ 97 IV, II 1, 53 a erstreckt sich die Beschlagnahmefreiheit bei Personen nach § 53 I Nr. 1 bis 3 b auch auf Gegenstände im Gewahrsam von deren Berufshelfern.

Nicht beschlagnahmefrei sind also de lege lata die Gegenstände des § 97 I im Gewahrsam des Beschuldigten sowie abgesehen von den Fällen des § 97 II 2 im Gewahrsam zeugnispflichtiger Dritter[170]. Ebenfalls der Beschlagnahme unterliegen die Gegenstände des § 97 I auf der Post. Das Gewahrsamserfordernis führt also trotz der Erweiterungen des Beschlagnahmeverbots durch § 97 II 2 und §§ 97 IV, 53 a auch bei den Personen nach § 53 I Nr. 1 bis 3 b zu erheblichen Beschränkungen der Beschlagnahmefreiheit.

I. Ratio des Gewahrsamserfordernisses

Dem Gewahrsamserfordernis liegt hier die gleiche ratio zugrunde wie bei dem an § 52 anknüpfenden Beschlagnahmeverbot: Ein Beweismittel soll seine Schutzwürdigkeit verlieren, wenn es aus der geschützten Vertrauens- und Geheimsphäre des Zeugnisverweigerungsberechtigten hinausgelangt und damit zeugnispflichtigen Dritten die Möglichkeit der Kenntnisnahme gegeben wird[171]. Auf die gleichen Erwägungen zurückzuführen ist auch die uneingeschränkte Zu-

---

[170] Die gegenteilige Ansicht *Bandischs* (NJW 87, 2200 (2201, 2203 f.) ist mit dem geltenden Recht nicht vereinbar.

[171] Siehe oben 2.Teil C II.; - Mit dieser ratio vereinbaren läßt sich die Erweiterung der Beschlagnahmefreiheit auf im Gewahrsam von Krankenanstalten und Beratungsstellen befindliche Gegenstände; auch an diesen Stellen sind die Beweismittel typischerweise nicht für Außenstehende zugänglich. Da Angehörige der Heil- und Beratungsberufe bzw. Mitarbeiter von Schwangerschaftsberatungsstellen häufig Unterlagen nicht im eigenen Gewahrsam, sondern an den in § 97 II 2 genannten Orten aufbewahren, würde ein Beschlagnahmeverbot nur für im Gewahrsam des Zeugnisverweigerungsberechtigten befindliche Gegenstände weitgehend leerlaufen (vgl. LR-*Schäfer*, § 97, Rdn. 72).

lässigkeit der Telefonüberwachung bei den Personen nach § 53 I Nr. 1 bis 3 b; Einschränkungen der Telefonüberwachung bei diesen Personen widersprechen daher der gesetzgeberischen Konzeption und lassen sich de lege lata nicht begründen[172]. Das gleiche gilt für Einschränkungen der Postbeschlagnahme[173].

II. Konsequenzen für die Auslegung des § 97 II 1, 2

Für die Auslegung des § 97 II 1 ergibt sich aus dieser ratio, daß ein Beschlagnahmeverbot an im Gewahrsam zeugnispflichtiger Dritter befindlichen Gegenständen unabhängig davon nicht bestehen kann, wie der Gegenstand dorthin gelangt ist. De lege lata bleibt das Beschlagnahmeverbot nur bestehen, wenn der Zeugnisverweigerungsberechtigte mit der Gewahrsamsaufgabe gegen § 203 StGB verstößt (was stets der Fall ist, wenn nicht ein Einverständnis des Klienten oder ein sonstiger Rechtfertigungsgrund vorliegt)[174].

Ein Beschlagnahmeverbot besteht de lege lata bei Mitgewahrsam zweier Zeugnisverweigerungsberechtigter, da hier ebensowenig wie bei Alleingewahrsam eines Zeugnisverweigerungsberechtigten außenstehende Dritte Zugang zu den Gegenständen haben. Dies gilt auch für solche Gegenstände, die sich im Mitgewahrsam zwischen Zeugnisverweigerungsberechtigten nach § 53 I Nr. 1 bis 3 b und deren nach § 53 a zeugnisverweigerungsberechtigten Hilfspersonen befinden.

Aus den gleichen Gründen wie bei dem an § 52 anküpfenden Beschlagnahmeverbot[175] besteht de lege lata Beschlagnahmefreiheit auch bei Mitgewahrsam eines Zeugnisverweigerungsberechtigten nach § 53 I Nr. 1 bis 3 b und dem Beschuldigten.

Nach ganz überwiegender Ansicht soll de lege lata ein Beschlagnahmeverbot auch bei Mitgewahrsam eines Zeugnisverweigerungsberechtigten und eines zeugnispflichtigen Dritten bestehen[176]. Mit der ratio des Gewahrsamserforder-

---

[172] So auch *Welp*, Überwachung, S. 195 f.; *Rieß*, AG Strafrecht 1988, 141 (150); *Lehmann*, S. 156 f.; *Beulke*, Jura 86, 642 (643 f.); anders aber *Rudolphi*, FS Schaffstein, 433 (444 f.), der de lege lata die Telefonüberwachung bei den Personen nach § 53 I Nr. 1 bis 3 b nur bei Teilnahmeverdacht i.S.v. § 97 II 3 1.Hs. zulassen will; so auch *Schlüchter*, Rdn. 353; *W. Meier*, S. 153 f.; *Gross-Spreitzer*, S. 98, 158-160: der Geistliche dürfe bereits de lege lata nicht überwacht werden, für Tatsachen aus dem Verhältnis des Beschuldigten zu Personen nach § 53 I Nr. 1 bis 3 b bestehe ein Verwertungsverbot; für Verwertungsverbot auch *Schumacher*, S. 319;
Inwieweit sich für den Verteidiger aus § 148 schon de lege lata Einschränkungen der Telefonüberwachung begründen lassen, siehe unten 3. Teil H II.

[173] Vgl. *Welp*, Überwachung, S. 195; ders., FS Gallas, 391 (419).

[174] Vgl. oben 3. Teil B I. 2.b).

[175] Siehe 2. Teil C III. 1.

[176] BGHSt. 19, 374; *Schlüchter*, Rdn. 295; *Krause/Nehring*, § 97, Rdn. 5; *Höser*, MDR 82, 535 (536); KMR-*Müller*, § 97, Rdn. 4; LR-*Schäfer*, § 97, Rdn. 18; SK/StPO-*Rudolphi*, § 97, Rdn. 9; KK-

nisses, bei fehlender Wahrung der Vertraulichkeit eines Gegenstandes keinen Schutz zu gewähren, ist dies aber nicht zu vereinbaren[177]. De lege lata kann daher bei Mitgewahrsam eines zeugnispflichtigen Dritten nur ein Beschlagnahmeverbot bestehen, wenn der Zeugnisverweigerungsberechtigte mit der Einräumung des Mitgewahrsams gegen § 203 StGB verstößt, da der Beschuldigte durch eine solche Handlung den Schutz des Beschlagnahmeverbots nicht verlieren kann.

Schließlich ist bei Gewahrsamswechsel, also in dem Fall, in dem sich der Gegenstand zwar im Gewahrsam eines Zeugnisverweigerungsberechtigten befindet, jedoch nicht im Gewahrsam des Zeugnisverweigerungsberechtigten, aus dessen Beziehung zu dem Beschuldigten der Gegenstand stammt, de lege lata ein Beschlagnahmeverbot zu bejahen[178]. Zwar legt der Wortlaut des § 97 II 1 nahe, daß ein Beschlagnahmeverbot in den Fällen des Gewahrsamswechsels entfallen soll; andernfalls müßte § 97 II 1 den Gewahrsam "eines" Zeugnisverweigerungsberechtigten für ausreichend erklären. Mit der ratio des Gewahrsamserfordernisses ist dies aber nicht vereinbar. Solange sich von § 97 I umfaßtes Beweismaterial im Gewahrsam einer Person befindet, die bezüglich des Gegenstandes das Zeugnis verweigern kann, bleibt mit der Vertraulichkeit des Materials auch dessen Schutzwürdigkeit bestehen. Eine dahingehende Auslegung des § 97 II 1 hält auch das Bundesverfassungsgericht für möglich und verfassungsrechtlich geboten[179].

Laufhütte, § 97, Rdn.6; das in diesem Zusammenhang angeführte Argument, andernfalls werde den Eigenarten der Gemeinschaftspraxen von Rechtsanwälten etc. nicht Rechnung getragen (LR-*Schäfer*, § 97, Rdn.18; *R.Schmidt*, S.39), überzeugt nicht: da sich das Zeugnisverweigerungsrecht auf alles erstreckt, was dem Berufsträger im Zusammenhang mit seiner Berufsausübung bekanntgeworden ist, sind bezüglich des Inhalts von in der Praxis aufbewahrten Gegenständen alle Praxismitglieder (und deren Hilfspersonen) zeugnisverweigerungsberechtigt; bei Mitgewahrsam Zeugnisverweigerungsberechtigter besteht aber ein Beschlagnahmeverbot (siehe oben S. 155).

[177] Gegen ein Beschlagnahmeverbot bei Mitgewahrsam auch *Dünkel*, S.25.

[178] So für die Zeugnisverweigerungsberechtigten nach § 53 I Nr.1 bis 3 b auch SK/StPO-*Rudolphi*, § 97, Rdn.15, 16; LR-*Schäfer*, § 97, Rdn.20 a; KMR-*Müller*, § 97, Rdn.13; KK-Laufhütte, § 97, Rdn.13; *Müller-Dietz*, S.43-45.

[179] BVerfGE 32, 373 (383 ff.) zu Praxisnachfolge bei Arzt: Da ein Beschlagnahmeverbot für ärztliche Aufzeichnungen auch in den Händen eines Praxisnachfolgers aus Art.2 I i.V.m. 1 I GG verfassungsrechtlich geboten sei, darüber hinaus eine Begrenzung auf unmittelbar erlangten Gewahrsam auch den Zweck des Gesetzes vereitele, die Umgehung des Zeugnisverweigerungsrechts zu verhindern, führe nur eine solche Auslegung des § 97 II 1 zu einem verfassungsgemäßen Ergebnis.

III. De lege ferenda: Schutz über die Sphäre des Zeugnisverweigerungsberechtigten hinaus

Wie im 2. Teil unter C dargestellt zieht § 97 II 1 die Grenze, innerhalb derer Kommunikation geschützt ist, zu eng.

In einem an der Verwirklichung der Schutzzwecke des § 53 I Nr. 1 bis 3 b orientierten System der Zwangsmaßnahmen müssen Gegenstände aus der Beziehung zwischen Zeugnisverweigerungsberechtigten und deren Klienten auch im Gewahrsam des Klienten sowie auf der Post beschlagnahmefrei sein; innerhalb dieser Sphären ist die Kommunikation vertraulich und damit schutzwürdig. Des weiteren sollte auch in einem solchen System eine Regelung entsprechend § 97 II 2 bestehen: auch im Gewahrsam der Krankenanstalten bzw. der Beratungsstellen nach § 218 b II Nr. 1 StGB und § 53 I Nr. 3 b ist die Vertraulichkeit der Gegenstände gewahrt.

Außerhalb des Gewahrsams der Kommunikationspartner, der Post und der in § 97 II 2 genannten Institutionen sollte dagegen ebenso wie bei innerfamiliärer Kommunikation ein Beschlagnahmeverbot grundsätzlich nicht bestehen. Eine Ausnahme davon ist zunächst auch hier zu machen, wenn der Gewahrsamsverlust durch staatlichen Zwang oder durch einen rechtswidrigen Eingriff bewirkt wurde[180]; letzteres ist auch dann der Fall, wenn ein Zeugnisverweigerungsberechtigter einen Gegenstand entgegen § 203 StGB einem Dritten übergibt.

Bestehen bleiben muß das Beschlagnahmeverbot darüber hinaus aber auch dann, wenn ein Zeugnisverweigerungsberechtigter nach § 53 I Nr. 2 bis 3 b den Gewahrsam an dem geschützten Gegenstand unfreiwillig verloren hat. Anders als Familienangehörige und Geistliche sind die Zeugnisverweigerungsberechtigten nach § 53 I Nr. 2 bis 3 b über das Zeugnisverweigerungsrecht sowie über die daran anküpfenden Eingriffsverbote nicht verfügungsbefugt[181]; geschützt ist primär der Klient. Ebensowenig, wie es das Risiko des Klienten sein kann, inwieweit der Zeugnisverweigerungsberechtigte die Vertraulichkeit wahrt, kann es daher dem Klienten zum Nachteil gereichen, wenn der Zeugnisverweigerungsberechtigte nachlässig mit Kommunikationsmaterial umgeht[182].

---

[180] Vgl. oben 2. Teil C III. 2.b) und c).

[181] Siehe oben 3. Teil B I. 2., II. 2.

[182] Angemerkt sei, daß zur Vervollständigung des Schutzes des Klienten auch die Vernehmung eines Dritten, dem der Zeugnisverweigerungsberechtigte Tatsachen entgegen § 203 StGB offenbart hat, unzulässig sein muß, da die Einführung der offenbarten Tatsachen in den Prozeß durch die Vernehmung des Dritten auf einem Verstoß gegen § 203 StGB beruhen würde (*Dencker*, S. 132; vgl. auch *Sendler*, S. 92; dies gilt nach den oben (2. Teil C III. 2.b)) dargelegten Grundsätzen über die Verwertung von durch rechtswidrigen Eingriff Privater erlangte Beweismittel bereits de lege lata; a.A. *Lenckner*, NJW 65, 321 (325)). Das Interesse des Beschuldigten ist mit der Offenbarung gegenüber einem Dritten auch noch nicht in der Weise verletzt, daß ein Vernehmungsverbot ohne-

Ein Beschlagnahmeverbot muß in einer schutzzweckorientierten Konzeption schließlich auch für im Mitgewahrsam von Zeugnisverweigerungsberechtigtem und Klient befindliche Gegenstände bestehen, da sich solche Gegenstände innerhalb der geschützten Sphäre befinden. Ansonsten ergeben sich de lege ferenda für Mitgewahrsam und Gewahrsamswechsel keine Unterschiede zu den oben dargestellten Ergebnissen auf Grundlage des geltenden Rechts.

D. Entwurf einer schutzzweckorientierten gesetzlichen Regelung

Abschließend soll dargestellt werden, wie eine gesetzliche Regelung der Berücksichtigung der Zeugnisverweigerungsrechte nach § 53 I Nr. 1 bis 3 b bei den Zwangsmaßnahmen auszusehen hätte, die die Interessen der Klienten der Zeugnisverweigerungsberechtigten und damit auch die der Zeugnisverweigerungsberechtigten selbst umfassend wahrt, ohne Strafverfolgungsinteressen zu berücksichtigen.

<u>Zeugnisverweigerungsrecht</u>

<u>Ergänzung zu § 53 II:</u>

Die in Absatz 1 Nr. 2 bis 3 b Genannten dürfen das Zeugnis nicht verweigern, wenn sie von der Verpflichtung zur Verschwiegenheit entbunden sind oder der Beschuldigte die Vernehmung beantragt.

<u>Aussageverweigerungsrecht des Klienten</u>

Jeder Zeuge kann die Aussage darüber verweigern, was er einer in § 53 I Nr. 1 bis 3 b genannten Person als deren Klient anvertraut und was er als Klient einer solchen Person von dieser erfahren hat.

<u>Herausgabeverweigerungsrecht (§ 95 II 2)</u>

Dies gilt nicht bei Personen, die zur Verweigerung des Zeugnisses berechtigt sind, sowie bei Klienten der in § 53 I Nr. 1 bis 3 b genannten Personen, soweit das Beschlagnahmeverbot bei den Klienten reicht.

---

hin sinnlos wäre. Zum einen bedeutet die Vernehmung des Dritten, daß die offenbarten Tatsachen einem weiteren Kreis von Personen zugänglich werden; zum anderen wird dann, wenn der Klient des Zeugnisverweigerungsberechtigten der Beschuldigte ist, gerade durch die Verwertung der offenbarten Tatsachen im Strafverfahren, die durch die Vernehmung des Dritten ermöglicht wird, der entscheidende Eingriff bewirkt.

Beschlagnahmeverbot

(1) Der Beschlagnahme unterliegen Gegenstände nicht, auf die sich das Zeugnisverweigerungsrecht der in § 53 I Nr. 1 bis 3 b Genannten erstreckt[183] und die innerhalb des Verhältnisses zwischen Zeugnisverweigerungsberechtigtem und Klient entstanden sind. Die Beschlagnahme von außerhalb des Verhältnisses zwischen Zeugnisverweigerungsberechtigtem und Klient entstandenen Gegenständen darf nicht zu dem Zweck erfolgen festzustellen, ob eine Person Klient des Zeugnisverweigerungsberechtigten war oder ist.

(2) Diese Beschränkungen gelten nur, wenn sich die Gegenstände im Gewahrsam eines Zeugnisverweigerungsberechtigten, des Klienten oder der Post befinden. Der Beschlagnahme unterliegen auch nicht Gegenstände, auf die sich das Zeugnisverweigerungsrecht der Ärzte, Zahnärzte, Apotheker und Hebammen erstreckt, wenn sie sich im Gewahrsam einer Krankenanstalt befinden, sowie Gegenstände, auf die sich das Zeugnisverweigerungsrecht der in § 53 I Nr.3 a und 3 b genannten Personen erstreckt, wenn sie sich im Gewahrsam der in dieser Vorschrift bezeichneten Beratungsstelle befinden. Die Beschlagnahmeverbote bleiben bestehen, wenn eine in § 53 I Nr.2 bis 3 b genannte Person oder eine in S.2 genannte Institution den Gewahrsam verloren oder ohne den Willen des Klienten aufgegeben hat.

(3) Die Beschränkungen der Beschlagnahme gelten nicht, wenn der Klient der Beschlagnahme zustimmt oder der Beschuldigte die Beschlagnahme beantragt. Gegenstände nach Abs. 1 Nr. 3, auf die sich das Zeugnisverweigerungsrecht der Geistlichen (§ 53 I Nr. 1) bezieht, unterliegen der Beschlagnahme auch dann, wenn der Geistliche der Beschlagnahme zustimmt.

Verbot der Telefonüberwachung

Gespräche von in § 53 I Nr. 1 bis 3 b genannten Personen, auf die sich deren Zeugnisverweigerungsrecht erstreckt, dürfen nicht überwacht werden.

[183] Da das Beschlagnahmeverbot bei Einbeziehung nichtbeschuldigter Dritter auch im Verfahren gegen den Zeugnisverweigerungsberechtigten als Beschuldigten bestehen muß (siehe oben 3.Teil A V. 3.b)), der Berufsträger, wenn er Beschuldigter ist, aber kein Zeugnisverweigerungsrecht hat, sondern aufgrund seiner Verfahrensstellung als Beschuldigter nicht aussagen muß, ist in diesen Fällen die abstrakte Reichweite des Zeugnisverweigerungsrechts entscheidend, d.h. es ist zu fragen, wie weit das Zeugnisverweigerungsrecht reichte, müßte der Berufsträger als Zeuge aussagen.

E. Teilnahmeverdacht und Deliktsgegenstände

I. Teilnahmeverdacht

Gem. § 97 II 3 1.Hs. entfällt auch bei den nach § 53 I Nr. 1 bis 3 b Zeugnisverweigerungsberechtigten das Beschlagnahmeverbot, wenn diese der Teilnahme an der Tat des Beschuldigten verdächtig sind.

Die rechtspolitische Berechtigung dieser Vorschrift soll zunächst für den de lege lata allein interessierenden Fall des beschuldigten Klienten untersucht werden. Welche Bedeutung einer entsprechenden Bestimmung für die Beziehung zwischen einem Zeugnisverweigerungsberechtigten und einem nichtbeschuldigten Klienten zukommen kann, wird daran anschließend geprüft.

1. Klient ist Beschuldigter

a) Ratio der Bestimmung über Teilnahmeverdacht/Begründung eines Wegfalls des Beschlagnahmeverbots

Die oben[184] zu § 97 II 3 1.Hs. und zu einem Wegfall des Beschlagnahmeverbots bei innerfamiliärem Kommunikationsmaterial de lege ferenda angestellten Überlegungen lassen sich auf die Beziehung des Beschuldigten zu Zeugnisverweigerungsberechtigten nach § 53 I Nr. 1 bis 3 b übertragen.

Die "historische" ratio, daß bei Teilnahmeverdacht auch gegen den Zeugnisverweigerungsberechtigten selbst ermittelt werden könne, und fraglichen die Gegenstände in diesem Verfahren ohnehin der Beschlagnahme unterlägen, ist bei den Zeugnisverweigerungsberechtigten nach § 53 I Nr. 1 bis 3 b aus heutiger Sicht ebensowenig tragfähig wie bei den Angehörigen des Beschuldigten. Füreinen Teil der von § 97 II 3 1.Hs. erfaßten Fälle läßt sich der Wegfall des Beschlagnahmeverbots jedoch ebenso wie bei §§ 97, 52 erklären.

Die Vertraulichkeit der Beziehung zwischen Zeugnisverweigerungsberechtigten nach § 53 I Nr. 1 bis 3 b und dem Beschuldigten wird, ebenso wie die Vertraulichkeit familiärer Beziehungen durch § 52, primär im Interesse des Beschuldigten gewährleistet; das Interesse der Zeugnisverweigerungsberechtigten an ungestörter Berufsausübung ist nur die Kehrseite des Beschuldigtenschutzes. Aus diesem Grund muß auch der Wegfall des an § 53 I Nr. 1 bis 3 b anknüpfenden Beschlagnahmeverbots auf einem zurechenbaren Verhalten des Beschuldigten beruhen.

---

[184] 2.Teil E I.

Maßgeblich ist damit auch hier die Erwägung, daß der Beschuldigte nicht schutzwürdig ist, wenn er das Verhältnis zu einer zeugnisverweigerungsberechtigten Hilfsperson zum Zweck der Vorbereitung, Durchführung oder Sicherung der Vorteile seiner Straftat ausnutzt. Da mit dem Schutz der Vertrauensbeziehung zwischen dem Beschuldigten und Angehörigen der Heil- und Beratungsberufe kein Freiraum für die Begehung von Straftaten gewährt werden soll, sollte das Beschlagnahmeverbot insoweit entfallen.

Die rechtliche Qualität der Teilnahmehandlung des Zeugnisverweigerungsberechtigten ist somit auch hier nicht entscheidend. Übergibt etwa der Beschuldigte seinem Steuerberater unrichtige Buchführungsunterlagen, und erstellt der Steuerberater auf dieser Grundlage gutgläubig eine falsche Steuererklärung, so ist die Korrespondenz zwischen dem Steuerberater und dem Beschuldigten nicht schutzwürdig.

Die Schutzwürdigkeit auch der Beziehung zwischen einem Zeugnisverweigerungsberechtigten nach § 53 I Nr. 1 bis 3 b und dem Beschuldigten entfällt schließlich in einer an die Ausnutzung der Beziehung durch den Beschuldigten anknüpfenden Konzeption nicht, wenn der Beschuldigte durch die Inanspruchnahme des Zeugnisverweigerungsberechtigten seine Strafe zu vereiteln sucht. Dies ist etwa in der Weise denkbar, daß der seine Flucht planende Beschuldigte bei einem Rechtsanwalt Auskunft darüber einholt, in welchen Staaten er keine Auslieferung zu befürchten hat, oder er von einem Arzt erfahren will, in welchem Land ein für seine körperliche Konstitution günstiges Klima herrscht. Ob der Zeugnisverweigerungsberechtigte sich strafbar macht, wenn er dem Beschuldigten entsprechende Auskünfte erteilt[185], ist belanglos. Entscheidend ist allein, daß die Ausnutzung des Verhältnisses zu dem Zeugnisverweigerungsberechtigten durch den Beschuldigten zum Zwecke der Vereitelung der eigenen Strafe kein mißbräuchliches Verhalten darstellt, da es insoweit an einer Beziehung zu dem Unrecht der Vortat fehlt und die Rechtsgüter des § 258 StGB gegenüber dem Beschuldigten nicht geschützt werden[186].

b) Konsequenzen de lege lata/de lege ferenda

De lege lata läßt sich § 97 II 3 1.Hs. bei den Zeugnisverweigerungsberechtigten nach § 53 I Nr. 1 bis 3 b aus den gleichen Gründen wie bei den zeugnisver-

---

[185] Ob ein solches Verhalten straflose Teilnahme an der straflosen Strafvereitelung des Beschuldigten oder täterschaftliche Strafvereitelung ist, ist streitig (vgl. etwa Sch-Sch-*Stree*, § 258, Rdn. 33; SK-*Samson*, § 258, Rdn. 44).

[186] Vgl. oben 2. Teil E I. 3. c); zu beachten ist, daß ein Beschlagnahmeverbot schon dem Grunde nach nur dann besteht, wenn der Zeugnisverweigerungsberechtigte gerade in seiner Person als Arzt, Anwalt etc. in Anspruch genommen wird. Bittet also etwa der Beschuldigte seinen Hausarzt, ihm einen Fluchtwagen zu leihen, so ist die darauf gerichtete Korrespondenz nicht geschützt.

weigerungsberechtigten Angehörigen nicht entsprechend einer solchen Erklärung des Wegfalls des Beschlagnahmeverbots auslegen. Da die fehlende Schutzwürdigkeit des Beschuldigten bei Ausnutzung der Beziehung zu dem Zeugnisverweigerungsberechtigten eine von der "historischen" ratio abweichende Erklärung des Wegfalls des Beschlagnahmeverbots bedeutet, muß der Gesetzgeber entscheiden, ob ein solcher Gedanken verwirklicht werden soll. Es muß daher de lege lata orientiert an der "historischen" ratio bei dem Wegfall des Beschlagnahmeverbots nur bei strafbaren Teilnahmehandlungen und ohne das Erfordernis einer besonderen Beziehung des Beschuldigten zu der Teilnahmehandlung bleiben. Da sich Zeugnisverweigerungsberechtigte nach § 53 I Nr. 1 bis 3 b im Unterschied zu den Angehörigen des Beschuldigten wegen Strafvereitelung strafbar machen können, entspricht bei diesen Personen § 97 II 3 1.Hs. insgesamt der "historischen" ratio.

De lege ferenda sollte dagegen § 97 II 3 1.Hs. auch in Bezug auf das an § 53 I Nr. 1 bis 3 b anknüpfende Beschlagnahmeverbot reformiert werden und ein Wegfall des Beschlagnahmeverbots bestimmt werden, wenn der Beschuldigte die Beziehung zu dem Zeugnisverweigerungsberechtigten nach § 53 I Nr. 1 bis 3 b zur Vorbereitung, Durchführung oder Sicherung der Vorteile seiner Straftat ausnutzt oder ausgenutzt hat und sich das Beweismittel auf die Vorbereitung, Durchführung oder Sicherung der Vorteile der Tat bezieht. Eine Streichung des § 97 II 3 1.Hs. ohne eine solche Neuregelung würde zum einen zu dem rechtspolitisch kaum vertretbaren Ergebnis führen, daß das Verhältnis zwischen Zeugnisverweigerungsberechtigten und deren Klienten auch dann geschützt wird, wenn es der Begehung von Straftaten dient[187]. Zum anderen würde eine ersatzlose Streichung des § 97 II 3 1.Hs. bewirken, daß in einem Fall, in dem ein Zeugnisverweigerungsberechtigter nach § 53 I Nr. 1 bis 3 b und dessen Klient der gemeinsamen Begehung einer Straftat beschuldigt sind, die Unterlagen aus dem Vertrauensverhältnis zwar gegen den Zeugnisverweigerungsberechtigten (dieser wird durch das Beschlagnahmeverbot nicht geschützt), nicht aber gegen den Klienten beschlagnahmbar und verwertbar wären. Auch dies erscheint nicht akzeptabel.

---

[187] Eine solche ersatzlose Streichung hat der Deutsche Juristinnenbund mit dem Argument gefordert, nur so sei in Verfahren wegen §§ 218 ff. StGB ein Intimsphärenschutz der Patientinnen der beschuldigten Ärzte zu gewährleisten (vgl. StV 90, 46 (47)). Solange aber Schwangerschaftsabbrüche strafrechtlich verfolgt werden, ist es konsequent, das Verhältnis zwischen einem Arzt und einer Patientin, die einen für sie strafbaren Schwangerschaftsabbruch vornehmen läßt, nicht zu schützen. Ob und inwieweit ein Beschlagnahmeverbot in diesen Fällen unmittelbar aus Art. 2 I i.V.m. Art. 1 I GG folgen kann, ist nicht Thema dieser Untersuchung.

c) Übertragbarkeit auf Telefonüberwachung und Zeugnisverweigerungsrecht

Ist die Beziehung zwischen dem Zeugnisverweigerungsberechtigten und dem Beschuldigten nicht schutzwürdig, wenn und soweit der Beschuldigte sie für seine Straftat ausnutzt, so muß in einem solchen Fall nicht nur das Beschlagnahmeverbot, sondern auch das Verbot der Telefonüberwachung entfallen.

Mit der Schutzwürdigkeit des Beschuldigten entfällt schließlich auch der maßgebliche Grund für das Recht des Berufsträgers, das Zeugnis über Tatsachen aus seiner Beziehung zu dem Beschuldigten zu verweigern; lediglich das Zeugnisverweigerungsrecht der Geistlichen wird davon nicht berührt, da der Gewissenskonflikt bei den Geistlichen, vor dem diese durch das Zeugnisverweigerungsrecht bewahrt werden sollen, unabhängig von der Schutzwürdigkeit des Klienten der Berücksichtigung bedarf. Als Konsequenz daraus sollten bei Ausnutzung des Vertrauensverhältnisses durch den Beschuldigten auch die Zeugnisverweigerungsrechte nach § 53 I Nr.2 bis 3 b entfallen. Dies wird allerdings kaum je praktisch werden, da bei dem Verdacht der Ausnutzung des Vertrauensverhältnisses durch den Beschuldigten zumeist auch der Verdacht der Beteiligung des Zeugen und damit ein Fall des § 55 vorliegen wird.

d) Verdachtsgrad/Umfang der Verwertbarkeit/Verwertbarkeit bei nachträglichem Entstehen bzw. Wegfall des Teilnahmeverdachts

Bezüglich des Verdachtsgrads, des Umfangs der Verwertbarkeit bei Wegfall der Eingriffsverbote, der Verwertbarkeit bei nachträglichem Entstehen oder Wegfall des Verdachts und bezüglich des aus rechtspolitischer Sicht erforderlichen Gebots der unverzüglichen Rückgabe bzw. Vernichtung unverwertbarer Beweismittel sind die oben[188] zu dem Verhältnis des Beschuldigten zu seinen Angehörigen angestellten Überlegungen auf das Verhältnis des Beschuldigten zu Zeugnisverweigerungsberechtigten nach § 53 I Nr. 1 bis 3 b übertragbar. Während de lege lata das Beschlagnahmeverbot bereits bei einfachem, dem Anfangsverdacht entsprechenden Verdacht der Teilnahme entfällt[189], sollten de lege ferenda das Beschlagnahmeverbot, das Zeugnisverweigerungsrecht und das Verbot der Telefonüberwachung nur bei dringendem Verdacht der Ausnutzung des Vertrauensverhältnisses durch den Beschuldigten entfallen, um eine Ent-

---

188 2.Teil E I. 5. und 6.

189 SK/StPO-*Rudolphi*, § 97 Rdn.31; LR-*Schäfer*, § 97, Rdn.27; KK-*Laufhütte*, § 97, Rdn.19; *Volk*, DStR 89, 338 (343); LG Aachen, MDR 81, 160; einen engeren Verdachtsgrad zu verlangen (so *R.Schmidt*, Ausnahme, S.54 f.; LR-*Schäfer*, § 97, Rdn.27; *Krekeler*, NJW 77, 1417 (1424)), ist mit der ratio des § 97 II 3 nicht zu vereinbaren (siehe oben 2.Teil E I. 5.a).

wertung der Beweisverbote zu verhindern[190]. Der Wegfall der Eingriffsverbote reicht nur so weit, als die Beweismittel die Ausnutzung des Vertrauensverhältnisses betreffen. Der Verdacht muß schließlich zum Zeitpunkt der Verwertung bestehen; ist er entfallen, hat sich der Beschuldigte als schutzwürdig erwiesen und es besteht kein Grund für einen Wegfall des Beweisverbots. Ergibt sich der Verdacht erst durch die Erhebung des Beweises, so ist das Beweismittel unverwertbar.

Einzuführen ist eine Pflicht zur unverzüglichen Rückgabe unverwertbarer Gegenstände an den Berechtigten bzw. zur unverzüglichen Vernichtung unverwertbarer Aufzeichnungen von Telefongesprächen. Die Beweisaufnahme über solche Beweismittel ist zu verbieten.

e) Ergänzung des Gesetzentwurfes[191]

Zeugnisverweigerungsrecht[192]

Das Zeugnisverweigerungsrecht nach § 53 I Nr.2 bis 3 b entfällt, wenn der Beschuldigte dringend verdächtig ist, die Beziehung zu dem Zeugnisverweigerungsberechtigten zur Vorbereitung, Begehung oder Sicherung der Vorteile seiner Straftat auszunutzen oder ausgenutzt zu haben, und sich die Aussage auf die Vorbereitung, Begehung oder Sicherung der Vorteile der Tat beziehen soll. Aufgrund des Satzes 1 erlangte Aussagen sind nur verwertbar, solange der Verdacht besteht. Die Verwertbarkeit ist ausgeschlossen, wenn sich der dringende Verdacht erst durch die Aussage ergeben hat.

Beschlagnahmeverbot

(4) Die Beschränkungen der Beschlagnahme gelten nicht, wenn der Beschuldigte dringend verdächtig ist, die Beziehung zu dem Zeugnisverweigerungsberechtigten zur Vorbereitung, Begehung oder Sicherung der Vorteile seiner Straftat auszunutzen oder ausgenutzt zu haben, und sich das Beweismittel auf die Vorbereitung, Begehung oder Sicherung der Vorteile der Tat bezieht. Die Beschlagnahme von Gegenständen nach § 97 Abs.1 ist aufzuheben, und die beschlagnahmten Gegenstände sind unverzüglich an den Berechtigten herauszugeben, wenn sich herausstellt, daß die Voraussetzungen des Satzes 1 nicht oder

---

190 Vgl. auch *Schiller*, StV 85, 169 (172), der fordert, de lege ferenda das Beschlagnahmeverbot nur bei dringendem Teilnahmeverdacht entfallen zu lassen; in diese Richtung auch ein Vorschlag des 33. Deutschen Anwaltstages, vgl. NJW 77, 1438 (1439).

191 Entwurf S. 158 f.

192 Auch wenn dieser Einschränkung wegen § 55 nur geringe praktische Bedeutung zukommen wird, soll sie zum Zweck der Verdeutlichung der Struktur der Beziehung von Zeugnisverweigerungsrecht und Beschlagnahmeverbot in den Gesetzentwurf aufgenommen werden.

nicht mehr vorliegen. Das gleiche gilt, wenn sich der dringende Verdacht erst durch die beschlagnahmten Gegenstände ergibt. Die Beweisaufnahme über von Satz 2 und 3 umfaßte Gegenstände ist unzulässig.

Verbot der Telefonüberwachung

Die Beschränkungen der Telefonüberwachung gelten nicht, wenn und solange der Beschuldigte dringend verdächtig ist, die Beziehung zu dem Zeugnisverweigerungsberechtigten zur Vorbereitung, Begehung oder Sicherung der Vorteile seiner Straftat auszunutzen oder ausgenutzt zu haben. Verwertbar sind nur Erkenntnisse aus Gesprächen, die sich auf die Vorbereitung, Begehung oder Sicherung der Vorteile der Tat beziehen. Aufnahmen sonstiger Gespräche sind unverzüglich zu vernichten. Das gleiche gilt für Aufnahmen solcher Gespräche, durch die der dringende Verdacht erst entsteht. Die Beweisaufnahme über von S.3 und 4 umfaßte Gespräche ist unzulässig.

2. Klient ist nicht beschuldigt

Ein den nichtbeschuldigten Klienten schützendes Beschlagnahmeverbot kann wegen Teilnahmeverdachts i.S.d. § 97 II 3 1.Hs. nicht entfallen. Da der Klient in dieser Konstellation keiner Straftat beschuldigt wird, kommt ein Verdacht der Teilnahme des Zeugnisverweigerungsberechtigten nicht in Betracht.

Ebensowenig kann ein den nichtbeschuldigten Klienten schützendes Beschlagnahmeverbot entfallen, wenn man § 97 II 3 1.Hs. durch eine wie oben vorgeschlagene Regelung ersetzt, da in einer solchen Konzeption Material aus der Beziehung zwischen Zeugnisverweigerungsberechtigtem und Klient nur der Beschlagnahme unterliegt, wenn der Klient Beschuldigter ist und die Beziehung zu dem Zeugnisverweigerungsberechtigten zum Zweck der Begehung seiner Straftat ausnutzt.

II. Deliktsgegenstände

Gegenstände aus dem Verhältnis zwischen Zeugnisverweigerungsberechtigten nach § 53 I Nr.1 bis 3 b und deren Klienten sind schließlich gem. § 97 II 3 2.Hs. uneingeschränkt beschlagnahmbar, wenn es sich dabei um producta oder instrumenta sceleris handelt. Die Überlegungen zu dem Verhältnis des Beschuldigten zu seinen Familienangehörigen[193] sind auch hier auf das Verhältnis des Beschuldigten zu professionellen Hilfspersonen übertragbar.

---

193 2.Teil E II.

Die historische ratio des § 97 II 3 2.Hs., Gegenstände, die durch Verfall oder Einziehung ohnehin strafrechtlich verstrickt seien, müßten auch der Beschlagnahme unterliegen, ist heute nicht mehr tragfähig. Die uneingeschränkte Beschlagnahmbarkeit von producta und instrumenta sceleris kann aber weitgehend mit dem Gedanken erklärt werden, daß die Vorbereitung, Durchführung und Sicherung der Vorteile von Straftaten des Klienten nicht geschützt werden soll.

De lege lata müßte § 97 II 3 2.Hs. orientiert an einer solchen ratio wegen des Erfordernisses eines zurechenbaren Verhaltens des Beschuldigten dahingehend ausgelegt werden, daß die Deliktsgegenstände aus einer Tat des Beschuldigten stammen müssen; da eine am Wortlaut ausgerichtete, auch Deliktsgegenstände aus Taten Dritter einbeziehende Auslegung zu im Hinblick auf den durch § 97 verfolgten Schutz des Klienten kaum vertretbaren Ergebnissen führt[194], sollte dies bereits de lege lata gelten[195].

De lege ferenda ist eine gesonderte Bestimmung für den Wegfall des Beschlagnahmeverbots bei Deliktsgegenständen auch hier überflüssig, da stets ein Fall der Ausnutzung des Vertrauensverhältnisses vorliegt, wenn Deliktsgegenstände innerhalb des Vertrauensverhältnisses zwischen Zeugnisverweigerungsberechtigtem und Klient entstehen[196].

F. Strafverfolgungsinteressen

Zu untersuchen bleibt, inwieweit Eingriffe in die Vertrauensbeziehungen zwischen Angehörigen der Heil- und Beratungsberufe und deren Klienten mit Rücksicht auf Strafverfolgungsinteressen zugelassen werden sollten[197]. Diese Frage, die die Abwägung der einander gegenüberstehenden Interessen erfordert, soll im folgenden getrennt für das Verhältnis der Zeugnisverweigerungsberechtigten zu beschuldigten und nichtbeschuldigten Klienten erörtert werden.

---

[194] So könnte etwa die Krankendatei des Arztes im Verfahren gegen den Klienten beschlagnahmt werden, wenn der Arzt die Datei zum Zweck etwa eines Abrechnungsbetrugs eingesetzt hat.

[195] Vgl. auch die Nachweise oben in 2.Teil Fn. 262.

[196] Daß die Identität des Klienten anhand außerhalb des Vertrauensverhältnisses entstandener Deliktsgegenstände festgestellt werden soll, erscheint schon theoretisch kaum denkbar; läge in einem solchen Fall aber kein Verdacht der Ausnutzung des Vertrauensverhältnisses vor, so bestände auch kein Grund, dem Klienten den Schutz durch das Beschlagnahmeverbot zu versagen.

[197] Da die Unbefangenheit und Vertraulichkeit der Beziehung zwischen Zeugnisverweigerungsberechtigtem und Klient nicht zu dem absolut geschützten Kernbereich der nach Art.2 I i.V.m. Art.1 I GG geschützten Privat- und Intimsphäre gehören (siehe oben 3.Teil A V. 1. Fn.36), sind an Strafverfolgungsinteressen orientierte Eingriffsermächtigungen verfassungsrechtlich nicht ausgeschlossen.

I. Klient ist Beschuldigter

1. Gewichtung der Interessen

Durch das Zeugnisverweigerungsrecht nach § 53 I Nr. 1 bis 3 b und die entsprechenden Beschränkungen der Zwangsmaßnahmen werden gewichtige Interessen des Beschuldigten geschützt. Müßten Hilfsbedürftige den Zugriff auf Angehörige von Heil- und Beratungsberufen im Strafverfahren gegen sich befürchten, so könnten sie sich diesen Personen nicht mehr unbefangen anvertrauen. Die Ausnutzung der Zwangslage, entweder auf Hilfe zu verzichten oder einen Nachteil in einem Strafverfahren zu erleiden, kommt einer Verletzung des Grundsatzes der Selbstbezichtigungsfreiheit nahe. Da an der Inanspruchnahme von Personen nach § 53 I Nr. 1 bis 3 b durch Hilfsbedürftige zudem gewichtige öffentliche Interessen bestehen, sollte der Schutz der Vertraulichkeit der Beziehung zwischen Zeugnisverweigerungsberechtigten nach § 53 I Nr. 1 bis 3 b und deren beschuldigten Klienten grundsätzlich Vorrang gegenüber Strafverfolgungsinteressen genießen[198, 199].

Dies gilt auch, wenn wegen schwerer Straftaten ermittelt wird. Da in Rechte des Beschuldigten in erster Linie durch die Verwertung der durch Zugriff auf Kommunikation zwischen ihm und der der Hilfsperson gewonnenen Beweise eingegriffen wird, ist eine Regelung, die den Zugriff nur bei schweren Straftaten ermöglicht, aus rechtspolitischer Sicht ebenso abzulehnen wie eine entsprechende Regelung bezüglich innerfamiliären Kommunikationsmaterials. Auch hier ist die Zwangslage des Beschuldigten umso gravierender, das Interesse des Beschuldigten an der Wahrung der Vertraulichkeit seiner Beziehung zu dem Berufsträger umso gewichtiger, je schwerer die Straftat ist, wegen der ermittelt wird. Differenzierungen der Zugriffsmöglichkeit nach der Schwere der Tat sollten daher nicht vorgenommen werden[200].

Gegen Güterabwägungs- und Beweisnotklauseln sprechen auch hier die oben[201] angeführten Gründe.

---

198 Vgl. auch BVerfGE 32, 373 (381): die Beschlagnahme ärztlicher Karteikarten ließe sich nicht generell mit der Aufklärung von Straftaten rechtfertigen, die allein dem Patienten zur Last gelegt würden.

199 Zudem würde die Versagung eines Zeugnisverweigerungsrechts und entsprechender Beschränkungen der Zwangsmaßnahmen ohnehin nicht unbedingt zu einem Zuwachs an Beweismitteln führen, da der Zeuge seine Kenntnisse oft nur deshalb erlangen wird, weil seine Beziehung zu dem Klienten auch prozessual durch ein Zeugnisverweigerungsrecht geschützt ist (vgl. *Rengier*, Zeugnisverweigerungsrechte, S. 78 f.; *Schilling*, JZ 76, 617 (621)).

200 So i.E. auch *Klug*, Referat 46. DJT, F 52 f.; *Kohlhaas*, NJW 64, 1162 (1163).

201 2. Teil F unter 4.

Da Rechte beschuldigter Klienten primär durch die Verwertung von Tatsachen aus ihrer Beziehung zu Personen nach § 53 I Nr. 1 bis 3 b betroffen sind, kommt schließlich auch ein Ausschluß der Öffentlichkeit als Ersatz für das Zeugnisverweigerungsrecht[202] und die daran anküpfenden Eingriffsverbote nicht in Betracht[203].

2. *Telefonüberwachung*

Eine Einschränkung des umfassenden Schutzes der Vertraulichkeit der Beziehung zwischen Zeugnisverweigerungsberechtigtem und Beschuldigtem sollte daher auch hier nur bei der Telefonüberwachung erfolgen. Da ein Verbot der Überwachung nur solcher Gespräche, auf die sich das Zeugnisverweigerungsrecht der Personen nach § 53 I Nr. 1 bis 3 b bezieht, wegen der Unmöglichkeit, ex ante bestimmte Gespräche von der Überwachung auszunehmen, nicht durchführbar ist, sollte auch hier grundsätzlich nur ein Verbot der Verwertung von aus solchen Gesprächen gewonnenen Beweisen[204] bestehen, das durch eine Pflicht zur unverzüglichen Vernichtung der Aufnahmen solcher Gespräche sowie ein Verbot der Beweisaufnahme über solche Gespräche abzusichern ist.

Darüber hinaus sollte aber im Verfahren gegen den Klienten als Beschuldigten die Überwachung des überwiegend für berufliche Zwecke genutzten Anschlusses von Personen nach § 53 I Nr. 1 bis 3 b verboten werden[205]. Maßgeblich dafür ist, daß Strafverfolgungsinteressen nur in rechtlich relevanter Weise beeinträchtigt sein können, wenn durch ein Eingriffsverbot Beweismittel verloren gehen, die ohne das Verbot auf rechtmäßige Weise hätten erlangt werden können. Bei den von dem dienstlichen Anschluß eines Zeugnisverweigerungsberechtigten nach § 53 I Nr. 1 bis 3 b aus geführten beweisrelevanten Gesprächen, wegen der die Überwachung gem. § 100 a S.2, 2. Alt. angeordnet werden darf, wird es sich aber in der überwiegenden Mehrzahl der Fälle entweder um auf das Vertrauensverhältnis zu dem Beschuldigten bezogene und daher geschützte Gespräche handeln, oder es wird der Verdacht bestehen, der Beschuldigte nutze sein Ver-

---

[202] Die Forderung, statt der Zubilligung von Zeugnisverweigerungsrechten für Geistliche, Anwälte und Ärzte die Gerichtsöffentlichkeit auszuschließen, haben *Beling* (*Beling*, Beweisverbote, S.38 f.) und *Finger* (*Finger*, S. 293 (366 f.)) zu Beginn dieses Jahrhunderts erhoben, um eine möglichst weitgehende Sachaufklärung bei gleichzeitiger Wahrung von Geheimhaltungsinteressen zu gewährleisten.

[203] Vgl. auch Rengier, Zeugnisverweigerungsrechte, S.87.

[204] Für ein solches Verwertungsverbot bereits de lege lata *Gross-Spreitzer*, S.158-160; *Schumacher*, S.314 ff.; *Schlüchter*, Rdn.353; dem widerspricht jedoch die gesetzliche Wertung, die durch § 53 I Nr. 1 bis 3 b geschützten Beziehungen bei der Telefonüberwachung unberücksichtigt zu lassen (siehe oben 3.Teil C I.).

[205] So i.E. auch *R.Hauser*, Zeugenbeweis, S.264; *Zuck*, NJW 69, 911 (913) für Rechtsanwälte.

hältnis zu dem Zeugnisverweigerungsberechtigten für seine Straftat aus, so daß das Überwachungsverbot nach der oben[206] vorgeschlagenen Regelung ohnehin entfällt:

Die Überwachung des Zeugnisverweigerungsberechtigten kann zunächst angeordnet werden, wenn dieser im Verdacht steht, Nachrichtenmittler zu sein. Beziehen sich die Mitteilungen, die der Zeugnisverweigerungsberechtigte vom oder für den Beschuldigten entgegennimmt oder weitergibt, aber auf das Vertrauensverhältnis, so sind sie vom Schutz des § 53 I Nr. 1 bis 3 b umfaßt; beziehen sie sich auf die Tat des beschuldigten Klienten, so wird zumeist der Verdacht bestehen, daß der Beschuldigte das Vertrauensverhältnis für seine Straftat ausnutzt.

Das gleiche gilt für dem 2. Fall des § 100 a S. 2, 2. Alt. unterfallende Gespräche, also solche, die der Beschuldigte von dem Anschluß des Zeugnisverweigerungsberechtigten führt. Sofern diese für das Verfahren relevant sein können, werden die Gespräche entweder im Zusammenhang mit der Beratung oder Hilfe stehen und daher schutzwürdig sein, oder der Beschuldigte nutzt mit dem Gespräch seine Beziehung zu dem Zeugnisverweigerungsberechtigten für seine Tat aus.

Sonstige beweiserhebliche, von § 100 a S. 2, 2. Alt. umfaßte Gespräche werden von einem dienstlichen Anschluß einer Person nach § 53 I Nr. 1 bis 3 b nur selten geführt werden; Strafverfolgungsinteressen werden insoweit nicht nennenswert beeinträchtigt.

II. Klient ist nichtbeschuldigter Dritter

1. Gewichtung der Interessen

Wie oben (2. Teil A V., insb. V. 2.b) dargestellt schützt § 53 I Nr. 1 bis 3 b auch insoweit, als die Beziehung des Zeugnisverweigerungsberechtigten zu nichtbeschuldigten Klienten betroffen ist, berücksichtigenswerte, verfassungsrechtlich von Art. 2 I i.V.m. 1 I GG umfaßte und strafrechtlich durch § 203 StGB geschützte Interessen des Klienten. Allerdings ist die bei einer Zugriffsmöglichkeit auf den hilfeleistenden Berufsträger bestehende Gefahr für die Unbefangenheit der Inanspruchnahme von Hilfe weniger gravierend, muß der Hilfsbedürftige lediglich die Offenbarung seiner Daten und nicht seine Belastung im Strafverfahren mittels dieser Daten befürchten. Strafverfolgungsinteressen fallen daher gegenüber dem Interesse nichtbeschuldigter Dritter eher ins Gewicht als gegenüber dem Interesse beschuldigter Klienten.

[206] 3. Teil E I. 1.e).

Da professionelle Hilfe aber nur wirklich unbefangen in Anspruch genommen werden kann, wenn der Klient auch nicht die Offenbarung seiner persönlichen, der Hilfsperson anvertrauten oder bekanntgewordenen Daten befürchten muß, sollte die Vertraulichkeit der Kommunikation nichtbeschuldigter Klienten mit Angehörigen der Heil- und Beratungsberufe grundsätzlich auch im Strafprozeß gewahrt bleiben. Dafür spricht zudem, daß § 53 I Nr. 1 bis 3 b entsprechende Zeugnisverweigerungsrechte auch in anderen Verfahrensordnungen bestehen, dem Interesse an der Geheimhaltung von Kommunikation mit Angehörigen der Heil- und Beratungsberufe entgegenstehende Belange also auch im Zivil- und Verwaltungsprozeß zurücktreten[207].

Von dem Schutz der Beziehung zwischen Personen nach § 53 I Nr. 1 bis 3 b und deren nichtbeschuldigten Klienten sollte auch für Verfahren wegen schwerer Straftaten keine Ausnahme gemacht werden, selbst wenn im Einzelfall bei einer schweren Straftat das Strafverfolgungsinteresse gegenüber den Klienteninteressen überwiegen mag. Zwar steht hier einer an schwere Straftaten anküpfenden Regelung nicht der oben für den beschuldigten Klienten dargelegte Gesichtspunkt entgegen, daß das Klienteninteresse mit der Schwere der Straftat steigt: Die Belastung für den nichtbeschuldigten Klienten ist die gleiche, werden seine Daten in einem Verfahren wegen einer leichten oder wegen einer schweren Straftat offenbart. An schweren Straften orientierte Ausnahmeregelung können aber gegen mißbräuchliche Anwendung, etwa die mißbräuchliche Vorschiebung eines solchen Verdachts, kaum geschützt werden[208]; die Klienteninteressen wären daher bei einer solchen Regelung nicht mehr hinreichend gewahrt.

Schließlich sollten das Zeugnisverweigerungsrecht nach § 53 I Nr. 1 bis 3 b und die daran anküpfenden Beschränkungen von Beschlagnahme und Telefonüberwachung auch insoweit, als nichtbeschuldigte Klienten betroffen sind, nicht durch einen Ausschluß der Öffentlichkeit ersetzt werden. Zwar ist eine solche Regelung zum Schutz des nichtbeschuldigten Klienten, der ja anders als der Beschuldigte von der Verwertung nicht betroffen ist, durchaus erwägenswert. Ein Ausschluß der Öffentlichkeit kann aber nicht verhindern, daß Tatsachen aus der Beziehung zwischen dem Angehörigen des Heil- oder Beratungsberufes und seinem Klienten durch die Prozeßbeteiligten oder die Verwertung der Tatsachen im Urteil öffentlich werden. Ein Ausschluß der Öffentlichkeit kann daher die Klienteninteressen nur unvollständig schützen; um die unbefangene Inanspruchnahme professioneller Hilfe möglichst weitgehend zu ermöglichen, sollten

---

207 Vgl. zum Schutz der Klienten in gerichtlichen Verfahren außerhalb des Strafprozesses auch LSG Bremen, NJW 58, 278 (279); LG Düsseldorf, NJW 90, 2327.

208 Vgl. *Rengier*, Zeugnisverweigerungsrechte, S. 95 f.

daher schon Eingriffe in die Beziehung zwischen Hilfsperson und Klient und nicht erst die öffentliche Erörterung von dadurch erlangten Kenntnissen untersagt sein[209].

2. *Verfahren gegen den Zeugnisverweigerungsberechtigten als Beschuldigten*

Eine Ausnahme von der Wahrung der Vertraulichkeit der Beziehung zwischen Hilfsperson und nichtbeschuldigtem Klienten sollte aber mit Rücksicht auf Strafverfolgungsinteressen gemacht werden, wenn Unterlagen aus dem Verhältnis nichtbeschuldigter Klienten zu Zeugnisverweigerungsberechtigten nach § 53 I Nr.1 bis 3 b als Beweismittel in Verfahren gegen den Zeugnisverweigerungsberechtigten selbst herangezogen werden sollen.

Begeht ein Angehöriger eines Heil- oder Beratungsberufes Straftaten im Zusammenhang mit seiner Berufsausübung, so kommen oftmals Unterlagen aus seiner Beziehung zu Klienten als Beweismittel in Betracht. So kann etwa die Beschlagnahme ärztlicher Krankendateien in Verfahren wegen Abrechnungsbetrugs oder wegen Verstößen gegen das Betäubungsmittelgesetz gegen den Arzt von großer Bedeutung sein[210]; in Steuerstrafverfahren gegen Personen nach § 53 I Nr.2 bis 3 b können wichtige Beweise ebenfalls durch die Beschlagnahme von Klientenunterlagen erlangt werden. Die Strafverfolgung wegen Taten, die ein Angehöriger eines Heil- und Beratungsberufes im Zusammenhang mit seiner Berufsausübung begeht, wäre daher durch ein umfassendes Verbot der Beschlagnahme von Klientenunterlagen erheblich beeinträchtigt. Um zu verhindern, daß Angehörige von Heil- und Beratungsberufen durch den Schutz ihrer Beziehungen zu Klienten einen Freiraum zur Begehung von Straftaten haben, sie für den beruflichen Bereich "Immunität" genießen, sollte daher ein Beschlagnahmeverbot in Verfahren gegen den Zeugnisverweigerungsberechtigten als Beschuldigten nicht bestehen; das gleiche gilt für ein Verbot der Telefonüberwachung[211]. Das Interesse der Klienten an Geheimhaltung ihrer Daten sollte insoweit hinter dem Interesse an der Verfolgung der Straftaten des Berufsträgers zurücktreten[212]; ein gewisser Schutz des Klienten ist in diesen Fällen durch einen Ausschluß der Öffentlichkeit nach §§ 171 b oder 172 Nr.3 GVG zu erreichen.

---

209 Vgl. auch *Rengier*, Zeugnisverweigerungsrechte, S.86 f.

210 Vgl. etwa LG Dortmund, NJW 72, 1533; AG Landau, StV 89, 536; zu Verfahren wegen Abrechnungsbetrugs auch das Informationspapier des Landesbeauftragten für den Datenschutz Rheinland-Pfalz Rudolf, NJW 91, 2337 f.

211 Ob insoweit ein Zeugnisverweigerungsrecht besteht, ist unerheblich, da der Berufsträger als Beschuldigter ohnehin nicht aussagen muß.

212 Vgl. auch BVerfGE 32, 373 (381): das öffentliche Interesse an vollständiger Wahrheitsermittlung im Strafprozeß könne die privaten Geheimhaltungsbelange überwiegen, wenn der Arzt selbst Beschuldigter sei; krit. *Rupp*, Gutachten 46.DJT, 181; *Klug*, Referat 46.DJT, F 53 f.

3. Telefonüberwachung

Wegen der Unmöglichkeit, ex ante bestimmte Gespräche von der Telefonüberwachung auszunehmen, sollte auch für Gespräche von Angehörigen der Heil- und Beratungsberufe mit nichtbeschuldigten Klienten kein Überwachungsverbot, sondern nur ein Gebot der unverzüglichen Vernichtung der Aufnahmen solcher Gespräche sowie ein Verwertungsverbot für aus solchen Gesprächen gewonnene Beweise bestehen. Die Beweisaufnahme über solche Gespräche ist für unzulässig zu erklären.

Die Überwachung des dienstlichen Anschlusses des Zeugnisverweigerungsberechtigten sollte schließlich mit Rücksicht auf Strafverfolgungsinteressen nur in Verfahren gegen Klienten als Beschuldigte, nicht dagegen zum Schutz nichtbeschuldigter Klienten verboten werden. Ist ein Dritter Beschuldigter und besteht der Verdacht, daß ein Angehöriger eines Heil- oder Beratungsberufes Nachrichtenmittler ist oder der Beschuldigte dessen dienstlichen Anschluß benutzt, so ist es kaum denkbar, daß davon umfaßte Gespräche auf das Vertrauensverhältnis zwischen dem Berufsträger und seinen Klienten bezogen, also schutzwürdig sind. Ein generelles Verbot der Überwachung des dienstlichen Anschlusses des Zeugnisverweigerungsberechtigten würde also anders als in den Fällen des beschuldigten Klienten[213] dazu führen, daß Beweismittel, die ohne das Überwachungsverbot rechtmäßig erlangt werden könnten, verloren gingen. Der Anschluß des Zeugnisverweigerungsberechtigten könnte für die Begehung von Straftaten genutzt werden, ohne daß eine Überwachung des Anschlusses möglich wäre. Aus diesem Grund sollte es für Gespräche zwischen dem Zeugnisverweigerungsberechtigten und nichtbeschuldigten Klienten bei einem Verwertungsverbot bleiben.

4. Ergebnis

Die Vertraulichkeit der Beziehung zwischen Angehörigen der Heil- und Beratungsberufe und nichtbeschuldigten Klienten sollte grundsätzlich auch im Strafverfahren gewahrt bleiben. Erforderlich ist daher nicht nur ein entsprechendes Zeugnisverweigerungsrecht des Berufsträgers, ein Verbot der Beschlagnahme von Gegenständen aus dieser Beziehung sowie ein Verwertungsverbot für Erkenntnisse aus zwischen dem Berufsträger und seinen Klienten geführten Telefongesprächen, sondern, wie oben[214] dargelegt, auch ein Aussageverweigerungsrecht des Klienten selbst über seine Kommunikation mit dem Angehörigen des Heil- und Beratungsberufes.

---

[213] Siehe dazu oben unter F I. 2.

[214] S. 130 f.

Von diesen Eingriffsverboten ist eine Ausnahme zu machen, wenn der Beschuldigte die Offenbarung von Tatsachen aus dieser Beziehung zu seiner Entlastung beantragt (vgl. dazu oben 3. Teil B II. 3), und wenn gegen den Zeugnisverweigerungsberechtigten als Beschuldigten ermittelt wird.

III. Verhältnis Zeugnisverweigerungsberechtigter - nichtbeschuldigter Klient mit eigenem Zeugnisverweigerungsrecht

Abschließend soll darauf hingewiesen werden, daß eine besondere Situation besteht, wenn es sich bei dem nichtbeschuldigten Dritten um einen zeugnisverweigerungsberechtigten Angehörigen des Beschuldigten handelt[215]. Ist etwa der Beschuldigte der Körperverletzung an seiner Ehefrau verdächtig, und hat die Ehefrau in diesem Zusammenhang einen Arzt oder einen Rechtsanwalt konsultiert, so sind de lege lata Tatsachen aus dem Vertrauensverhältnis zwischen der Ehefrau und dem Arzt/Anwalt im Wege der Beschlagnahme (und der Telefonüberwachung) zu erlangen, obwohl beiden an dem Vertrauensverhältnis Beteiligten ein Zeugnisverweigerungsrecht zusteht. Der Angehörige des Beschuldigten muß also befürchten, durch die Inanspruchnahme eines Arztes, Anwalts etc. zur Belastung des Beschuldigten beizutragen; dies wird die Unbefangenheit der Beziehung zwischen Hilfsperson und Klient vielfach ebensosehr beeinträchtigen wie die Furcht, sich selbst zu belasten.

Auch wenn man die grundsätzliche Wahrung der Vertraulichkeit der Beziehung nichtbeschuldigter Dritter zu Angehörigen der Heil- und Beratungsberufe im Strafprozeß nicht befürwortet, so sollte doch de lege ferenda zumindest die Beziehung von zeugnisverweigerungsberechtigten Angehörigen des Beschuldigten zu Personen nach § 53 I Nr. 1 bis 3 b umfassend geschützt werden[216]. Wird ein Zwang zur direkten Belastung eines Angehörigen durch §§ 52, 55 dem einzelnen ebensowenig zugemutet wie ein Zwang zur Selbstbelastung, so sollte eine solche Gleichstellung auch erfolgen, wo es um die mittelbare Belastung geht[217].

---

[215] Um eine solche Konstellation ging es in BGH, StV 90, 435: Dort wurden auf die Wahrnehmung der Verteidigung bezogene Telefongespräche zwischen dem Verteidiger und der Ehefrau bzw. Mutter der Angeklagten überwacht und gegen diese verwertet. Der BGH lehnte, de lege lata zu Recht, ein aus §§ 53 und 53 folgendes Überwachungs- und Verwertungsverbot ab (zur Frage eines solchen Verbots aus § 148 siehe 3.Teil H II. 1.b), allerdings mit der wenig überzeugenden Begründung, §§ 52 und 53 schützten den Zeugen vor Konfliktlagen und solche beständen bei der Telefonüberwachung nicht. Eine solche Reduzierung der Schutzzwecke der Zeugnisverweigerungsrechte ist unzutreffend und zudem nicht erforderlich; der Hinweis auf die klare Entscheidung des Gesetzgebers, die Zeugnisverweigerungsrechte nach §§ 52 und 53 bei der Telefonüberwachung nicht zu berücksichtigen, hätte genügt.

[216] In dem vorstehend angeführten Fall würde dann ein Verwertungsverbot bestehen.

[217] Mit der Umgehung des Zeugnisverweigerungsrechts des Angehörigen läßt sich dieses Ergebnis, wie es auf den ersten Blick scheinen mag, nicht begründen. Es wäre auch eine in sich

G. Entwurf einer gesetzlichen Regelung der Berücksichtigung des Zeugnisverweigerungsrechts der Angehörigen der Heil- und Beratungsberufe (§ 53 I Nr.1 bis 3 b) bei den auf Beweisgewinnung gerichteten Zwangsmaßnahmen

Eine Regelung des Zeugnisverweigerungsrechts der Angehörigen der Heil- und Beratungsberufe und eine an den Schutzzwecken dieses Rechts orientierte Regelung der Zwangsmaßnahmen könnte wie folgt aussehen:

Zeugnisverweigerungsrecht

Zur Verweigerung des Zeugnisses sind ferner berechtigt

1. Geistliche über das, was ihnen in ihrer Eigenschaft als Seelsorger anvertraut worden oder bekanntgeworden ist;

2. Verteidiger *(es entfällt: des Beschuldigten)* über das, was ihnen in dieser Eigenschaft anvertraut worden oder bekanntgeworden ist;

3. Rechtsanwälte, Patentanwälte, Notare, Wirtschaftsprüfer, vereidigte Buchprüfer, Steuerberater und Steuerbevollmächtigte, Ärzte, Zahnärzte, Apotheker und Hebammen über das, was ihnen in dieser Eigenschaft anvertraut worden oder bekanntgeworden ist;

3a. Mitglieder oder Beauftragte einer anerkannten Beratungsstelle nach § 218 b Abs.2 Nr.1 StGB des Strafgesetzbuches über das, was ihnen in dieser Eigenschaft anvertraut worden oder bekanntgeworden ist;

3b. Berater für Fragen der Betäubungsmittelabhängigkeit in einer Beratungsstelle, die eine Behörde oder eine Körperschaft, Anstalt oder Stiftung des öffentlichen Rechts anerkannt oder bei sich eingerichtet hat, über das, was ihnen in dieser Eigenschaft anvertraut worden oder bekanntgeworden ist.

Das Zeugnisverweigerungsrecht nach § 53 I Nr.2 bis 3 b entfällt, wenn der Beschuldigte dringend verdächtig ist, die Beziehung zu dem Zeugnisverweigerungsberechtigten zur Vorbereitung, Begehung oder Sicherung der Vorteile seiner Straftat auszunutzen oder ausgenutzt zu haben, und sich die Aussage auf die Vorbereitung, Begehung oder Sicherung der Vorteile der Tat beziehen soll[218]. Aufgrund des Satzes 1 erlangte Aussagen sind nur verwertbar, solange der Ver-

---

schlüssige gesetzliche Regelung denkbar, die Angehörige nur von dem Zwang zur direkten Belastung des Beschuldigten befreit. Da innerfamiliäre Kommunikation nicht betroffen ist, würde das Zeugnisverweigerungsrecht der Angehörigen durch eine solche Regelung nicht umgangen.

[218] Vgl. oben Fn. 192.

dacht besteht. Die Verwertbarkeit ist ausgeschlossen, wenn sich der dringende Verdacht erst durch die Aussage ergeben hat.

Die in Absatz 1 Nr.2 bis 3 a Genannten dürfen das Zeugnis nicht verweigern, wenn sie von der Verpflichtung zur Verschwiegenheit entbunden sind oder der Beschuldigte die Vernehmung beantragt.

Aussageverweigerungsrecht des Klienten

Jeder Zeuge kann die Aussage darüber verweigern, was er einer in § 53 I Nr. 1 bis 3 b genannten Person als deren Klient anvertraut und was er als Klient einer solchen Person von dieser erfahren hat.

Herausgabeverweigerungsrecht (§ 95 II 2)

Dies gilt nicht bei Personen, die zur Verweigerung des Zeugnisses berechtigt sind, sowie bei Klienten der in § 53 I Nr. 1 bis 3 b genannten Personen, soweit das Beschlagnahmeverbot bei den Klienten reicht.

Beschlagnahmeverbot

(1) Der Beschlagnahme unterliegen Gegenstände nicht, auf die sich das Zeugnisverweigerungsrecht der in § 53 I Nr. 1 bis 3 b Genannten erstreckt und die innerhalb des Verhältnisses zwischen Zeugnisverweigerungsberechtigtem und Klient entstanden sind. Die Beschlagnahme von außerhalb des Verhältnisses zwischen Zeugnisverweigerungsberechtigtem und Klient entstandenen Gegenständen darf nicht zu dem Zweck erfolgen festzustellen, ob eine Person Klient des Zeugnisverweigerungsberechtigten war oder ist.

(2) Diese Beschränkungen gelten nur, wenn sich die Gegenstände im Gewahrsam der Zeugnisverweigerungsberechtigten, des Klienten oder der Post befinden. Der Beschlagnahme unterliegen auch nicht Gegenstände, auf die sich das Zeugnisverweigerungsrecht der Ärzte, Zahnärzte, Apotheker und Hebammen erstreckt, wenn sie sich im Gewahrsam einer Krankenanstalt befinden, sowie Gegenstände, auf die sich das Zeugnisverweigerungsrecht der in § 53 I Nr.3 a und 3 b genannten Personen erstreckt, wenn sie sich im Gewahrsam der in dieser Vorschrift bezeichneten Beratungsstelle befinden. Die Beschlagnahmeverbote bleiben bestehen, wenn eine in § 53 I Nr.2 bis 3 b genannte Person oder eine in S.2 genannte Institution den Gewahrsam verloren oder ohne den Willen des Klienten aufgegeben hat.

(3) Die Beschränkungen der Beschlagnahme gelten nicht, wenn der Klient der Beschlagnahme zustimmt oder der Beschuldigte die Beschlagnahme beantragt. Gegenstände nach Abs. 1 Nr.3, auf die sich das Zeugnisverweigerungsrecht der Geistlichen (§ 53 I Nr. 1) bezieht, unterliegen der Beschlagnahme auch dann, wenn der Geistliche der Beschlagnahme zustimmt.

(4) Die Beschränkungen der Beschlagnahme gelten nicht, wenn der Beschuldigte dringend verdächtig ist, die Beziehung zu dem Zeugnisverweigerungsberechtigten zur Vorbereitung, Begehung oder Sicherung der Vorteile seiner Straftat auszunutzen oder ausgenutzt zu haben und sich das Beweismittel auf die Vorbereitung, Begehung oder Sicherung der Vorteile der Tat bezieht. Die Beschlagnahme von Gegenständen nach § 97 Abs. 1 ist aufzuheben, und die beschlagnahmten Gegenstände sind unverzüglich an den Berechtigten herauszugeben, wenn sich herausstellt, daß die Voraussetzungen des Satzes 1 nicht oder nicht mehr vorliegen. Das gleiche gilt, wenn sich der dringende Verdacht erst durch die beschlagnahmten Gegenstände ergibt. Die Beweisaufnahme über von Satz 2 und 3 umfaßte Gegenstände ist unzulässig.

(5) Die Beschränkungen der Beschlagnahme gelten nicht in Verfahren gegen in § 53 I Nr. 1 bis 3 b genannte Personen als Beschuldigte.

Verbot der Telefonüberwachung

(1) Aufnahmen von Gesprächen von in § 53 I Nr. 1 bis 3 b genannten Personen, auf die sich deren Zeugnisverweigerungsrecht erstreckt, sind unverzüglich zu vernichten. Die Beweisaufnahme über von S. 1 umfaßte Gespräche ist unzulässig. In Verfahren gegen Klienten von in § 53 I Nr. 1 bis 3 b genannten Personen ist die Überwachung des überwiegend für berufliche Zwecke genutzten Telefonanschlusses des Zeugnisverweigerungsberechtigten unzulässig.

(2) Die Beschränkungen der Telefonüberwachung gelten nicht, wenn und solange der der Beschuldigte dringend verdächtig ist, die Beziehung zu dem Zeugnisverweigerungsberechtigten zur Vorbereitung, Begehung oder Sicherung der Vorteile seiner Straftat auszunutzen oder ausgenutzt zu haben. Verwertbar sind nur Erkenntnisse aus solchen Gesprächen, die sich auf die Vorbereitung, Begehung oder Sicherung der Vorteile der Tat beziehen. Aufnahmen sonstiger Gespräche sind unverzüglich zu vernichten; die Beweisaufnahme über solche Gespräche ist unzulässig.

(3) Entsteht der dringende Verdacht erst durch das überwachte Gespräch, so gilt Abs. 2 S. 3 entsprechend.

(4) Die Beschränkungen der Telefonüberwachung gelten nicht in Verfahren gegen in § 53 I Nr. 1 bis 3 b genannte Personen als Beschuldigte.

H. Die Sonderstellung der Beziehung zwischen Verteidiger und Beschuldigtem

Der Beziehung zwischen Verteidiger und Beschuldigtem kommt im Vergleich zu den anderen durch § 53 I Nr. 1 bis 3 b geschützten Vertrauensverhältnissen eine Sonderstellung zu, die Modifizierungen des vorstehenden Entwurfs erforderlich macht. In der StPO kommt diese Sonderstellung, die in der Verankerung des Rechts auf effektive und ungestörte Verteidigung im Rechtsstaatsprinzip begründet liegt[219], für die hier thematische Frage der Eingriffsmöglichkeiten in die Verteidiger-Mandanten-Beziehung in § 148 zum Ausdruck, der den freien Verkehr zwischen Verteidiger und Mandant garantiert und bereits de lege lata über § 97 hinausgehende Beschlagnahmeverbote und Einschränkungen der Telefonüberwachung ermöglicht.

I. Grund der Sonderstellung

Um Grund und Umfang der erforderlichen Sonderbehandlung der Verteidiger-Mandanten-Beziehung bei Beschlagnahme und Telefonüberwachung sowohl de lege lata als auch de lege ferenda feststellen zu können, soll im folgenden zunächst untersucht werden, welche Interessen der an der Verteidiger-Mandanten-Beziehung Beteiligten die Sonderstellung dieser Beziehung begründen.

1. Verwertung von Tatsachen aus der Verteidiger-Mandanten-Beziehung gegen den Mandanten

Werden Beweise gegen den Beschuldigten verwertet, die durch einen Eingriff in dessen Beziehung zu seinem Verteidiger gewonnen wurden, so bedeutet dies für den Beschuldigten einen gravierenderen Eingriff als die Verwertung von Tatsachen aus seiner Beziehung zu sonstigen Berufsträgern nach § 53 I Nr. 1 bis 3 b, da Eingriffe in das Verteidiger-Mandanten-Verhältnis zum Zweck der Beweiserhebung gegen den Mandanten diesen unmittelbar in einer geschützten prozessualen Rechtsstellung beeinträchtigen. Die Verwirklichung des prozessualen Rechts des Beschuldigten, sich durch einen Verteidiger vertreten zu lassen (§ 137), setzt voraus, Mittel und Ergebnisse der Kommunikation des Beschuldigten mit dem Verteidiger gegen Zugriff durch Strafverfolgungsorgane

---

[219] Vgl. nur *Welp*, FS Gallas, 391; SK/StPO-*Rudolphi*, § 97, Rdn. 49; *Wessing*, S. 201; BVerfGE 39, 156 (163); 39, 238 (243); 68, 237 (255): das Recht des Angeklagten, sich eines Verteidigers zu bedienen, sei Ausdruck des Rechts auf ein faires Verfahren und verfassungsrechtlich verbürgt; vgl. auch Art. 6 III c MRK.

abzuschirmen[220]. Da der Beschuldigte, der sich eines Verteidigers bedient, damit eine Institution in Anspruch nimmt, die seiner Interessenwahrung, seiner Entlastung in dem gegen ihn gerichteten Strafverfahren dienen soll[221], bedeutete es geradezu eine Pervertierung des Rechts auf freie und effektive Verteidigung, wenn die Strafverfolgungsorgane Beweisvorteile aus der Inanspruchnahme eines Verteidigers durch den Beschuldigten ziehen könnten[222].

Die Verwertung von Tatsachen aus der Beziehung des Verteidigers zu dem Beschuldigten gegen diesen kommt, da der indirekte Zwang, sich Personen nach § 53 I Nr. 1 bis 3 b anzuvertrauen, im Falle des Verteidigers prozessualer und nicht wie bei den sonstigen Angehörigen von Heil- und Beratungsberufen außerprozessualer Art ist, auch einer Verletzung der Aussagefreiheit des Beschuldigten näher als die Verwertung von Tatsachen aus dem Verhältnis des Beschuldigten zu anderen Personen nach § 53 I Nr. 1 bis 3 b [223].

Das Verteidiger-Mandanten-Verhältnis unterscheidet sich also von den anderen durch § 53 I Nr. 1 bis 3 b geschützten Beziehungen durch die von Eingriffen in dieses Verhältnis zum Zweck der Beweiserhebung gegen den Mandanten ausgehenden spezifisch prozessualen Belastungen des Mandanten[224].

2. *Offenbarung von Tatsachen aus der Verteidiger-Mandanten-Beziehung*

Keine Sonderstellung kommt dem Verhältnis zwischen Verteidiger und Mandant dagegen insoweit zu, als der Beschuldigte nicht durch die Verwertung im Strafverfahren gegen sich, sondern durch die Offenbarung von Tatsachen aus diesem Verhältnis in Strafverfahren gegen den Verteidiger oder gegen Dritte belastet wird. Die Erwägung, daß der Beschuldigte nicht durch die Inanspruchnahme einer seiner Entlastung im Strafverfahren gegen ihn dienenden Institution in eben diesem Verfahren belastet werden soll, trifft hier nicht zu. Soweit der Mandant ein Interesse hat, dem Verteidiger anvertraute Tatsachen aus dem Privat- oder Intimbereich nicht an die Öffentlichkeit dringen zulassen, ist dies kein spezifisch prozessuales Interesse; ein Unterschied zu dem Geheimhal-

---

[220] *Welp*, Überwachung, S. 197; SK/StPO-*Rudolphi*, § 97, Rdn. 49; *Wessing*, S. 104; *Beulke*, Verteidiger, S. 45 f., 207.

[221] Vgl. nur *Beulke*, Verteidiger, S. 41 ff.; *Rudolphi*, FS Schaffstein, 433 (440); *Meyer*, SchlHA 55, 348 (349).

[222] Vgl. *Welp*, NStZ 86, 294: Die Verteidigung sei keine Einrichtung des Strafprozesses, die dazu bestimmt wäre, den Strafverfolgungsbehörden Beweisvorteile zu verschaffen.

[223] Vgl. dazu oben 3. Teil A V. 2. a).

[224] Vgl. auch *Welp*, S. 197: das Verkehrsrecht sei keine Funktion des Geheimnisschutzes, sondern eine Konsequenz des Rechts auf Verteidigung; *Wessing*, S. 107: durch ein Verbot der Telefonüberwachung bei dem Verteidiger sei nicht in erster Linie das Fernmeldegeheimnis oder die Intimsphäre des Bürgers, sondern das abstrakte Vertrauensverhältnis zwischen Verteidiger und Mandant als konstitutives Element einer rechtsstaatlichen Grundsätzen genügenden Verteidigung zu schützen.

tungsinteresse der Klienten anderer Zeugnisverweigerungsberechtigter nach § 53 I Nr. 1 bis 3 b besteht insoweit nicht.

Anderer Ansicht ist dagegen wohl Welp. Er führt an, eine Verwertung von aus der Beziehung zwischen Verteidiger und Mandant stammendem Material gegen den Verteidiger beeinträchtige stets berücksichtigenswerte Interessen des Mandanten, da die Mitteilungen des Beschuldigten an seinen Verteidiger materiell den Charakter von Einlassungen zum Tatvorwurf hätten, und das Prinzip der Aussagefreiheit auf dem Spiel stehe, wenn solche Angaben des Beschuldigten ohne dessen Willen nach außen getragen würden[225]. Versteht man diese Argumentation dahingehend, daß die Offenbarung und Verwertung von Verteidigungsmaterial im Verfahren gegen den Verteidiger die Aussagefreiheit des Mandanten des beschuldigten Verteidigers unmittelbar beeinträchtige, so ist dies aber selbst dann nicht schlüssig, wenn man der Prämisse Welps folgt, §§ 53 I Nr.2, 97, 148 seien direkte Ausprägungen des nemo-tenetur-Grundsatzes[226]. Der Grundsatz der Aussagefreiheit schützt nur davor, sich selbst in Bezug auf ein gegen sich gerichtetes Strafverfahren belasten zu müssen; der Zwang, selbstbelastende Tatsachen zum Zweck der Verwertung gegen Dritte preiszugeben, berührt den nemo-tenetur-Grundsatz dagegen nicht[227].

3. *Interessen des Verteidigers*

Schließlich begründen auch Interessen des Verteidigers selbst nicht die besondere Schutzwürdigkeit der Verteidiger-Mandanten-Beziehung[228]. Da der Schutz des Verteidigers ebenso wie der Schutz der anderen Personen nach § 53 I Nr. 1 bis 3 b nur die Kehrseite des Klientenschutzes ist, resultiert die besondere Rolle des Verteidigers allein aus dem besonderen Mandanteninteresse. Das eigene Interesse des Verteidigers an freier Berufsausübung wiegt dagegen nicht schwerer als das der anderen Zeugnisverweigerungsberechtigten nach § 53 I Nr. 1 bis 3 b. Ebenso wie §§ 53 I Nr.2, 97 schützt daher auch § 148 den freien Verkehr zwischen Verteidiger und Beschuldigtem unmittelbar nur im Interesse des Beschuldigten an effektiver Verteidigung[229].

---

[225] *Welp*, NStZ 86, 294 (297 f.).

[226] Zur Kritik dieser Ansicht siehe oben 2.Teil A IV. und 3.Teil A IV.

[227] Zu der Tatsache, daß die Verwertung einmal offenbarter Tatsachen gegen den Mandanten kaum zu verhindern ist, und daher der Mandant durch die Offenbarung in Verfahren gegen Dritte auch in seiner Stellung als Beschuldigter gefährdet ist, siehe unten unter II. 2.

[228] *Welp*, GA 77, 129 (132); LR-*Lüderssen*, § 148, Rdn.3; anders wohl BGHSt.33, 347 (349) unter Hinweis auf § 138 c III 1 ("Recht des Verteidigers aus § 148"): das Verkehrsrecht stehe dem Verteidiger als eigene Befugnis zu.

[229] So zutreffend *Welp*, JZ 74, 423 (425); ders., NStZ 86, 294 (296).

II. Konsequenzen de lege lata

Anknüpfungspunkt für aus der Sonderstellung der Verteidiger-Mandanten-Beziehung resultierende Beschränkungen von Beschlagnahme und Telefonüberwachung über die Regelung in §§ 94 ff. hinaus ist § 148. Wenn dem Beschuldigten durch § 148 der Verkehr mit seinem Verteidiger garantiert wird, so ist dies nach dem oben Gesagten im Interesse eines umfassenden Schutzes des Beschuldigten so auszulegen, daß in diesen Verkehr zu Lasten des Mandanten des Verteidigers nicht eingegriffen werden darf, der Verkehr also ungehindert und unüberwacht, ohne jede inhaltliche Kontrolle, stattfinden können muß[230]. § 148 ist damit Grundlage für ein Verbot sowohl des unmittelbaren Eingriffs in die Verteidiger-Mandanten-Beziehung im Verfahren gegen den Mandanten als auch für den Schutz des Beschuldigten vor mittelbaren Beeinträchtigungen seiner Rechtsstellung. Gegenüber § 97 ist § 148 lex specialis: § 97 wird durch § 148 als lex posterior verdrängt, soweit § 97 zulasten des Mandanten des Verteidigers zu Einschränkungen des Verkehrs des Mandanten mit seinem Verteidiger führt[231]. Darüber hinaus ist § 148 auch Grundlage für Einschränkungen des § 100 a.

1. Eingriffe im Verfahren gegen den Mandanten

a) Beschlagnahme

Für die Beschlagnahme bedeutet dies zunächst, daß das Gewahrsamserfordernis des § 97 II 1 im Verhältnis des Verteidigers zu dem Beschuldigten keine Gültigkeit hat[232]. Verteidigungsmaterial ist also auch auf der Post, im Gewahrsam des Beschuldigten sowie nach unfreiwilligem Verlust oder rechtswidriger Gewahrsamsaufgabe durch den Verteidiger im Gewahrsam Dritter beschlagnahmefrei. Der Beschlagnahme entzogen sind außerdem über § 97 hinaus auch seiner Verteidigung dienende Aufzeichnungen des Beschuldigten[233].

---

[230] *Welp*, FS Gallas, 391 (417); ders., S.197; *Rudolphi*, FS Schaffstein, 433 (441); *Werle*, JZ 91, 482 (487); - Die ausschließlich auf die Verhütung künftiger Straftaten gerichtete (vgl. *Rieß*, JR 87, 77 (78); *Werle*, JZ 91, 482 (487); Gesetzentwurf der Breg, BT-Drucks. 7/4005, S.12; abwegig BGH (Ermittlungsrichter), StV 90, 146 m. zutreffender Anm. *Nestler-Tremel*) Regelung der §§ 148 II, 148 a bestimmt daher abschließend die Zulässigkeit von Kontrollmaßnahmen hinsichtlich Verteidigerpost.

[231] *Beulke*, Verteidiger, S.210 f.; *Welp*, S.197

[232] BGH JZ 74, 421 (422); StV 90, 146; LG Mainz, NStZ 86, 473; AG Frankfurt, StV 88, 482; AG Hanau, StV 89, 429 (430); *Welp*, FS Gallas, 391 (411 ff.); SK/StPO-*Rudolphi*, § 97, Rdn.50; LR-*Schäfer*, § 97, Rdn.57; KK-*Laufhütte*, § 97, Rdn.15; AK/StPO-*Amelung*, § 97, Rdn.12; *Dünkel*, S.24; *Beulke*, Verteidiger, S.210; *R.Schmidt*, StV 89, 421; vgl. auch AK Verteidigung, Begründung zu § 13, S.111.

[233] BGH, StV 88, 468; LG Mainz, NStZ 86, 473 (474); AG Frankfurt, StV 88, 482; AG Hanau, StV 89, 429; *R.Schmidt*, StV 89, 421 (422); *Dahs*, AG Strafrecht 1988, 122 (135 ff.); vgl. auch AK Verteidigung, Begründung zu § 13, S.110; - Dies ist aber keine Konsequenz des Schutzes der Beziehung zwischen Verteidiger und Mandant, sondern der Gewährleistung einer effektiven

Das Beschlagnahmeverbot an Verteidigungsmaterial bleibt auch bei Verdacht der Teilnahme des Verteidigers bestehen; § 97 II 3 gilt insoweit nicht[234]. Ein Wegfall des Beschlagnahmeverbots ohne Zutun des Beschuldigten, wie dies § 97 II 3 vorsieht[235], ist mit dem im Rechtsstaatsprinzip wurzelnden Recht des Beschuldigten auf effektive Verteidigung nicht zu vereinbaren[236]; dies gilt auch dann, wenn man an den Grad des Teilnahmeverdachts erhöhte Anforderungen stellt[237]. Selbst wenn man § 97 II 3 dahingehend auslegen könnte, daß nur kollusives Verhalten von Zeugnisverweigerungsberechtigtem und Beschuldigtem das Beschlagnahmeverbot entfallen ließe[238], könnte § 97 II 3 für das Verteidiger-Mandanten-Verhältnis keine Anwendung finden, wie die Ausführungen unter H III. 1.c) zeigen werden.

Aus den gleichen Gründen bleibt das Beschlagnahmeverbot schließlich auch dann bestehen, wenn es sich bei Verteidigungsmaterial um Deliktsgegenstände handelt[239].

b) Telefonüberwachung

Für die Telefonüberwachung folgt aus § 148, daß im Verfahren gegen den Mandanten eine Überwachung des Anschlusses von dessen Verteidiger nicht

---

Verteidigung; solche Aufzeichnungen sind unabhängig davon beschlagnahmefrei, ob sich der Beschuldigte eines Verteidigers bedient oder nicht.

234 SK/StPO-*Rudolphi*, § 97, Rdn.51; LR-*Schäfer*, § 97, Rdn.58; AK/StPO-*Amelung*, § 97, Rdn.21; *Welp*, JZ 74, 423 (425); ders., NStZ 86, 294 (296 f.); *Beulke*, Verteidiger, S.210; ders., Jura 86, 642 (645); *Specht*, NJW 74, 65; *Roxin*, JR 74, 117; *Fezer*, JuS 78, 765 (768); *R.Schmidt*, Ausnahme, S.125; *Krekeler*, Festgabe Koch, 165 (176); vgl. auch AK Verteidigung, Begründung zu § 13, S.111;
a.A. *Kleinknecht/Meyer*, § 97, Rdn.38; KMR-*Müller*, § 97, Rdn.14; KK-*Laufhütte*, § 97, Rdn.20; *Waldowski*, AnwBl.75, 106 (107); BGH, JZ 74, 421 = NJW 73, 2035; NJW 82, 2508; StV 83, 1; NJW 86, 1183 (obiter dictum); der BGH hält damit an der 1973 getroffenen Entscheidung fest, obwohl diese Entscheidung maßgeblich von der heute obsolet gewordenen Erwägung geprägt war, eine restriktive Auslegung des § 148 sei mangels einer gesetzlichen Grundlage für einen Verteidigerausschluß erforderlich.

235 Vgl. oben 2.Teil E I. 1.b).

236 *Wessing*, S.111; ebenso ist es daher nicht möglich, das Beschlagnahmeverbot bei "mißbräuchlichem" Verhalten des Verteidigers entfallen zu lassen (so aber *Bringewat*, NJW 74, 1740 (1742 f.); dag. *Haffke*, NJW 75, 808 ff.; *Krämer*, BB 75, 1225 ff.).

237 So BGH, JZ 74, 421 (423): es seien gewichtige Anhaltspunkte für eine Teilnahmehandlung erforderlich; ebenso KK-*Laufhütte*, § 97, Rdn.20.

238 De lege lata ist dies allerdings nicht möglich (vgl. 2.Teil E I. 4.; anders aber *Welp*, JZ 74, 423 (425); ders., NStZ 86, 294 (296); R. *Schmidt*, S.60-62; ferner *Klöhn*, S.356; *Bandisch*, NJW 87, 2200 (2204); *Waldowski*, AnwBl.75, 106 (108); OLG Celle, NJW 63, 406 (407); *Wessing*, S.111.

239 A.A. ohne nähere Begründung SK/StPO-*Rudolphi*, § 97, Rdn.52.

zulässig ist[240]. Wird der Anschluß anderer Personen nach § 100 a S.2 2.Alt. oder der des Beschuldigten überwacht, so ist umstritten, ob ein Überwachungs- oder ein Verwertungsverbot besteht, wenn über solche Anschlüsse Gespräche zwischen Verteidiger und Beschuldigtem geführt werden[241]. Im Grundsatz muß auch hier aus § 148 ein Überwachungsverbot folgen; die Einhaltung eines solchen Verbots ist allerdings aus praktischen Gründen kaum möglich: da als Mittel zur Begrenzung der Telefonüberwachung nur die Nummer des zu überwachenden Anschlusses in Betracht kommt, ist es unvermeidlich, daß der gesamte über diesen Anschluß geführte Telefonverkehr der Überwachung verfällt; davon ex ante bestimmte Gespräche auszunehmen, ist nicht möglich[242]. Ein Überwachungsverbot ließe sich daher sinnvoll nur als das Gebot fassen, die Überwachung von Gesprächen des Beschuldigten mit seinem Verteidiger unverzüglich abzubrechen[243]; auch bei einem unverzüglichen Abbruch ist aber zumindest eine teilweise Kenntnisnahme des Gesprächsinhalts nicht zu vermeiden. Zudem läuft ein solches Gebot leer, wenn die Überwachung mittels automatisch arbeitender Aufzeichnungsgeräte erfolgt. Praktikabel erscheint daher in den Fällen, in denen nicht der Verteidigeranschluß überwacht wird, allein ein Verwertungsverbot für alle Kenntnisse aus Gesprächen zwischen Beschuldigtem und Verteidiger[244].

Eine Ausnahme von diesen Überwachungs- bzw. Verwertungsverboten kann aus den gleichen Gründen wie sie oben für die Nichtanwendbarkeit des § 97 II 3 bei der Beschlagnahme angeführt wurden auch bei Teilnahmeverdacht des Verteidigers nicht in analoger Anwendung des § 97 II 3 gemacht werden[245].

---

[240] KMR-*Müller*, § 100 a, Rdn.16; LR-*Schäfer*, § 100 a, Rdn.26; AK/StPO-*Maiwald*, § 100 a, Rdn.11; *Rudolphi*, FS Schaffstein, 433 (441); *Beulke*, Verteidiger, S.211; *Schumacher*, S.203 ff.; *Rieß*, JR 87, 77; *Roxin*, Strafverfahrensrecht, S.228; *Welp*, JZ 72, 423 (428); ders., FS Gallas, 391 (421); *Gross-Spreitzer*, S.98 f.; *Werle*, JZ 91, 482 (487); BGHSt.33, 347 (350); der Verstoß gegen dieses Überwachungsverbot begründet ein Verwertungsverbot (BGHSt.33, 347 (352)).

[241] Für Überwachungsverbot *Wessing*, S.108 f.; *Taschke*, StV 90, 436 (437); *Schlüchter*, Rdn.353; für Verwertungsverbot SK/StPO-*Rudolphi*, § 100 a, Rdn.19; *Joecks*, JA 83, 59 (63); BGH, StV 90, 435 f.

[242] *Welp*, NStZ 86, 294 (298).

[243] *Wessing*, S.109; *Welp*, NStZ 86, 294 (299).

[244] So auch *Welp*, NStZ 86, 294 (298 f.); *Werle*, JZ 91, 482 (487 f.).

[245] SK/StPO-*Rudolphi*, § 100 a, Rdn.19; *Kleinknecht/Meyer*, § 100 a, Rdn.13; *Beulke*, Jura 86, 642 (645); Welp, NStZ 86, 294 (296 f.); a.A. *Schlüchter*, Rdn.353; unklar BGHSt.33, 347 (350 ff.): ob der BGH die Überwachung des Verteidigers nur im Verfahren gegen den Verteidiger als Beschuldigten für zulässig hält (dafür spricht, daß der BGH allgemein ausführt, für eine analoge Anwendung des Rechtsgedankens des § 97 II 3 sei im Bereich der Telefonüberwachung kein Raum), oder ob zwar der Verdacht der Begünstigung, Strafvereitelung oder Hehlerei das Überwachungsverbot im Verfahren gegen den Mandanten bestehen lassen soll, nicht dagegen der Verdacht "echter Beteiligung", also der Beihilfe oder Anstiftung (dies klingt auf S.350 an; dafür spricht zudem die Aussage des BGH, es sei unstatthaft, den nicht tat- oder teilnahmeverdächtigen Verteidiger als Gesprächspartner seines Mandanten einer Überwachung zu unterwerfen (350); dahingehend auch KK-Laufhütte, § 100 a, Rdn.11), läßt sich nicht eindeutig sagen; keine klare Trennung zwischen der

2. *Eingriffe im Verfahren gegen den Verteidiger oder Dritte*

§ 148 könnte de lege lata Grundlage auch für ein Verbot der Beschlagnahme von Material aus der Verteidiger-Mandanten-Beziehung und der Verwertung von Erkenntnissen aus Telefongesprächen zwischen Mandant und Verteidiger[246] im Verfahren gegen den Verteidiger und gegen Dritte sein[247].

Da sich das Interesse des Mandanten, vor Offenbarung des dem Verteidiger Anvertrauten bewahrt zu werden, nicht grundsätzlich von dem entsprechenden, de lege lata von § 97 nicht berücksichtigten Interesse der Klienten anderer Zeugnisverweigerungsberechtigter unterscheidet, und das Interesse des Verteidigers an freier Berufsausübung nicht gewichtiger ist als das der anderen Zeugnisverweigerungsberechtigten[248], können sich Eingriffsverbote auch hier nur aus dem Interesse des Beschuldigten ergeben, nicht in einem gegen ihn gerichteten Strafverfahren durch die Inanspruchnahme eines Verteidigers belastet zu werden[249].

Werden Tatsachen aus der Verteidiger-Mandanten-Beziehung im Verfahren gegen den Verteidiger oder gegen Dritte offenbart, so kann eine Verwertung solcher Tatsachen gegen den Mandanten (trotz des insoweit bestehenden Verwertungsverbots) faktisch nicht ausgeschlossen werden[250]. Dies resultiert zum einen daraus, daß es aus psychologischer Sicht nicht möglich erscheint, bekannte und für einen Entscheidungsprozeß relevante Tatsachen nicht in die Entscheidungsfindung mit einzubeziehen. Zum anderen besteht hier aber auch

---

Zulässigkeit der Überwachung im Verfahren gegen den Mandanten und gegen den Verteidiger auch bei *Schlüchter*, Rdn.353: die Überwachung des Verteidigers sei möglich, wenn der Verteidiger Tatbeteiligter, d.h. selbst Beschuldigter sei.

246 Zur Ablehnung eines Verbots der Überwachung des dienstlichen Anschlusses in solchen Verfahren siehe oben 3.Teil F II. 3.

247 So *Welp*, NStZ 86, 294 (297 f.); *Taschke*, StV 90, 436 (437); LR-*Schäfer*, § 97, Rdn.58, § 100 a, Rdn.26; *Beulke*, Jura 86, 642 (645 f.); inkonsequent *Rudolphi* (FS Schaffstein, 433 (441 f.); SK/StPO-*Rudolphi*, § 100 a, Rdn.19; § 97, Rdn.51) und *Wessing* (S.107-109, 111 f.), die ein umfassendes Eingriffsverbot nur für die Telefonüberwachung befürworten, die Beschlagnahme im Verfahren gegen den Verteidiger als Beschuldigten dagegen für zulässig erachten.

248 Vgl. oben H. I. 2. und 3.

249 Die wohl auf der Vorstellung von dem Schutz eigener Interessen des Verteidigers beruhende Ansicht, Eingriffs- und Verwertungsverbote zum Schutz der Verteidiger-Mandanten-Beziehung beständen in Verfahren gegen den Beschuldigten und den Verteidiger, in Verfahren gegen Dritte dagegen nicht (so BGH, StV 90, 435 f.), ist daher verfehlt. Da entscheidend allein Beschuldigteninteressen sind, kann die Frage der aus § 148 resultierenden Eingriffsverbote nur einheitlich für alle nicht gegen den Mandanten des Verteidigers gerichteten Verfahren entschieden werden (so auch *Taschke*, StV 90, 436 (437); *Welp*, NStZ 86, 294 (297 f.)).

250 Vgl. dazu oben S. 127 f.; vgl. auch *Taschke*, StV 90, 436 (437): ein absolutes Eingriffsverbot sei zum Schutz vor "Aushöhlung" des Verkehrsrechts erforderlich; - möglicherweise liegt auch der oben (S. 179) angeführten Aussage *Welps* (NStZ 86, 294 (297 f.)) eine solche Erwägung zugrunde.

die Gefahr mißbräuchlicher Eingriffe, etwa dadurch, daß die Überwachung des Verteidigers im Verfahren gegen diesen angeordnet wird, um Erkenntnisse auch gegen dessen Mandanten zu gewinnen, in besonderem Maße, weil von einer Überwachung solcher Gespräche regelmäßig ein erheblicher Erkenntnisgewinn zu erwarten ist[251], und zudem für die Strafverfolgungsorgane der Anreiz, mit dem Verteidiger ihren "Gegenspieler" überwachen zu können, besonders groß erscheinen mag.

Wegen der eminenten Bedeutung des Rechtes des Beschuldigten, nicht durch die Inanspruchnahme eines Verteidigers belastet zu werden, insbesondere auch der Nähe dieses Rechtes zu der Aussagefreiheit, sollte der Beschuldigte auch vor der Gefahr mittelbarer Beeinträchtigungen dieses Rechts umfassend bewahrt werden[252]. Das bedeutet, daß Material aus der Beziehung zwischen Verteidiger und Mandant auch in Verfahren gegen den Verteidiger oder gegen Dritte nicht beschlagnahmt werden darf, und Erkenntnisse aus Gesprächen zwischen Verteidiger und Mandant auch in diesen Verfahren nicht offenbart und verwertet werden dürfen. Im Hinblick auf die Möglichkeit der Verwertung von Tatsachen aus dem Verteidiger-Mandanten-Verhältnis im Rahmen eines Wiederaufnahmeverfahrens gegen den Mandanten muß dies auch noch nach rechtskräftigem Abschluß des Verfahrens gegen den Mandanten gelten. Soweit dadurch die Strafverfolgung erschwert wird, ist dies wegen des überragenden Interesses des Beschuldigten, nicht durch die Inanspruchnahme eines Verteidigers belastet zu werden, hinzunehmen.

3. Konsequenzen des Verteidigerausschlusses

Ist der Verteidiger nach §§ 138 a - d von dem Verfahren ausgeschlossen worden, so ist die Beschlagnahme solchen Materials, das von nun an durch Kontakte zwischen dem ehemaligen Verteidiger und dem Beschuldigten entsteht, ebenso wie die Überwachung von Telefongesprächen zwischen Verteidiger und Mandant ohne weiteres möglich, da vom Ausschluß an die Kommunikation zwischen ehemaligem Verteidiger und Beschuldigtem den Gehalt eines privaten Kontakts hat[253]. Vor dem Verteidigerausschluß entstandenes Verteidigungsmaterial muß dagegen weiterhin einem Beschlagnahmeverbot unterliegen[254]. Da der Beschul-

---

251 Vgl. *Welp*, Überwachung, S.196.

252 Der Frage, inwieweit es möglich ist, den hier beschriebenen Gefahren mittels institutioneller Vorkehrungen zur Absicherung von Verwertungsverboten zu begegnen, kann hier nicht näher nachgegangen werden. Würde die StPO solche Vorkehrungen vorsehen (vgl. etwa § 13 Abs.3 und 4 des Vorschlags des AK Verteidigung sowie den Vorschlag der Strafrechtskommission der Fachgruppe Richter und Staatsanwälte in der ÖTV, AnwBl.81, 224 (228), Leitsatz 17), könnte sich eine andere Bewertung der Notwendigkeit von Eingriffsverboten ergeben.

253 Vgl. *Welp*, NStZ 86, 294 (296).

254 SK/StPO-*Rudolphi*, § 97, Rdn.51; *Welp*, JZ 74, 423 (426); *R.Schmidt*, Ausnahme, S.142 ff.

digte durch den an ein Verhalten des Verteidigers anknüpfenden Ausschluß des Verteidigers nicht rückwirkend die Schutzwürdigkeit verliert, rechtfertigt es der Verteidigerausschluß nicht, dem Beschuldigten rückwirkend das Recht auf freie Kommunikation mit seinem Verteidiger zu entziehen. Ein rückwirkender Wegfall des Beschlagnahmeverbots würde zudem wegen des faktischen prozessualen Zwangs, sich einem Verteidiger anzuvertrauen, die Aussagefreiheit des Beschuldigten unterlaufen[255], eine angesichts der Bedeutung dieses Rechts nicht zu vertretende Konsequenz.

III. Konsequenzen de lege ferenda

1. Eingriffe im Verfahren gegen den Mandanten

Den an § 53 I Nr. 1 bis 3 b anknüpfenden Einschränkungen von Beschlagnahme und Telefonüberwachung in Verfahren gegen den Klienten als Beschuldigten liegt der Gedanke zugrunde, daß derjenige, der sich einem professionellen Helfer unbefangen anvertrauen können soll, nicht zu befürchten haben darf, dadurch Nachteile in einem gegen ihn gerichteten Strafverfahren zu erleiden. Eingriffe in die Beziehung zwischen Personen nach § 53 I Nr. 1 bis 3 b und dem Beschuldigten zum Zweck der Erhebung von Beweisen gegen den Beschuldigten sind daher in einer schutzzweckorientierten Konzeption grundsätzlich verboten. Es gilt damit für alle von § 53 I Nr. 1 bis 3 b umfaßten Beziehungen im Grundsatz schon das, was de lege lata über § 148 für die Verteidiger-Mandanten-Beziehung erreicht wird. Die Modifizierungen des Entwurfs, die die Sonderstellung der Verteidiger-Mandanten-Beziehung gleichwohl erforderlich macht, sollen im folgenden dargestellt werden.

a) Beschlagnahme

Die Beschlagnahmefreiheit sollte mit Rücksicht auf die Sonderstellung der Verteidiger-Mandanten-Beziehung insoweit erweitert werden, als das Beschlagnahmeverbot von den Gewahrsamsverhältnissen an dem Verteidigungsmaterial unabhängig sollte. Zwar ist die Schutzwürdigkeit von Kommunikation von der Wahrung der Vertraulichkeit durch die Kommunikationspartner abhängig[256]. Die Verwirklichung des für ein rechtsstaatliches Strafverfahren konstitutiven Rechts des Beschuldigten auf ungestörte und effektive Verteidigung setzt aber die absolute Unantastbarkeit der Kommunikation zwischen Verteidiger und Mandant voraus. Diese Kommunikation sollte daher auch dann geschützt bleiben, wenn dem Beschuldigten Kommunikationsmaterial unfreiwillig abhanden kommt.

---

[255] Ausführlich *R. Schmidt*, Ausnahme, S. 142 ff.
[256] Vgl. oben 2. Teil C III. 2.

Die oben vorgeschlagene, das Beschlagnahmeverbot nach geltendem Recht einschränkende Regelung, die Beschlagnahme außerhalb des Vertrauensverhältnisses entstandener Gegenstände grundsätzlich zuzulassen, sollte dagegen auch für den Verteidiger gelten[257]. Durch den Zugriff auf solche Gegenstände wird der Verkehr zwischen Verteidiger und Mandant nicht in relevanter Weise beeinträchtigt, da die Strafverfolgungsorgane insoweit, abgesehen von der in dem Entwurf berücksichtigten Ausnahme, keinen mit der Inanspruchnahme eines Verteidigers durch den Beschuldigten verknüpften Vorteil erlangen[258].

b) Telefonüberwachung

Ein Überwachungsverbot kann wegen der Unmöglichkeit der ex-ante Festellung der Gesprächspartner und des Gesprächsinhalts auch zum Schutz der Verteidiger-Mandanten-Beziehung lediglich für den dienstlichen Anschluß des Verteidigers bestehen; Erkenntnisse aus sonstigen Gesprächen, auf die sich das Zeugnisverweigerungsrecht des Verteidigers erstreckt, sind unverwertbar.

c) Wegfall der Eingriffsverbote ?

Die Sonderstellung der Verteidiger-Mandanten-Beziehung ist in einem schutzzweckorientierten System schließlich dadurch zu berücksichtigen, daß die Eingriffsverbote auch bei dem dringenden Verdacht, der Beschuldigte nutze seine Beziehung zu dem Verteidiger zum Zweck der Vorbereitung, Begehung oder Sicherung der Vorteile seiner Tat aus, bestehen bleiben.

Zwar ist der Beschuldigte, der seine Beziehung zu dem Verteidiger für seine Straftat ausnutzt, ebensowenig schutzwürdig wie derjenige, der andere Zeugnisverweigerungsberechtigte für seine Straftat einsetzt. Auf der anderen Seite besteht aber die Gefahr, daß die Strafverfolgungsorgane einen entsprechenden Verdacht leichtfertig annehmen oder auch mißbräuchlich konstruieren, und so die Eingriffsverbote umgangen werden. Diese angesichts des Erfordernisses des dringenden Verdachts eher geringe Gefahr erscheint hinnehmbar, wenn es um Eingriffe in die Beziehung des Beschuldigten zu sonstigen Zeugnisverweigerungsberechtigten nach § 53 I Nr. 1 bis 3 b geht. Um der besonderen Schutzwürdigkeit des Verteidiger-Mandanten-Verhältnisses gerecht zu werden, und um nicht Einbruchstellen in das Verteidigungsrecht des Beschuldigten zu schaffen,

---

[257] So auch explizit für den Verteidiger der Vorschlag der Strafrechtskommission der Fachgruppe Richter und Staatsanwälte in der ÖTV, AnwBl. 81, 224 (228), Leitsatz 17.

[258] Vgl. auch *Welp*, FS Gallas, 391 (410), der, ohne eine Beschränkung des Beschlagnahmeverbots auf innerhalb des Vertrauensverhältnisses entstandene Gegenstände zu wollen, ausführt, beschlagnahmefrei müßten "alle Schriftstücke, die wegen ihrer Bezogenheit auf das Vertrauensverhältnis einen Inhalt erwarten lassen, der den Strafverfolgungsorganen auf andere Weise vermutlich nicht zugänglich geworden wäre", sein; genau dies ist aber grundsätzlich nur bei innerhalb des Vertrauensverhältnisses entstandenen Gegenständen der Fall.

sollten Eingriffe in dieses Verhältnis zum Zweck der Beweiserhebung gegen den Beschuldigten aber uneingeschränkt unzulässig sein; einzelne Fälle von Mißbrauch dieses Schutzes durch den Beschuldigten müssen hingenommen werden[259].

2. *Eingriffe im Verfahren gegen den Verteidiger oder gegen Dritte*

In Abweichung von der zu den anderen Zeugnisverweigerungsberechtigten nach § 53 I Nr. 1 bis 3 b vorgeschlagenen Regelung sollten aus den oben unter H I. 1. und H II. 2. angeführten Gründen Eingriffe in die Verteidiger-Mandanten-Beziehung auch im Verfahren gegen den Verteidiger selbst verboten sein, wenn nicht dieser die Beweiserhebung zu seiner Entlastung beantragt. Gegenüber dem Interesse des Mandanten an ungestörter und effektiver Verteidigung erscheint das Interesse an der Verfolgung der Taten des Verteidigers als geringerwertig.

Im Verfahren gegen Dritte wird nach dem hier vorgeschlagenen Entwurf die Vertraulichkeit der Beziehung zwischen Zeugnisverweigerungsberechtigtem und Klient ohnehin umfassend geschützt, es sei denn, der Beschuldigte beantragt die Beweiserhebung zu seiner Entlastung. Diese Ausnahme sollte auch für die Verteidiger-Mandanten-Beziehung gelten; das Interesse des Mandanten, auch vor mittelbaren Beeinträchtigungen seiner Rechtsstellung bewahrt zu werden, sollte gegenüber dem Interesse, nicht ungerechtfertigt verurteilt zu werden, zurückstehen.

3. *Konsequenzen des Verteidigerausschlusses*

Für die Möglichkeiten der Beschlagnahme und der Telefonüberwachung nach dem Ausschluß des Verteidigers nach §§ 138 a - d gilt auch de lege ferenda das oben unter H II. 3. Gesagte.

---

[259] Vgl. auch *Rudolphi*, FS Schaffstein, 433 (442); *Wessing*, S. 111; vgl. auch AK Verteidigung, Begründung zu § 13, S. 111; *Welp*, JZ 74, 423 (426); ders., NStZ 86, 294 (296 f.); *Roxin*, JR 74, 117 (118): das Gesetz habe mit § 148 und §§ 138 a - d die Gefahr der Kollusion zwischen Verteidiger und Beschuldigtem bis zum Verteidigerausschluß in Kauf genommen; - De lege ferenda wäre daran zu denken, dem Beschuldigten, der der Ausnutzung des Verhältnisses zu seinem Verteidiger für seine Straftat dringend verdächtig ist, das Recht zu entziehen, sich durch diesen Verteidiger vertreten zu lassen, also unter dieser Voraussetzung einen Verteidigerausschluß zuzulassen.

IV. Ergänzung des Gesetzentwurfes[260]

Das Beschlagnahmeverbot besteht unabhängig von den Gewahrsamsverhältnissen.

Das Zeugnisverweigerungsrecht des Verteidigers sowie die an § 53 I Nr.2 anküpfenden Verbote der Beschlagnahme und der Telefonüberwachung entfallen nicht, wenn der Beschuldigte dringend verdächtig ist, das Verhältnis zu seinem Verteidiger für die Vorbereitung, Begehung oder Sicherung der Vorteile seiner Tat auszunutzen.

Die an § 53 I Nr.2 anküpfenden Verbote der Beschlagnahme und der Telefonüberwachung bestehen auch im Verfahren gegen den Verteidiger, es sei denn, der Verteidiger beantragt die Beweiserhebung zu seiner Entlastung.

260 Im Ergebnis entspricht damit der hier entwickelte Vorschlag weitgehend dem Vorschlag des AKs Verteidigung, §§ 12 - 14.

4. TEIL

Die Berücksichtigung des Zeugnisverweigerungsrechts nach § 53 I Nr.5 bei den auf Beweisgewinnung gerichteten Zwangsmaßnahmen

A. Schutzzwecke des § 53 I Nr.5 und deren Konsequenzen für die Zwangsmaßnahmen

I. Pressefreiheit (Art.5 I 2 GG), Informationsfluß

Das Zeugnisverweigerungsrecht nach § 53 I Nr.5 dient der verfassungsrechtlich in Art.5 I 2 GG garantierten Freiheit von Presse und Rundfunk[1]. Im demokratischen Staat haben die Medien wichtige, für die Existenz und Funktionsfähigkeit der Demokratie unumgängliche Funktionen, so bei der Unterrichtung des Bürgers über das Geschehen im In- und Ausland, vor allem aber bei der politischen Meinungsbildung und als Kontrollorgan des öffentlichen Lebens[2]. Bei der Wahrnehmung dieser Funktionen sind Presse und Rundfunk auf private Mitteilungen angewiesen[3]. Die Weitergabe von Informationen an die Presse kann aber für den Informanten mit Nachteilen verschiedenster Art, die von bloßen Unannehmlichkeiten bis hin zu strafrechtlicher Verfolgung reichen können[4], verbunden sein. Es besteht also die Gefahr, daß sich potentielle Informanten durch die Aussicht solcher Nachteile von der Weitergabe der Information

---

[1] BVerfGE 36, 193 (204); BVerfG, NStZ 82, 253; BGHSt.28, 240 (254); *Gross-Spreitzer*, S.107; *Groß*, AfP 74, 648 (650); ders., Presserecht, S.204 f.; *Pauli*, S.28.

[2] Vgl. BVerfGE 7, 198 (208); 20, 162 (174 f.); 25, 256 (265); 50, 234 (239 f.); 77, 65 (74); *Möhl*, S.89 ff.; KMR-*Paulus*, § 53, Rdn.3, 25; *Lerche*, AfP 76, 55 (60); *Rengier*, (S.38; *Pauli*, S.18 ff., 92.

[3] Vgl. nur *Möhl*, S.100-102; *Rengier*, JZ 79, 797 (800): die Kontrollfunktion der Presse lebe vom Informantenschutz, denn erst die den Nachrichtenmedien aus "unterrichteten" Kreisen "zugespielten" Informationen ermöglichten die Aufdeckung öffentlicher Mißstände.

[4] Plastisch *Möhl*, S.101: die Folgen von Veröffentlichungen, in denen politische Ansichten geäußert, öffentliche Zustände erörtert oder öffentliche Organe und ihre Handlungen der Kritik unterzogen werden, könnten für den Infomanten vom "Ins-Gerede-Kommen" über gesellschaftlichen und geschäftlichen Boykott, Verlust der Stellung bis hin zur Untergrabung der ganzen Existenz reichen; vgl. auch *Cramer*, S.35.

an die Presse[5] abschrecken lassen; diese Gefahr ist besonders groß, weil, anders als in den Fällen der § 53 I Nr.1 bis 3 b, in denen der Klient Tatsachen aus seiner Privatsphäre zur Wahrung eigener, oft existenzieller Interessen zu offenbaren faktisch gezwungen ist, der Informant mit der Mitteilung an die Presse meist weniger gravierende und zudem oftmals auch auf andere Weise zu wahrende eigene Belange oder auch Allgemeininteressen verfolgt; ein potentieller Informant wird sich daher von ihm drohenden Nachteilen leicht beeinflussen lassen. Die Presse wird in ausreichendem Maße Informationen daher nur erlangen, wenn der Informant vor Nachteilen durch die Informationsbeschaffung umfassend geschützt wird; dies setzt voraus, daß sie dem Informanten die Wahrung der Vertraulichkeit und insbesondere seine Anonymität zusichern kann[6].

Das Zeugnisverweigerungsrecht nach § 53 I Nr.5 ist also erforderlich, um im Interesse der Pressefreiheit den freien Informationsfluß zwischen Informanten und Journalisten zu gewährleisten[7]. Da der Inhalt der durch Informanten gemachten Mitteilungen oft Rückschlüsse auf die Person des Informanten zuläßt, ist die Erstreckung des Zeugnisverweigerungsrechts auf die gemachten Mitteilungen selbst zur Verwirklichung dieses Schutzzwecks erforderlich und konsequent[8].

1. Konsequenz für Auslegung des § 53 I Nr.5: kein Verlust des Zeugnisverweigerungsrechts bei Bekanntgabe der Identität des Informanten

Soll der Schutzzweck des § 53 I Nr.5, im Interesse der Pressefreiheit einen ungehinderten Informationsfluß zu ermöglichen, umfassend verwirklicht werden, so darf das Zeugnisverweigerungsrecht nicht entfallen, wenn das Presseor-

---

[5] Der Einfachheit halber soll im folgenden nur von der Presse die Rede sein; für den Rundfunk gilt das Gesagte entsprechend.

[6] *Rengier*, JZ 79, 797 (798); *Groß*, Presserecht, S.204; *Gössel*, Medienfreiheit und Strafverfolgung, 49 (56); BVerfGE 77, 65 (74 f.); BGH (Ermittlungsrichter), JR 90, 431 (432).

[7] BVerfGE 20, 162 (176); 36, 193 (204); NStZ 82, 253; BGHSt.28, 240 (254); *Cramer*, S.32 f.; *Rengier*, Zeugnisverweigerungsrechte, S.38 f.; *Müller/Pieroth/Rottmann*, S.40; *Gross-Spreitzer*, S.107.

[8] Vgl. *Rengier*, Zeugnisverweigerungsrechte, S.217 f.; *Groß*, Presserecht, S.205 f.;
Aus rechtspolitischer Sicht ist die Reichweite des Zeugnisverweigerungsrechts der Presse in mehreren Punkten umstritten. Gegenstand der Diskussion sind insbesondere die Einbeziehung selbstrecherchierten Materials (daß dies de lege lata nicht von § 53 I Nr.5 umfaßt ist, ist unstr., vgl. nur BVerfGE 77, 65 (72-74); *Pauli*, S.80-83 m.w.N.), die Begrenzung des Schutzes auf den redaktionellen Teil und auf berufsmäßig Mitwirkende sowie der Ausschluß von Buchpresse und Film. Da die Erörterung dieser Fragen den Rahmen dieser Arbeit überschreiten würde, soll hier insoweit nur auf die ausführliche Untersuchung von *Pauli*, S.73 ff. m. zahlreichen w.N. verwiesen werden; vgl. zur Einbeziehung selbstrecherchierten Materials auch den Gesetzentwurf des Bundesrates vom 27.4.90, BT-Drucks.11/7031, der ein Zeugnisverweigerungsrecht und ein entsprechendes Beschlagnahmeverbot über den Inhalt selbst erarbeiteter Unterlagen vorsieht, jedoch diese Rechte bei einer Reihe schwerer Straftaten entfallen läßt, wenn die Ermittlungen auf andere Weise wesentlich erschwert wären.

gan die Identität des Informanten aufgedeckt hat[9]. Das Zeugnisverweigerungsrecht verliert entgegen der Ansicht des Bundesgerichtshofes, der Zweck des Zeugnisverweigerungsrechts, die Anonymität der Informationsquelle und das Redaktionsgeheimnis zu schützen, sei nicht mehr erfüllt, wenn die Medien die Anonymität des Informanten selbst preisgegeben hätten[10], mit der Preisgabe der Identität des Informanten nicht seinen Sinn. Der freie Informationsfluß zwischen Presse und Informant setzt voraus, daß der Informant durch die Mitteilung an die Presse keine Nachteile zu befürchten hat. Solche Nachteile können ihm durch die Preisgabe der Identität, aber auch dadurch entstehen, daß Strafverfolgungsorgane durch Zugriff auf die Presse sein Aussehen, seinen Aufenthaltsort oder ähnliche Tatsachen ermitteln können, die der Informant der Presse bei der Informationsbeschaffung preisgibt, an deren Geheimhaltung ihm aber gelegen ist und durch deren befürchtete Offenlegung er sich von der Mitteilung an die Presse abschrecken lassen wird[11]. Das Zeugnisverweigerungsrecht der Presse muß sich also seiner ratio nach unabhängig von der Aufdeckung der Identität des Informanten auf alle Fragen nach der Person des Informanten erstrecken, deren wahrheitsgemäße Beantwortung zu dessen Ermittlung führen könnte[12]; nur dann ist der durch die Mitwisserschaft der Presse für den Informanten bestehende Nachteil vollständig ausgeglichen. Diese an teleologischen Erwägungen orientierte Auslegung ist auch mit dem Wortlaut des § 53 I Nr.5 vereinbar, da es sich insoweit entweder um Fragen nach der Person (z.B. Aussehen) oder, etwa bei Fragen nach dem Aufenthaltsort, um gemachte Mitteilungen handeln wird[13].

---

[9] So aber BGHSt.28, 240 (244 f.); *Kleinknecht/Meyer*, § 53, Rdn.34; KMR-*Paulus*, § 53, Rdn.33; KK-*Pelchen*, § 53, Rdn.34;
dagegen *Pauli*, S.121; *Rengier*, JZ 79, 797 (800); *Kühl*, JA 80, 683 (684); *Ollendorff*, S.46 ff.; *Löffler*, Bd.I, §§ 53 StPO - 23 LPG, Rdn.107; *Roxin*, Strafverfahrensrecht, S.168; i.E. auch *Gössel*, Medienfreiheit und Strafverfolgung, 49 (60), der dieses Ergebnis aber nicht durch Auslegung des § 53 I Nr.5 erzielt, sondern es mit der über das Thema dieser Untersuchung hinausgehenden Erwägung begründet, daß sich die allgemeine Zeugnispflicht nur auf Fragen nach der untersuchten strafbaren Handlung einschließlich der Urheber oder sonstigen Mitwirkenden an dieser Handlung (entsprechend dem prozessualen Tatbegriff) erstrecke, nicht hingegen auf Fragen nach dem Aufenthalt des Beschuldigten.

[10] BGHSt.28, 240 (246 f.); ein Zeugnisverweigerungsrecht soll im Einzelfall nur bestehen, wenn das Bedürfnis nach öffentlicher Erörterung den bestehenden, vergleichsweise geringfügigen Strafanspruch verdränge (248) oder wenn ein ganz besonderes, außerordentliches Publikationsinteresse bestehe (248 f.); vgl. auch BVerfG, NStZ 82, 253 (254)

[11] *Rengier*, JZ 79, 797 (798); BGH (Ermittlungsrichter), JR 90, 431 (432): verschwiegen werden dürften auch solche Tatsachen, die mittelbar zur Enttarnung des Informanten führen könnten.

[12] Vgl. auch LR-*Dahs*, § 53, Rdn.47.

[13] Vgl. *Pauli*, S.119; *Kühl*, JA 80, 683 (684).

2. *Konsequenzen für Beschlagnahme und Telefonüberwachung*

Dient § 53 I Nr.5 dem freien Informationsfluß und damit der Pressefreiheit, indem es der Presse die Wahrung der Vertraulichkeit des Informanten ermöglicht, so folgt daraus für die Beschlagnahme und die Telefonüberwachung, daß auch durch diese Zwangsmaßnahmen nicht in das Verhältnis zwischen Presse und Informanten eingegriffen werden darf, um die Person von Informanten zu ermitteln.

Für die Beschlagnahme ist dies im Grundsatz in § 97 V 1 bestimmt. Das Beschlagnahmeverbot nach § 97 V 1 erscheint aber im Hinblick auf den hier dargestellten Schutzzweck insofern nicht weitgehend genug, als es Gegenstände, durch die die Identität des Informanten ermittelt werden kann, nur im Gewahrsam der Presse beschlagnahmefrei stellt. Nur wenn zum Zweck der Feststellung der Identität des Informanten auch außerhalb des Gewahrsams der Presse befindliche Gegenstände nicht beschlagnahmt werden dürfen, ist die Vertraulichkeit der Beziehung zwischen Informant und Presse gewahrt.

Das Beschlagnahmeverbot des § 97 ist, orientiert an dem umfassenden Schutz des freien und vertraulichen Informationsflusses durch § 53 I Nr.5, aus einem weiteren Grund zu eng: Nach allgemeiner Ansicht gilt § 97 nicht im Verfahren gegen Pressemitarbeiter als Beschuldigte; in diesem Verfahren kann die Identität von Informanten also ermittelt und offenbart werden[14]. Dies wäre im Hinblick auf den hier untersuchten Schutzzweck schlüssig, wenn man den Informanten allein vor mit der Weitergabe der Information drohender strafrechtlicher Verfolgung bewahren wollte. Wie oben dargelegt können dem Informanten aber schon dadurch, daß seine Identität an die Öffentlichkeit kommt, Unannehmlichkeiten verschiedenster Art entstehen, die durchaus geeignet sind, ihn von der Mitteilung an die Presse abzuhalten; ein konsequenter Schutz der Presse bei der Informationsbeschaffung erforderte also ein Beschlagnahmeverbot auch im Verfahren gegen Pressemitarbeiter[15].

Auf der anderen Seite geht das Beschlagnahmeverbot nach § 97 V 1 für außerhalb des Verhältnisses zwischen Informant und Presse entstandenen Gegenständen zu weit. Die Beschlagnahme solcher Gegenstände ist de lege lata verboten, wenn sich das Zeugnisverweigerungsrecht auf diese Gegenstände bezieht. Das Zeugnisverweigerungsrecht bezieht sich nun aber wie oben dargelegt auf alle

---

[14] *Kunert*, MDR 75, 885 (889); *Hennemann*, S.70; *Huppertz*, S.55 f.; *Gössel*, Medienfreiheit und Strafverfolgung, 49 (67 f.); BVerfGE 20, 162 (188, 229); gegen den Informanten können im Verfahren gegen Pressemitarbeiter beschlagnahmte Unterlagen nach § 97 V 1 allerdings nur unter den Voraussetzungen des § 97 V 2, II 3 verwertet werden (vgl. nur *Hennemann*, S.71).

[15] Dies sieht auch *Hennemann*, S.70; daß sich die geltende Regelung insoweit dennoch als richtig erweist, ergibt sich aus einem der Verwirklichung der Schutzzwecke entgegenstehenden Gesichtspunkt, vgl. unten 4.Teil E I. 2.

Tatsachen, die zu einer Ermittlung des Informanten führen können. Durch die Beschlagnahme von außerhalb des Vertrauensverhältnisses entstandenen Gegenständen erleidet der Informant aber nur dann einen durch die Informierung der Presse begründeten Nachteil, wenn ermittelt werden soll, daß er sich an die Presse gewandt hat[16]. Soll durch die Beschlagnahme von solchen Gegenständen, etwa dem bei der Presse befindlichen Kalender des Informanten, dagegen etwa der Aufenthaltsort eines Informanten ermittelt werden, so ist die Zugriffsmöglichkeit auf diese Gegenstände kein Nachteil, der dem Informanten durch die Mitteilung an die Presse entsteht. Eine Gefahr, potentielle Informanten ließen sich von der Aussicht solcher Nachteile von der Mitteilung an die Presse abschrecken, besteht nicht. Ein Beschlagnahmeverbot ist daher für außerhalb des Vertrauensverhältnisses entstandene Gegenstände nur erforderlich, wenn dadurch die Identität des Informanten ermittelt werden soll.

Einschränkungen der Telefonüberwachung bei Presseangehörigen bestehen de lege lata nicht[17]. De lege ferenda wäre es, will man die Presse umfassend schützen, erforderlich, die Überwachung von Gesprächen Presseangehöriger zu verbieten, auf die sich deren Zeugnisverweigerungsrecht erstreckt.

II. Schutz von Interessen der Zeugen/Art.12 GG

Indem das Zeugnisverweigerungsrecht nach § 53 I Nr.5 den freien Informationsfluß zwischen Presse und Informanten ermöglicht, dient es nicht nur dem öffentlichen Interesse an einer freien Presse, sondern auch der Berufsausübungsfreiheit (Art.12 GG) der Pressemitarbeiter, also einem individuellen Interesse der Zeugen[18]. Auch die Berufsausübung der Pressemitarbeiter wäre erheblich erschwert, könnten sie nicht Informanten die Verschwiegenheit zusichern.

Dieser Schutzzweck erfordert bei Beschlagnahme und Telefonüberwachung die gleichen Einschränkungen zugunsten der Presse wie der oben dargestellte Schutz der Pressefreiheit, da er mit der Gewährleistung eines ungestörten Informationsflusses an den gleichen Sachverhalt anknüpft.

Die Ansicht Rengiers, das Zeugnisverweigerungsrecht nach § 53 I Nr.5 diene einem individuellen Interesse der Zeugen auch insoweit, als es sie vor dem Konflikt bewahre, eine ausdrücklich oder stillschweigend dem Informanten gegebene Verschwiegenheitsgarantie zu brechen[19], überzeugt dagegen nicht. Wer dadurch

---

[16] Vgl. auch oben 3.Teil A IX. 2.

[17] Siehe unten S. 197.

[18] *Rengier*, Zeugnisverweigerungsrechte, S.41; das Grundrecht der Pressefreiheit steht zudem auch den einzelnen im Pressewesen tätigen Personen zu (BVerfGE 20, 162 (175); vgl. *Pauli*, S.37 ff. zu dem geschützten Personenkreis).

[19] *Rengier*, Zeugnisverweigerungsrechte, S.41.

in eine Konfliktlage gerät, daß er Versprechen abgibt, deren Erfüllung ihm rechtlich unmöglich ist, ist deshalb noch nicht schutzwürdig.

III. Schutz des Informanten?

Nach Ansicht Rengiers schützt § 53 I Nr.5 auch das Interesse des Informanten an Anonymität als einen Teil seines Rechts auf Privatsphäre. Dieser Schutz des Informanten sei notwendig, um den Medien die Erfüllung ihrer öffentlichen Aufgaben zu ermöglichen[20]. Dafür spreche auch, daß sich die Schweigepflicht nach § 203 StGB und das Zeugnisverweigerungsrecht nach § 53 I Nr.1 bis 3 b auch auf die Identität des Klienten erstreckten und damit das Interesse an Anonymität schützten[21].

Wer sich einem anderen anvertraut, trägt aber grundsätzlich das Risiko, inwieweit dieser seine Identität und die anvertrauten Tatsachen selbst vertraulich behandelt. Anders ist dies in den Fällen des § 53 I Nr.1 bis 3 b deshalb, weil die Wahrung der Vertraulichkeit der Beziehung zwischen Zeugnisverweigerungsberechtigten und deren Klienten erforderlich ist, um den Klienten die Verfolgung eigener Interessen und Rechte durch die unbefangene Inanspruchnahme professioneller Hilfe zu ermöglichen; dies ist ein Bestandteil des Rechts des einzelnen auf freie Persönlichkeitsentfaltung (Art.2 I i.V.m. 1 I GG). Der Informant dagegen soll sich der Presse nicht zur Wahrung eigener Belange anvertrauen; der Informant wird vielmehr deshalb geschützt, weil die Presse zur Erfüllung ihrer Aufgaben Informationen benötigt. Den Zweck, ein originäres Interesse des Informanten zu schützen, hat § 53 I Nr.5 dagegen nicht[22].

IV. Zusammenfassung

Geschützt durch das Zeugnisverweigerungsrecht nach § 53 I Nr.5 wird in erster Linie die Pressefreiheit (Art.5 I 2 GG), die einen freien Informationsfluß zwischen Informanten und Presse voraussetzt. In engem Zusammenhang damit steht der durch § 53 I Nr.5 bewirkte Individualschutz der Pressemitarbeiter, die bei ihrer Berufsausübung auf eben diesen Informationsfluß angewiesen sind. Dagegen ist der durch § 53 I Nr.5 bewirkte Informantenschutz nur Reflex des Schutzes der Presse; insofern liegt der Fall umgekehrt zu § 53 I Nr.1 bis 3 b, wo der Klient der primär Geschützte ist und Rechte der Zeugen bzw. Allgemeininteressen im Hintergrund stehen.

---

[20] *Rengier*, Zeugnisverweigerungsrechte, S.40.

[21] *Rengier*, Zeugnisverweigerungsrechte, S.32 f.

[22] So auch *Huppertz*, S.102; *Kunert*, MDR 75, 885 (889); *Gehrhardt*, MDR 76, 461; krit. auch *Gross-Spreitzer*, S.108 f.; *Löffler/Ricker*, S.138, Rdn.37.

Die umfassende Berücksichtigung dieser Schutzzwecke bei Beschlagnahme und Telefonüberwachung erfordert abweichend von der bestehenden Regelung ein Beschlagnahmeverbot unabhängig von den Gewahrsamsverhältnissen, den Bestand des Beschlagnahmeverbots auch im Verfahren gegen zeugnisverweigerungsberechtigte Pressemitarbeiter sowie eine Einschränkung des Beschlagnahmeverbots für außerhalb des Vertrauensverhältnisses entstandene Gegenstände: diese dürfen nur nicht zu dem Zweck beschlagnahmt werden, die Identität des Informanten festzustellen. Telefongespräche von Pressemitarbeitern, auf die sich deren Zeugnisverweigerungsrecht bezieht, dürfen der Überwachung nicht unterliegen.

V. Herausgabeverweigerungsrecht (§ 95 II 2)

Die Regelung des § 95 II 2, nach der Presseangehörige nicht gezwungen werden können, Gegenstände herauszugeben, auf die sich ihr Zeugnisverweigerungsrecht erstreckt, ist im Hinblick darauf, die Wahrung der Vertraulichkeit der Beziehung zwischen Presse und Informanten zu ermöglichen, konsequent. Da Gegenstände, auf die sich das Zeugnisverweigerungsrecht der Presse bezieht, bei umfassender Verwirklichung der Schutzzwecke des § 53 I Nr.5 auch im Gewahrsam des Informanten beschlagnahmefrei sein müssen, muß de lege ferenda insoweit auch diesen ein Herausgabeverweigerungsrecht zustehen.

B. Verfügungsbefugnis

I. Zeugnisverweigerungsrecht[23]

De lege lata können die Pressemitarbeiter frei entscheiden, ob sie von ihrem Zeugnisverweigerungsrecht Gebrauch machen oder nicht; es ist also das Risiko des Informanten, ob die Presse das ihr entgegengebrachte Vertrauen wahrt. Da § 53 II nicht auf § 53 I Nr.5 verweist, können Pressemitarbeiter auch nicht durch Befreiung von der Schweigepflicht zur Aussage gezwungen werden.

Dies Wertung ist auch aus rechtspolitischer Sicht zutreffend[24]. Da allein die Presse und die bei ihr Tätigen durch § 53 I Nr.5 geschützt sind, und die Pressefreiheit zudem voraussetzt, daß die Presse frei entscheiden kann, was sie an die Öffentlichkeit bringt und was nicht, kommt eine Schweigepflicht der Presse

---

[23] Die Ausführungen zu dem Zeugnisverweigerungsrecht gelten auch für das Herausgabeverweigerungsrecht nach § 95 II 2.

[24] Vgl. auch *Löffler/Ricker*, S.138, Rdn.36 f.; *Löffler*, Bd.I, §§ 53 StPO - 23 LPG, Rdn.107; *Pauli*, S.117.

nicht in Betracht. Befürchtet ein potentieller Informant, ein Presseorgan wahre die Vertraulichkeit nicht, so muß er sich an ein anderes Organ wenden oder von der Mitteilung absehen; ebenso ist es Sache der Presseorgane, potentiellen Informanten die Sicherheit zu vermitteln, daß sie Vertraulichkeitszusagen einhalten. Gesetzliche Regelungen sind insoweit nur erforderlich und geboten, als der Informant die Gewähr haben muß, daß durch staatlichen Zwang seine Identität nicht ermittelt werden kann.

Das Zeugnisverweigerungsrecht der Presse sollte auch nicht bei Zustimmung des Informanten entfallen[25]. Wären Pressemitarbeiter bei Einwilligung des Informanten zur Aussage gezwungen, so könnte zumindest in den häufig vorkommenden Fällen, in denen nur wenige Personen als Informanten in Betracht kommen, der Informant dadurch ermittelt werden, daß die zu Unrecht als Informanten verdächtigten Personen durch ihre Einwilligung die Aussage der Presse herbeiführten, von ihnen keine Informationen erhalten zu haben; übrig bliebe allein der wirkliche Informant[26]. Im Hinblick auf den zum Schutz der Presse erforderlichen Schutz des Informanten wäre dies eine nicht hinnehmbare Konsequenz.

II. Beschlagnahme

Auch die de lege lata bestehende alleinige Verfügungsbefugnis der Presse über das Beschlagnahmeverbot entspricht den Schutzzwecken des § 53 I Nr.5. Über die de lege ferenda beschlagnahmefreien Gegenstände im Gewahrsam des Informanten kann allerdings auch dieser verfügen, da die Presse keinen Anspruch gegen den Informanten auf Geheimhaltung hat; eine Zustimmung der Presse zur Sicherstellung ist insoweit de lege ferenda nicht erforderlich.

III. Telefonüberwachung

Die Telefonüberwachung schließlich ist auch hier wegen der in § 201 StGB zum Ausdruck kommenden Wertung[27] mit einseitiger Einwilligung nicht möglich.

---

[25] So aber *Lenckner*, NJW 65, 321 (322) aufgrund der unzutreffenden Prämisse, das Zeugnisverweigerungsrecht der Presse habe die gleiche Schutzrichtung wie das der Personen nach § 53 I Nr.1 bis 3 a; *Cramer*, S.26 f.; *Huppertz*, S.102.

[26] *Rengier*, Zeugnisverweigerungsrechte, S.261 f.

[27] Vgl. oben 2.Teil B III.

C. Das Gewahrsamserfordernis/ Die Abstufung des Schutzes von Kommunikation nach Sphären

I. De lege lata

Gem. § 97 V besteht ein Beschlagnahmeverbot nur an Gegenständen, die sich im Gewahrsam der Pressemitarbeiter, der Redaktion, des Verlages, der Druckerei oder der Rundfunkanstalten befinden, wobei Mitgewahrsam eines Zeugnisverweigerungsberechtigten genügen soll[28]. Außerhalb dieses Gewahrsams sind die Beweismittel uneingeschränkt beschlagnahmbar. Entsprechend der ratio des Gewahrsamserfordernisses, ein Beweismittel sei nicht mehr schutzwürdig, wenn es aus der Sphäre des Zeugnisverweigerungsberechtigten hinausgelangt und zeugnispflichtigen Dritten zugänglich wird[29], besteht auch kein Beschlagnahmeverbot, wenn die Presse den Gewahrsam unfreiwillig verloren hat[30]. Die Erweiterung des Beschlagnahmeverbots über den Gewahrsam der Zeugnisverweigerungsberechtigten hinaus auf im Gewahrsam der Redaktion etc. befindliche Gegenstände ist im Hinblick auf die ratio des Gewahrsamserfordernisses konsequent, da diese Räume der Sphäre der Presse angehören, die Beweismittel hier also nicht nach außen gelangen.

Da die uneingeschränkte Zulässigkeit der Telefonüberwachung von Pressemitarbeitern auf den gleichen Erwägungen wie das Gewahrsamserfordernis beruht und daher der gesetzgeberischen Konzeption entspricht, sind de lege lata davon keine Ausnahmen möglich[31].

II. De lege ferenda

In einem schutzzweckorientierten System muß ein Beschlagnahmeverbot über die geltende Regelung hinaus auch an im Gewahrsam des Informanten sowie der Post befindlichen Gegenständen bestehen, da insoweit die Vertraulichkeit der Kommunikation zwischen Presse und Informant gewahrt ist, die Kommunika-

---

[28] *Huppertz*, S.57; LR-*Schäfer*, § 97, Rdnrn. 98, 18; bei Mitgewahrsam eines zeugnispflichtigen Dritten ist dies allerdings wegen der fehlenden Wahrung der Vertraulichkeit mit der ratio des Gewahrsamserfordernisses nicht zu vereinbaren; das Beschlagnahmeverbot muß daher insoweit entfallen.

[29] Siehe oben 2.Teil C II.

[30] *Dünnebier*, Arbeiten zur Rechtsvergleichung, Nr.29, S.39 (61).

[31] LR-*Schäfer*, § 100 a, Rdn.25; a.A. *Rudolphi*, FS Schaffstein, 433 (445): die Telefonüberwachung von Personen nach § 53 I Nr.5 sei außer in den Fällen des § 97 V 2, III 3 1.Hs. unzulässig, wenn sie dem Zweck diene, Informationen zu ermitteln, über die diese das Zeugnis verweigern können; *Gross-Spreitzer*, S.158-160 nimmt auch hier bereits de lege lata ein Verwertungsverbot für Erkenntnisse aus solchen Gesprächen an, an denen eine Person nach § 53 I Nr.5 beteiligt ist und auf die sich deren Zeugnisverweigerungsrecht bezieht.

tion mithin schutzwürdig ist. Die Erweiterung des Beschlagnahmeverbots auf im Gewahrsam der Redaktion etc. befindliche Gegenstände ist auch in einem solchen System erforderlich, da diese Orte zu der Sphäre der Presse und damit zu der geschützten Sphäre gehören.

Außerhalb dieses Gewahrsams sollte dagegen auch in einer schutzzweckorientierten Konzeption kein Beschlagnahmeverbot bestehen. Auch die Kommunikation zwischen Presse und Informanten ist nur schutzwürdig, solange die Kommunikationspartner deren Vertraulichkeit wahren[32]. Dies gilt bei unfreiwilligem Gewahrsamsverlust unabhängig davon, ob ein Presseangehöriger oder der Informant diesen zu verantworten hat: Da die Presse gegen den Informanten keinen Anspruch auf Geheimhaltung hat, muß sie auch hinnehmen, daß dieser mit Informationen nachlässig umgeht. Das Beschlagnahmeverbot bleibt nur bestehen, wenn der Gewahrsam durch einen rechtswidrigen Eingriff verloren ging.

Da auch postalische Kommunikation in einer vertraulichen Sphäre stattfindet, ergeben sich Einschränkungen eines Verbots der Telefonüberwachung insoweit nicht.

D. Entwurf einer schutzzweckorientierten gesetzlichen Regelung

Eine an den Schutzzwecken des § 53 I Nr.5 orientierte Regelung der Zwangsmaßnahmen könnte so aussehen:

<u>Herausgabeverweigerungsrecht (§ 95 II 2)</u>

Dies gilt nicht bei Personen, die zur Verweigerung des Zeugnisses berechtigt sind, sowie bei Informanten der in § 53 I Nr.5 genannten Personen, soweit das Beschlagnahmeverbot bei den Informanten reicht.

<u>Beschlagnahmeverbot</u>

(1) Der Beschlagnahme unterliegen Gegenstände nicht, auf die sich das Zeugnisverweigerungsrecht der in § 53 I Nr.5 Genannten erstreckt und die innerhalb des Verhältnisses zwischen Zeugnisverweigerungsberechtigtem und Informant[33] entstanden sind. Die Beschlagnahme von außerhalb des Verhältnisses zwischen

---

[32] Vgl. oben 2.Teil C III. 2.

[33] Durch eine Klammerdefinition in § 53 I Nr.5 könnten die "Verfasser, Einsender oder Gewährsmänner von Beiträgen und Unterlagen" unter dem Begriff des "Informanten" zusammengefaßt werden.

Zeugnisverweigerungsberechtigtem und Informant entstandenen Gegenständen darf nicht zu dem Zweck erfolgen, die Identität des Informanten zu ermitteln.

(2) Diese Beschränkungen gelten nur, wenn sich die Gegenstände im Gewahrsam eines Zeugnisverweigerungsberechtigten, der Redaktion, des Verlages, der Druckerei, der Rundfunkanstalt, des Informanten oder der Post befinden.

(3) Die Beschränkungen der Beschlagnahme gelten nicht, wenn der Zeugnisverweigerungsberechtigte der Beschlagnahme zustimmt[34].

Verbot der Telefonüberwachung

Gespräche von in § 53 I Nr.5 genannten Personen, auf die sich deren Zeugnisverweigerungsrecht erstreckt, dürfen nicht überwacht werden.

E. Teilnahmeverdacht und Deliktsgegenstände

I. Teilnahmeverdacht

Das Beschlagnahmeverbot bei Presseangehörigen entfällt ebenso wie bei den Zeugnisverweigerungsberechtigten nach § 53 I Nr. 1 bis 3 b, wenn der Zeugnisverweigerungsberechtigte einer Teilnahme, Begünstigung, Strafvereitelung oder Hehlerei verdächtig ist (§ 97 V 2, II 3 1.Hs.).

1. Berechtigung des § 97 II 3 1.Hs.

§ 97 V regelt die Beschlagnahme nicht im Verfahren gegen die Presse, sondern im Verfahren gegen den Informanten oder Dritte[35]. Die historische ratio des § 97 V 2, II 3 1.Hs, nach der das Beschlagnahmeverbot bei Verdacht der Teilnahme der Presse entfällt, weil der Gegenstand auch im Verfahren gegen die Presse beschlagnahmt werden könnte, ist daher auch hier wegen der fehlenden Differenzierung zwischen den Verfahren, in denen die Beschlagnahme erfolgen soll, nicht mehr tragfähig[36].

Aber auch der oben zu §§ 52, 53 I Nr. 1 bis 3 b zu einem Wegfall des Beschlagnahmeverbots entwickelte, an eine Ausnutzung des Vertrauensverhältnisses durch den Beschuldigten anknüpfende Gedanke, kann nicht auf das Beschlag-

---

[34] Da eine Beschlagnahme nicht erfolgen muß, wenn der Gewahrsamsinhaber das Beweismittel freiwillig herausgibt (vgl. § 94 II), ist eine gesetzliche Regelung der Verfügungsbefugnis des Informanten über in seinem Gewahrsam befindliche Gegenstände nicht erforderlich.

[35] Vgl. die Nachweise oben 4.Teil, Fn. 14.

[36] Siehe dazu oben 2.Teil E I. 2.

nahmeverbot nach § 97 V übertragen werden. §§ 52, 53 I Nr.1 bis 3 b schützen primär den Beschuldigten; aus diesem Grund muß ein Wegfall des Beschlagnahmeverbots an ein Verhalten des Beschuldigten anknüpfen. Dagegen dienen § 53 I Nr.5 und das entsprechende Beschlagnahmeverbot mit der Pressefreiheit einem übergeordneten, an die Tätigkeit der Zeugen anknüpfenden Interesse, und mit der Berufsausübungsfreiheit der Pressemitarbeiter einem unmittelbaren Interesse der Zeugen selbst. Ein zu mißbilligendes Verhalten des Informanten hat auf die Schutzwürdigkeit dieser Interessen keinen Einfluß und kann daher das die Presse schützende Beschlagnahmeverbot nicht entfallen lassen.

Das an § 53 I Nr.5 anknüpfende Beschlagnahmeverbot kann also nur aufgrund eines Verhaltens der Presse selbst entfallen. Begründen läßt sich der Wegfall des Beschlagnahmeverbots bei Teilnahmeverdacht der Presse damit, daß die Presse sich nicht unter dem Schutz der Pressefreiheit an Straftaten beteiligen können soll. Unterstützen Pressemitarbeiter[37] den Informanten oder den Dritten, über dessen Straftat der Informant berichtet hat, bei dessen Tat, sei es durch die Teilnahme an der Tat, sei es durch eine Begünstigung, Strafvereitelung oder Hehlerei, so kann das betroffene Presseorgan nicht erwarten, daß die Beziehung zu dem Informanten geschützt wird und geheimgehalten werden kann; Gegenstände, die sich auf die Teilnahmehandlung beziehen, sollten daher der Beschlagnahme unterliegen[38]. Der Informant wird durch § 53 I Nr.5 nicht geschützt und muß daher in diesen Fällen die Offenbarung seiner Identität hinnehmen. Da der Wegfall des Beschlagnahmeverbots aber eine nicht unerhebliche Beschränkung der Pressefreiheit bedeutet, sollte nur der Verdacht einer tatbestandsmäßigen und

---

[37] Zum Wegfall des an § 53 I Nr.5 anknüpfenden Beschlagnahmeverbots reicht der Verdacht gegen einen Pressemitarbeiter aus, vgl. *Kunert*, MDR 75, 885 (890); *Delitz*, S.125 f., der in AfP 76, 106 dies aber für bedenklich hält.

[38] Obwohl die Presse de lege lata auch geschützt wird, wenn sie Material erhält und verwertet, das andere auf strafbare Weise erlangt haben (vgl. *Löffler*, Bd.II, S.454 f.; *Müller/Pieroth/Rottmann*, S.74; *Pauli*, S.24; krit. dazu aus rechtspolitischer Sicht *Huppertz*, S.99 f.; *Hennemann*, S.105 f.; *Dünnebier*, Arbeiten zur Rechtsvergleichung, Nr.29, 39 (59)), entfällt das Beschlagnahmeverbot auch dann, wenn gegen den Informanten wegen strafbarer Informationsbeschaffung ermittelt wird, und die Presse sich daran beteiligt hat, da die Presse jedenfalls nicht schutzwürdig ist, wenn sie selbst auf rechtswidrige Weise Informationen zu erlangen sucht. Hingewiesen sei aber darauf, daß eine Beteiligung der Presse an der strafbaren Informationsbeschaffung des Informanten in Tätigkeiten bestehen kann, die sich als pressespezifisch und damit als durch Art.5 I 2 GG geschützt darstellen (vgl. auch *Lerche*, AfP 76, 55 (58)). So muß es der Presse etwa möglich sein, Amtsträger nach Interna aus der staatlichen Sphäre zu befragen, auch wenn sich diese durch die Beantwortung der Frage strafbar machen; die Presse kommt insoweit nur ihrer Aufgabe nach. Das Gleiche gilt auch etwa dann, wenn die Presse dem Informanten ein Honorar für die Informationsbeschaffung zahlt oder ihm seine Auslagen erstattet. Die Grenzen, innerhalb derer es möglich und geboten ist, solche pressespezifischen Verhaltensweisen im Wege verfassungskonformer, an Art.5 I 2 GG orientierter Auslegung aus dem Anwendungsbereich der §§ 26, 27 StGB auszuscheiden, können im Rahmen dieser Untersuchung nicht näher erörtert werden. Festgehalten werden soll aber, daß das Beschlagnahmeverbot bestehen bleibt, wenn ein in diesem Sinne pressespezifisches Beteiligungsverhalten vorliegt.

rechtswidrigen Teilnahmehandlung das Beschlagnahmeverbot entfallen lassen[39]. Damit erweist sich die Regelung des § 97 V 2, II 3 1.Hs. hier als richtig.

2. Beschlagnahmeverbot im Verfahren gegen Pressemitarbeiter als Beschuldigte?

Aus dem gleichen Gedanken folgt auch, daß im Verfahren gegen Pressemitarbeiter kein Beschlagnahmeverbot bestehen sollte. Veröffentlicht die Presse durch Informanten verschafftes Material in strafbarer Weise oder begeht sonstige Straftaten, bei denen die Ermittlung des Informanten relevant sein kann, setzt sie etwa das erlangte Material für eine Erpressung ein, so sollte sie insoweit keinen Schutz durch ein Beschlagnahmeverbot genießen[40].

3. Übertragbarkeit auf Telefonüberwachung und Zeugnisverweigerungsrecht

Ist die Presse bei der Beschlagnahme unter den hier dargestellten Voraussetzungen nicht schutzwürdig, so muß dies auch für die Telefonüberwachung und die Zeugenaussage gelten. Auch das Zeugnisverweigerungsrecht[41] der Presse und das Überwachungsverbot bei § 100 a sollten insoweit entfallen.

4. Verdachtsgrad/Umfang der Verwetbarkeit/Verwertbarkeit bei nachträglichem Entstehen/Wegfall des Teilnahmeverdachts

Um einer Entwertung des Beschlagnahmeverbots durch die leichtfertige Annahme eines Teilnahmeverdachts[42] so weit als möglich zu begegnen, sollte auch hier, entsprechend dem Wegfall des an §§ 52, 53 I Nr.1 bis 3 b anknüpfenden Beschlagnahmeverbots, de lege ferenda der dringende Verdacht einer tatbestandsmäßigen und rechtswidrigen Teilnahmehandlung der Presse erforderlich sein. De lege lata genügt insoweit ein einfacher Anfangsverdacht[43].

---

[39] So auch SK/StPO-*Rudolphi*, § 97 Rdn.32; KK-*Laufhütte*, § 97 Rdn.21; *R.Schmidt*, Ausnahme, S.59; *Kleinknecht/Meyer*, § 97 Rdn.19.

[40] Zu berücksichtigen ist die besondere Bedeutung der Pressefreiheit allerdings bei jeder konkreten Beschlagnahme im Rahmen des Verhältnismäßigkeitsgrundsatzes; bei leichten Straftaten wird die Pressefreiheit das Strafverfolgungsinteresse regelmäßig überwiegen. Außerdem sollten Zwangsmaßnahmen gegen die Presse nur angeordnet werden, wenn über den normalen Anfangsverdacht hinaus konkrete Anhaltspunkte dafür vorliegen, daß die erwarteten Beweismittel bei den weiteren Ermittlungen von ausschlaggebender Bedeutung sind (vgl. BVerfGE 20, 162 (187); *Pauli*, S.49 m.w.N.).

[41] Praktische Relevanz wird dies allerdings nur selten haben, da bei dem Verdacht, der Pressemitarbeiter habe sich in tatbestandsmäßiger und rechtswidriger Weise an der Tat beteiligt, dem Betroffenen meist ein Aussageverweigerungsrecht nach § 55 zustehen wird.

[42] Auf diese Gefahr weisen u.a. *Delitz*, AfP 76, 106 und *Löffler*, NJW 78, 913 (916) hin; vgl. auch *Gerhardt*, AfP 74, 615 (616).

[43] Vgl. oben 2.Teil E I. 5.a)

Übertragbar auf das Zeugnisverweigerungsrecht der Presse und die daran anknüpfenden Beschränkungen der Zwangsmaßnahmen sind schließlich die oben[44] zu dem Verhältnis des Beschuldigten zu seinen Angehörigen angestellten Überlegungen zum Umfang des Wegfalls der Eingriffsverbote, zu der Verwertbarkeit bei nachträglichem Entstehen und nachträglichem Wegfall des Verdachts sowie zu dem Gebot, unverwertbare Beweismittel zurückzugeben bzw. zu vernichten und die Beweisaufnahme über solche Gegenstände zu verbieten. Insoweit soll hier nur auf die dortigen Ausführungen und auf den folgenden Gesetzentwurf verwiesen werden.

5. Ergänzung des Gesetzentwurfs[45]

Zeugnisverweigerungsrecht

Das Zeugnisverweigerungsrecht nach § 53 I Nr.5 entfällt, wenn der Zeugnisverweigerungsberechtigte einer tatbestandsmäßigen und rechtswidrigen Teilnahme, Begünstigung, Strafvereitelung oder Hehlerei (Beteiligung) dringend verdächtig ist und sich die Aussage auf die Beteiligung beziehen soll. § 55 bleibt unberührt.

Aufgrund des Satzes 1 erlangte Aussagen sind nur verwertbar, solange der dringende Verdacht besteht. Die Verwertbarkeit ist ausgeschlossen, wenn sich der dringende Verdacht erst durch die Aussage ergeben hat.

Beschlagnahmeverbot

(4) Die Beschränkungen der Beschlagnahme gelten nicht, wenn der Zeugnisverweigerungsberechtigte einer tatbestandsmäßigen und rechtswidrigen Teilnahme, Begünstigung, Strafvereitelung oder Hehlerei (Beteiligung) dringend verdächtig ist und sich das Beweismittel auf die Beteiligung bezieht. Die Beschlagnahme von Gegenständen nach § 97 Abs.1 ist aufzuheben, und die beschlagnahmten Gegenstände sind unverzüglich an den Berechtigten herauszugeben, wenn sich herausstellt, daß die Voraussetzungen des Satzes 1 nicht oder nicht mehr vorliegen. Das gleiche gilt, wenn sich der dringende Verdacht erst durch die beschlagnahmten Gegenstände ergibt. Die Beweisaufnahme über von Satz 2 und 3 umfaßte Gegenstände ist unzulässig.

Verbot der Telefonüberwachung

Die Beschränkungen der Telefonüberwachung gelten nicht, wenn und solange der Zeugnisverweigerungsberechtigte einer tatbestandsmäßigen und rechtswidrigen Teilnahme, Begünstigung, Strafvereitelung oder Hehlerei (Beteiligung)

---

[44] 2.Teil E I. 6.

[45] Entwurf S. 198 f.

dringend verdächtig ist. Verwertbar sind nur Erkenntnisse aus Gesprächen, die sich auf die Beteiligung beziehen. Aufnahmen sonstiger Gespräche sind unverzüglich zu vernichten. Das gleiche gilt, wenn der Verdacht erst durch das überwachte Gespräch entsteht. Die Beweisaufnahme über von S.3 und 4 umfaßte Gespräche ist unzulässig.

II. Deliktsgegenstände

Gem. § 97 V 2, II 3 2.Hs. entfällt das Beschlagnahmeverbot bei der Presse auch dann, wenn es sich um Deliktsgegenstände handelt. Die hergebrachte Erklärung dieser Vorschrift, Gegenstände, die dem Verfall oder der Einziehung nach §§ 73, 74 StGB unterlägen, müßten auch beschlagnahmt werden können, vermag auch hier aus den in Kapitel 5, 2. angeführten Gründen nicht zu überzeugen. Ebensowenig kann der Wegfall des an § 53 I Nr.5 anküpfenden Beschlagnahmeverbots bei Deliktsgegenständen entsprechend dem zu §§ 52, 53 I Nr.1 bis 3 b, 97 II 3 2.Hs. Gesagten (vgl. 2.Teil E I. und 3.Teil E I.) mit der Ausnutzung des Vertrauensverhältnisses durch den Informanten erklärt werden, da der Wegfall des Beschlagnahmeverbots an ein der Presse zurechenbares Verhalten anknüpfen muß.

Neben den Fällen, in denen das Beschlagnahmeverbot wegen des Verdachts der Teilnahme der Presse entfällt, erscheint de lege ferenda auch hier eine eigenständige Regelung des Wegfalls des Beschlagnahmeverbots bei Deliktsgegenständen überflüssig. Auch ein Wegfall des Beschlagnahmeverbots für Deliktsgegenstände kann nur an ein zurechenbares Verhalten der Presse anknüpfen. Da die Presse auch durch ein Zeugnisverweigerungsrecht geschützt ist, wenn der Informant sich bei der Informationsbeschaffung strafbar gemacht hat[46], kann die bloße Annahme und Verwertung von Deliktsgegenständen durch die Presse kein Verhalten sein, durch das die Presse die Schutzwürdigkeit verliert. Auch Deliktsgegenstände sollten daher der Beschlagnahme nur unterliegen, wenn die Presse sich an der Tat, aus der die Gegenstände stammen, beteiligt hat[47].

De lege lata sind Deliktsgegenstände allerdings dem klaren Wortlaut der Vorschrift nach ohne Rücksicht auf eine Beteiligung der Presse beschlagnahmbar; dies entspricht auch der "historischen" ratio. Hat sich also der Informant bei der Informationsbeschaffung strafbar gemacht, so sind die aus dieser Tat stammen-

---

46 Vgl. oben 4.Teil, Fn. 38.

47 A.A. *Kunert*, MDR 75, 885 (890), der es ohne nähere Begründung für eine "Lücke" hält, könnten Deliktsgegenstände bei fehlendem Teilnahmeverdacht bei Personen nach § 53 I Nr.5 nicht beschlagnahmt werden.

den Gegenstände unabhängig von einer Beteiligung der Presse an der Tat und ungeachtet des insoweit bestehenden Zeugnisverweigerungsrechts der Presse uneingeschränkt beschlagnahmbar[48].

F. Strafverfolgungsinteressen

Zu klären bleibt, ob die hier vorgeschlagene Regelung durch die Berücksichtigung von Strafverfolgungsinteressen modifiziert werden sollte.

I. Wegfall der an § 53 I Nr.5 anküpfenden Beweisverbote bei schweren Straftaten?

Das Zeugnisverweigerungsrecht der Presse und die daran anküpfenden Beschränkungen der Zwangsmaßnahmen dienen mit dem Schutz der Pressefreiheit einem wichtigen, in Art.5 I 2 GG verfassungsrechtlich abgesicherten Rechtsgut.

Gleichwohl tritt die überwiegende Ansicht in der Literatur dafür ein, das Zeugnisverweigerungsrecht der Presse de lege ferenda in Ermittlungsverfahren wegen schwerer Straftaten entfallen zu lassen. Es sei mit den Bedürfnissen einer effektiven Strafverfolgung nicht vereinbar, wenn Kriminelle den Medien gegen hohe Bezahlung Material zur Veröffentlichung anbieten könnten, das eine noch nicht aufgeklärte schwere Straftat betreffe, oder Terroristen Interviews über ihre Vergangenheit geben könnten, ohne daß die Strafverfolgungsbehörden auf die Presse zur Ermittlung des Täters oder auch nur zur Gewinnung weiterer Erkenntnisse über die Tat zugreifen könnten[49].

An schwere Straftaten anknüpfende Ausnahmeklauseln bergen aber stets die Gefahr einer Entwertung des betroffenen Rechts: Strafverfolgungsbehörden werden auf auf einen bloßen Verdacht hin tätig, und der Verdacht auch schwerer Straftaten kann leicht entstehen[50]. Der durch einen Wegfall des Zeugnisverwei-

---

[48] Vgl. LR-*Schäfer*, § 97, Rdn.100.

[49] Vgl. *Peters*, Strafprozeß, S.351; *Dünnebier*, Arbeiten zur Rechtsvergleichung, Nr.29, S.39 (59); *Delitz*, S.106; *Rebmann*, AfP 82, 189 (192); *Hennemann*, S.60, 122 ff.; *Huppertz*, S.96 ff.; *Kunert*, MDR 75, 885 (887 ff.); *Pauli*, S.122 ff., der die Beschränkung auf schwere Taten mit einer Güterabwägungs- und Beweisnotklausel kombinieren will (S.136); vgl. auch den Gesetzentwurf der CDU/CSU-Opposition vom 13.2.74, BT-Drucks.7/1681, S.3, der vorsah, daß Medienangehörige das Zeugnis nicht verweigern dürfen, wenn eines der in § 100 a bezeichneten Verbrechen oder Vergehen Gegenstand der Untersuchung ist; zu den Debatten, die schließlich zu der Ablehnung des Entwurfs und zu einem unbeschränkten Zeugnisverweigerungsrecht führten, vgl.*Pauli*, S.122 ff.

[50] Vgl. *Rengier*, Zeugnisverweigerungsrechte, S.95 f., 217; ders., JZ 79, 797 (800); *Groß*, AfP 74, 648 (652); ders., Presserecht, S.208 f.; vgl. auch *Heinemann*, NJW 63, 4 (6 ff.). - Zudem kann auch die mißbräuchliche Konstruktion eines die Beschlagnahme ermöglichenden Verdachts nicht

gerungsrechts bei schweren Straftaten bewirkten Einschränkung der Pressefreiheit steht zudem kein adäquater Gewinn für die Strafverfolgungsbehörden gegenüber[51]. Da potentielle Informanten sich desto weniger an die Presse wenden werden, je größer die Gefahr ist, daß ihre Anonymität nicht gewahrt bleibt, wird der Informationsstand der Presse erheblich verkürzt. Dementsprechend verringern sich aber auch die Chancen für Strafverfolgungsorgane, auf bei der Presse befindliche Informationen zuzugreifen[52]. Schließlich kann gerade bei schweren Taten das Informationsinteresse der Öffentlichkeit besonders groß sein[53].

Die vereinzelt anklingende Befürchtung, die Presse würde von geplanten Straftaten erfahren, ohne daß auf solches Wissen zugegriffen werden könne[54], kann ebenfalls keine Einschränkung des Zeugnisverweigerungsrechts begründen, da zum einen das Zeugnisverweigerungsrecht im Strafverfahren wegen bereits begangener, also ohnehin nicht mehr verhinderbarer Straftaten besteht[55], zum anderen auch die Presse der Anzeigepflicht nach § 138 StGB unterliegt[56].

Das Zeugnisverweigerungsrecht der Presse und die daran anknüpfenden Beschränkungen der Zwangsmaßnahmen sollten daher auch in Verfahren wegen schwerer Straftaten bestehen[57].

Gegen eine Einschränkung dieser Beweisverbote durch Güterabwägungs- und Beweisnotklauseln sprechen die oben[58] angeführten Gründe.

II. Telefonüberwachung

Modifiziert werden sollten daher auch hier lediglich die vorgeschlagenen Beschränkungen der Telefonüberwachung. Da ein inhaltlich oder auf bestimmte Gesprächspartner beschränktes Überwachungsverbot nicht möglich ist[59], sollte ein Verwertungsverbot für aus der Überwachung von Gesprächen von Personen nach § 53 I Nr.5 gewonnen Beweisen, auf die sich deren Zeugnisverweigerungsrecht bezieht, bestehen. Entsprechend den an § 52 und § 53 I Nr.1 bis 3 b anküpfenden Beschränkungen der Zwangsmaßnahmen sollte dieses Verwertungsverbot

---

ausgeschlossen werden (auf die Manipulierbarkeit des Strafverfahrens durch Verdachtskonstruktionen weist auch *Cramer*, S.20 f., Fn.39 hin).

[51] Vgl. *Rengier*, JZ 79, 797 (799); *Gerhardt*, MDR 76, 461 (462).

[52] Vgl. *Rengier*, JZ 79, 797 (799).

[53] Vgl. etwa die Argumentation des BGHs zum Fall *Klein*, BGHSt.28, 240 (248 ff.).

[54] Vgl. die Fallbeispiele bei *Kunert*, MDR 75, 885 (888).

[55] Vgl. auch *Rengier*, Zeugnisverweigerungsrechte, S.96.

[56] Vgl. *Rengier*, Zeugnisverweigerungsrechte, S.217; KK-*Pelchen*, § 53, Rdn.44.

[57] So auch *Klug*, Presseschutz, S.53; *Gerhardt*, MDR 76, 461 f.; *Rengier*, Zeugnisverweigerungsrechte, S.95-98; ders., JZ 79, 797 (800); *Groß*, AfP 74, 648 (652); ders., Presserecht, S.208 f.

[58] 2.Teil F a.E.

[59] Vgl. *Welp*, NStZ 86, 294 (298); *Prittwitz*, StV 84, 302 (303).

durch ein Gebot der unverzüglichen Vernichtung unverwertbarer Aufnahmen sowie durch ein Verbot der Beweisaufnahme über solche Aufnahmen abgesichert werden. Ein umfassendes Verbot der Überwachung der dienstlich genutzten Anschlüsse von Pressemitarbeitern entsprechend der zu § 53 I Nr. 1 bis 3 b entworfenen Regelung sollte mit Rücksicht auf Strafverfolgungsinteressen nicht erfolgen, da durch ein solches Verbot eine Vielzahl von Gesprächen von der Überwachung ausgenommen würden, die nicht von § 53 I Nr.5 umfaßt sind[60].

III. Ausschluß der Öffentlichkeit als Ersatzlösung?

Abschließend sei darauf hingewiesen, daß ein Ausschluß der Öffentlichkeit keinen befriedigenden Ersatz für das Zeugnisverweigerungsrecht der Presse zu bieten vermag.

Droht dem potentiellen Informanten selbst die Strafverfolgung, so ist es gerade die Aussicht der Verwertung der preisgegebenen Tatsachen im Strafverfahren gegen sich, die den Informanten von dem Schritt zur Presse abhalten wird.

Ein Ausschluß der Öffentlichkeit könnte das Zeugnisverweigerungsrecht der Presse daher ohnehin nur dann ersetzen, wenn der Informant über die Tat eines Dritten berichtet hat. Um die Anonymität des Informanten zu wahren, müßte ein Ausschluß der Öffentlichkeit in diesen Fällen bei der Aussage des Presseangehörigen und auch dann erfolgen, wenn der Informant auf die Aussage der Presse hin ermittelt wurde und nun selbst aussagen soll. Auf diese Weise könnte die gesamte Aussage eines wichtigen Zeugen der Öffentlichkeit entzogen sein. Ein so weitreichender Eingriff in das Öffentlichkeitsprinzip ist kein adäquates Mittel, die durch das Zeugnisverweigerungsrecht der Presse entstehenden Schwierigkeiten bei der Strafverfolgung zu beheben.

---

60 Vgl. *Gross-Spreitzer*, S.109-111; Telefonanschlüsse Presseangehöriger werden häufig von verschiedenen Personen zu den verschiedensten Zwecken genutzt; nur bei einem Teil dieser Gespräche wird es sich um solche mit oder über Informanten oder über von Informanten gemachte Miteilungen handeln.

G. Entwurf einer gesetzlichen Regelung der Berücksichtigung des Zeugnisverweigerungsrechts der Presse (§ 53 I Nr.5) bei den auf Beweisgewinnung gerichteten Zwangsmaßnahmen

Zeugnisverweigerungsrecht

Das Zeugnisverweigerungsrecht nach § 53 I Nr.5 entfällt, wenn der Zeugnisverweigerungsberechtigte einer tatbestandsmäßigen und rechtswidrigen Teilnahme, Begünstigung, Strafvereitelung oder Hehlerei (Beteiligung) dringend verdächtig ist, und sich die Aussage auf die Beteiligung beziehen soll. § 55 bleibt unberührt.

Aufgrund des Satzes 1 erlangte Aussagen sind nur verwertbar, solange der dringende Verdacht besteht. Die Verwertbarkeit ist ausgeschlossen, wenn sich der dringende Verdacht erst durch die Aussage ergeben hat.

Herausgabeverweigerungsrecht (§ 95 II 2)

Dies gilt nicht bei Personen, die zur Verweigerung des Zeugnisses berechtigt sind, sowie bei Informanten[61] der in § 53 I Nr.5 genannten Personen, soweit das Beschlagnahmeverbot bei den Informanten reicht.

Beschlagnahmeverbot

(1) Der Beschlagnahme unterliegen Gegenstände nicht, auf die sich das Zeugnisverweigerungsrecht der in § 53 I Nr.5 Genannten erstreckt und die innerhalb des Verhältnisses zwischen Zeugnisverweigerungsberechtigtem und Informant entstanden sind. Die Beschlagnahme von außerhalb des Verhältnisses zwischen Zeugnisverweigerungsberechtigtem und Informant entstandenen Gegenständen darf nicht zu dem Zweck erfolgen, die Identität des Informanten zu ermitteln.

(2) Diese Beschränkungen gelten nur, wenn sich die Gegenstände im Gewahrsam eines Zeugnisverweigerungsberechtigten, der Redaktion, des Verlages, der Druckerei, der Rundfunkanstalt, des Informanten oder der Post befinden.

(3) Die Beschränkungen der Beschlagnahme gelten nicht, wenn der Zeugnisverweigerungsberechtigte der Beschlagnahme zustimmt.

(4) Die Beschränkungen der Beschlagnahme gelten nicht, wenn der Zeugnisverweigerungsberechtigte einer tatbestandsmäßigen und rechtswidrigen Teilnahme, Begünstigung, Strafvereitelung oder Hehlerei (Beteiligung) dringend verdächtig ist und sich das Beweismittel auf die Beteiligung bezieht. Die Beschlagnahme von Gegenständen nach § 97 Abs.1 ist aufzuheben, und die

[61] Siehe oben 4.Teil, Fn. 33.

beschlagnahmten Gegenstände sind unverzüglich an den Berechtigten herauszugeben, wenn sich herausstellt, daß die Voraussetzungen des Satzes 1 nicht oder nicht mehr vorliegen. Das gleiche gilt, wenn sich der dringende Verdacht erst durch die beschlagnahmten Gegenstände ergibt. Die Beweisaufnahme über von Satz 2 und 3 umfaßte Gegenstände ist unzulässig.

Verbot der Telefonüberwachung

(1) Aufnahmen von Gesprächen von Personen, die nach § 53 I Nr.5 das Zeugnis verweigern dürfen, auf die sich das Zeugnisverweigerungsrecht dieser Personen erstreckt, sind unverzüglich zu vernichten. Die Beweisaufnahme über von S. 1 umfaßte Gespräche ist unzulässig.

(2) Die Beschränkungen der Telefonüberwachung gelten nicht, wenn und solange der Zeugnisverweigerungsberechtigte einer tatbestandsmäßigen und rechtswidrigen Teilnahme, Begünstigung, Strafvereitelung oder Hehlerei (Beteiligung) dringend verdächtig ist und sich das Gespräch auf die Beteiligung bezieht.

(3) Entsteht der dringende Verdacht erst durch das überwachte Gespräch, so gilt Abs. 1 entsprechend.

5. TEIL

Die Berücksichtigung des Zeugnisverweigerungsrechts nach § 53 I Nr.4, Art.47 S.1 GG bei den auf Beweisgewinnung gerichteten Zwangsmaßnahmen[1]

A. Schutzzwecke des § 53 I Nr.4 und deren Konsequenzen für die Zwangsmaßnahmen

I. Ermöglichung der staatspolitischen Aufgaben des Abgeordneten

Das Zeugnisverweigerungsrecht der Abgeordneten nach § 53 I Nr.4 (für die Bundestagsabgeordneten garantiert auch in Art.47 S.1 GG) soll dem Abgeordneten die Erfüllung seiner staatspolitischen Aufgaben ermöglichen. Um Regierung und Verwaltung effektiv kontrollieren und auf die Beseitigung öffentlicher Mißstände hinwirken zu können, sowie bei der Vertretung der Wünsche und Anliegen der Bevölkerung im Parlament benötigt der Abgeordnete umfassende Informationen von außen. Besonders angewiesen auf solche Informationen ist die parlamentarische Opposition, die sich nicht auf den Regierungsapparat stützen kann[2]. Da ein freier Informationsfluß nur gewährleistet ist, wenn potentielle Informanten keine Nachteile dadurch haben, daß sie sich einem Abgeordneten offenbaren, muß es dem Abgeordneten ebenso wie Pressemitarbeitern möglich sein, Informanten die Wahrung ihrer Anonymität und Vertraulichkeit zuzusichern.

---

[1] Da den Personen nach § 53 I Nr.4 durch § 53 a deren Berufshelfer gleichgestellt werden (nach § 53 a I S.2 entscheidet der Hauptberufsträger über die Ausübung des Zeugnisverweigerungsrechts), und durch § 97 IV diese Gleichstellung auch auf das Beschlagnahmeverbot ausgedehnt wird, gelten die folgenden Ausführungen auch für die Berufshelfer der Zeugnisverweigerungsberechtigten nach § 53 I Nr.4.

[2] Vgl. *Rengier*, Zeugnisverweigerungsrechte, S.30 f.; *Pauli*, S.90; *Gross-Spreitzer*, S.102 f.; *Umbach* in: BK (Zweitb.), Art.47, Rdn.1; AK/StPO-*Amelung*, § 97, Rdn.42.

Gleichzeitig ist es Ziel des § 53 I Nr.4, die Freiheit und Unabhängigkeit der Abgeordneten zu sichern[3]. Es soll dem Abgeordneten unbenommen bleiben, wie er auf eine ihm zugetragene Mitteilung reagiert, welche Informationen er wem gegenüber veröffentlicht[4]. So ist zu erklären, daß das Zeugnisverweigerungsrecht auch über die Personen besteht, denen der Abgeordnete Tatsachen anvertraut hat[5]. Mit der Freiheit des Abgeordneten, über die Verwendung von Informationen zu entscheiden, ist auch zu erklären, daß das Zeugnisverweigerungsrecht Abgeordneter nach allgemeiner Ansicht[6] über den Wortlaut des § 53 I Nr.4 hinaus die dem Abgeordneten in dieser Eigenschaft bekanntgewordenen Tatsachen umfassen soll.

1. Konsequenzen für Beschlagnahme und Telefonüberwachung

Die Verwirklichung dieses, an die staatspolitischen Aufgaben der Abgeordneten anknüpfenden Schutzzwecks bei Beschlagnahme und Telefonüberwachung setzt voraus, daß diese Zwangsmaßnahmen unzulässig sind, soweit dadurch Tatsachen ermittelt werden sollen, auf die sich das Zeugnisverweigerungsrecht nach § 53 I Nr.4 erstreckt.

Für die Beschlagnahme ist dies in § 97 III, Art.47 S.2 GG bestimmt. Zwar ist das Beschlagnahmeverbot auf Schriftstücke beschränkt, jedoch wird dieses Merkmal allgemein so weit ausgelegt, daß alle Gegenstände erfaßt sind, aus denen sich Informationen ergeben könnten, auf die sich das Zeugnisverweigerungsrecht bezieht[7]. § 97 III wird also dem Zweck des Zeugnisverweigerungsrechts des Abgeordneten, diesem die Wahrnehmung seiner staatspolitischen Funktionen zu ermöglichen, grundsätzlich gerecht. Allerdings setzt ein umfassender Schutz des Abgeordneten über § 97 III hinaus ein Beschlagnahmeverbot auch im Verfahren gegen den Abgeordneten als Beschuldigten[8] voraus[9].

Eine weitere Lücke im Beschlagnahmeschutz ergibt sich, wenn man der Auffassung folgt, § 97 II 1 gelte auch im Rahmen des § 97 III, ein Beschlagnahmeverbot bestehe also nur im Gewahrsam des Abgeordneten, da § 97 lediglich die

---

[3] *Cramer*, S.30; *Gerhardt*, MDR 76, 461 (462); *Jagusch*, NJW 63, 177 (179); v.*Mangoldt/Klein*, Art.47, Anm.II 2.; *Kunert*, MDR 75, 885 (889); *Pauli*, S.90; *Umbach* in: BK (Zweitb.), Art.47, Rdn.1.

[4] *Cramer*, S.29 f.

[5] Im folgenden "Vertrauenspersonen".

[6] Vgl. KMR-*Paulus*, § 53 Rdn.21; *Kleinknecht/ Meyer*, § 53 Rdn.23; LR-*Dahs*, § 53 Rdn.36.

[7] Vgl. AK/StPO-*Amelung*, § 97, Rdn.42; *Kleinknecht/Meyer*, § 97 Rdn.31: Schriftstücke seien schriftliche Mitteilungen und Aufzeichnungen i.S.d. § 97 I Nr.1 und 2, weiterhin auch sonstige festgehaltene Gedankenäußerungen, auch auf Tonträgern, Fotographien und Filmen, sowie Manuskripte; LR-Schäfer, § 97, Rdn.87 verweist auf § 11 III StGB.

[8] De lege lata besteht ein Beschlagnahmeverbot insoweit nicht (vgl. MDHS-*Maunz*, Art.47, Rdn.20; *v.Münch-Rauball*, Art.47, Rdn.11; *Hennemann*, S.74 f.).

[9] Vgl. zu dem Parallelproblem bei § 53 I Nr.5 oben 4.Teil A I. 2.

Umgehung des Zeugnisverweigerungsrechts verhindern solle und daher der Gewahrsam des Zeugnisverweigerungsberechtigten untrennbar mit dem Beschlagnahmeverbot verknüpft sei[10]. Gegen eine solche Interpretation spricht allerdings zum einen schon der klare Wortlaut des § 97 III, der weder auf § 97 II 1 verweist noch selbst ein Gewahrsamserfordernis vorsieht[11]. Zudem wird das Zeugnisverweigerungsrecht des Abgeordneten, orientiert an dem oben dargelegten Schutzzweck, auch dann umgangen, wenn Umstände, auf die sich das Zeugnisverweigerungsrecht bezieht, durch die Beschlagnahme von außerhalb des Gewahrsams des Abgeordneten befindlichen Gegenständen ermittelt werden. Darauf wird auch in der Literatur hingewiesen. Das Gewahrsamserfordernis mit seiner Konsequenz, daß es darauf ankomme, wo sich ein Gegenstand zufällig befinde, lasse die Realisierung des Beschlagnahmeverbots und des parlamentarischen Berufsgeheimnisses nicht zu[12]. Das Beschlagnahmeverbot nach § 97 III besteht somit de lege lata unabhängig von den Gewahrsamsverhältnissen[13].

Damit wird das Kommunikationsverhältnis zwischen Abgeordnetem und Informant bzw. Vertrauensperson de lege lata unabhängig von dessen Vertraulichkeit geschützt. Ob dies aus teleologischer Sicht überzeugend ist, soll unten unter C erörtert werden.

Das Beschlagnahmeverbot geht jedenfalls insofern über den notwendigen Schutz des Verhältnisses zwischen Abgeordnetem und Informant/Vertrauensperson hinaus, als es auch außerhalb des Vertrauensverhältnisses entstandene Gegenstände uneingeschränkt umfaßt. Da die Beschlagnahme solcher Gegenstände nur dann einen relevanten Nachteil für die Betroffenen darstellt, wenn anhand

---

[10] *Kleinknecht/Meyer*, § 97, Rdn.43; LR-*Schäfer*, § 97, Rdn.89; KK-*Laufhütte*, § 97, Rdn.89; *Eb. Schmidt*, Nachtr.I, § 97, Rdn.16; *Schlüchter*, Rdn. 303; *Dünkel*, S.24; *Werle*, JZ 91, 482 (486 f.).

[11] SK/StPO-*Rudolphi*, § 97, Rdn.58.

[12] *V.Münch-Rauball*, Art.47, Rdn. 14; *Umbach* in: BK (Zweitb.), Art.47, Rdn.28; SK/StPO-*Rudolphi*, § 97, Rdn.58: andernfalls könnten Briefe des Abgeordneten ebenso wie an ihn gerichtete Briefe auf der Post beschlagnahmt werden; - Diese Kritik trifft allerdings nicht nur ein Gewahrsamserfordernis bei dem an § 53 I Nr.4 anknüpfenden Beschlagnahmeverbot, sondern das Gewahrsamserfordernis überhaupt.

[13] So auch SK/StPO-*Rudolphi*, § 97, Rdn.58; *Umbach* in: BK (Zweitb.), Art.47, Rdn.28; KMR-*Müller*, § 97, Rdn.16; *Kühne*, Strafprozeß, Rdn.250; *Dach*, ZRP 92, 1 (2 f.); daran ändert auch nichts, daß für das Beschlagnahmeverbot des Art. 47 S.2 GG z.T. der Gewahrsam des Abgeordneten an dem Beweismittel für erforderlich gehalten wird (vgl. etwa MDHS-*Maunz*, Art.47, Rdn.22; v.*Mangoldt/ Klein*, Art.47, Anm.II 2, III 5; die Vereinbarkeit einer solchen Auslegung mit dem Wortlaut der Vorschrift erscheint allerdings auch hier zweifelhaft), da es dem Gesetzgeber jedenfalls unbenommen ist, durch einfache Gesetze über Art.47 S.2 GG hinausgehende Beschlagnahmeverbote auszusprechen und daher Art.47 GG für die Auslegung des § 97 insoweit nichts hergeben kann (SK/StPO-*Rudolphi*, § 97, Rdn.58; MDHS-*Maunz*, Art.47, Rdn.22).

der Gegenstände die Identität des Informanten bzw. der Vertrauensperson des Abgeordneten festgestellt werden soll[14], ist auch nur insoweit ein Beschlagnahmeverbot erforderlich.

2. *Konsequenzen für die Telefonüberwachung*

Die Telefonüberwachung bei Abgeordneten ist in der StPO nicht ausdrücklich eingeschränkt. Gleichwohl ist, anders als bei den anderen Zeugnisverweigerungsberechtigten nach § 53, die Überwachung von Gesprächen Abgeordneter bereits de lege lata nur eingeschränkt möglich.

Die de lege lata einschränkungslose Zulässigkeit der Telefonüberwachung bei den Personen nach § 53 I Nr. 1 bis 3 b und Nr. 5 beruht auf dem gleichen Gedanken wie das Gewahrsamserfordernis, der Abstufung der Schutzwürdigkeit von Kommunikation nach Sphären, und ist dort Teil eines insoweit in sich schlüssigen Systems[15]. Einschränkungen der Telefonüberwachung bei Abgeordneten widersprechen dagegen der Systematik des geltenden Rechts nicht, da § 97 III ein Gewahrsamserfordernis gerade nicht vorsieht.

Um der in Art. 47 GG zum Ausdruck kommenden besonderen verfassungsrechtlichen Stellung der Abgeordneten gerecht zu werden, ist die Telefonüberwachung bei Abgeordneten daher im Wege verfassungskonformer Auslegung bereits de lege lata zu beschränken[16]. Da der Abgeordnete von seinem dienstlichen Anschluß aus überwiegend Gespräche führen wird, über die er das Zeugnis verweigern kann, ist (wie de lege ferenda auch bei den Personen nach § 53 I Nr. 1 bis 3 b) die Überwachung dieses Anschlusses generell verboten. Erkenntnisse aus von anderen Anschlüssen aus geführten Gesprächen von Abgeordneten, auf die sich deren Zeugnisverweigerungsrecht erstreckt, sind unverwertbar[17].

Diese Einschränkungen der Telefonüberwachung sind auch in einem schutzzweckorientierten System erforderlich. Wie auch bei den an § 52 und § 53 I Nr. 1 bis 3 b anküpfenden Beschränkungen der Telefonüberwachung sollte das Verwertungsverbot de lege ferenda durch ein Gebot der unverzüglichen Vernichtung

---

[14] Vgl. oben 3. Teil A IX. 2.

[15] Konsequent daher *Werle*, JZ 91, 482 (486 f.): Da seiner Ansicht nach das Gewahrsamserfordernis auch im Rahmen des § 97 III gilt, sieht er zu Recht keinen Widerspruch zwischen § 97 und der bezüglich Abgeordneter uneingeschränkten Möglichkeit der Telefonüberwachung.

[16] So auch *Rudolphi*, FS Schaffstein, 433 (444); SK/StPO-*Rudolphi*, § 100 a, Rdn. 20; KK-*Laufhütte*, § 100 a, Rdn. 13; AK/StPO-*Maiwald*, § 100 a, Rdn. 12; *Gross-Spreitzer*, S. 102 ff.: der Anschluß des Abgeordeten sei bereits de lege lata von der Überwachung frei; a.A. LR-*Schäfer*, § 100 a, Rdn. 25.

[17] Ein Überwachungsverbot scheidet insoweit auch hier wegen der Unmöglichkeit eines inhaltlich oder auf bestimmte Gesprächspartner beschränkten Verbots aus (vgl. oben 2. Teil F unter 3.).

unverwertbarer Aufnahmen sowie durch ein Verbot der Beweisaufnahme über solche Aufnahmen abgesichert werden.

II. Schutz des Abgeordneten

Das Zeugnisverweigerungsrecht nach § 53 I Nr.4 dient nicht nur allgemeinen staatspolitischen Zwecken, sondern schützt auch Interessen des Abgeordneten selbst, da es zu den mit dem Status des Abgeordneten verbundenen Rechten[18] gehört, seine staatspolitischen Funktionen ungehindert wahrnehmen zu können[19]. Auch die oben dargelegten Beschränkungen von Beschlagnahme und Telefonüberwachung verwirklichen damit Statusrechte des Abgeordneten.

Dagegen dient das Zeugnisverweigerungsrecht der Abgeordneten ebensowenig wie das der Presse dazu, die Zeugen vor persönlichen Konflikten zu bewahren[20].

III. Schutz des Informanten?

Originäre Interessen der Personen, die dem Abgeordneten Informationen verschaffen oder denen der Abgeordnete Tatsachen anvertraut, werden durch § 53 I Nr.4 nicht geschützt[21]. Der Schutz der Informanten bzw. der Vertrauenspersonen ist lediglich Mittel zu dem Zweck, den Abgeordneten die Wahrnehmung ihrer staatspolitischen Aufgaben zu ermöglichen.

Rengier führt allerdings an, § 53 I Nr.4 schütze Interessen derjenigen, die sich an Abgeordnete wendeten, insoweit, als diese den Abgeordneten als persönlichen Ratgeber und Helfer, also wie eine Person nach § 53 I Nr.1 bis 3 b, in Anspruch nähmen[22]. Wenn auch das Zeugnisverweigerungsrecht der Abgeordneten diesen ermöglicht, als Berater und Helfer Vertraulichkeit versprechen zu können, so erscheint diese Schutzrichtung doch gegenüber der Verwirklichung der staatspolitischen Funktionen der Abgeordneten als zweitrangig. Selbständige Konsequenzen eines solchen Schutzzwecks für die Zwangsmaßnahmen lassen sich nicht ziehen.

---

[18] Vgl. dazu nur *v.Münch-v.Münch*, Art.38, Rdn.57 a.

[19] Vgl. *Umbach* in: BK (Zweitb.), Art.47, Rdn.1; MDHS-*Maunz*, Art.47, Rdn.3; *v.Mangoldt/Klein*, Art.47, Anm.III 2.; *v.Münch-Rauball*, Art.47, Rdn.2: Art.47 GG gebe dem Abgeordneten ein subjektives öffentliches Recht.

[20] So aber *Rengier*, Zeugnisverweigerungsrechte, S.34; vgl. dazu 4.Teil A II.

[21] Vgl. auch *Pauli*, S.90; MDHS-*Maunz*, Art.47, Rdn.2.

[22] *Rengier*, Zeugnisverweigerungsrechte, S.33 f.; vgl. auch *Heitzer*, NJW 52, 89.

IV. Zusammenfassung

Das Zeugnisverweigerungsrecht der Abgeordneten nach § 53 I Nr.4 dient in erster Linie staatspolitischen Zwecken, indem es durch die Ermöglichung freien Informationsflusses den Abgeordneten die Wahrnehmung ihrer Funktionen erleichert und deren Unabhängigkeit verwirklicht. Gleichzeitig wahrt das Zeugnisverweigerungsrecht damit Statusrechte der Abgeordneten. Originäre Interessen der Informanten bzw. der Vertrauenspersonen der Abgeordneten werden durch § 53 I Nr.4 nur insoweit geschützt, als diese den Abgeordneten als Helfer in persönlichen Angelegenheiten in Anspruch nehmen; diese Schutzrichtung des Zeugnisverweigerungsrechts tritt aber hinter der Verwirklichung staatspolitischer Zwecke zurück.

Das Zeugnisverweigerungsrecht der Abgeordneten weist damit Parallelen zu dem Zeugnisverweigerungsrecht der Presse auf[23]: beide Rechte dienen übergeordneten, an die Funktionsausübung des Zeugnisverweigerungsberechtigten anknüpfenden Zwecken, zu deren Verwirklichung die Zeugnisverweigerungsberechtigten ihren Informanten die Wahrung der Vertraulichkeit zusagen können müssen. Auch die Konsequenzen des Zeugnisverweigerungsrechts der Abgeordneten und der Presse für die Zwangsmaßnahmen entsprechen sich weitgehend.

Das Beschlagnahmeverbot nach § 97 III geht über die Verwirklichung der Schutzzwecke des Zeugnisverweigerungsrechts Abgeordneter insoweit hinaus, als auch außerhalb des Vertrauensverhältnisses entstandene Gegenstände uneingeschränkt der Beschlagnahme entzogen sind; andererseits setzt die umfassende Verwirklichung der Schutzzwecke des § 53 I Nr.4 ein Beschlagnahmeverbot auch im Verfahren gegen den Abgeordneten als Beschuldigten voraus. Die Telefonüberwachung Abgeordneter ist im Wege verfassungskonformer Auslegung bereits de lege lata im Sinne einer schutzzweckorientierten Konzeption einzuschränken.

V. Herausgabeverweigerungsrecht (§ 95 II 2)

Im Hinblick auf den maßgeblichen Schutzzweck des Zeugnisverweigerungsrechts nach § 53 I Nr.4, dem Abgeordneten im Interesse seiner staatspolitischen Aufgaben die Wahrung der Vertraulichkeit seiner Beziehung zu Informanten und Vertrauenspersonen ermöglichen, ist das Herausgabeverweigerungsrecht der Abgeordneten nach § 95 II 2, das sich auf alle Gegenstände erstreckt, auf die sich das Zeugnisverweigerungsrecht der Abgeordneten bezieht, erforderlich und konsequent. Soweit das Beschlagnahmeverbot bei dem Informanten oder der Ver-

[23] Vgl. auch *Kunert*, MDR 75, 885 (889); *Rengier*, Zeugnisverweigerungsrechte, S.41.

trauensperson besteht, muß jedoch weitergehend als bisher de lege ferenda auch diesen Personen ein Herausgabeverweigerungsrecht zustehen.

B. Verfügungsbefugnis

I. Zeugnisverweigerungsrecht

De lege lata kann der Abgeordnete selbst entscheiden, ob und inwieweit er von seinem Zeugnis(und Herausgabe)verweigerungsrecht Gebrauch macht. Dies ist im Hinblick auf die Funktion des Zeugnisverweigerungsrechts, die Unabhängigkeit und Entscheidungsfreiheit des Abgeordneten bei der Wahrnehmung seiner staatspolitischen Funktionen zu gewährleisten, gerechtfertigt[24].

II. Beschlagnahmeverbot

Auch bei der Beschlagnahme ist grundsätzlich der Abgeordnete verfügungsbefugt; stimmt er der Beschlagnahme zu, entfällt das Beschlagnahmeverbot. Da der Abgeordnete aber gegenüber dem Informanten bzw. der Person, der er eine Tatsache anvertraut hat, keinen Anspruch auf Geheimhaltung hat, kann der Informant bzw. die Vertrauensperson über die in seinem Gewahrsam befindlichen Gegenstände verfügen; die Zustimmung des Abgeordneten ist für die Sicherstellung insoweit nicht erforderlich.

III. Telefonüberwachung

Eine einseitige Einwilligung läßt auch hier wegen der in § 201 StGB zum Ausdruck kommenden Wertung[25] das Überwachungsverbot nicht entfallen.

---

[24] Vgl. *Rengier*, Zeugnisverweigerungsrechte, S.34, 261 f.; *Gross-Speitzer*, S.104; - Für die Verfügungsbefugnis des Abgeordneten sprechen zudem die oben (4.Teil B I.) zu § 53 I Nr.5 angeführten Argumente. - Auch wenn jemand den Abgeordneten als Helfer in Anspruch nimmt, ist er also gegen die Offenbarung des Anvertrauten durch den Abgeordneten nicht geschützt.

[25] Vgl. oben 2.Teil B III.

C. Das Gewahrsamserfordernis/Die Abstufung des Schutzes von Kommunikation nach Sphären

Da § 97 III ein Gewahrsamserfordernis im Unterschied zu den sonstigen Beschlagnahmeverboten nicht vorsieht, wird das Verhältnis zwischen Abgeordneten und deren Informanten und Vertrauenspersonen de lege lata unabhängig davon geschützt, ob und inwieweit dieses Verhältnis vertraulich ist.

Ebenso wie bei Kommunikation zwischen Verteidiger und Mandant ist diese Bewertung auch hier aufgrund der besonderen Bedeutung des geschützten Kommunikationsverhältnisses gerechtfertigt, die für die Abgeordneten darin zum Ausdruck kommt, daß deren Zeugnisverweigerungsrecht und das entsprechende Beschlagnahmeverbot verfassungsrechtlich durch Art.47 GG garantiert ist. Da der Schutz der Kommunikation zwischen Abgeordneten und deren Informanten sowie Vertrauenspersonen erforderlich ist, um den Abgeordneten die Erfüllung ihrer staatspolitischen Aufgaben zu ermöglichen, sollte diese Kommunikation auch dann geschützt werden, wenn ihre Vertraulichkeit ohne Willen der Kommunikationspartner verloren ging.

D. Entwurf einer schutzzweckorientierten gesetzlichen Regelung

Beschlagnahmeverbot

(1) Der Beschlagnahme unterliegen Gegenstände nicht, auf die sich das Zeugnisverweigerungsrecht der in § 53 I Nr.4 Genannten erstreckt und die innerhalb des Verhältnisses zwischen Zeugnisverweigerungsberechtigtem und Informant oder Vertrauensperson[26] entstanden sind. Die Beschlagnahme von außerhalb des Verhältnisses zwischen diesen Personen entstandenen Gegenständen darf nicht zu dem Zweck erfolgen, die Identität des Informanten bzw. der Vertrauensperson zu ermitteln.

(2) Die Beschränkungen der Beschlagnahme gelten nicht, wenn der Zeugnisverweigerungsberechtigte der Beschlagnahme zustimmt.

---

[26] Durch eine Klammerdefinition in § 53 I Nr.4 könnten die Personen, die dem Abgeordneten Tatsachen anvertraut haben, als "Informanten", und die Personen, denen der Abgeordnete Tatsachen anvertraut hat, als "Vertrauenspersonen" definiert werden.

Verbot der Telefonüberwachung

Die Überwachung des überwiegend für die Wahrnehmung des parlamentarischen Mandats genutzten Telefonanschlusses von in § 53 Abs.1 Nr.4 genannten Personen ist unzulässig. Aufnahmen von Gesprächen von in § 53 I Nr.4 genannten Personen, auf die sich deren Zeugnisverweigerungsrecht erstreckt, sind unverzüglich zu vernichten. Die Beweisaufnahme über von S.2 umfaßte Gespräche ist unzulässig.

E. Teilnahmeverdacht und Deliktsgegenstände

I. Teilnahmeverdacht

Das an § 53 I Nr.4 anküpfende Beschlagnahmeverbot besteht de lege lata auch dann, wenn der Abgeordnete teilnahmeverdächtig ist. Dies ergibt sich sowohl aus Art.47 S.2 GG, der eine entsprechende Einschränkung nicht vorsieht, als auch daraus, daß § 97 III nicht auf 97 II 3 verweist[27].

Aus rechtspolitischer Sicht überzeugt diese Wertung allerdings nicht. Ebensowenig wie Pressemitarbeiter sollten Abgeordnete geschützt sein, wenn sie sich an Straftaten beteiligen oder diese unterstützen; der Abgeordnetenstatus soll ihnen keinen Freiraum für die Begehung von Straftaten verschaffen[28]. Aus dem gleichen Grund ist die gesetzliche Wertung, ein Beschlagnahmeverbot im Verfahren gegen den Abgeordneten selbst nicht vorzusehen[29], gerechtfertigt.

De lege ferenda sollte das Beschlagnahmeverbot daher entfallen, wenn der Abgeordnete der tatbestandsmäßigen und rechtswidrigen Teilnahme, Begünstigung, Strafvereitelung oder Hehlerei an der Tat, wegen der ermittelt wird, verdächtig ist[30].

Für einen Wegfall des Beschlagnahmeverbots wegen Teilnahmeverdachts gegen den Abgeordneten ergeben sich Einschränkungen aber aus den Bestim-

---

[27] Vgl. KK-*Laufhütte*, § 97 Rdn.16; LR-*Schäfer*, § 97, Rdn.90; *Kleinknecht/Meyer*, § 97, Rdn.43; AK/StPO-*Amelung*, § 97, Rdn.42; *Hennemann*, S.75; a.A. ohne nähere Begründung *v.Mangoldt/Klein*, Art.47, Anm.III 5.

[28] In diese Richtung auch *Hennemann*, S.75; - § 97 III hat de lege lata zudem die kaum überzeugende Konsequenz, daß in einem Fall, in dem Abgeordneter und Informant der gemeinsamen Begehung einer Straftat verdächtig sind, das Beschlagnahmeverbot zwar für den Informanten, nicht jedoch für den Abgeordneten gilt.

[29] Vgl. oben 5.Teil Fn.8.

[30] Nimmt jemand den Abgeordneten als Helfer in Anspruch, so muß er die Offenbarung des Anvertrauten hinnehmen, wenn der Abgeordnete den bei der Ausübung seines Amtes bestehenden Schutz verliert.

mungen über die Immunität (vgl. Art.46 II-IV GG für die Bundestagsabgeordneten und die entsprechenden Bestimmungen in den Verfassungen der Länder), wonach zum Schutz der Abgeordneten gegen eine Behinderung ihrer Tätigkeit durch die Exekutive[31] die Genehmigung des Parlaments für Strafverfolgungsmaßnahmen gegen den Abgeordneten und für jede andere Beschränkung der persönlichen Freiheit des Abgeordneten erforderlich ist.

Zum Teil werden auch Beschlagnahme und Telefonüberwachung als freiheitsbeschränkende Maßnahme im Sinne dieser Vorschriften angesehen[32]. Aber auch wenn man nicht soweit gehen will, sollte doch das Beschlagnahmeverbot bei Teilnahmeverdacht im Interesse eines größtmöglichen Schutzes der Abgeordneten vor Beeinträchtigungen ihrer Tätigkeit durch die Exekutive nur entfallen, wenn die Immunität des Abgeordneten insoweit aufgehoben ist, wenn also auch gegen den Abgeordneten selbst wegen der Teilnahmehandlung ermittelt werden könnte[33]. Dafür spricht auch, daß bei einem Wegfall der Beschlagnahmefreiheit ohne Aufhebung der Immunität die Gefahr bestände, daß über die Beschlagnahme bei Teilnahmeverdacht des Abgeordneten im Verfahren gegen einen Dritten indirekt auch gegen den Abgeordneten unter Umgehung der Vorschriften über die Immunität ermittelt würde.

Auch hier sollte das Beschlagnahmeverbot nur bei dem dringenden Verdacht der Teilnahme entfallen, um die leichtfertige Annahme eines Teilnahmeverdachts möglichst weitgehend zu verhindern. Für die Verwertbarkeit beschlagnahmten Materials bei nachträglichem Entstehen und nachträglichem Wegfall des Teilnahmeverdachts kann auf die Ausführungen im 2.Teil unter E I. 6. verwiesen werden.

Diese Erwägungen gelten de lege ferenda entsprechend für Zeugnisverweigerungsrecht[34] und Telefonüberwachungsverbot.

---

[31] Vgl. zum Zweck der Immunität *v.Münch-Rauball*, Art.46, Rdn.1; *Ranft*, ZRP 81, 271 (275).

[32] *Ranft*, ZRP 81, 271 (276) für Beschlagnahme; KK-*Laufhütte*, § 100 a, Rdn.13 für Telefonüberwachung.

[33] Damit entfällt das Beschlagnahmeverbot bei Abgeordneten im Ergebnis nur dann, wenn zumindest ein Anfangsverdacht einer auch schuldhaften Teilnahmehandlung vorliegt.

[34] Wegen § 55 wird der Wegfall des Zeugnisverweigerungsrechts auch hier allerdings nur selten relevant werden.

Zu beachten ist allerdings, daß wegen Art.47 GG der Wegfall von Zeugnisverweigerungsrecht und Beschlagnahmeverbot bei Teilnahmeverdacht nur im Wege der Grundgesetzänderung möglich ist.

II. Ergänzung des Gesetzentwurfs[35]

Zeugnisverweigerungsrecht

Das Zeugnisverweigerungsrecht nach § 53 I Nr.4 entfällt, wenn der Zeugnisverweigerungsberechtigte einer tatbestandsmäßigen und rechtswidrigen Teilnahme, Begünstigung, Strafvereitelung oder Hehlerei (Beteiligung) dringend verdächtig ist, die Immunität des Zeugnisverweigerungsberechtigten bezüglich der Beteiligung aufgehoben ist und sich die Aussage auf die Beteiligung beziehen soll. § 55 bleibt unberührt.

Aufgrund des Satzes 1 erlangte Aussagen sind nur verwertbar, solange der dringende Verdacht besteht. Die Verwertbarkeit ist ausgeschlossen, wenn sich der dringende Verdacht erst durch die Aussage ergeben hat.

Beschlagnahmeverbot

(3) Die Beschränkungen der Beschlagnahme gelten nicht, wenn der Zeugnisverweigerungsberechtigte einer tatbestandsmäßigen und rechtswidrigen Teilnahme, Begünstigung, Strafvereitelung oder Hehlerei (Beteiligung) dringend verdächtig ist, die Immunität des Zeugnisverweigerungsberechtigten bezüglich der Beteiligung aufgehoben ist und sich das Beweismittel auf die Beteiligung bezieht. Die Beschlagnahme von Gegenständen nach § 97 Abs.1 ist aufzuheben, und die beschlagnahmten Gegenstände sind unverzüglich an den Berechtigten herauszugeben, wenn sich herausstellt, daß die Voraussetzungen des Satzes 1 nicht oder nicht mehr vorliegen. Das gleiche gilt, wenn sich der dringende Verdacht erst durch die beschlagnahmten Gegenstände ergibt. Die Beweisaufnahme über von Satz 2 und 3 umfaßte Gegenstände ist unzulässig.

Verbot der Telefonüberwachung

Die Beschränkungen der Telefonüberwachung gelten nicht, wenn und solange der Zeugnisverweigerungsberechtigte einer tatbestandsmäßigen und rechtswidrigen Teilnahme, Begünstigung, Strafvereitelung oder Hehlerei (Beteiligung) dringend verdächtig ist, und die Immunität des Zeugnisverweigerungsberechtigten bezüglich der Beteiligung aufgehoben ist. Verwertbar sind nur Erkenntnisse

---

[35] Entwurf S. 216 f.

aus Gesprächen, die sich auf die Beteiligung beziehen. Aufnahmen sonstiger Gespräche sind unverzüglich zu vernichten. Das gleiche gilt, wenn der Verdacht erst durch das überwachte Gespräch entsteht. Die Beweisaufnahme über von S.3 und 4 umfaßte Gespräche ist unzulässig.

III. Deliktsgegenstände

Das Beschlagnahmeverbot nach § 97 IV besteht de lege lata auch dann, wenn es sich um Deliktsgegenstände handelt[36].

Neben den Fällen, in denen das Beschlagnahmeverbot wegen des Verdachts der Teilnahme des Abgeordneten entfallen sollte, erscheint de lege ferenda eine eigenständige Regelung des Wegfalls des Beschlagnahmeverbots bei Deliktsgegenständen auch bei den Abgeordneten überflüssig. Auch wenn es um Deliktsgegenstände geht, kann ein Wegfall des Beschlagnahmeverbots nur an ein zurechenbares Verhalten des Abgeordneten anknüpfen. Deliktsgegenstände sollten daher der Beschlagnahme nur unterliegen, wenn der Abgeordnete sich an der Tat, aus der die Gegenstände stammen, beteiligt hat.

F. Strafverfolgungsinteressen

Wegen der großen Bedeutung des Zeugnisverweigerungsrechts der Abgeordneten für die Verwirklichung der staatspolitischen Funktionen der Abgeordneten sollte das Zeugnisverweigerungsrecht der Abgeordneten und die daran anküpfenden Beschränkungen der Zwangsmaßnahmen nicht mit Rücksicht auf Strafverfolgungsinteressen modifiziert werden.

G. Entwurf einer gesetzlichen Regelung der Berücksichtigung des Zeugnisverweigerungsrechts der Abgeordneten (§ 53 I Nr.4) bei den auf Beweisgewinnung gerichteten Zwangsmaßnahmen

Zeugnisverweigerungsrecht

Das Zeugnisverweigerungsrecht nach § 53 I Nr.4 entfällt, wenn der Zeugnisverweigerungsberechtigte einer tatbestandsmäßigen und rechtswidrigen Teil-

---

[36] LR-*Schäfer*, § 97, Rdn.90; a.A. wohl *v.Münch-Rauball*, Art.47, Rdn.11 ohne nähere Begründung.

nahme, Begünstigung, Strafvereitelung oder Hehlerei (Beteiligung) dringend verdächtig ist, die Immunität des Zeugnisverweigerungsberechtigten bezüglich der Beteiligung aufgehoben ist und sich die Aussage auf die Beteiligung beziehen soll. § 55 bleibt unberührt.

Aufgrund des Satzes 1 erlangte Aussagen sind nur verwertbar, solange der dringende Verdacht besteht. Die Verwertbarkeit ist ausgeschlossen, wenn sich der dringende Verdacht erst durch die Aussage ergeben hat.

Herausgabeverweigerungsrecht (§ 95 II 2)

Dies gilt nicht bei Personen, die zur Verweigerung des Zeugnisses berechtigt sind, sowie bei Informanten und Vertrauenspersonen[37] der in § 53 Abs.1 Nr.4 genannten Personen, soweit das Beschlagnahmeverbot bei den Informanten und den Vertrauenspersonen reicht.

Beschlagnahmeverbot

(1) Der Beschlagnahme unterliegen Gegenstände nicht, auf die sich das Zeugnisverweigerungsrecht der in § 53 I Nr.4 Genannten erstreckt und die innerhalb des Verhältnisses zwischen Zeugnisverweigerungsberechtigtem und Informant oder Vertrauensperson entstanden sind. Die Beschlagnahme von außerhalb des Verhältnisses zwischen diesen Personen entstandenen Gegenständen darf nicht zu dem Zweck erfolgen, die Identität des Informanten bzw. der Vertrauensperson zu ermitteln.

(2) Die Beschränkungen der Beschlagnahme gelten nicht, wenn der Zeugnisverweigerungsberechtigte der Beschlagnahme zustimmt.

(3) Die Beschränkungen der Beschlagnahme gelten nicht, wenn der Zeugnisverweigerungsberechtigte einer tatbestandsmäßigen und rechtswidrigen Teilnahme, Begünstigung, Strafvereitelung oder Hehlerei (Beteiligung) dringend verdächtig ist, die Immunität des Zeugnisverweigerungsberechtigten bezüglich der Beteiligung aufgehoben ist und sich das Beweismittel auf die Beteiligung bezieht. Die Beschlagnahme von Gegenständen nach § 97 Abs.1 ist aufzuheben, und die beschlagnahmten Gegenstände sind unverzüglich an den Berechtigten herauszugeben, wenn sich herausstellt, daß die Voraussetzungen des Satzes 1 nicht oder nicht mehr vorliegen. Das gleiche gilt, wenn sich der dringende Verdacht erst durch die beschlagnahmten Gegenstände ergibt. Die Beweisaufnahme über von Satz 2 und 3 umfaßte Gegenstände ist unzulässig.

[37] Vgl. oben 5.Teil Fn. 26.

Verbot der Telefonüberwachung

(1) Die Überwachung des überwiegend für die Wahrnehmung des parlamentarischen Mandats genutzten Telefonanschlusses von in § 53 Abs.1 Nr.4 genannten Personen ist unzulässig. Aufnahmen von Gesprächen in § 53 I Nr.4 genannten Personen, auf die sich deren Zeugnisverweigerungsrecht erstreckt, sind unverzüglich zu vernichten. Die Beweisaufnahme über von S.2 umfaßte Gespräche ist unzulässig.

(2) Die Beschränkungen der Telefonüberwachung gelten nicht, wenn und solange der Zeugnisverweigerungsberechtigte einer tatbestandsmäßigen und rechtswidrigen Teilnahme, Begünstigung, Strafvereitelung oder Hehlerei (Beteiligung) dringend verdächtig ist, und die Immunität des Zeugnisverweigerungsberechtigten bezüglich der Beteiligung aufgehoben ist. Verwertbar sind nur Erkenntnisse aus solchen Gesprächen, die sich auf die Beteiligung beziehen. Aufnahmen sonstiger Gespräche sind unverzüglich zu vernichten; die Beweisaufnahme über solche Gespräche ist unzulässig.

(3) Entsteht der dringende Verdacht erst durch das überwachte Gespräch, so gilt Abs.3 S.3 entsprechend.

6. TEIL

Zusammenführung der Entwürfe[1]

Zeugnisverweigerungsrecht

§ 53 I

Zur Verweigerung des Zeugnisses sind ferner berechtigt

1. Geistliche über das, was ihnen in ihrer Eigenschaft als Seelsorger anvertraut worden oder bekanntgeworden ist;

2. Verteidiger *(es entfällt: des Beschuldigten)* über das, was ihnen in dieser Eigenschaft anvertraut worden oder bekanntgeworden ist;

3. Rechtsanwälte, Patentanwälte, Notare, Wirtschaftsprüfer, vereidigte Buchprüfer, Steuerberater und Steuerbevollmächtigte, Ärzte, Zahnärzte, Apotheker und Hebammen über das, was ihnen in dieser Eigenschaft anvertraut worden oder bekanntgeworden ist;

3a. Mitglieder oder Beauftragte einer anerkannten Beratungsstelle nach § 218 b Abs.2 Nr.1 StGB des Strafgesetzbuches über das, was ihnen in dieser Eigenschaft anvertraut worden oder bekanntgeworden ist;

3b. Berater für Fragen der Betäubungsmittelabhängigkeit in einer Beratungsstelle, die eine Behörde oder eine Körperschaft, Anstalt oder Stiftung des öffentlichen Rechts anerkannt oder bei sich eingerichtet hat, über das, was ihnen in dieser Eigenschaft anvertraut oder bekanntgeworden ist.

4. Mitglieder des Bundestages, eines Landtages oder einer zweiten Kammer über Personen, die ihnen in ihrer Eigenschaft als Mitglieder dieser Organe **(Informanten)** oder denen sie in dieser Eigenschaft **(Vertrauenspersonen)** Tatsachen anvertraut haben sowie über diese Tatsachen selbst;

5. Personen, die bei der Vorbereitung, Herstellung oder Verbreitung von periodischen Druckwerken oder Rundfunksendungen berufsmäßig mitwirken

[1] Im Fettdruck: Änderungen innerhalb bestehender Regelungen.

oder mitgewirkt haben, über die Person des Verfassers, Einsenders oder Gewährsmanns von Beiträgen und Unterlagen (**Informanten**) sowie über die ihnen im Hinblick auf ihre Tätigkeit gemachten Mitteilungen, soweit es sich um Beiträge, Unterlagen und Mitteilungen für den redaktionellen Teil handelt

Ergänzung zu § 53 II

Die in Absatz 1 Nr.2 bis 3 b Genannten dürfen das Zeugnis nicht verweigern, wenn sie von der Verpflichtung zur Verschwiegenheit entbunden sind **oder der Beschuldigte die Vernehmung beantragt**.

Wegfall des Zeugnisverweigerungsrechts

§ 53 b

(1) Das Zeugnisverweigerungsrecht nach § 53 I Nr.3, 3 a und 3 b entfällt, wenn der Beschuldigte dringend verdächtig ist, die Beziehung zu dem Zeugnisverweigerungsberechtigten zur Vorbereitung, Begehung oder Sicherung der Vorteile seiner Straftat auszunutzen oder ausgenutzt zu haben, und sich die Aussage auf die Vorbereitung, Begehung oder Sicherung der Vorteile der Tat beziehen soll[2].

(2) Das Zeugnisverweigerungsrecht nach § 53 I Nr.4 entfällt, wenn der Zeugnisverweigerungsberechtigte einer tatbestandsmäßigen und rechtswidrigen Teilnahme, Begünstigung, Strafvereitelung oder Hehlerei (Beteiligung) dringend verdächtig ist, die Immunität des Zeugnisverweigerungsberechtigten bezüglich der Beteiligung aufgehoben worden ist, und sich die Aussage auf die Beteiligung beziehen soll. § 55 bleibt unberührt.

(3) Das Zeugnisverweigerungsrecht nach § 53 I Nr.5 entfällt, wenn der Zeugnisverweigerungsberechtigte einer tatbestandsmäßigen und rechtswidrigen Beteiligung (§ 53 b Abs.2) dringend verdächtig ist und sich die Aussage auf die Beteiligung beziehen soll. § 55 bleibt unberührt.

(4) Aufgrund der Abs.1 - 3 erlangte Aussagen sind nur verwertbar, solange der dringende Verdacht besteht. Die Verwertbarkeit ist ausgeschlossen, wenn sich der dringende Verdacht erst durch die Aussage ergeben hat.

---

[2] Vgl. dazu oben 3.Teil, Fn. 192.

Aussageverweigerungsrecht des Klienten

§ 53 c

Jeder Zeuge kann die Aussage darüber verweigern, was er einer in § 53 I Nr. 1 bis 3 b genannten Person als deren Klient anvertraut und was er als Klient einer solchen Person von dieser erfahren hat.

Untersuchungsverweigerungsrecht (§ 81 c Abs.3)

§ 81 c Abs.3 ist in einem ausschließlich an der Verwirklichung der Schutzzwecke der Zeugnisverweigerungsrechte orientierten System zu streichen.

§ 81 c Abs.5: zu streichen: "von den Fällen des Absatzes 3 Satz 3 abgesehen"

Herausgabeverweigerungsrecht

§ 95

(2) Im Falle der Weigerung können gegen ihn die in § 70 bestimmten Ordnungs- und Zwangsmittel festgesetzt werden. Dies gilt nicht bei Personen, die zur Verweigerung des Zeugnisses berechtigt sind, **sowie bei Klienten der in § 53 I Nr.1 bis 3 b genannten Personen, bei Informanten der in § 53 Abs.1 Nr.4 und 5 und bei Vertrauenspersonen der in § 53 Abs.1 Nr.4 genannten Personen, soweit das Beschlagnahmeverbot bei diesen Personen reicht.**

Beschlagnahmeverbot bei den Personen nach § 52

§ 97

(1) Der Beschlagnahme unterliegen nicht

1. schriftliche Mitteilungen zwischen dem Beschuldigten und den Personen, die nach § 52 das Zeugnis verweigern dürfen, sowie schriftliche Mitteilungen zwischen in § 52 genannten Personen;

2. Aufzeichnungen des Beschuldigten sowie von in § 52 genannten Personen über zwischen diesen Personen geführte Kommunikation.

(2) Diese Beschränkungen gelten nur, wenn sich die Gegenstände im Gewahrsam eines Zeugnisverweigerungsberechtigten, des Beschuldigten oder der Post befinden.

(3) Die Beschränkungen der Beschlagnahme gelten nicht, wenn der Beschuldigte oder eine an der Kommunikation beteiligte Person der Beschlagnahme zustimmt.

(4) Die Beschränkungen der Beschlagnahme gelten nicht, wenn der Beschuldigte dringend verdächtig ist, die Beziehung zu dem Zeugnisverweige-

rungsberechtigten zur Vorbereitung, Begehung oder Sicherung der Vorteile seiner Straftat auszunutzen oder ausgenutzt zu haben, und sich das Beweismittel auf die Vorbereitung, Begehung oder Sicherung der Vorteile der Tat bezieht.

Beschlagnahmeverbot bei den Personen nach § 53 I Nr. 1 bis 3 b

§ 97 a

(1) Der Beschlagnahme unterliegen Gegenstände nicht, auf die sich das Zeugnisverweigerungsrecht der in § 53 Abs. 1 Nr. 1 bis 3 b Genannten erstreckt und die innerhalb des Verhältnisses zwischen Zeugnisverweigerungsberechtigtem und Klient entstanden sind. Die Beschlagnahme von außerhalb des Verhältnisses zwischen Zeugnisverweigerungsberechtigtem und Klient entstandenen Gegenständen darf nicht zu dem Zweck erfolgen festzustellen, ob eine Person Klient des Zeugnisverweigerungsberechtigten war oder ist.

(2) Diese Beschränkungen gelten nur, wenn sich die Gegenstände im Gewahrsam eines Zeugnisverweigerungsberechtigten, des Klienten oder der Post befinden. Der Beschlagnahme unterliegen auch nicht Gegenstände, auf die sich das Zeugnisverweigerungsrecht der Ärzte, Zahnärzte, Apotheker und Hebammen erstreckt, wenn sie sich im Gewahrsam einer Krankenanstalt befinden, sowie Gegenstände, auf die sich das Zeugnisverweigerungsrecht der in § 53 I Nr. 3 a und b genannten Personen erstreckt, wenn sie sich im Gewahrsam der in dieser Vorschrift bezeichneten Beratungsstelle befinden. Die Beschlagnahmeverbote bleiben bestehen, wenn eine in § 53 I Nr. 2 bis 3 b genannte Person oder eine in S. 2 genannte Institution den Gewahrsam verloren oder ohne den Willen des Klienten aufgegeben hat.

(3) Die Beschränkungen der Beschlagnahme gelten nicht, wenn der Klient der Beschlagnahme zustimmt oder der Beschuldigte die Beschlagnahme beantragt. Gegenstände nach Abs. 1, auf die sich das Zeugnisverweigerungsrecht der Geistlichen (§ 53 Abs. 1 Nr. 1) bezieht, unterliegen der Beschlagnahme auch dann, wenn der Geistliche der Beschlagnahme zustimmt.

(4) Die Beschränkungen der Beschlagnahme gelten nicht, wenn der Beschuldigte dringend verdächtig ist, die Beziehung zu dem Zeugnisverweigerungsberechtigten zur Vorbereitung, Begehung oder Sicherung der Vorteile seiner Straftat auszunutzen oder ausgenutzt zu haben, und sich das Beweismittel auf die Vorbereitung, Begehung oder Sicherung der Vorteile der Tat bezieht.

(5) Die Beschränkungen der Beschlagnahme gelten nicht in Verfahren gegen in § 53 I Nr. 1 bis 3 b genannte Personen als Beschuldigte.

(6) § 97 a Abs. 2, § 97 a Abs. 4 und § 97 a Abs. 5 gelten nicht für das an § 53 Abs. 1 Nr. 2 anknüpfende Beschlagnahmeverbot.

Beschlagnahmeverbot bei Personen nach § 53 I Nr.4

§ 97 b

(1) Der Beschlagnahme unterliegen Gegenstände nicht, auf die sich das Zeugnisverweigerungsrecht der in § 53 Abs.1 Nr.4 Genannten erstreckt und die innerhalb des Verhältnisses zwischen Zeugnisverweigerungsberechtigtem und Informant oder Vertrauensperson entstanden sind. Die Beschlagnahme von außerhalb des Verhältnisses zwischen Zeugnisverweigerungsberechtigtem und Informant oder Vertrauensperson entstandenen Gegenständen darf nicht zu dem Zweck erfolgen, die Identität des Informanten oder der Vertrauensperson zu ermitteln.

(2) Die Beschränkungen der Beschlagnahme gelten nicht, wenn der Zeugnisverweigerungsberechtigte der Beschlagnahme zustimmt.

(3) Die Beschränkungen der Beschlagnahme gelten nicht, wenn der Zeugnisverweigerungsberechtigte einer tatbestandsmäßigen und rechtswidrigen Beteiligung (§ 53 b Abs.2) dringend verdächtig ist, die Immunität des Zeugnisverweigerungsberechtigten bezüglich der Beteiligung aufgehoben worden ist, und sich das Beweismittel auf die Beteiligung bezieht.

Beschlagnahmeverbot bei Personen nach § 53 I Nr.5

§ 97 c

(1) Der Beschlagnahme unterliegen Gegenstände nicht, auf die sich das Zeugnisverweigerungsrecht der in § 53 Abs.1 Nr.5 Genannten erstreckt und die innerhalb des Verhältnisses zwischen Zeugnisverweigerungsberechtigtem und Informant entstanden sind. Die Beschlagnahme von außerhalb des Verhältnisses zwischen Zeugnisverweigerungsberechtigtem und Informant entstandenen Gegenständen darf nicht zu dem Zweck erfolgen, die Identität des Informanten zu ermitteln.

(2) Diese Beschränkungen gelten nur, wenn sich die Gegenstände im Gewahrsam eines Zeugnisverweigerungsberechtigten, der Redaktion, des Verlages, der Druckerei, der Rundfunkanstalt, des Informanten oder der Post befinden.

(3) Die Beschränkungen der Beschlagnahme gelten nicht, wenn der Zeugnisverweigerungsberechtigte der Beschlagnahme zustimmt.

(4) Die Beschränkungen der Beschlagnahme gelten nicht, wenn der Zeugnisverweigerungsberechtigte einer tatbestandsmäßigen und rechtswidrigen Beteiligung (§ 53 b Abs.2) dringend verdächtig ist und sich das Beweismittel auf die Beteiligung bezieht.

Aufhebung der Beschlagnahme und Verwertungsverbote

§ 97 d

(1) Die Beschlagnahme von Gegenständen nach §§ 97 Abs.1, 97 a Abs.1, 97 b Abs.1 und 97 c Abs.1 ist aufzuheben, wenn sich herausstellt, daß die Voraussetzungen der §§ 97 Abs.4, 97 a Abs.4, 97 b Abs.3 oder 97 c Abs.4 nicht oder nicht mehr vorliegen. Das gleiche gilt, wenn sich der dringende Verdacht erst durch die beschlagnahmten Gegenstände ergibt.

(2) Von Abs.1 umfaßte Gegenstände sind unverzüglich an den Berechtigten herauszugeben. Die Beweisaufnahme über von Abs.1 umfaßte Gegenstände ist unzulässig.

Zur Klarstellung: Ergänzung des § 99

§ 99

Zulässig ist die Beschlagnahme der an den Beschuldigten gerichteten Briefe und Sendungen auf der Post sowie der an ihn gerichteten Telegramme auf den Telegraphenanstalten; ebenso ist zulässig an den bezeichneten Orten die Beschlagnahme solcher Briefe, Sendungen und Telegramme, bei denen Tatsachen vorliegen, aus welchen zu schließen ist, daß sie von dem Beschuldigten herrühren oder für ihn bestimmt sind und daß ihr Inhalt für die Untersuchung Bedeutung hat. **Die Beschlagnahmeverbote der § 97, 97 a, 97 b und § 97 c sind zu beachten.**

Beschränkungen der Telefonüberwachung

§ 100 b wird § 100 f

Verbot der Telefonüberwachung bei Personen nach § 52

§ 100 b

(1) Aufnahmen von Gesprächen zwischen dem Beschuldigten und Personen, die nach § 52 das Zeugnis verweigern dürfen, sowie von Gesprächen zwischen in § 52 genannten Personen sind unverzüglich zu vernichten. Die Beweisaufnahme über von S.1 umfaßte Gespräche ist unzulässig.

(2) Die Beschränkungen der Telefonüberwachung gelten nicht, wenn und solange der Beschuldigte dringend verdächtig ist, die Beziehung zu dem Zeugnisverweigerungsberechtigten zur Vorbereitung, Begehung oder Sicherung der Vorteile seiner Straftat auszunutzen oder ausgenutzt zu haben, und sich das Gespräch auf die Vorbereitung, Begehung oder Sicherung der Vorteile der Tat bezieht.

(3) Entsteht der dringende Verdacht erst durch das überwachte Gespräch, so gelten die Bestimmungen des Abs. 1.

Verbot der Telefonüberwachung bei Personen nach § 53 I Nr. 1 bis 3 b

§ 100 c

(1) Aufnahmen von Gesprächen von in § 53 I Nr. 1 bis 3 b genannten Personen, auf die sich deren Zeugnisverweigerungsrecht erstreckt, sind unverzüglich zu vernichten. Die Beweisaufnahme über von S. 1 umfaßte Gespräche ist unzulässig. In Verfahren gegen Klienten von in § 53 I Nr. 1 bis 3 b genannten Personen ist die Überwachung des überwiegend für berufliche Zwecke genutzten Telefonanschlusses des Zeugnisverweigerungsberechtigten unzulässig.

(2) Die Beschränkungen der Telefonüberwachung gelten nicht, wenn und solange der Beschuldigte dringend verdächtig ist, die Beziehung zu dem Zeugnisverweigerungsberechtigten zur Vorbereitung, Begehung oder Sicherung der Vorteile seiner Straftat auszunutzen oder ausgenutzt zu haben. Verwertbar sind nur Erkenntnisse aus Gesprächen, die sich auf die Vorbereitung, Begehung oder Sicherung der Vorteile der Tat beziehen. Aufnahmen sonstiger Gespräche sind unverzüglich zu vernichten; die Beweisaufnahme über solche Gespräche ist unzulässig.

(3) Entsteht der dringende Verdacht erst durch das überwachte Gespräch, so gilt Abs. 2 S. 3 entsprechend.

(4) Die Beschränkungen der Telefonüberwachung gelten nicht in Verfahren gegen in § 53 I Nr. 1 bis 3 b genannte Personen als Beschuldigte.

(5) § 100 c Abs. 2 bis 4 gelten nicht für das an § 53 I Nr. 2 anknüpfende Überwachungs- und Verwertungsverbot.

Verbot der Telefonüberwachung bei Personen nach § 53 I Nr. 4

§ 100 d

(1) Die Überwachung des überwiegend für die Wahrnehmung des parlamentarischen Mandats genutzten Telefonanschlusses von in § 53 Abs. 1 Nr. 4 genannten Personen ist unzulässig. Aufnahmen von Gesprächen von in § 53 I Nr. 4 genannten Personen, auf die sich deren Zeugnisverweigerungsrecht erstreckt, sind unverzüglich zu vernichten. Die Beweisaufnahme über von S. 2 umfaßte Gespräche ist unzulässig.

(2) Die Beschränkungen der Telefonüberwachung gelten nicht, wenn und solange der Zeugnisverweigerungsberechtigte einer tatbestandsmäßigen und rechtswidrigen Beteiligung (§ 53 b Abs. 2) dringend verdächtig ist, und die

Immunität des Zeugnisverweigerungsberechtigten bezüglich der Beteiligung aufgehoben ist. Verwertbar sind nur Erkenntnisse aus Gesprächen, die sich auf die Beteiligung beziehen. Aufnahmen sonstiger Gespräche sind unverzüglich zu vernichten; die Beweisaufnahme über solche Gespräche ist unzulässig.

(3) Entsteht der dringende Verdacht erst durch das überwachte Gespräch, so gilt Abs.2 S.3 entsprechend.

Verbot der Telefonüberwachung bei Personen nach § 53 I Nr.5

§ 100 e

(1) Aufnahmen von Gesprächen von in § 53 I Nr.5 genannten Personen, auf die sich deren Zeugnisverweigerungsrecht erstreckt, sind unverzüglich zu vernichten. Die Beweisaufnahme über von S.1 umfaßte Gespräche ist unzulässig.

(2) Die Beschränkungen der Telefonüberwachung gelten nicht, wenn und solange der Zeugnisverweigerungsberechtigte einer tatbestandsmäßigen und rechtswidrigen Beteiligung (§ 53 b Abs.2) dringend verdächtig ist, und sich das Gespräch auf die Beteiligung bezieht.

(3) Entsteht der dringende Verdacht erst durch das überwachte Gespräch, so gilt Abs.1 entsprechend.

Art.47 GG

Die Abgeordneten sind berechtigt, über Personen, die ihnen in ihrer Eigenschaft als Abgeordnete oder denen sie in dieser Eigenschaft Tatsachen anvertraut haben, sowie über diese Tatsachen selbst das Zeugnis zu verweigern. Soweit dieses Zeugnisverweigerungsrecht reicht, ist die Beschlagnahme von Schriftstücken unzulässig. **Das Zeugnisverweigerungsrecht und das Beschlagnahmeverbot entfallen, wenn der Abgeordnete einer tatbestandsmäßigen und rechtswidrigen Teilnahme, Begünstigung, Strafvereitelung oder Hehlerei dringend verdächtig ist, die Immunität des Zeugnisverweigerungsberechtigten bezüglich der Beteiligung aufgehoben worden ist, und sich die Aussage bzw. das Beweismittel auf die Beteiligung bezieht.**

Literaturverzeichnis

Abegg, J.F.H.: Ueber die rechtlichen Grenzen der Befugniß, die Korrespondenz Angeschuldigter als Mittel der Begründung des Verdachts und des Beweises zu benutzen, in: NArchKrimR 1842, 553.

Achenbach, Hans: Verfahrenssichernde und vollstreckungssichernde Beschlagnahme im Strafprozeß, in: NJW 1976, 1068.

Ackermann, Heinrich: Zur Verschwiegenheitspflicht des Rechtsanwalts in Strafsachen, in: Hundert Jahre Deutsches Rechtsleben, Festschrift zum hundertjährigen Bestehen des Deutschen Juristentages 1860-1960, Karlsruhe 1960, S.479.

Alsberg, Max/*Nüse*, Karl-Heinz/Meyer, Karlheinz: Der Beweisantrag im Strafprozeß, 5.Auflage, Köln-Berlin-Bonn-München 1983.

Alsberg, Max: Anmerkung zu RG, 1.Senat vom 16.Mai 1930, 1 D 1266/29, JW 1931, 69, in: JW 1931, 69.

Amelung, Knut: Anmerkung zu BGH, Urt. v. 16.3.83 - 2 StR 775/82 (BGHSt.31, 296), in: JR 1984, 256.

- Grenzen der Beschlagnahme notarieller Unterlagen, in: DNotZ 1984, 195.

- Informationsbeherrschungsrechte im Strafprozeß: dogmatische Grundlagen individualrechtlicher Beweisverbote, Berlin 1990. (zit.: Informationsbeherrschungsrechte)

- Die zweite Tagebuchentscheidung des Bundesverfassungsgerichts, in: NJW 1990, 1753.

Amelung, Knut/*Pauli*, Gerhard: Einwilligung und Verfügungsbefugnis bei staatlichen Beeinträchtigungen des Fernmeldegeheimnisses i.S.d. Art.10 GG, in: MDR 1980, 801.

Andenaes, Johs.: Beweisverbote im Strafprozeß nordischer Länder, Gutachten für den 46. Deutschen Juristentag, in: Verhandlungen des Deutschen Juristentages, Band I, Teil 3 A, München und Berlin 1966, S.1. (zit.: Gutachten 46.DJT)

Arbeitsgemeinschaft Strafrecht des Deutschen Anwaltvereins: Wahrheitsfindung und ihre Schranken, II. Strafverteidiger-Frühjahrssymposium der Arbeitsgemeinschaft Strafrecht des Deutschen Anwaltvereins, Karlsruhe, 27. und 28. Mai 1988, Bergisch-Gladbach 1989. (zit.: Verfasser, AG Strafrecht 1988)

Arbeitskreis Strafprozeßreform: Die Verteidigung (Gesetzentwurf und Begründung), vorgelegt von Günter Bemmann u.a., Karlsruhe 1979. (zit.: AK Verteidigung)

Archiv für die neueste Gesetzgebung in den deutschen Bundesstaaten, 2.Band, Erlangen 1851.

Arndt, Adolf: Das Schweigen vor Gericht (zu KG, NJW 1966, 605), in: NJW 1966, 869.

- Schutz (z.B. des Arztgeheimnisses) vor dem Ermittlungsentschluß der Staatsanwaltschaft (§ 152 StPO)?, in: NJW 1962, 2000.

Arzt, Gunther: Der strafrechtliche Schutz der Intimsphäre, Tübingen 1970.

Bandisch, Günter: Mandant und Patient, schutzlos bei Durchsuchung von Kanzlei und Praxis?, in: NJW 1987, 2200.

Bartsch, Ursula: Ärztliche Schweigepflicht und Zeugnisverweigerungsrecht im Strafprozeß, Diss.jur. München 1971.

Baumann, Jürgen: Sperrkraft der mit unzulässigen Mitteln herbeigeführten Aussage, in: GA 1959, 33.

Baumbach, Adolf/*Lauterbach*, Wolfgang: Zivilprozeßordnung mit Gerichtsverfassungsgesetz und anderen Nebengesetzen, 48.Auflage, München 1990. (zit.: Baumbach/Lauterbach-Bearb.)

Becker, Walter: Schutz des Privat-Geheimnisses im neuen Strafrecht, in: MDR 1974, 888.

Beling, Ernst: Die Beweisverbote als Grenzen der Wahrheitserforschung im Strafprozeß, Breslau 1903. (zit.: Beweisverbote)

- Die Vornahme von Untersuchungen am lebenden menschlichen Körper als Prozeßmaßregel, in: ZStW 15 (1895), 471.

Beulke, Werner: Überwachung des Fernsprechanschlusses eines Verteidigers - Besprechung der Entscheidung BGHSt.33, 347 ff, in: Jura 1986, 642.

- Der Verteidiger im Strafverfahren, Frankfurt a.M. 1980. (zit.: Verteidiger)

Binding, Karl: Grundriß des Deutschen Strafprozeßrechts, 5.Auflage, Leipzig 1904.

Birkmeyer, Karl: Deutsches Strafprozeßrecht, Berlin 1898.

Birmanns, Martin: Die Beschlagnahme von Buchführungsunterlagen bei dem Steuerberater, in: MDR 1981, 102.

Bottke, Wilfried: Anmerkung zu BGH, Urt. v. 20.6.1979 - 2 StR 63/79, NJW 1980, 67, in: JA 1980, 748.

Brauer, Wilhelm: Bemerkungen über Augenschein und Haussuchung, in: NArchKrimR 1846, 583.

Brauer, Wilhelm/*Jagemann*, L.v.: Beiträge zur Erläuterung der neuen Strafgesetzgebung im Großherzogthum Baden, 1.Band, Freiburg i.Br. 1847; neu hrsg. von Schubert, Werner/Regge, Jürgen/Schmidt, Werner und Schröder, Rainer, Frankfurt 1989. (zit.: Verf. in: Brauer/Jagemann)

Bringewat, Peter: Zeugnisverweigerungsrecht und Beschlagnahmeprivileg des Verteidigers, in: NJW 1974, 1740.

Busch, Richard: Anmerkung zu BayObLG, Urt. v. 6.5.53 - RevReg. 1 St 48/53, JZ 1953, 702, in: JZ 1953, 703.

- Zum Zeugnis- und Untersuchungsverweigerungsrecht der Angehörigen des Beschuldigten, in: Festschrift für Eb.Schmidt, Göttingen 1961, S.569.

Chrzescinski: Die Beschlagnahme von Handakten, in: DJZ 1926, 70.

Costa, H.L.: Die gerichtsverfassungsrechtlichen und verfahrensrechtlichen Vorschriften des Dritten Strafrechtsänderungsgesetzes, in: MDR 1953, 577.

Cramer, Peter: Das Zeugnisverweigerungsrecht von Presse und Rundfunk, Tübingen 1968.

Creifels, Carl: Die Beschlagnahme von Handakten des Verteidigers, in: GA 1960, 65.

Dach, Peter: Zur Kontrolle von Abgeordnetenpost durch den Verfassungsschutz, in: ZRP 1992, 1.

Dahs, Hans: Verwertungsverbote bei unzulässiger Beschlagnahme von Tagebuchaufzeichnungen, Verteidigungsunterlagen sowie bei unzulässiger Gesprächsaufzeichnung und Blutprobe, in: AG Strafrecht 1988, 122.

Dalakouras, Theoharis: Beweisverbote bezüglich der Achtung der Intimsphäre (unter besonderer Berücksichtigung der Grundrechtsproblematik sowie des griechischen Rechts), Berlin 1988.

Dallinger: Das Dritte Strafrechtsänderungsgesetz, Teil II, in: JZ 1953, 432.

Delitz, Manfred: Zeugnisverweigerungsrecht und Beschlagnahmeprivileg der Presse unter besonderer Berücksichtigung des anglo-amerikanischen Rechts, Diss.jur. München 1976.

- Zweifelsfragen zum neuen strafprozessualen Zeugnisverweigerungsrecht der Presse, in: AfP 1976, 106.

Dencker, Friedrich: Verwertungsverbote im Strafprozeß, Köln-Berlin-Bonn-München 1977.

Dreher, Eduard/*Tröndle*, Herbert: Strafgesetzbuch und Nebengesetze, 45.Auflage, München 1991.

Dohna, Graf zu: Das Strafprozeßrecht, 3.Auflage, Berlin 1929.

Dünkel, Hans Peter: Beschlagnahme - Durchsuchung, München-Hannover 1976.

Dünnebier, Hanns: Das Problem einer Sonderstellung der Presse im Strafverfahren, in: Arbeiten zur Rechtsvergleichung Nr.29, Frankfurt-Berlin 1966, S.39.

- Zur Tagebuchentscheidung des Bundesgerichtshofs, in: MDR 1964, 965.

- Zweifelsfragen zu § 81 c StPO, in: GA 1953, 65.

Dzendzalowski, Horst: Die körperliche Untersuchung, Lübeck 1971.

Eberle, Carl-Eugen: Datenschutz und Meinungsfreiheit, in: DÖV 1977, 306.

Ebermayer: Die Unruhen in Berlin-Moabit und das Zeugnisverweigerungsrecht der Aerzte, in: DJZ 1910, 1219.

Ehrenfreund, B.: Eine strafprozessuale Frage, in: GA 1953 (1903), 19.

Endriß, Rainer: Zeugnisverweigerungsrecht für Drogenberater, in: ZRP 1989, 45.

Engisch, Karl: Beleidigende Äußerungen über dritte Personen im engsten Kreis, in: GA 1957, 326.

Etterich, Gerhard: Die körperliche Untersuchung nicht beschuldigter Personen im Strafverfahren, Diss.jur. Bonn 1952.

Evers, Hans-Ulrich: Verletzung des Postgeheimnisses (Art.10 GG) und Beweisverwertungsverbot im Strafprozeß, in: JZ 1965, 661.

Feisenberger, Albert: Strafprozeßordnung und Gerichtsverfassungsgesetz, Berlin-Leipzig 1926.

Fezer, Gerhard: Grundfälle zum Verlesungs- und Verwertungsverbot im Strafprozeß, 3.Teil, in: JuS 1978, 765.

Finger: Der Geheimnisbruch. Das Eindringen in die fremde Geheimsphäre (die Verletzung des Urkundenverschlusses) und das Preisgeben anvertrauter Geheimnisse, in: Vergleichende Darstellung des deutschen und ausländischen Strafrechts, Besonderer Teil, VIII. Band, Berlin 1906, S.293.

Flor, Georg: Beruf und Schweigepflicht - eine Gegenüberstellung, in: JR 1953, 368.

Forsthoff, Ernst: Der Persönlichkeitsschutz im Verwaltungsrecht, in: Festschrift für den 46. Deutschen Juristentag, Karlsruhe 1964, S.41.

Foth, Heinrich: Zur Schweigepflicht der freien Sozialdienste im Strafprozeß, in: JR 1976, 7.

Freund, Herbert: § 97 II n.F. StPO - eine ungewollte Gesetzesänderung?, in: NJW 1975, 2057.

- Wirtschaftskriminalität und Beschlagnahmeprivileg, in: NJW 1976, 2002.

Frey, Erwin: Zur Frage des ärztlichen Zeugnisverweigerungsrechts, in: Strafprozess und Rechtsstaat, Festschrift zum 70. Geburtstag von H.F.Pfenninger, Zürich 1956, S.41.

Frister, Helmut: Schuldprinzip, Verbot der Verdachtsstrafe und Unschuldsvermutung als materielle Grundprinzipien des Strafrechts, Berlin 1988.

Fuchs, Erwin: Beweisverbote bei der Vernehmung des Mitbeschuldigten, in: NJW 1959, 14.

Futterlieb, Raoul: Personendurchsuchung, körperliche und geistige Durchsuchung im schweizerischen Strafprozeß, Zürich 1978.

Geerds, Friedrich: Durchsuchungen von Personen, Räumen und Sachen, in: Festschrift für Hanns Dünnebier, Berlin-New York 1982, S.171.

- Über strafprozessuale Maßnahmen, insbesondere der Entnahme von Blutproben bei Verdacht der Trunkenheit am Steuer, in: GA 1965, 321.

Geis, Max-Emanuel: Der Kernbereich des Persönlichkeitsrechts, in: JZ 1991, 112.

Gerhardt, Erwin: Neuregelung des publizistischen Zeugnisverweigerungsrechts, in: AfP 1974, 615.

- Zur Unbeschränktheit des Zeugnisverweigerungsrechts der Mitarbeiter von Presse und Rundfunk, in: MDR 1976, 461.

Gerland, Heinrich: Der deutsche Strafprozeß, Mannheim-Berlin-Leipzig 1927.

Glaser, Julius: Handbuch des Strafprozesses, 2.Band, Leipzig 1885.

Goedel, Ursula: Pflichten und Berechtigung des Arztes zur Aussage und Auskunft gegenüber Dritten als Rechtfertigungsgründe des § 300 StGB, Diss.jur. Freiburg 1971.

Göppinger, Hans: Anmerkung zu LSG Bremen, Beschl. v. 2.5.57 - BReg. 4/57, NJW 1958, 278, in: NJW 1958, 278.

- Die Entbindung von der Schweigepflicht und die Herausgabe oder Beschlagnahme von Krankenblättern, in: NJW 1958, 241.

Gössel, Karl Heinz: Kritische Bemerkungen zum gegenwärtigen Stand der Lehre von den Beweisverboten im Strafverfahren, in: NJW 1981, 649.

- Der Schutz der Medienfreiheit im Strafverfahren, in: Medienfreiheit und Strafverfolgung; Vortragsveranstaltung vom 18. und 19.Mai 1984/ von Dietrich Oehler u.a., München 1984, S.49. (zit: Medienfreiheit und Strafverfolgung)

- Strafverfahrensrecht, Stuttgart-Berlin-Bonn-Mainz 1977. (zit: Strafverfahrensrecht)

- Verfassungsrechtliche Verwertungsverbote im Strafverfahren, in: JZ 1984, 361.

Gross-Spreitzer, Gabriele: Die Grenzen der Telefonüberwachung nach §§ 100 a, 100 b StPO unter Berücksichtigung der Aussageverweigerungsrechte im Strafprozeß, Diss. jur. Heidelberg 1987.

Groß, Rolf: Presserecht, Einführung in Grundzüge und Schwerpunkte des deutschen Presserechts, Wiesbaden 1982. (zit.: Presserecht)

- Neuregelung des journalistischen Zeugnisverweigerungsrechts, in: NJW 1975, 1763.

- Zum Schutz des Redaktionsgeheimnisses im Verfahrensrecht, in: AfP 1974, 648.

Grünwald, Gerald: Anmerkung zu BGH, Beschl. v. 30.4.68 - 1 StR 625/67, JZ 1968, 750, in: JZ 1968, 752.

- Anmerkung zu BGH, Beschl. v. 22.10.75 - 1 StE 1/74, JZ 1976, 763 = BGHSt.26, 228 und BVerfG, Beschl. v. 21.1.76 - 2 BvR 941/75, JZ 1976, 766, in: JZ 1976, 767.

- Beweisverbote und Verwertungsverbote im Strafverfahren, in: JZ 1966, 489.

- Menschenrechte im Strafprozeß, in: StV 1987, 453.

Gülzow, Hagen: Beschlagnahme von Unterlagen der Mandanten bei deren Rechtsanwälten, Wirtschaftsprüfern oder Steuerberatern, in: NJW 1981, 265.

Gürtner, Franz (Hrsg.): Das kommende deutsche Strafverfahren, Bericht der amtlichen Strafprozeßkommission, Berlin 1938.

Gusy, Christoph: Das Grundrecht des Post- und Fernmeldegeheimnisses, in: JuS 1986, 89.

Hackel, Wolfgang: Drittgeheimnisse innerhalb der ärztlichen Schweigepflicht, in: NJW 1969, 2257.

Haffke, Bernhard: Einschränkung des Beschlagnahmeprivilegs des Verteidigers durch den Rechtsgedanken der Verwirkung?, in: NJW 1975, 808.

- Schweigepflicht, Verfahrensrevision und Beweisverbot, in: GA 1973, 65.

Hahn, Carl: Die gesamten Materialien zu den Reichsjustizgesetzen, Band 3: Materialien zur Strafprozeßordnung, Abt.1, 2.Auflage, Aachen 1983 (Neudruck der Ausgabe Berlin 1885), Abt.2, Berlin 1881.

Hansen, Uwe: Strafrecht: Ein harter Wahlkampf, in: JuS 1976, 104.

Hassemer, Winfried: Die "Funktionstüchtigkeit der Strafrechtspflege"- ein neuer Rechtsbegriff?, in: StV 1982, 275.

Haß, Gerhard: Bemerkungen zum ärztlichen Zeugnisverweigerungsrecht nach der Strafprozeßordnung, in: SchlHA 1973, 42,

- Bemerkungen zum Zeugnisverweigerungsrecht des Geistlichen nach der Strafprozeßordnung, in: SchlHA 1973, 164.

Hauser, Hanspeter Carl: Das Zeugnisverweigerungsrecht im Strafverfahren unter Berücksichtigung der kantonalen, eidgenössischen, deutschen, englischen, französischen, italienischen, liechtensteinischen und österreichischen Gesetzgebung, Diss.jur. Basel 1957.

Hauser, Robert: Der Zeugenbeweis im Strafprozeß mit Berücksichtigung des Zivilprozesses, Zürich 1974. (zit.: Zeugenbeweis)

- Zeugnisverweigerung von Kindern und Jugendlichen bei Familien- und Sittlichkeitsdelikten, in: Schweizer ZfStR 1984, 42.

Heinemann, Gustav: Der publizistische Landesverrat, in: NJW 1963, 4.

Heinitz, Ernst: Die Verwertung von Tagebüchern als Beweismittel im Strafprozeß, in: JR 1964, 441.

Heitzer: Besteht ein Zeugnisverweigerungsrecht für den Gehilfen des Parlamentariers?, in: NJW 1952, 89.

Hellmer, Joachim: Beleidigung und Intimsphäre, in: GA 1963, 129.

Henkel, Heinrich: Das deutsche Strafverfahren, Hamburg 1943.

Hennemann, Ludwig: Pressefreiheit und Zeugnisverweigerungsrecht, Berlin 1978.

Herdegen, Gerhard: Bemerkungen zur Lehre von den Beweisverboten, in: AG Strafrecht 1988, 103.

- Zur Beschlagnahme und Verwertung schriftlicher Mitteilungen im Gewahrsam von Angehörigen des Beschuldigten (§§ 52, 97 Abs.1 Nr.1, Abs.2 Satz 2 StPO), in: GA 1963, 141.

Herdegen, Matthias: Gewissensfreiheit und Strafrecht, in: GA 1986, 97.

Hippel, Robert v.: Der deutsche Strafprozeß, Marburg 1941.

- Über Grenzen der Beschlagnahme, ZStW 47 (1927), 523.

Hoffmann, Diether: Zum Zeugnisverweigerungsrecht der Angehörigen eines Verstorbenen, in: MDR 1990, 111.

Holtzendorff, Fr.v.: Handbuch des deutschen Strafprozeßrechts, 1.Band, Berlin 1879.

Höser, Jürgen: Nochmals: Die Beschlagnahme von Buchführungsunterlagen bei dem Steuerberater - Entgegnung auf den Beitrag von Birmanns, MDR 1981, 102 f., in: MDR 1982, 535.

Huppertz, Herbert: Zeugnisverweigerungsrecht, Beschlagnahme- und Durchsuchungsverbot zugunsten des Rundfunks im Strafprozeß, München 1971.

Jagusch, Heinrich: Pressefreiheit, Redaktionsgeheimnis, Bekanntmachen von Staatsgeheimnissen, in: NJW 1963, 177.

Jähnke, Burkhard: Verwertungsverbote bei Zeugnis- und Auskunftsverweigerungsrechten, in: AG Strafrecht 1988, 69.

Jakobs, Günther: Strafrecht, Allgemeiner Teil, 2.Auflage, Berlin-New York 1991.

Jescheck, Hans-Heinrich: Beweisverbote im Strafprozeß. Rechtsvergleichendes Generalgutachten für den 46. Deutschen Juristentag, in: Verhandlungen des Deutschen Juristentages, Band I, Teil 3 B, München und Berlin 1966. (zit.: Generalgutachten 46.DJT)

- Der Strafprozeß - Aktuelles und Zeitloses, in: JZ 1970, 201.

Joecks, Wolfgang: Die strafprozessuale Telefonüberwachung, in: JA 1983, 59.

Jung, Heike: Zeugnisverweigerungsrecht und Wahrheitsfindung - zugleich eine Analyse zu BVerfGE 33, 367, in: MschKrim 57 (1974), 258.

Kaiser, Eberhard: Das Postgeheimnis und seine erlaubte Durchbrechung, in: NJW 1969, 18.

Karitzky, Barbara: Die Geschichte der Zeugnisverweigerungsrechte, Diss.jur. Heidelberg 1959.

Karlsruher Kommentar zur Strafprozeßordnung, hrsg. von Gerd Pfeiffer u.a., 2.Auflage, München 1987. (zit.: KK-Bearb.)

Kaufmann, Arthur: Anmerkung zu OLG Nürnberg, Beschl. v. 17.8.56 - Ws 267/56, NJW 1958, 272, in: NJW 1958, 272.

Kaufmann, Erich: Der polizeiliche Eingriff in Freiheiten und Rechte, Frankfurt 1951.

Kleinknecht, Theodor: Die Beweisverbote im Strafprozeß, in: NJW 1966, 1537.

Kleinknecht, Theodor/*Meyer*, Karlheinz/*Meyer-Goßner*, Lutz: Strafprozeßordnung, 40.Auflage, München 1991.

Klöhn, Wolfhard: Der Schutz der Intimsphäre im Strafprozeß, Diss.jur. Göttingen 1984.

Klose, Henning F.: Die richterliche Kontrolle des Zeugnisverweigerungsrechts der Berufsträger am Beispiel des Arztes, Diss.jur. Marburg 1977.

Klug, Ulrich: Beweisverbote im Strafprozeß, Referat zum 46. Deutschen Juristentag, in: Verhandlungen des Deutschen Juristentages, Band II, Teil F, München und Berlin 1967, S.30. (zit.: Referat 46.DJT)

- Presseschutz im Strafprozeß, Ein Rechtsgutachten im "Spiegel"-Verfahren, Berlin und Neuwied 1965. (zit.: Presseschutz)

KMR, Kommentar zur StPO,
- 6.Auflage, Band 1, Darmstadt 1966. (zit.: KMR^{6}.-Bearb.)
- 7.Auflage, Band 1, Stand Januar 1990, Frankfurt 1988. (zit.: KMR-Bearb.)

Kohler, Josef: Die Person des Zeugen als Augenscheinsobjekt, in: GA 60 (1913), 212.

Kohlhaas, Max: Anmerkung zu OLG Celle Beschl. v. 30.9.64 - 3 Ws 362/64, JR 1965, 107, in: JR 1965, 109.

- Zur Beschlagnahme von Arztkarteien nach Entbindung von der Schweigepflicht, in: JR 1958, 328.

- Herausgabepflicht und Beschlagnahme ärztlicher Aufzeichnungen, in: NJW 1964, 1162.

- Strafrechtliche Schweigepflicht und prozessuales Schweigerecht, in: GA 1958, 65.

- Die prozessualen Schwierigkeiten bei der Aufklärung von Kindesmißhandlungen, in: JR 1974, 89.

- Die strafprozessuale Verwertbarkeit beschlagnahmter Krankenblätter, in: NJW 1962, 670.

Kommentar zum Bonner Grundgesetz (Bonner Kommentar), Heidelberg 1950 (Stand Mai 1990)
- Band 1 (Einl.-Art.12 a).
- Band 5 (Art.38-49).
(zit.: BK-Bearb.)

Kommentar zur Strafprozeßordnung, Reihe Alternativkommentare, hrsg. von R.Wassermann,
- Band 1 (§§ 1-93), Neuwied 1988.
- Band 2, Teilband 1 (§§ 94-212 b), Neuwied Kriftel Berlin 1992.
(zit.: AK/StPO-Bearb.)

Kommentar zum Grundgesetz für die Bundesrepublik Deutschland, Band 1 (Art.1-20), Reihe Alternativkommentare, hrsg. von R.Wassermann, Neuwied 1984. (zit.: AK/GG-Bearb.)

Krämer, Achim: Das "Verteidigerprivileg" der §§ 97, 53 StPO im Ermittlungsverfahren nach dem GWB aus verfassungsrechtlicher Sicht, in: BB 1975, 1225.

Kramer, Bernhard: Heimliche Tonbandaufnahmen im Strafprozeß, in: NJW 1990, 1760.

Krause, Dietmar: Alte Fragen zum neuen § 81 c StPO, in: JZ 1976, 124.

Krause, Dietmar/*Nehring*, Günther: Strafverfahrensrecht in der Polizeipraxis, Köln-Berlin-Bonn-München 1978.

Krauß, Detlev: Der Schutz der Intimsphäre im Strafprozeß, in: Festschrift für Wilhelm Gallas, Berlin-New York 1973, S.365.

Krekeler, Wilhelm: Beeinträchtigungen der Rechte der Mandanten durch Strafverfolgungsmaßnahmen gegen den Rechtsanwalt, in: NJW 1977, 1417.

- Durchsuchung und Beschlagnahme in Anwaltsbüros, in: Strafverteidigung und Strafprozeß, Festgabe für Ludwig Koch, Heidelberg 1989, S.165.

- Zufallsfunde bei Berufsgeheimnisträgern und ihre Verwertbarkeit, in: NStZ 1987, 199.

Krey, Volker: Studien zum Gesetzesvorbehalt im Strafrecht, Berlin 1977.

Kries, August von: Lehrbuch des deutschen Strafprozeßrechts, Freiburg i.Br. 1892.

Krückels, Wolfgang: Der Eingriff in das Brief-, Post-, und Fernmeldegeheimnis des Beschuldigten des § 100 a StPO und des Verdächtigen des Artikels 1 § 2 G 10, Diss.jur. Herzogenrath/Aachen 1974.

Krüger, Herbert: Mißbrauch und Verwirkung von Grundrechten, in: DVBl.1953, 97.

Kühl, Kristian: Grenzen des Zeugnisverweigerungsrechts von Pressemitarbeitern, in: JA 1980, 683.

Kühne, Hans-Heiner: Die begrenzte Aussagepflicht des ärztlichen Sachverständigen vor Gericht nach §§ 53 I Nr.3 StPO, 203 I Nr.1 StGB, in: JZ 1981, 647.

- Strafprozessuale Beweisverbote und Art.1 I GG, Köln-Berlin-Bonn-München 1970. (zit: Beweisverbote)

- Strafprozeßlehre, 3.Auflage, Heidelberg 1988. (zit.: Strafprozeß)

Kunert, Karl Heinz: Beschlagnahme von Geschäftspapieren, die nach Gesetz aufzubewahren sind, bei den nach § 53 Abs.1 Nr.2, 3 zeugnisverweigerungsberechtigten Personen, in: MDR 1973, 179.

- Das Gesetz über das Zeugnisverweigerungsrecht der Mitarbeiter von Presse und Rundfunk, in: MDR 1975, 885.

Küpper, Georg: Tagebücher, Tonbänder, Telefonate - Zur Lehre von den selbständigen Beweisverboten im Strafprozeß, in: JZ 1990, 416.

Kurth, Hans-J.: Zeugnispflicht und Postgeheimnis, in: NStZ 1983, 541.

Laufs, Adolf: Arztrecht, 4.Auflage, München 1988. (zit: Arztrecht)

- Krankenpapiere und Persönlichkeitsrecht, in: NJW 1975, 1433.

de Lazzer, Dieter/*Rohlf*, Dietwalt: Der "Lauschangriff", in: JZ 1977, 207.

Lehmann, Peter: Die Grenzen der Überwachung des Fernmeldeverkehrs als strafprozessuale Maßnahme nach §§ 100 a ff. StPO, Diss.jur. Regensburg 1978.

Leipziger Kommentar, Strafgesetzbuch, hrsg. von Hans-Heinrich Jescheck, Wolfgang Ruß, Günther Willms, 10. Auflage
- Dritter Band (§§ 61-79 b), Berlin New York 1985.
- Fünfter Band (§§ 185-262), Berlin New York 1989.
(zit.: LK-Bearb.)

Leitsätze zur Reform des Rechts der Verteidigung, erstellt von der Strafrechtskommission der Fachgruppe Richter und Staatsanwälte in der Gewerkschaft ÖTV, anläßlich der Tagung vom 22.9. bis 3.10.80 in Künzell, in: AnwBl.81, 224.

Lenckner, Theodor: Ärztliches Berufsgeheimnis, in: Göppinger (Hrsg.), Arzt und Recht, München 1966, S.159.

- Aussagepflicht, Schweigepflicht und Zeugnisverweigerungsrecht, in: NJW 1965, 321.

Lerche, Peter: Die Verwertung rechtswidrig erlangter Informationen durch Presse und Rundfunk, in: AfP 1976, 55.

Lichtenberg, Peter/*Schücking*, Prosper: Zeugnisverweigerungsrecht für Mitarbeiter in anerkannten Beratungsstellen für Aids- und Suchtfragen, in: ZRP 1989, 243.

Liszt, Franz von: Die Reform des Strafverfahrens, Nation. 23.Jhrg. (1906), 339.

Löffler, Martin/Ricker, Reinhart: Handbuch des Presserechts, München 1978.

Löffler, Martin: Lücken und Mängel im neuen Zeugnisverweigerungs- und Beschlagnahmerecht von Presse und Rundfunk, in: NJW 1978, 913.

- Presserecht, Kommentar
- Band I, 3.Auflage, München 1983.
- Band II, 2.Auflage, München 1968.

Löwe, E./*Rosenberg*, Werner: Die Strafprozeßordnung für das Deutsche Reich
- 16.Auflage, Berlin und Leipzig 1925.
- 18.Auflage, Berlin und Leipzig 1929.
- 19.Auflage, Berlin und Leipzig 1934.

Löwe, E./*Rosenberg*, Werner: Die Strafprozeßordnung und das Gerichtsverfassungsgesetz
- 20.Auflage, Erster Band (Die Strafprozeßordnung), Berlin 1958.
- 21.Auflage, Erster Band (Einl., §§ 1-373 a StPO), Berlin 1963.
- 22.Auflage, Erster Band (Einl., §§ 1-212 b StPO), Berlin New York 1971.
- 23.Auflage, Erster Band (Einl., §§ 1-212 b StPO), Berlin New York 1971.
- 24.Auflage, Erster Band (Einleitung, §§ 1 bis 111 n), Berlin New York 1988.
- 24.Auflage, Zweiter Band (§§ 112 bis 197 b), Berlin New York 1989.

(zit.: $LR^{Auflage}$-Bearb.; bei 24.A. nur LR-Bearb.)

Luhmann, Niklas: Die Gewissensfreiheit und das Gewissen, in: AöR 90 (1965), 257.

Maaßen: Anmerkung zu OLG Celle, Beschluß vom 18.1.1952 - Ws 502/51, MDR 1952, 376, in: MDR 1952, 377.

Maetzel, Wolf Bogumil: Beweisverbote zwecks Geheimniswahrung, in: DVBl.1966, 665.

Mangoldt, Hermann v./*Klein*, Friedrich: Das Bonner Grundgesetz, Band II (Art.29-78), 2.Auflage, Berlin-Frankfurt 1964.

Maunz, Theodor/*Dürig*, Günter/*Herzog*, Roman/*Scholz*, Rupert: Grundgesetz Kommentar, Band I (Art.1-12), Band III (Art.38-91), München 1990. (zit.: MDHS-Bearb.)

Maurach, Reinhart/*Schroeder*, Friedrich-Christian: Strafrecht, Besonderer Teil, Teilband 1, 6.Auflage, Heidelberg-Karlsruhe 1977. (zit.: Maurach/Schroeder, BT 1)

Mayer, Hellmuth: Inwieweit ist Beweismaterial in der Hand des Verteidigers beschlagnahmefrei?, in: SchlHA 1955, 348.

Meier, Wolf: Die strafprozessuale Verwertbarkeit von Zufallsfunden über Unbeteiligte und die von Unbeteiligten Dritten herrührenden Abhörmaßnahmen nach § 100 a StPO, Diss.jur. Tübingen 1988.

Meuthien, Klaus: Das Zeugnisverweigerungsrecht der Angehörigen im Strafprozeß, Diss.jur. Hamburg 1955.

Michaelis, Gustav Eduard: Zum Zeugnisverweigerungsrecht im Strafverfahren, in: NJW 1969, 730.

Mittermaier, C.J.A.: Die Lehre vom Beweise im deutschen Strafprozesse, Darmstadt 1834. (zit.: Lehre vom Beweise)

- Ueber das Recht des Kriminalrichters, Brieferbrechung als Wahrheitserforschungsmittel anzuwenden, in: NArchKrimR 1818, 452.

- Das deutsche Strafverfahren, 1.Teil, 4.Auflage, Heidelberg 1845. (zit.: Strafverfahren)

- Zwang zur Herausgabe von Urkunden im Strafprozesse, in: NArchKrimR 1821, 306.

Möhl, Hans Peter: Das Zeugnisverweigerungsrecht der Presse im Straf- und Disziplinarverfahren, Bad Godesberg 1963.

Moosburger, H.: § 104 Abs.2 AO - eine gesetzlich fixierte "Umgehung" des Schutzes von Berufsgeheimnissen, in: wistra 1989, 252.

Müller, Friedrich/*Pieroth*, Bodo/*Rottmann*, Frank: Strafverfolgung und Rundfunkfreiheit, Berlin 1973.

Müller-Dietz, Heinz: Die Beschlagnahme von Krankenblättern im Strafverfahren, Diss.jur.Freiburg 1965.

Münch, Ingo von (Hrsg.): Grundgesetz-Kommentar
- Band 1 (Präambel bis Art.20), 3.Auflage, München 1985.
- Band 2 (Art.21 bis Art.69), 2.Auflage, München 1983.
(zit.: v.Münch-Bearb.)

Muschallik, Thomas: Die Befreiung von der ärztlichen Schweigepflicht und vom Zeugnisverweigerungsrecht im Strafprozeß, Diss.jur.Köln 1984.

Nestler-Tremel, Cornelius: Anmerkung zu BGH - Ermittlungsrichter, Beschl. v. 13.11.1989 - I BGs 351/89 - GBA - 1 BJs 33/89 - 6, StV 1990, 146, in: StV 1990, 147.

Neumann, Franz L./*Nipperdey*, Hans Carl/*Scheuner*, Ulrich (Hrsg.): Die Grundrechte, Band II, 2.Auflage, Berlin 1968. (zit.: Neumann/Nipperdey/Scheuner)

Niemöller, Martin/*Schuppert*, Gunnar Folke: Die Rechtsprechung des Bundesverfassungsgerichts zum Strafverfahrensrecht, in: AöR 107 (1982), 387.

Niese, Werner: Die Rechtsprechung des Bundesgerichtshofs in Strafsachen, in: JZ 1953, 219.

- Doppelfunktionelle Prozeßhandlungen, Göttingen 1950 (zit.: Doppelfunktionelle Prozeßhandlungen).

Noll, Peter: Geheimnisschutz und Zeugnispflicht, in: Festgabe zum 70. Geburtstag von Max Gerwig, Basel 1960, S.135.

Nothacker, Gerhard: Zu Durchsuchung und Beschlagnahme, in: ArchKrimR 1986 (178), 1.

Nothelfer, Martin: Die Freiheit vom Selbstbezichtigungszwang, Heidelberg 1989.

Nüse, Karl-Heinz: Zu den Beweisverboten im Strafprozeß, in: JR 1966, 281.

Ollendorff, Martin: Der Schutz der Recherche im strafprozessualen Zeugnisverweigerungsrecht der Medienschaffenden in der Bundesrepublik Deutschland, Frankfurt a.M. Bern New York Paris 1991.

Otto, Harro: Die strafprozessuale Verwertbarkeit von Beweismitteln, die durch Eingriffe in Rechte anderer von Privaten erlangt wurden, in: Strafverfahren im Rechtsstaat, Festschrift für Theodor Kleinknecht, München 1985, S.319.

Pauli, Andreas: Der Schutz von Presse und Rundfunk vor dem Zugriff staatlicher Verfolgungsorgane, München 1988.

Peres, Holger: Strafprozessuale Beweisverbote und Beweisverwertungsverbote und ihre Grundlagen in Gesetz, Verfassung und Rechtsfortbildung, Diss.jur.München 1988, München 1991.

Peters, Karl: Anmerkung zu BGH, Urt. v. 5.1.68 - 4 StR 425/67, JR 1968, 429 (= BGHSt.22, 35), in: JR 1968, 429.

- Beweisverbote im deutschen Strafverfahren, Gutachten für den 46. Deutschen Juristentag, in: Verhandlungen des Deutschen Juristentages, Band I, Teil 3 A, München und Berlin 1966, S.91 (zit.: Gutachten 46.DJT).

- Fehlerquellen im Strafprozeß, 2.Band, Karlsruhe, 1972 (zit.: Fehlerquellen).

- Strafprozeß, 4.Auflage, Heidelberg 1985. (zit.: Strafprozeß)

Petry, Horst: Beweisverbote im Strafprozeß, Darmstadt 1971.

Pieroth, Bodo/Schlink, Bernhard: Grundrechte/Staatsrecht II. 6.Auflage, Heidelberg 1990.

Planck, Julius Wilhelm: Systematische Darstellung des deutschen Strafverfahrens auf Grundlage der neueren Strafprozeßordnungen seit 1848, Göttingen 1857.

Prittwitz, Cornelius: Die Grenzen der Verwertbarkeit von Erkenntnissen aus der Telefonüberwachung gemäß § 100 a StPO, in: StV 1984, 302.

Ranft, Otfried: Staatsanwaltliche Ermittlungstätigkeit und Immunität der parlamentarischen Abgeordneten, in: ZRP 1981, 271.

Rebmann, Kurt: Aktuelle Probleme des Zeugnisverweigerungsrechts von Presse und Rundfunk und das Verhältnis von Presse und Polizei bei Demonstrationen, in: AfP 1982, 189.

Rengier, Rudolf: Die Reichweite des § 53 I Nr.5 StPO zum Schutze der namentlich preisgegebenen, aber unauffindbaren Informanten, in: JZ 1979, 797.

- Die Zeugnisverweigerungsrechte im geltenden und künftigen Strafverfahrensrecht, Paderborn-München-Wien-Zürich 1979. (zit.: Zeugnisverweigerungsrechte)

Rieß, Peter: Anmerkung zu BGH, Urteil vom 5.11.85 - 2 StR 279/85 (BGHSt.33, 347), in: JR 1987, 77.

- Verwertungsprobleme bei der Aufklärung von Katalogtaten am Beispiel der Telefonüberwachung, in: AG Strafrecht 1988, 141.

Rogall, Klaus: Anmerkung zu OLG Köln, Beschl. v. 30.11.82 - 3 Zs 126/82, NStZ 1983, 412, in: NStZ 1983, 413.

- Die Augenscheinseinnahme an zeugnisverweigerungsberechtigten Personen, Anmerkung zum Beschluß des OLG Hamm vom 25.7.1974 - 3 Ss OWi 586/74, MDR 1974, 1036, in: MDR 1975, 813.

- Der Beschuldigte als Beweismittel gegen sich selbst, Berlin 1977. (zit.: Beschuldigter als Beweismittel)

- Gegenwärtiger Stand und Entwicklungstendenzen der Lehre von den strafprozessualen Beweisverboten, in: ZStW 91 (1979), 1.

Rohlf, Dietwalt: Der grundrechtliche Schutz der Privatsphäre, Berlin 1980.

Rosenfeld, Ernst H.: Der Reichsstrafprozeß, 2.Auflage, Berlin 1905.

Roth, U.: Das Zeugnisverweigerungsrecht der Ärzte und Rechtsanwälte, in: JW 1911, 130.

Rotteck, Carl von/*Welcker*, Carl (Hrsg.): Staatslexikon oder Encyclopädie der Staatswissenschaften, 2.Band, Altona 1840. (zit.: Rotteck/Welcker-Bearb.)

Roxin, Claus: Anmerkung zu BGH, Beschluß vom 13.8.73 - 1 BJs 6/71, StB 34/73 (JR 1974, 115), in: JR 1974, 117.

- Strafverfahrensrecht, 21.Auflage, München 1989. (zit.: Strafverfahrensrecht)

Rudolf, Walter: Zum Patientenschutz bei Betrugsverfahren gegen Ärzte, Informationspapier des Landesbeauftagten für den Datenschutz Rheinland-Pfalz, dokumentiert in: NJW 1991, 2337.

Rudolphi, Hans-Joachim: Die Bedeutung eines Gewissenskonflikts für das Strafrecht, in: Festschrift für Hans Welzel, Berlin-New York 1974, S.605.

- Grenzen der Überwachung des Fernmeldeverkehrs nach §§ 100 a, b StPO, in: Festschrift für Friedrich Schaffstein, Göttingen 1975, S.433.

- Die Revisibilität von Verfahrensmängeln im Strafprozeß, in: MDR 1970, 93.

- Strafprozeß im Umbruch; Eine Bilanz der strafverfahrensrechtlichen Reformen seit Kriegsende, in: ZRP 1976, 165.

Rupp, Hans Heinrich: Beweisverbote im Strafprozeß aus verfassungsrechtlicher Sicht, Gutachten für den 46. Deutschen Juristentag, in: Verhandlungen des Deutschen Juristentages, Band I, Teil 3 A, München und Berlin 1966, S.165. (zit.: Gutachten 46.DJT)

Sauter, Fritz: Das Berufsgeheimnis und sein strafrechtlicher Schutz (§ 300 R.St.G.B.), Breslau 1910.

Sax, Walter: Über die Zulässigkeit der Verwertung privater Tagebuchaufzeichnungen als Beweismittel, in: JZ 1965, 1.

Schatzschneider, Wolfgang: Fernmeldegeheimnis und Telefonbeschattung, in: NJW 1981, 268.

Schiller, Wolf D.: Unzulässige Einschränkungen des Anwaltprivilegs bei der Beschlagnahme?, in: StV 1985, 169.

Schilling, Georg: Strafprozessuales Zeugnisverweigerungsrecht für Sozialarbeiter, Sozialpädagogen und Psychologen, in: JZ 1976, 617.

Schliwienski, Hans Ingo: Das Zeugnisverweigerungsrecht des Berufshelfers und seine Bedeutung im Rahmen des § 203 StGB, in: NJW 1988, 1507.

Schlothauer, Reinhold: Zeugnisverweigerungsrecht, Auskunftsverweigerungsrecht und Rechtskreistheorie, in: AG Strafrecht 1988, 80.

Schlüchter, Ellen: Das Strafverfahren, 2.Auflage, Köln-Berlin-Bonn-München 1983.

Schmidt, Eberhard: Der Arzt im Strafrecht, Leipzig 1939. (zit.: Arzt im Strafrecht)

- Ärztliche Schweigepflicht und Zeugnisverweigerungsrecht im Bereiche der Sozialgerichtsbarkeit, in: NJW 1962, 1745.

- Kritische Bemerkungen zu dem Beschluß des Großen Senats für Strafsachen vom 8.12.1958, betreffend das Untersuchungsverweigerungsrecht nach StPO § 81 c, in: JR 1959, 369.

- Lehrkommentare zur Strafprozeßordnung und zum Gerichtsverfassungsgesetz, Teil II, Göttingen 1957. (zit.: Lehrk., Teil II)

- Lehrkommentare zur Strafprozeßordnung und zum Gerichtsverfassungsgesetz, Nachtragsband I, Göttingen 1967. (zit.: Nachtr.I)

- Sinn und Tragweite des Hinweises auf die Aussagefreiheit des Beschuldigten, in: NJW 1968, 1209.

- Die Verletzung der Belehrungspflicht gem. § 55 II StPO als Revisionsgrund, in: JZ 1958, 596.

Schmidt, Rolf: Anmerkung zu AG Frankfurt/M., Beschl. vom 14.4.1988 - 91 Js 3294/86 - 931 Gs (StV 1988, 482) und BGH, Beschl. vom 4.5.88 - StB 15/88 (StV 1988, 468 (Ls.)), in: StV 1989, 421.

- Die Ausnahme vom Beschlagnahmeverbot gem. § 97 Absatz 2 Satz 3 1.Hs. StPO (Eine Untersuchung zum Recht der Beschlagnahme beim der strafrechtlichen Verstrickung verdächtigen Zeugnisverweigerungsberechtigten unter besonderer Berücksichtigung der Stellung des Strafverteidigers), Frankfurt/M.-Bern-New York-Paris 1989. (zit.: Ausnahme)

Schmitt Glaeser, Walter: Mißbrauch und Verwirkung von Grundrechten im politischen Meinungskampf, Bad Homburg v.d.H.-Berlin-Zürich 1968.

Schöneborn, Christian: Die Beweisverbotsproblematik der §§ 52 Abs.2, 55 Abs.2 StPO im Lichte des § 68 Abs.2 StPO, in: MDR 1974, 457.

Schönke, Adolf/*Schröder*, Horst: Strafgesetzbuch, Kommentar, 23.Auflage, München 1988. (zit.: Sch-Sch-Bearb.)

Schröder, Horst: Sicherungsbetrug und Sicherungserpressung, in: MDR 1950, 398.

Schubert, Werner/*Regge*, Jürgen (Hrsg.): Entstehung und Quellen der Strafprozeßordnung von 1877, Frankfurt 1989.

Schünemann, Bernd: Der strafrechtliche Schutz von Privatgeheimnissen, ZStW 90 (1978), 11.

Schumacher, Karlheinz: Die Überwachung des Fernmeldeverkehrs im Strafverfahren, Diss.jur.Hamburg 1976.

Schuppert, Gunnar Folke: Zur Frage der Verfassungsmäßigkeit und verfassungskonformen Auslegung und Anwendung von § 353 d Ziffer 3 StGB, in: AfP 1984, 67.

Schwarz, Otto/*Kleinknecht*, Theodor: Strafprozeßordnung,
- 23. Auflage, München und Berlin 1962.
- 26. Auflage, München und Berlin 1966.

Schwarze, Friedrich Oskar: Bemerkungen zur Lehre von der Befreiung der Verwandten von der Pflicht zum Zeugnisse, in: GS 21 (1869), 60.

- Kommentar zur Strafprozeßordnung des Königreichs Sachsen, 1.Band, Leipzig 1855.

Seibert, Claus: Können Handakten eines Rechtsanwalts beschlagnahmt werden?, in: JZ 1951, 584.

Seiler, Robert: Beweisverbote im österreichischen Strafprozeß, in: Einheit und Vielfalt des Strafrechts, Festschrift für Karl Peters, Tübingen 1974, S.447.

Selbherr, Paul: Der Gedanke der Zumutbarkeit im Zivilprozeßrecht unter besonderer Berücksichtigung der Untersuchungsduldungspflicht (§ 372 a), Diss.jur. Tübingen 1962.

Sendler, Horst: Die Verwertung rechtswidrig erlangter Beweismittel im Strafprozeß mit Berücksichtigung des anglo-amerikanischen und des französischen Rechts, Diss.jur.Berlin 1956.

Simonson: Das Berufsgeheimnis der Aerzte und deren Recht zur Zeugnisverweigerung, in: DJZ 1904, 1014.

Spangenberg, Margret: Umfang und Grenzen der Beschlagnahmeverbote gem. § 97 StPO in der steuerlichen Beratungspraxis, Diss.jur. Bonn 1992

Specht: Anmerkung zu BGH, Beschl. v. 13.8.73 - 1 BJs 6/71/StB 34/73, NJW 1973, 2035, in: NJW 1974, 65.

Spendel, Günter: Beweisverbote im Strafprozeß, in: NJW 1966, 1102.

Stenglein: Die Strafprozeßordnung für das Deutsche Reich vom 1.Februar 1877, 2. Auflage, Nördlingen 1889.

Sydow, Fritz: Kritik der Lehre von den Beweisverboten, Würzburg 1976.

Systematischer Kommentar zum Strafgesetzbuch (Besonderer Teil), 4.Auflage, Neuwied-Frankfurt 1989. (zit.: SK-Bearb.)

Systematischer Kommentar zur Strafprozeßordnung, 3. Aufbaulieferung, Frankfurt 1988. (zit.: SK/StPO-Bearb.)

Steinberg-Copek: Berufsgeheimnis und Aufzeichnungen des Arztes im Strafverfahren, Berlin 1968.

Störmer, Rainer: Anmerkung zu BVerfG, Beschl.v. 14.9.89 - 2 BvR 1062/87, BVerfGE 80, 367 (Verwertung tagebuchartiger Aufzeichnungen), in: NStZ 1990, 397.

Stypmann, Rolf: Rechtliche und tatsächliche Probleme bei staatsanwaltlichen Durchsuchungs- und Beschlagnahmehandlungen, in: wistra 1982, 11.

Taschke, Jürgen: Anmerkung zu BGH, Urt. v. 11.5.1988 - 3StR 536/87, StV 1990, 435, in: StV 1990, 436.

Tschacksch, Diethard: Die strafprozessuale Editionspflicht, Gelsenkirchen 1988.

Verhandlungen des 46. Deutschen Juristentages, Essen 1966, hrsg. von der Ständigen Deputation des Deutschen Juristentages, Band I und II, München und Berlin 1966.

Volk, Klaus: Durchsuchung und Beschlagnahme von Geschäftsunterlagen beim Steuerberater, in: DStR 1989, 338.

Vultejus, Ulrich: Das Verfahren von Memmingen: Richter nehmen Frauen das Recht auf Selbstbestimmung, in: Vultejus, Ulrich (Hrsg.): Das Verfahren von Memmingen: Vom Elend der Indikation, Köln 1990, S.9.

Wach: Das Recht der Zeugnisverweigerung, in: GS 66 (1905), 1.

Waldowski, Hans-Jürgen: Durchsuchung und Beschlagnahme in der Anwaltskanzlei, in: AnwBl.1975, 106.

Weinmann, Günther: Die Beschlagnahme von Geschäftsunterlagen des Beschuldigten bei Zeugnisverweigerungsberechtigten, in: Festschrift für Hanns Dünnebier, Berlin-New York 1982, S.199.

Welp, Jürgen: Abhörverbote zum Schutz der Strafverteidigung, in: NStZ 1986, 294

- Anmerkung zu BGH, Beschluß vom 13.8.1973 - 1BJs 6/71, StB 34/73-ER, JZ 1974, 421, in: JZ 1974, 423.

- "Vereinfachter" Geheimnisschutz im Strafverfahren, in: JZ 1972, 423.

- Die Geheimsphäre des Verteidigers in ihren strafprozessualen Funktionen, in: Festschrift für Wilhelm Gallas, Berlin-New York 1973, S.391.

- Die strafprozessuale Überwachung des Post- und Fernmeldeverkehrs, Heidelberg 1974. (zit.: Überwachung)

- Die Überwachung des Strafverteidigers, in GA 1977, 129.

Werle, Gerhard: Schutz von Vertrauensverhältnissen bei der strafprozessualen Fernmeldeüberwachung?, in: JZ 1991, 482.

Werner, Olaf: Verwertung rechtswidrig erlangter Beweismittel, in: NJW 1988, 993.

Wessing, Jürgen: Die Kommunikation des Verteidigers mit seinem Mandanten, Diss.jur. Köln 1985.

Weyand, Raimund: Arzt- und Steuergeheimnis als Hindernis für die Strafverfolgung, in: wistra 1990, 4.

Widmaier, Gunter: Wahrheitsfindung zwischen Aufklärungspflicht und Beweisverboten, in: AG Strafrecht 1988, 29.

Woesner, Horst: Fragen ärztlicher Geheimhaltungspflicht, in: NJW 1957, 692.

Wolfslast, Gabriele: Beweisführung durch heimliche Tonbandaufzeichnung, in: NStZ 87, 103.

Wolter, Jürgen: Heimliche und automatische Informationseingriffe wider Datenschutz - Gesamtanpassung vor Gesamtreform von Strafprozeß- und Polizeirecht, Teil 2, in: GA 1988, 129.

- Repressive und präventive Verwertung tagebuchartiger Aufzeichnungen - zugleich Besprechung der Tagebuch-Entscheidung des Bundesverfassungsgerichts, Beschluß vom 14.9.1989 - 2BvR 1062/87 - StV 1990, 1 = NJW 1990, 563 = EuGRZ 89, 455, in: StV 1990, 175.

- Verwertungsverbote bei zulässiger Telefonüberwachung, in: Gedächtnisschrift für Armin Kaufmann, Köln-Berlin-Bonn-München 1989, S.761.

Würtenberger, Thomas: Der Schutz des Berufsgeheimnisses und das Zeugnisverweigerungsrecht des Sozialarbeiters, in: Gedächtnisschrift für Hans Peters, Berlin-Heidelberg-New York 1967, S.923.

Zachariae, Heinrich Albert: Handbuch des deutschen Strafprozesses, 2.Band, Göttingen 1868.

Zecher, Günter: Die Beschlagnahme von Buchführungsunterlagen im Rahmen von § 97 Abs.I Ziff.3 StPO, Diss.jur. Tübingen 1986.

Zöller, Richard: Zivilprozeßordnung mit Gerichtsverfassungsgesetz und Einführungsgesetzen, 15.Auflage, Köln 1987. (zit.: Zöller-Bearb.)

Zottmann: Das Zeugnisverweigerungsrecht in den deutschen Verfahrensgesetzen - Ein Beitrag zur Vereinheitlichung des Verfahrensrechts, Diss.jur. Erlangen 1960.

Zuck, Rüdiger: Abhörgesetz und Anwaltschaft, in: NJW 1969, 911.

Kolibri 360 GmbH
Ferdinand-Jühlke-Straße 7
99095 Erfurt, Deutschland
produktsicherheit@kolibri360.de

Druck:
CPI Druckdienstleistungen GmbH
im Auftrag der
Kolibri 360 GmbH
Ferdinand-Jühlke-Str. 7
99095 Erfurt